XTO + J–C
Christo und Jeanne-Claude

Eine Biografie von Burt Chernow

Epilog von Wolfgang Volz

Kiepenheuer & Witsch

Die Kapitel 1–13 wurden von Burt Chernow verfasst und für die
deutsche Ausgabe von Hermann Kusterer übersetzt.
Den Epilog, der die Kapitel 14–22 umfasst, schrieb Wolfgang Volz –
ausgenommen die letzten beiden Seiten, die ehemals
von Burt Chernow als Schluss vorgesehen waren und nun ihrer
Bestimmung zugeführt wurden.

Ein Hinweis zur unterschiedlichen Schreibweise des Namens
Yavachev: Alle Mitglieder der Familie Christo haben
ihren Namen in dieser Weise vom Kyrillischen ins Lateinische
umgeschrieben – bis auf Christo und Jeanne-Claude.
Sie heißen Javacheff.

1. Auflage 2000

Titel der Originalausgabe:
A Matter of Passion. Christo and Jeanne-Claude
Copyright © 2000 by Ann Chernow
Copyright © 2000 by Wolfgang Volz (Epilog)
Alle Kunstwerke © Christo
Kapitel 1 bis 13 aus dem Englischen von Hermann Kusterer
Projektbetreuung Dr. Doris Mendlewitsch, Düsseldorf
© 2000 by Verlag Kiepenheuer & Witsch, Köln
Alle Rechte vorbehalten. Kein Teil des Werkes darf in irgendeiner
Form (durch Fotografie, Mikrofilm oder ein anderes Verfahren)
ohne schriftliche Genehmigung des Verlages reproduziert oder unter
Verwendung elektronischer Systeme verarbeitet, vervielfältigt oder
verbreitet werden.
Umschlaggestaltung Rudolf Linn, Köln
Umschlagfoto Wolfgang Volz © Christo
Gesetzt aus der Gamma der Firma Berthold
Satz Dörlemann Satz, Lemförde
Repro Bildteil Repro 8, Köln
Druck und Bindearbeiten Pustet, Regensburg
ISBN 3-462-02879-0

Meiner Familie,
meiner Inspiration ...

David, Katherine, Melissa und Elizabeth Chenok,
Perrin, Ted, Elena, Natalie und Benno Stein,
Paul und Karina Chernow,
Daniel, Jill, Hannah Chenok und dem Baby
Paige Chernow, Mark und Maya Rose Konings, in Liebe.

Inhalt

Epilog von Wolfgang Volz

Vorwort von Christo und Jeanne Claude: Unsere Biografie – ein typisches Projekt

Vor vielen Jahren trat unser Freund Burt Chernow an uns heran und sagte, er würde gern ein Buch über unser Leben schreiben. Wir reagierten überrascht und bezweifelten, dass ihm klar war, welche Mühe das Schreiben einer Biografie ihn und uns kosten würde. Wir nahmen seine Idee auch deshalb nicht ganz ernst, weil wir ihn nur als Kunstsammler und Professor für Kunstgeschichte kannten. Da unser Werk visueller Natur ist, etwas, das man mit den Sinnen erfahren muss, konnten wir uns kaum vorstellen, dass sich die Körperlichkeit unserer Kunst in Worte fassen ließ. Außerdem befürchteten wir, viel Zeit darauf verwenden zu müssen, mit Burt über unser Leben zu sprechen – Zeit, die wir selten haben.

Trotzdem: Irgendwie gefiel uns die Idee.

Bald schon merkten wir, dass Burt immer dort auftauchte, wo wir uns befanden – bei Vorträgen und Ausstellungen, auf Tagungen und überall, wo wir an einem Projekt arbeiteten –, und nicht so ohne weiteres davon abzubringen war.

Einmal brachten Burt und seine Frau Ann von einem Europaaufenthalt Grüße von allen unseren alten Freunden mit, und wir fragten uns, warum die Chernows ihren Urlaub damit verbrachten, sich mit ihnen zu unterhalten. Aber von Urlaub konnte keine Rede sein! Die beiden hatten die ganze Zeit darauf verwendet, unserer »Vergangenheit« nachzuspüren. Später sagten sie, demnächst wollten sie nach Bulgarien reisen, und baten um die Adressen von Verwandten. Nun dachten wir, es könne nicht schaden, wenn sie jemanden in diesem Land jenseits des Eisernen Vorhangs kannten, falls sie Hilfe benötigten. Doch wieder lagen wir völlig falsch: Als sie zurückkamen, hatten sie Christos gesamte Kindheit fein säuberlich aufgezeichnet, sogar Dinge, an die sich nicht einmal Christo mehr erinnerte und von denen Jeanne-Claude jetzt erstmals erfuhr. O ja, von diesem Augenblick an nahmen wir Burt sehr ernst.

Mit Bitten um Gesprächstermine war Burt stets sehr zurückhaltend; er wusste ja, wie wertvoll Zeit war, und schon gar bei uns.

Ein Kapitel nach dem anderen gab er uns zu lesen, und uns ergriff eine tiefe Bewunderung für seine Gründlichkeit und Ausdauer. Wir entdeckten unendlich viele Einzelheiten aus unserem Leben; manches hatten wir schon vergessen, anderes überhaupt nie bemerkt. Beim Lesen der vielfältigen Meinungen unserer Bekannten, die uns zu kennen glaubten, schüttelten wir uns manchmal vor Lachen.

Ganz allmählich nahm das unmöglich Erscheinende Gestalt an. Wir lasen Burts Biografie von XTO + J-C und erlebten unsere Vergangenheit noch einmal, diesmal nicht vage und bruchstückhaft, sondern zusammenhängend und präzise, denn Burt Chernow hat alles zwei- und dreimal nachgeprüft.

Als uns Ann Chernow im Juni 1997 anrief und uns die traurige Nachricht überbrachte, Burt sei einem plötzlichen Herzschlag erlegen, waren wir wie versteinert. Wir hatten einen großartigen Freund verloren … – und was sollte nun aus der wundervollen Biografie werden? Das letzte Kapitel endete im Frühjahr 1982! Sollte all die Mühe von Burt und Ann, sollten all die Reisen durch ganz Europa und Amerika auf der Suche nach Unterlagen umsonst gewesen sein? Burt hatte sämtliche Kapitel, angefangen von der Zeit vor der Geburt unserer Großeltern, über den Balkankrieg, den Ersten und Zweiten Weltkrieg, unsere Kindheit und Jugend, bis hin zu unserer Kunst zwischen 1958 und 1982 fertig gestellt und zu Ende redigiert. Aber unser Leben endete ja nicht 1982.

So war es ein Glücksfall, dass sich der Verlag Kiepenheuer & Witsch mit Wolfgang Volz in Verbindung setzte und fragte, ob wir – Ann Chernow, Christo und Jeanne-Claude – mit einer Veröffentlichung von Burt Chernows Manuskript einverstanden wären.

Wolfgang Volz arbeitet seit 1971 eng mit uns zusammen. Schon nach kurzer Zeit wurde er unser Exklusiv-Fotograf. Über die Jahre entdeckten wir, dass Wolfi, wie wir ihn liebevoll nennen, noch viele andere Qualitäten besaß, und er war uns auf vielerlei Weise behilflich. In der jahrzehntelangen Zusammenarbeit mit uns und unseren Ingenieuren legte er bis dahin ungeahnte technische Fähigkeiten an den Tag. Gemeinsam mit unseren Anwälten wirkte er an der Formulierung von Verträgen mit. In unseren Verhandlungen auf der ganzen Welt wurde er für uns zu einer Art Botschafter. Seine Frau Sylvie und wir fragen uns manchmal, wann er überhaupt Zeit findet, die zahllosen Fotos zu machen, von denen all die Bücher über unsere Projekte voll sind.

Wir erinnern uns auch an den Tag, an dem wir zu ihm sagten: »Wolfi, so leid es uns tut, du bist nun mal der einzige Deutsche in unserem Team, und jetzt, wo wir endlich die Genehmigung haben, wirst *du* es sein, der den Reichstag verhüllt!« So kam es, dass er und unser Berliner Freund Roland Specker die beiden Projektleiter wurden, die mit der Verhüllung des Reichstags beauftragt waren.

Kurz: er ist Teil unserer Arbeitsfamilie. Deshalb war es nur logisch, dass wir uns an ihn wandten mit der Bitte, den Epilog zu Burt Chernows Buch zu schreiben.

Ann Chernow danken wir von Herzen dafür, dass sie Wolfgang Volz Einblicke in die Notizen und Interviews gewährte, die Burt zwischen 1983 und 1997 angefertigt hatte.

1999 sammelte nun Wolfi monatelang aus seinen eigenen Erinnerungen die Ereignisse, die er mit uns in den letzten siebzehn Jahren durchlebt hat, und beschrieb sie in seinem Epilog.

Wir freuen uns, dass Kiepenheuer & Witsch dieses Buch nunmehr herausbringt, und hoffen, dass die Leser unsere einzige Biografie genauso begierig lesen und genießen werden wie wir selbst.

Christo und Jeanne-Claude
New York, Februar 2000

1

Hinter dem Eisernen Vorhang

Für Christo Javacheff war es der kälteste Winter seines Lebens. Am 10. Januar 1957 stand er mit fünfzehn weiteren Flüchtlingen irgendwo in der Tschechoslowakei in einem uralten, ungeheizten Güterwaggon zwischen medizinischen Versorgungsgütern und fror Stein und Bein. Draußen heulte ein eisiger Wind. Mit nur wenigen Habseligkeiten waren sie in den halb vollen Waggon geklettert und hatten sich hinter den zwei Meter hohen Kartonstapeln versteckt. Schweigend hörten sie, wie die Waggontür zugeschoben und verriegelt wurde. Es gab kein Zurück mehr. Banges Warten, während ihr unbequemes Gefährt über die letzten dreißig Kilometer bis zur österreichischen Grenze zuckelte und immer wieder stehen blieb.

Christo Javacheff hatte schon viele kleine Abenteuer erlebt, aber diese nervenzerreißende Episode blieb ihm unvergesslich. Vieles haftete dieser mit Kameraden organisierten, heimlichen Flucht aus der kommunistischen in die kapitalistische Welt in dem drangvoll engen Waggon durch eine unsichtbare Landschaft an, was sich später in seinem und Jeanne-Claudes Werk niederschlagen sollte. Nicht zum letzten Mal blickte Christo einer Katastrophe ins Auge. Auch später setzte er bei riskanten Unternehmungen immer wieder alles auf eine Karte. Doch nie ging es um mehr, nie war das Kommende gefährlicher und weniger vorhersehbar als auf dieser ersten Reise. In späteren Jahren wurde der junge Künstler zu einem wahren Experten, wenn es darum ging, Räume neu abzustecken, Behörden in die Schranken zu weisen und mit der Angst zu leben; zugleich wurde er zum Gestalter der dramatischsten Kunstmomente des 20. Jahrhunderts. Ungeachtet, ob diese Flucht in die Freiheit dem unwiderstehlichen Drang entsprang, auferzwungenen Beschränkungen zu trotzen, oder ob sie einfach seiner »Bestimmung« entsprach, wie es sein älterer Bruder Anani später nannte – Christo war klar, dass sie in seinem Leben einen Wendepunkt markierte.

Zur selben Zeit genoss Jeanne-Claude Marie de Guillebon fast zweitausend Kilometer entfernt die Früchte einer privilegierten Existenz. Ein angesehener französischer Kriegsheld hatte sie adoptiert. Jeanne-Claudes und Christos Lebensformen und ihre Sehnsüchte hätten unterschiedlicher kaum sein können. Dennoch sollten die beiden zu einem der erstaunlichsten Gespanne der Kunstgeschichte zusammenfinden. Zufall oder himmlische Fügung – beide waren am Abend des 13. Juni 1935 zur Welt gekommen. Ihre Geschichte ist so ungewöhnlich wie die unruhige Zeit, in der sie lebten. Beide waren als Kinder von den Erfahrungen des Zweiten Weltkriegs geprägt, und sie brachten sowohl für einander als auch für ihre Kunst jene Leidenschaft auf, die sie auf unnachahmliche Weise miteinander verband.

Christo Vladimir Javacheff wurde im bulgarischen Gabrovo geboren und wuchs dort auf. Dort hat er seine Wurzeln, und dort liegt mancher Schlüssel zu seiner rätselvollen Kunst. Die reichen Erfahrungen seiner ersten einundzwanzig Jahre in Bulgarien prägten seine einmalige Sicht der Dinge und versetzten ihn in die Lage, das Auf und Ab des Alltagslebens zu bewältigen. Als Kind wurde er Zeuge aufwühlender Ereignisse am Rande eines katastrophalen Krieges und durchlebte anschließend die Todeszuckungen einer kapitalistischen Monarchie, die sich zu einem kommunistischen Staat wandelte. Als stets am Rande des Abgrunds balancierender Zeitzeuge in einem Land, in dem das Ränkespiel zum Alltag gehörte, war Christo bestens vertraut mit der Welt des Scheins.

Die Menschen und die vielgestaltige Landschaft seiner Heimat tragen den Stempel der tumulthaften Geschichte

Razgrad, Bulgarien, 1879: Christos Großvater Anani Yavachev und der Urgroßvater Ivan Yavachev (sitzend). (Foto: Archiv XTO + J-C)

dieses Volkes. Als Austragungsort zahlloser militärischer Abenteuer ist Bulgarien das Opfer seiner geografischen Lage. Selbst die oberflächlichste Geschichtsbetrachtung fördert eine verwirrende Abfolge von Feinden zutage. Vor allem die vertriebene Bevölkerung Mazedoniens musste mit ansehen, wie ihr Staat immer wieder zersplittert und seine Einzelteile von Jugoslawien, Bulgarien und Griechenland aufgesogen wurden. Christos Großeltern mütterlicherseits – Christo Dimitrov, dessen Namen er trägt, und seine Großmutter Anna – waren leidenschaftliche mazedonische Nationalisten. Im Balkankrieg 1912/1913 wurde Christo Dimitrov von den Türken wegen »revolutionärer Umtriebe« verhaftet und hingerichtet. Um ihr Leben fürchtend, floh Anna mit ihrer Tochter Tzveta (Christos Mutter) und ihrem Sohn Boschidar unter Mitnahme nur einer Nähmaschine nach Sofia.

Dort wurde ihr Haus zum bevorzugten Treffpunkt von Linksaktivisten, bolschewistischen Agitatoren und vor allem mazedonischen Separatisten. Annas unzähmbarer Geist und das herrschende revolutionäre Fieber haben Tzvetas Charakter weitgehend geprägt und damit auch Christos Zukunft vorgezeichnet.

Von seinem mazedonischen Erbe spricht Christo stets mit offenkundigem Stolz. Lächelnd bemerkte er: »Sie waren Revolutionäre von Beruf, quollen über von Ideen, waren romantisch und ein bisschen anarchistisch. Ich glaube, dass alles, was ich bin, von dort stammt.« Jedenfalls spielt seine mazedonische Herkunft in Christos Entwicklung eine bedeutend größere Rolle, als man allgemein annimmt.

1925 tat sich für Christos Mutter eine erregende Welt der Kunst auf, denn ein Onkel verschaffte ihr die Stelle als Sekretärin des Direktors der Akademie der Schönen Künste in Sofia. Auch Christos Großeltern väterlicherseits waren fest im künstlerischen und intellektuellen Milieu verankert. Seine tschechische Großmutter Anna Turnitscheck war eine bekannte Konzertpianistin, sein Großvater Anani Yavachev ein bedeutender bulgarischer Wissenschaftler, Mitglied der Akademie der Wissenschaften, Begründer des Archäologischen Instituts in Sofia und Verfasser des Standardwerkes *Botanisches Lexikon*. In Razgrad sind eine Straße und ein archäologisches Museum nach ihm benannt. Das Paar hatte drei Töchter und vier Söhne; der jüngste war Christos Vater Vladimir.

Der 1901 in Varna geborene Vladimir entschloss sich zu einer wissenschaftlichen Laufbahn. Nach dem Chemie- und Physikstudium in Wien kehrte er 1923 nach Bulgarien zurück. Während seiner ersten Anstellung bei einem Textilhersteller in Gabrovo entwickelte er chemische Lösungen zur Behandlung von Webstoffen. Bald gründete er seine eigene Chemiefabrik und ließ sich Rezepturen für die Behandlung von Textilien aller Art patentieren.

Noch schönere Aussichten eröffneten sich ihm, als die dreiundzwanzigjährige Tzveta Dimitrova eine Freundin in Gabrovo besuchte. Er forderte sie zum Tanz auf. Es war Liebe auf den ersten Blick. Kaum ein Jahr später gab Tzveta ihre vorteilhafte Stelle bei der Akademie auf und zog nach Gabrovo, wo die beiden im Jahr darauf heirateten.

Sie ließen sich in Gabrovo nieder und hatten drei Söhne: Anani, Christo und Stefan. Der am 18. Oktober 1932 geborene Anani war ein widerspenstiger Feuerkopf, zum Teil wohl, weil es bei den Yavachevs nicht so autoritär zuging wie in den meisten anderen bulgarischen Familien. Am 13. Juni 1935 erblickte Tzvetas zweiter Sohn, Christo Vladimirov, das Licht der Welt, ein Ereignis, dessen Folgen Bulgarien erst Jahrzehnte später erkennen sollte.

In sicherer Entfernung vom aufrührerischen Sofia genoss Tzveta das Leben in einer wohlhabenden und angesehenen Familie. In den sechs Jahren an der Akademie hatte sie mit vielen Malern, Architekten, Schriftstellern und Künstlern Freundschaft geschlossen, die nun häufig zu Besuch kamen. Mit sechs Jahren erhielt Christo seine ersten Zeichen- und Malstunden. Er war aufgeschlossen und lernte schnell. Allen in der Familie war klar, dass er zur Kunst berufen war. Schon damals legte er die unglaubliche Energie an den Tag, die ihn später auszeichnete. Einige Verwandte schrieben seine Zeichenkünste der kunstbeflissenen Familie seiner tschechischen Großmutter Anna zu, deren Bruder und Vetter mal-

Gabrovo 1929: Christos Eltern, Tzveta Dimitrova und Vladimir Yavachev, ein Jahr vor ihrer Hochzeit. (Foto: Archiv XTO + J-C)

ten, aber in Wirklichkeit dürften sie eher die Folge der häuslichen Umgebung gewesen sein. Sein Vater schwankte zwischen Toleranz und Ermutigung, aber ausschlaggebend war der Einfluss der Mutter. In den Augen der Kinder war sie die Kunst in Person.

Wie viele andere mussten auch die Yavachevs hilflos zusehen, wie ein apokalyptischer Krieg heraufzog. Das lange von einem deutschen König regierte Bulgarien schlug sich erneut, wie schon im Ersten Weltkrieg, auf die Seite Deutsch-

Gabrovo 1939: Tzveta Yavacheva mit Anani und Christo.
(Foto: Vladimir Yavachev)

lands; Hauptgrund war beide Male die Rückforderung Mazedoniens und anderer Gebiete.

Verheerende Kriegswirkungen blieben Gabrovo erspart,
aber der sechs Jahre alte Christo sah deutsche Truppen mit
flaggengeschmückten Panzern durch seine friedliche Stadt
fahren. Die Nachbarn sprachen von schweren Kämpfen. Die

Gabrovo 1939: Vladimir Yavachev mit den Söhnen Anani und Christo.
(Foto: Archiv XTO + J-C)

Fenster waren zur Verdunklung mit Vorhängen verhängt oder geschwärzt, und während der Fliegeralarme flüchtete die Familie in den Keller. Manchmal wurden die Jungen geweckt und im Schlafanzug in einen riesigen, an Piranesi gemahnenden Gemeinschaftsbunker in einem nahe gelegenen Felsen gebracht.

Auf der Suche nach Schutz und beruhigendem Abstand zur nazifreundlichen Zentralregierung kamen mehrere Freunde Tzvetas nach Gabrovo. »Viele Maler waren arm, und Mutter besorgte ihnen Porträtaufträge von reichen Leuten«, erinnert sich Anani. Tzveta ließ ihrem Sohn Christo von Malern und Architekten Privatstunden geben – die sich als erheblich anregender erwiesen als die Schule.

Zu Christos Erziehung gehörte auch die frühe Erkenntnis, wie wenig dauerhaft Grenzen sind. In der Schule wurden die ungesicherten Umrisse Bulgariens und die verlorenen Ausläufer Mazedoniens erörtert; auf den Landkarten waren wechselnde Grenzverläufe eingezeichnet, freilich ohne Angabe von Ursache und Wirkung. Was anderes sollte ein Junge daraus schließen, als dass Grenzen und Demarkationslinien bloßes Menschenwerk und damit leicht änderbar sind. So lernte Christo die physische Realität als vergänglich und nicht dauerhaft zu begreifen.

Kriegsepisoden hinterließen bei Christo unauslöschliche Eindrücke. Nie vergaß er jenen Winternachmittag 1942, als deutsche Einheiten in und um Gabrovo Straßensperren errichteten. Den Einwohnern wurde befohlen, in ihren Häusern zu bleiben, während die Soldaten nach Partisanen fahndeten. Nach einigem Hin und Her beschlossen Christos Eltern, Tzvetas Sammlung hübsch illustrierter moderner russischer Literatur zu vernichten, weil sie als kommunistische Propaganda gelten konnte. Christo protestierte schüchtern und sah dann zu, wie seine Mutter die Bücher verbrannte. Nie hat er ihren Verlust verschmerzt, und regelmäßig tauchten vor seinem geistigen Auge bestimmte Bilder von Tatlin, Gontscharowa und anderen Malern der Avantgarde auf.

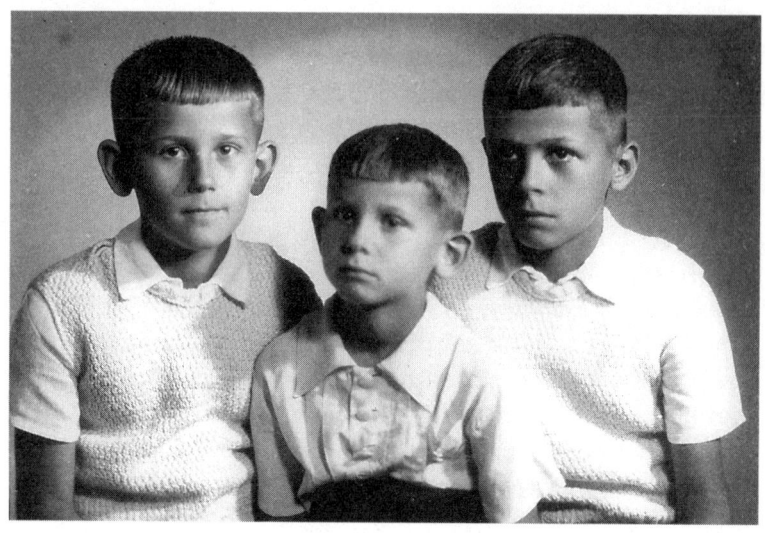

Oben: Gabrovo 1942; die drei Brüder Christo, Stefan und Anani.
Unten: Varna 1941; Tzveta mit Christo und Anani während eines Urlaubs
am Schwarzen Meer. (Fotos: Vladimir Yavachev)

Während des ganzen Krieges wohnten die Yavachevs in einer bescheidenen Wohnung mitten in Gabrovo. 1943 unterbrach lautes Rasseln auf dem Kopfsteinpflaster die morgendliche Stille. Vom Fenster im zweiten Stock sah Christo aneinander gekettete Männer in gestreifter Häftlingskleidung. Ungläubig starrte er auf den endlos scheinenden Zug, den deutsche Soldaten durch die Stadt trieben. Ende 1943 oder Anfang 1944 kam es zu einem weiteren erschreckenden Zwischenfall. Anani und Christo beobachteten, wie Soldaten eine Partisanengruppe auf einen Platz schräg gegenüber ihrer Wohnung prügelten und zerrten. Vergeblich beschwor Tzveta ihre Söhne, sich die Exekution nicht anzusehen. Die Leichen blieben zur Warnung liegen. Kurz nach der Erschießung klingelte eine Freundin laut weinend an der Tür, weil ihr Haus bis auf die Grundmauern niedergebrannt worden war; sie hatte Partisanen Unterschlupf gewährt.

Tzveta und Vladimir sorgten sich zunehmend um die Sicherheit ihrer Söhne. Während der zeitweiligen Evakuierungen und Schulschließungen wohnten die Jungen bei einer Familie in den spärlich besiedelten Hügeln um Gabrovo. Vladimir hatte bei einem Ausflug dort ein winziges, fast vergessenes Dorf entdeckt. »Katschori« nannten die Yavachevs den abgelegenen Ort. Er wurde zu Christos Zauberreich, in das es ihn bis zu seinem letzten kurzen Aufenthalt 1956 immer wieder zurückzog. Die gepflügten Äcker und steilen Abhänge schienen eine aus ferner Vergangenheit herrührende Lebenskraft zu atmen. An diesem Hort der Altertümlichkeit mahlten Christo und seine Brüder Getreide, hüteten Kühe und Schafe und schufen sich ihre ureigene Form der Erholung.

Christo genoss die großartige Natur und die alten Lebensformen der kleinen Gemeinde. Er erspürte etwas, das nicht aus dem 20. Jahrhundert stammte, etwas Unfassbares, das Achtung gebot, weil es aus jahrhundertealter Handarbeit mit natürlichem Material hervorgegangen war. An Katschori erinnert er sich als einen »ganz besonderen, unglaublich schönen Ort«, eine zarte Verbindung mit einer mythischen

Oben: Im Garten ihres Hauses bei Gabrovo 1945; Anani und Christo mit ihrem Hund Sharo. (Foto: Vladimir Yavachev)
Unten: Das Dorf »Katschori« bei Gabrovo 1945; Christo, sein älterer Bruder Anani, »Tante« Penias Schwiegertochter, Christos jüngerer Bruder Stefan und Penia mit ihrem Enkelkind (v.l.n.r.). (Foto: Archiv XTO + J-C)

Vergangenheit. Vielleicht war dies das zentrale Erlebnis jener Jahre, die ihn geprägt haben.

In der stillen Einsamkeit des Dorfes fühlte sich Christo völlig sicher, aber selbst Katschori blieb vom Krieg nicht verschont. Um Weihnachten 1943 sahen die Yavachevs, wie bulgarische und deutsche Truppen die verschneite Landschaft nach britischen Agenten durchkämmten, von denen es hieß, sie seien mit dem Fallschirm über den Bergen abgesprungen. Die Jungen hatten kurz zuvor gesehen, dass tieffliegende Flugzeuge Material für den Widerstand abwarfen. Neben den rumänischen Ölfeldern waren mittlerweile auch die bulgarischen Städte Ziel der amerikanischen und britischen Bomber. Angehörige und Freunde kamen bei Luftangriffen um.

Anfang 1944 ging in Gabrovo die Angst um. Christo hörte Anspielungen auf umfangreiche deutsche Gräueltaten; Fotos hingeschlachteter russischer Bauern in der deutschen Zeitschrift *Signal* machten sie glaubhaft. Seine Eltern hörten heimlich BBC, die von schweren Kämpfen an der Ostfront berichtete. Mitte 1944 stand der Kriegsausgang fest. Als am 4. September 1944 die Rote Armee in Bulgarien einrückte, ohne auf Widerstand zu stoßen, wurde das Ereignis von den Yavachevs und einem Großteil der Bevölkerung gefeiert. Einen Tag später erklärte die bisher im Untergrund operierende »Vaterländische Front« der Kommunisten und Partisanen Deutschland den Krieg, begann mit der Aufstellung einer neuen Regierung und stimmte am 28. Oktober der Rückgabe des größten Teils der von Bulgarien annektierten Gebiete zu. Wieder einmal wurden die Grenzen neu gezogen.

An die Stelle der verabscheuten Monarchie trat nun ein nicht minder unterdrückerisches kommunistisches Regime, das mit den Visionen der Architekten der bolschewistischen Revolution wenig gemein hatte. Wieder fiel das Ziel eines unabhängigen Bulgarien den Intrigen und der Gewalt zum Opfer. In den folgenden zwei Jahren entstand eine unterwürfige Volksrepublik Bulgarien, die Lehrpläne wurden auf die marxistisch-leninistische Doktrin umgestellt, die Regierung begann das Privateigentum zu verstaatlichen. Nach und nach schlugen die Hoffnungen von Tzveta und Vladimir in Verzweiflung um. Nach den schlimmen Kriegsjahren kam es nun noch viel schlimmer.

1947 bewohnte die Familie Yavachev ein bescheidenes Quartier gleich neben der kleinen Fabrik und dem Labor, die Vladimir vier Kilometer außerhalb von Gabrovo gebaut hatte. Kurz vor Weihnachten tauchten frühmorgens Revolutionäre Garden auf und besetzten ohne viele Worte den Komplex. Dies war der Anfang einer tragischen Ereignisfolge, die das Leben der Yavachevs drastisch verändern sollte.

Die Familie wurde aufgefordert, zu packen und das Anwesen sofort zu verlassen. Jeder Widerspruch war zwecklos. Die Verstaatlichung hatte begonnen, die Yavachevs standen auf der Straße. Sie waren wie vor den Kopf geschlagen, rafften ein paar Sachen zusammen (darunter einen Ballen feinen Wollstoff, den Vladimir hastig unter seinem Mantel versteckte) und fanden bei Freunden vorübergehend Unterschlupf. Vladimir hatte die Warnungen seiner Frau in den Wind geschlagen und den Versicherungen der Regierung, sie werde das Privateigentum achten, Glauben geschenkt. Ihr Leben lang bedauerten er und Tzveta, dass sie nicht vor dem Umsturz ausgewandert waren oder wenigstens ein paar Vermögenswerte gerettet hatten.

Ironie des Schicksals, dass Vladimir nunmehr als Staatsangestellter in seiner früheren Fabrik arbeitsverpflichtet wurde. 1948 kam er eines Abends nicht nach Hause. Tzveta erfuhr, ihr Mann sei verhaftet worden, kannte aber weder die Umstände noch den Grund. Wurde er eines Verbrechens bezichtigt oder als Kapitalist verurteilt? Kurze Zeit später waren ihre Hauswände mit der Aufschrift »Hier wohnen Feinde des Volkes« beschmiert. Viele wohlhabende Freunde wurden wahllos der Kollaboration angeklagt, verhaftet und entweder hingerichtet oder zur marxistischen Umerziehung in ein Lager gesteckt. In dieser schweren Zeit hörte Christo, der keine Ahnung hatte, was mit seinem Vater geschehen war, immer wieder in der Ferne Maschinengewehre bellen, die Todesurteile vollstreckten. Eine Woche nach Vladimirs Festnahme erfuhr die Familie Näheres. Ein großer Kessel voll Tuch war durch zu starkes Bleichen vernichtet worden, daraufhin zeigte ein in der Fabrik beschäftigtes KP-Mitglied Vladimir wegen Sabotage an; Vladimir verteidigte sich damit, ein betrunkener Mitarbeiter habe sich nicht an die vorgeschriebenen Verfahren gehalten. Tzveta arbeitete mit allen Mitteln auf die Freilassung ihres Mannes hin und erreichte sie schließlich mit mancherlei Winkelzügen. Diese unseligen Ereignisse hinterließen bei den Jungen einen bleibenden Eindruck.

Christo war schon als Kind schrecklich schüchtern. Der Siebenjährige war zwar ein ausgezeichneter Schüler, aber so zurückhaltend, dass sein Vater ihn durch allerlei gesellschaftliche Unternehmungen aus der Reserve zu locken suchte. Christo glich seine stille Anwesenheit durch eine fröhliche Veranlagung und die Gabe, konzentriert zuhören zu können, aus. Während er seine Umgebung sorgsam beobachtete, blitzte in seinen braunen Augen der Schalk. Mochte Christo auch scheu sein, so besaß er doch gleichzeitig einen oft an Tollkühnheit grenzenden, jungenhaften Mut.

Kaum etwas machte ihm mehr Spaß, als Unbekanntes zu ergründen. 1943 zog ihn Karl May in seinen Bann und inspirierte ihn zum Verfassen eines eigenen Wildwestromans. Das fein säuberlich geschriebene, einhundertsechzig Seiten starke Bändchen im Schulheftformat illustrierte er mit Blei- und Farbstiftzeichnungen von Cowboys und Indianern. Von seinem Großvater erhielt er auch zwei Landkarten von den Vereinigten Staaten, die er eingehend studierte und auf denen zu seiner Überraschung nirgends von Krieg die Rede war.

Auch der norwegische Polarforscher Roald Amundsen wurde für ihn zum Vorbild. Nach einem schweren Schneetreiben bewies der neunjährige Abenteurer seine Neigung, sich in Gefahr zu begeben. Er spielte die Entdeckung des

Südpols durch Amundsen nach und brach dabei auf einem
Fluss im Eis ein. Anani und Tzveta retteten ihn knapp vor
dem Ertrinken. Dieser Zusammenprall der Wirklichkeit mit
Christos blühender Phantasie brachte seine Mutter fast zur
Verzweiflung, während Anani seinen Bruder mit Don Qui-
jote verglich.

Seine Vorliebe fürs Dramatische stellte Christo 1948 mit
seiner ersten öffentlichen Vorstellung unter Beweis. Er adap-
tierte mehrere Shakespeare-Stücke für eine Vorführung vor
geladenem Publikum aus Freunden, Angehörigen und befreundeten Künstlern, die teils zum Nationaltheater von Gabrovo gehörten. Der zwölfjährige Christo führte Regie über
drei oder vier halbwüchsige Vorleser. Bei einem von Tzvetas
Malerfreunden wurde ein torbogengroßer Goldrahmen bestellt und mit burgunderroten Vorhängen verkleidet, hinter
denen die Vorleser saßen. Lichteffekte lenkten die Aufmerksamkeit auf eine runde, für den schnellen Szenenwechsel in
Abschnitte aufgeteilte Drehbühne. Mit beachtlicher zeichne-
rischer Fähigkeit schuf Christo über vierhundert realistische
Puppenfigürchen sowie diverse szenische Elemente, die allesamt sorgfältig bemalt, ausgeschnitten und an Stäben befestigt wurden, mit denen er besondere Fingerfertigkeit bewies. Auch die Theaterzettel und Eintrittskarten fertigte er
selber an. Schon damals war Christo neugierig auf die Reaktion des Publikums: Nach jeder Vorstellung wurden Papier
und Bleistifte verteilt und die Zuschauer zum kritischen Kommentar aufgefordert. Um das Maß voll zu machen, schrieb
Christo triumphale Besprechungen, die ebenso zutreffend
wie zweckdienlich waren.

Unter dem Druck seines jüngeren Bruders gab Anani als
Erzähler von *Romeo und Julia* widerstrebend sein Theater-
debüt. Einmal war Anani der in seinen Augen kindischen
Aufgabe so überdrüssig, dass er aus dem Fenster kletterte,
um nicht teilnehmen zu müssen. Christo setzte ihm nach,
bekam ihn zu fassen, schimpfte ihn aus und überredete ihn
schließlich zur Rückkehr. »Christo war damals schon ein General«, erinnerte sich Anani später, »und das ist er auch ge-

blieben.« Schon hier blitzt die Parallele zu Christos späteren Unternehmungen auf.

Tzvetas Einfluss war ausschlaggebend für Christos Hinwendung zur Moderne. Bereits als Sechsjähriger lauschte er aufmerksam den hitzigen Debatten zu Besuch weilender Künstler, in denen seine Mutter stets für jede Form der Innovation eintrat. Oft war sie die Einzige, die nichtkonformistische Meinungen vertrat. Nach und nach machte sich Christo ihren heftigen Widerstand gegen den Status quo zu eigen. Er konnte kaum glauben, dass die ansonsten so umgänglichen Maler den Begriff »moderne Kunst« so abschätzig von der Hand wiesen. Erfindungsgabe bedeutete ihm alles, und er träumte davon, seinen ureigenen Beitrag zur Kunst leisten zu können.

Das Wenige, das Christo über die russische Avantgarde wusste, verdankte er ausschließlich seiner Mutter. In Bulgarien waren Kunstbücher entweder veraltet oder fielen nach Einführung der stalinistischen Herrschaft der Zensur zum Opfer. Das hatte zur Folge, dass die Kunstgeschichte abrupt bei den Frühwerken von Edouard Manet abriss. Schlimmer noch: Die meisten Maler der Akademie erreichten nicht einmal das mittelmäßige Niveau des angebeteten 19. Jahrhunderts. Der Lehrkörper bestand aus einfallslosen Absolventen der Münchener Schule, langweiligen Akademikern und später Vertretern des Sozialistischen Realismus; gemeinsam war ihnen die Abneigung gegen den Postimpressionismus, Kubismus, Surrealismus und alle anderen Ausdrucksformen des 20. Jahrhunderts.

Christos unfreiwillige Unkenntnis der modernen westlichen Kunst hatte auch eine positive Seite: Die erzwungene Isolierung ließ ihm reichlich Zeit, traditionelle Zeichen- und Malstile auszubilden. Zwischen 1947 und 1956 beschäftigte er sich mehr und mehr mit der Herstellung realistischer Porträts. Viele waren beeindruckt davon, wie leicht ihm die Arbeit von der Hand ging. Seine schnell hingeworfenen, sachlichen Darstellungen waren Ergebnis eines genüsslich erfahrenen körperlichen Tuns, das Christo so natürlich zufiel

Plovdiv 1953: Selbstporträt von Christo. Öl auf Holz, 32 cm x 24,5 cm.
(Foto: Eeva/Inkeri)

wie sprechen. Land- und Fabrikarbeiter, Bauern, Freunde
und Bekannte wurden zum Gegenstand seines unermüdlich
forschenden Blicks. Neben wiederholten Studien von Anani,
Tzveta und Vladimir ist die in den fünfziger Jahren entstan-
dene Reihe eindringlicher Selbstbildnisse besonders faszinierend. Jede der überzeugenden Darstellungen offenbart

Gabrovo 1949: Christos Zeichnung seiner Mutter. Bleistift und Kohle auf
Papier, 43,3 cm x 23,8 cm. (Foto: Eeva/Inkeri)

eine sichere Hand, aktive Strichführung und Modelltreue.
Sind auch viele dieser Werke untergegangen, verschenkt
oder vernichtet worden, so haben doch mehrere Koffer voll
überlebt. Zusammen bilden diese autobiografischen Zeichnungen eine visuelle Chronik von Christo Javacheffs letztem
Jahrzehnt in Bulgarien und gehören zu seinen nur wenig bekannten Leistungen.

Immer deutlicher wurde Christo klar, dass seine künstlerische Zukunft vom Erfolg an der Akademie der Schönen Künste in Sofia abhing. Hier schlug das Herz der Kunstwelt Bulgariens. Doch die Akademie ließ nur wenige Bewerber zu, zudem hatten die Kinder und Verwandten der Arbeiterklasse, antifaschistischer Helden und von KP-Mitgliedern Vorrang. Die belastete Vergangenheit des Vaters konnte eine unüberwindliche Barriere darstellen. Anani hatte allerdings inzwischen die Zulassung zur Hochschule für Dramatische Kunst in Sofia geschafft.

Nichtsdestotrotz verließ sich Christo völlig auf seine Begabung und hoffte auf die von Tzvetas Freunden versprochene Hilfe. Vor allem der berühmte Maler und Akademieprofessor Detschko Usunov hatte zugesagt, Christo wie seinen eigenen Sohn zu betrachten und ihm auf jede erdenkliche Weise zu helfen. Er war ein robuster, gut situierter Maler, der dank seines chamäleonhaften Verhaltens, mit dem er sich den mit jeder Regierung oder neuen Tendenz wechselnden Stilen anpasste, ungefährdet blieb. Aber auch Detschko hatte nur eine Stimme in der Zulassungsjury, zu der alte Parteihasen zählten, die gegen jeden Bewerber ohne weitere Begründung ihr Veto einlegen konnten.

Im Spätfrühling 1953 kam ein sorgenvoller Christo in Sofia an. Die Universitätsarena betrat er gewappnet mit ausgezeichneten Noten aus einem umfassenden Test der höheren Schule, einem Zeugnis für hervorragende Leistungen in Kunst-Abendkursen und einer Empfehlung von Detschko Usunov. Für ihn und mehrere hundert Mitbewerber begann der mühselige Auswahlprozess mit einer Furcht erregenden Prüfungsreihe in Literatur, Philosophie, Naturwissenschaft und marxistisch-leninistischer Ideologie. Anschließend musste Christo in der Kunstakademie Zeichnungen, Stillleben und Gipsplastiken sowie Porträts von lebenden Modellen ergänzen. Die Jury ließ ihn ohne Einschränkung zum Lehrgang für Schöne Künste zu; er und seine Familie waren überglücklich. Doch bald sollte der angehende Künstler entdecken, wie wahr Oscar Wilde gesprochen hatte: »In dieser Welt gibt es nur zwei Tragödien. Die eine ist, nicht zu bekommen, was man möchte, und die andere ist, es zu bekommen.«

Voller Freude schickte sich Christo an, Plovdiv, wohin die Familie inzwischen umgezogen war, zu verlassen. Sein Optimismus war grenzenlos, es drängte ihn, sich zu beweisen. Er zog zu einer Freundin seiner Eltern, Professorin Raina Katzarova. Anani wohnte ein Haus weiter bei einem orthodoxen Priester, dessen Tochter Maria er später ehelichte. Der lebhafte, gut aussehende und sehr liebenswerte Anani war oft in Gesellschaft junger Damen anzutreffen. Mit seinem ausdrucksstarken Gesicht und der sonoren Stimme gebärdete er sich unbekümmert als »enfant terrible«.

Nach der langen Trennung waren Anani und Christo von nun an stets beisammen, streiften fröhlich und unbeschwert durch das langweilige Universitätsgelände. Christos Interesse fürs Theater wurde dadurch beflügelt, dass sein Bruder in dieser Disziplin vollkommen aufging. Voll Bewunderung für Anani schrieb sich Christo in mehreren Theaterkursen ein. Theater, Bühnenbild- und Kostümentwürfe, Kommilitonen und Lehrkörper nahmen seine Aufmerksamkeit in Anspruch. Jeden Monat entwarf Christo mit Bleistift und Ölfarben die Kostüme und Dekoration für die Anani zugewiesene Inszenierung. Desgleichen malte er Porträts von seinem Bruder im Bühnenkostüm oder in Alltagskleidung und skizzierte jeden, der gerne Modell sitzen wollte.

»Wir sprachen oft über Kunst«, erinnert sich Anani liebevoll. »Wir redeten und diskutierten, und unsere Freunde kannten einander. Unentwegt rutschten ihm Bleistifte aus der Tasche. Dass ich wusste, er würde etwas Großes werden, kann ich nicht sagen, aber dass er etwas Besonderes war, das wusste ich.«

Seine naive Vorstellung von einem unbändigen Abenteuer konnte Christo an der Kunstakademie nicht verwirklichen. Vielmehr musste er eine einseitige, unendlich langweilige Ausbildung über sich ergehen lassen. Das Abzeichnen von

Gipsplastiken und Kopieren mittelmäßiger Gemälde waren nicht gerade inspirierend. Bald schon merkte Christo, dass er seine Individualität und Vorstellungskraft unterdrücken musste, wenn er überleben wollte. Das war nicht mehr die Kunstakademie, in der seine Mutter einst gearbeitet hatte. Der Lehrplan erschien hoffnungslos antiquiert: Doch Christo lernte immerhin einiges über fehlgeleitete Ideologie, unverwirklichte Ideale und die menschliche Natur.

Der bulgarische Ministerpräsident Walko Tscherwenkow ahmte Stalins unerbittliche Alleinherrschaft nach. Die Verhaftungen, der polizeistaatliche Terror, die korrupte Bürokratie und eine Regierungskampagne zur Ausschaltung aller westlichen Einflüsse beherrschten alles. Eine Dissidentenbewegung konnte sich nicht bilden. In der bedrückten Atmosphäre traute man sich kaum, den Mund aufzumachen. Überall lauerten opportunistische Spitzel, und sogar Freunde konnten unbeabsichtigt Schaden anrichten. Als Ananis Freundin einen Witz von ihm über die Unfähigkeit des Parteichefs weitererzählte, wurde er zum Verhör einbestellt; es gelang ihm, das Ganze überzeugend als Missverständnis darzustellen.

Die Allgegenwart der Politik wirkte sich auch auf die Kunst lähmend aus. Alle Kommunikationsformen hatten beim Bau einer neuen Gesellschaft mitzuwirken und unterstanden somit der unmittelbaren Kontrolle durch das ZK. Themen und Stil der bildenden Kunst wurden in starrer Handhabung der einzig zulässigen Ausdrucksform diktiert: des sozialistischen Realismus. Von den Malern wurden Bauern- und Arbeiterszenen, idealisierte Landschaften und heroische Bilder des Proletariats und seiner Führer erwartet. Was dabei herauskam, hatte mit Kunst wenig zu tun. Christo versuchte es mit einer pragmatischen Reaktion auf das bankrotte System – vergeblich.

Kaum ein bekannter Künstler der zweiten Hälfte des 20. Jahrhunderts war in seinen entscheidenden Jahren so von der modernen Kunst abgeschnitten wie Christo. Aber seine Neugier auf diese aufregende, ihm verschlossene Welt war enorm. Freunde machten ihn insgeheim mit den verbotenen Kunstbüchern der Editions d'Art Albert Skira bekannt. An eine begrenzte Auswahl zensierter Veröffentlichungen mit lediglich Schwarz-Weiß-Illustrationen gewöhnt, versetzten die hochwertigen Farbreproduktionen und der Inhalt dieser schweizerischen Reihe Christo in Erstaunen. Schlagartig wurde für ihn eine moderne Alternative sichtbar, die er bislang nur vom Hörensagen kannte. Auch der Auftritt mehrerer russischer Gastprofessoren an der Akademie erwies sich als stimulierend. Es handelte sich ausnahmslos um der Vergessenheit anheim gefallene Sechzigjährige, die jetzt in der Manier des Sozialistischen Realismus arbeiteten, aber früher in der nachrevolutionären sowjetischen Avantgarde aktiv gewesen waren, die nun diskreditiert war. Hin und wieder luden sie Christo und andere auf ein Glas ein. Je mehr getrunken wurde, desto mehr kreiste das Gespräch um die Ziele und zerschlagenen Hoffnungen der russischen Moderne. Dank dieser Gelegenheitsvorlesungen wurde Christo mit der Dichtung Vladimir Majakowskis, Vsevolod Meyerholds Pioniertheater und den grafischen Arbeiten vieler Sowjetkünstler vertraut. Majakowskis berühmter Ausspruch, »machen wir die Straßen zu unserem Pinsel und die Plätze zu unserer Palette«, wurde für Christo zum geflügelten Wort und konnte später als sein Schlachtruf gelten. Indem Meyerhold die Dynamik zufälliger Objekte und belebter Orte für seine Vorstellungen benutzte, schuf er einen neuen Realismus. Zu seiner Zeit sollte auch Christo die mächtige Energie realer Objekte und öffentlicher Räume einsetzen. Wie zuvor schon die Berliner Dadaisten nutzten auch die russischen Konstruktivisten die Collage und Fotomontage zu auffallenden Kompositionen; gleiches galt später für Christo.

Treibende Kraft hinter dem russischen Modernismus war der feste Glaube, Kunst und Leben müssten zu einem engeren, harmonischeren Verhältnis finden. Dazu drängten Maler, Schriftsteller, Komponisten und Darsteller begeistert auf die Straße. Sie traten in Fabriken, Bauernhöfen, Bahnhöfen, ja überall auf, wo sie bildend auf die Masse des Volks einzuwirken und durch praktische Kunstanwendung eine klassenlose Gesellschaft aufzubauen hofften. Stegreifvorstellungen, zeitweilige Riesenbauten und Straßenumzüge waren nun an den unwahrscheinlichsten Plätzen zu sehen. Der anschließende Dialog verkörperte die aktive gesellschaftliche Rolle des Künstlers.

Zu Christos denkwürdigsten Auftragsarbeiten gehörte die Landschaftsgestaltung entlang einer vom Orientexpress befahrenen Gleisstrecke. Dieses Zwischenstück sollte den ausländischen Reisenden einen flüchtigen Eindruck von der vorgeblichen Produktivität des Landes vermitteln. Doch die Illusion eines fortgeschrittenen sozialistischen Staates reichte nicht weiter als das Panorama an der Zugstrecke. Am Horizont stellten Studentengruppen landwirtschaftliche Maschinen so auf, dass man sie gut erkennen konnte. Hässliches wurde abgedeckt oder gesäubert, Heuhaufen und Gerätschaften wie Skulpturen arrangiert. Manchmal wurden die Gegenstände mit einer Plane verhüllt und verschnürt. Rückblickend wirken diese unauffälligen Verpackungen wie ein Vorzeichen von Christos späteren Verhüllungsaktionen.

Zwar war Christo noch immer ziemlich schüchtern, dennoch brachte er es fertig, auf Landarbeiter zuzugehen und sie auf seine herzlich-schlichte Art zur Mitarbeit zu bewegen. Das Überzeugen eines gleichgültigen Publikums sollte später für ihn und Jeanne-Claude zum Alltag gehören. Auf seinen Wanderungen über kahle Hügel und durch fruchtbare Täler entwickelte Christo zudem ein untrügliches Gespür für Landschaften. Die Arbeit mit echtem Material in echten Räumen flößte ihm ein lebhaftes Verständnis für menschliche Maßstäbe ein. Dank seines Interesses am Theater sah er vermutlich jeden Ort als Bühne, deren natürliches Dekor ein wenig aufgebessert werden musste. Gleich allem traditionellen Kunstmaterial standen auch echte Räume dem Zugriff offen, enthielten inhärente theatralische, bildnerische und architektonische Möglichkeiten. Ebenso wichtig war, dass Christo das Potenzial der Gruppenenergie für die Umgestaltung objektiver Wirklichkeit vor dem Hintergrund der Landschaft entdeckte. Vielleicht unbewusst erkannte er: Wenn Staatserlasse die Umwelt verwandeln können, vermag die Kunst dies erst recht.

Zwischen 1954 und 1956 verdiente sich Christo etwas Geld, indem er gelegentlich für die staatseigene Filmwirtschaft als Drehort-Scout tätig wurde. Routinemäßig wurden Maler angeheuert, um für jede Szene den geeigneten Drehort ausfindig zu machen. Der junge Maler zog meist in Begleitung eines Team-Mitglieds durch die Stadt und die Vororte, wählte Alternativplätze aus und fertigte auf das Drehbuch bezogene Skizzen an. In diesen Aufträgen zeigte sich seine Fähigkeit, realen Orten künstlerische Intentionen einzuflößen.

Nach dem ersten Jahr auf der Akademie ergatterte Christo eine eigene Wohnung. Wie alle Studenten musste er während der Sommerferien seinen Militärdienst ableisten. Die erste von drei höchst unerfreulichen Einberufungen erfolgte 1954. Ein sadistischer Hauptmann machte den Rekruten das Leben zur Qual. Eine typische Abhärtungsübung bestand aus einem Gewaltmarsch knietief durch einen Fluss um drei Uhr morgens. Beleidigungen und strengste Disziplin waren an der Tagesordnung. In seiner geringen Freizeit skizzierte Christo Kameraden. Seine Verachtung für das System behielt er für sich.

Nachdem er das wenig ergiebige erste Studienjahr mit den besten Noten abgeschlossen hatte, schrieb sich Christo für die Atelier-Klasse von Detschko Usunov ein. Detschkos imposante Erscheinung und ausladende Art ließen wenig Zweifel daran, dass er ein wirklich großer Künstler war. Er unterstrich jede Aussage mit großen Gesten, seine melodiöse Stimme litt gelegentlich unter übermäßiger Lautstärke. Bald stellte sich heraus, dass seine übertriebenen Auftritte in erster Linie auf die weiblichen Hörerinnen gemünzt waren. Der großmächtige Schürzenjäger, den Christo in der Klasse sah, unterschied sich frappant von dem Besucher, den er in Gabrovo gekannt hatte. Detschko war zwar auf Christos große Begabung persönlich stolz, äußerte aber nur selten einmal konstruktive Kritik, und wenn, war sie betrüblich seicht. Doch eine bessere Kunsterziehung hatte Sofia nicht zu bieten. Der junge Künstler war bitter enttäuscht. Auf das bedrückende zweite Studienjahr folgte eine zweite lästige Sommereinberufung.

Als Christo ins Herbstsemester 1955 einstieg, hegte er keinerlei Illusionen über die Bildungschancen, die sich ihm in Zukunft noch bieten würden. Dass dieses dritte Akademiejahr auch sein letztes werden sollte, ahnte er allerdings nicht. Er warf sich mit ganzer Kraft auf die Kunst, produzierte Zeichnungen, Gemälde und Bühnenentwürfe. Das Wenige, was er gesellschaftlich unternahm, galt ausnahmslos der Kunst. Christo fühlte sich zu einer jungen Schriftstellerin hingezogen, die sich auch für Kunst interessierte. Sie erwiderte seine Gefühle. Bei einem kurzen Rendezvous kam es für den Einundzwanzigjährigen zum ersten Kuss und der ersten Intimität. Das Verhältnis dauerte jedoch nicht lange, denn die junge Frau war linientreue Kommunistin.

Christo wusste genau, was von den Atelier-Klassen erwartet wurde, erkundete bei jeder neuen Auftragsarbeit vorsichtig die Grenzen der erzwungenen Beschränkung und stieß dabei jedes Mal auf eisernen Widerstand. In einem Kurs malte er zwei große, fast identische Bilder von vier Bauern, die sich auf dem Feld ausruhten. Das eine Bild zeigte brave, natürliche Tönungen, das andere kräftige, phantasievolle Farben. Sein Lehrer erregte sich über die experimentelle Farbgebung. »Die Arbeiter wirken müde und bedrückt«, klagte er. »Warum ruhen sie sich nicht glücklich aus?« Christo ließ die Kritik wortlos über sich ergehen.

Auf einer Studentenausstellung zeigte sich, dass Christos makellose Zeichnungen und Gemälde eine Klasse für sich waren. Ein französischer Diplomat namens Bonavita besuchte die Ausstellung und lud Christo ins Konsulat ein, damit er sich dort ein paar Bücher ansehen könne. Er wurde zum Lunch eingeladen und erhielt anschließend den Auftrag, die Familie Bonavita zu porträtieren. Plötzlich däm-

Bei Sofia 1956: Porträt eines Bauern. Bleistiftzeichnung, 35 cm x 25 cm.
(Foto: Eeva/Inkeri)

merte ihm, dass sich das Porträtmalen als Lebensunterhalt
eignen könnte, und in den folgenden Jahren wurde es zu seiner wichtigsten Einkommensquelle. Die anregende, offene

Unterhaltung mit Bonavita machte Christo neugierig auf die unbekannte Welt außerhalb Bulgariens. Der elegante Franzose und seine politischen Verbindungen sollten sich schon bald in zwei kritischen Phasen als unschätzbar erweisen.

1956 beendete Christo sein drittes mühseliges Jahr an der Akademie und stählte sich innerlich für einen weiteren sinnlosen Sommer bei der Armee. Anani legte das Abschlussexamen für Dramatische Kunst ab, bekam ein Engagement am Nationaltheater von Gabrovo und suchte nach einer Wohnung für sich und Maria. Im Spätsommer fuhren Anani und Christo noch vor Ananis Hochzeit zum letzten Mal nach Gabrovo und Katschori. Da Anani nun in Gabrovo ansässig war, wurde die bedrückende Atmosphäre an der Akademie für Christo noch unerträglicher. Er musste einfach eine Zeit lang weg. Mit Bonavitas Hilfe erhielt er schließlich im Herbst die Genehmigung zum Besuch von Verwandten in Prag, wo er einen Onkel, eine Tante und ein paar Vettern hatte. Da er kaum Geld hatte, nahm er dankbar das Angebot eines Detschko-Assistenten an, ihm den Betrag für den Flugschein vorzustrecken. Kaum eingetroffen, entdeckte er ein viel schnelleres Tempo und eine in Bulgarien unbekannte Freiheit.

Bei seiner Ankunft in der Tschechoslowakei hegte Christo keinerlei Fluchtabsichten. Beim Abschiedskuss am Flughafen von Sofia war seine Mutter in Tränen ausgebrochen. Dass er sie über zwanzig Jahre lang nicht mehr sehen würde, konnte Christo nicht wissen.

Im Gegensatz zu Sofia bot Prag ein Bild alteuropäischer Pracht, an der der Krieg spurlos vorübergegangen schien. Es war zwar kommunistisch, blieb aber dennoch eine aufregende, freiere, deutlich westlich geprägte Stadt. Die meiste Zeit verbrachte Christo in Emile Burians Avantgarde-Theater. Burian war für ihn die verkörperte Hoffnung. Er schien alles erreichbar zu machen. In einem achtseitigen Brief an Anani vom 24. Dezember 1956 schrieb Christo: »Ich fühle mich wie neu geboren. […] In den letzten zwei Wochen war ich ungemein glücklich und habe unendlich vieles gezeichnet. Ich bin entzückt von dem Schauspieler und Regisseur E. F. Burian. Unglaubliches ist passiert. Noch nie habe ich mit einer berühmten Gestalt der Kunstwelt so offen gesprochen. Er ist Gold wert.«

Christos Vetter hatte ihn Burian vorgestellt. Ein langes Gespräch und mehrere neuere Gemälde von Christo hatten Burian so beeindruckt, dass er den jungen Maler einlud, seinem Ensemble beizutreten. Desgleichen machte er Christo mit anderen Künstlern, Galerien und Privatsammlungen bekannt und führte ihn in die Lagerräume der Nationalgalerie, wo sich Christo moderne Kunst ansehen konnte.

»Es war traumhaft«, schrieb Christo. »[Burian] bestellte mich im neuen Theater zum Bühnenbildner. [...] Heute Abend habe ich mich mit ihm angeregt unterhalten. Er ist in Frankreich gewesen und mit Picasso und anderen französischen Malern, Schauspielern und Musikern befreundet. Kunst bedeutet für ihn Entdeckung, Innovation, Auftrag zum zeitgemäßesten, neuartigsten Ausdruck. [...] Er sagt, Kunst sei mehr als alles andere im Leben Schönheit. Kunst schafft, was bislang niemand gesehen hat. [...] Anani, nie habe ich von jemandem in der Kunst solche Herzlichkeit erfahren. [...] Burian ist demokratisch. Er ist ein Künstler des Volkes, sehr einflussreich in Regierung und Partei. Er sagt: ›Sozialer Realismus ist die Methode.‹ Aber was heißt das?«

Über seine Ausbildung in Bulgarien schrieb Christo bitter: »Zu Hause war es die reine Katastrophe. Gibt es in der Akademie überhaupt etwas? Nein, nichts. Ich will nicht mehr mit Leuten im Kurs sitzen, die mich nicht verstehen und reine Egoisten sind. Vier Jahre lang nichts als Unterdrückung, Gehirnwäsche und Kunst nach Diktat. Diese vier Jahre lassen sich mit dem letzten Monat hier nicht vergleichen.« Als ahnte er schon seinen nächsten Schritt, fuhr Christo fort: »Wo Unaufrichtigkeit gegenüber der Kunst herrscht, kann ich nicht sein. [...] Burian meint, wir passten vom Temperament her zueinander, [... aber] ich kann nicht bei diesem Theater bleiben. Wenn Du darüber nachdenkst, verstehst

Du, warum. Ich muss malen lernen. [...] Um Entdecker zu sein, muss man mehr tun als Bücher lesen: Man muss den Puls der Zeit fühlen.«

Als im Herbst 1956 die russischen Panzer nach Ungarn rollten, ging in Europa die Angst vor einem dritten Weltkrieg um. Die Nachrichten von Massenverhaftungen und erbarmungsloser Unterdrückung in Ungarn bestätigten Christos schlimmste Befürchtungen. Ganz Prag schwirrte von Berichten, viele Ungarn und sogar Tschechen seien auf der Flucht nach Wien. Christo schien es, dass er nur wenig zu verlieren habe, wenn er sich dem Exodus anschließen würde. Für ihn waren Kunst und Freiheit nicht zu trennen, und an beidem mangelte es.

Siebzehn Tage nach seinem Brief an Anani floh Christo in die Freiheit.

Nach endlosen Stunden kam der eiskalte Güterzug an der Grenze knirschend zum Stehen. Durch schmale Ritzen sah der junge Maler eine trostlose Landschaft. Alle Bäume waren gefällt worden, Scheinwerfer erhellten den Platz – nichts, wo man sich verstecken könnte. Plötzlich breitete sich Hochspannung im Waggon aus, als Wachleute mit bellenden Hunden nahten. Die Flüchtlinge hielten den Atem an.

Nach einer Ewigkeit setzte sich der Zug langsam wieder in Bewegung in Richtung auf das neutrale Österreich. Als er in sicherer Entfernung hinter der Grenze wieder stehen blieb, hämmerten die blinden Passagiere gegen die Wände und riefen, bis Eisenbahner die Türen öffneten. Den Neuankömmlingen wurde befohlen, im nächsten Bahnhof auf einen Zug nach Wien zu warten.

Noch war Christos Abenteuer nicht zu Ende. Auf der Fahrt nach Wien mischte sich Angst in seine Euphorie. Sein Anteil im Gegenwert von dreihundert Dollar an der Bestechungssumme für den Zollinspektor hatte ihn fast seine gesamte Barschaft gekostet. Außerdem sprach er kein Deutsch, sondern nur Bulgarisch und ein paar Brocken Tschechisch und

Russisch. Eine weitere Erschwernis war, dass er nicht nur geflohen, sondern desertiert war, denn er hatte seinen Militärdienst in Bulgarien noch nicht abgeleistet. Am meisten schreckte ihn die Aussicht, auf unabsehbare Zeit in ein Flüchtlingslager eingesperrt zu werden.

Christos ganze Hoffnung ruhte auf einem Zettel, auf dem der Name Sabew (ein früherer Freund seines Vaters) und eine dreißig Jahre alte Adresse standen. Um der wahrscheinlichen Internierung mit dem täglich anschwellenden Strom osteuropäischer Flüchtlinge zu entgehen, ließ Christo, als der Zug hielt, sein Gepäck stehen und rannte durch den überfüllten Bahnhof auf die Straße und in ein Taxi. Wortlos hielt er dem Fahrer den zerknitterten Zettel hin und hoffte das Beste auf der Fahrt durch die winterliche Stadt. Schlimmstenfalls würde er verhaftet, weil er das Fahrgeld nicht bezahlen konnte, und das hielte sich mit der Internierung die Waage.

Gegen 19 Uhr fuhr das Taxi an der Spiegelgasse 8 vor. Christo bedeutete dem verdutzten Fahrer, er solle warten, und rannte zur Tür. O Wunder: Auf dem Türschild stand »Sabew«. Er klingelte. Ein lautes Summen ertönte! Christo sauste in den vierten Stock hinauf, und da stand der alte Freund seines Vaters.

Sabew war ein untersetzter, etwa sechzigjähriger Geschäftsmann. Er und seine Frau hatten gerade Gäste und ärgerten sich offenkundig über die Störung. Ein zornrotes, rundes Gesicht starrte auf Christo. Der suchte nach Worten, versuchte zu erklären. Zum Glück war Frau Sabew Bulgarin. Christo sagte, wer er sei, und bat um Hilfe. Die Sabews ließen sich überzeugen, beglichen nicht nur die Taxikosten, sondern boten Christo auch einen Platz zum Schlafen an.

In den folgenden Tagen hielt das Glück des jungen Künstlers an. Im Fundbüro des Bahnhofs bekam er sein Gepäck wieder, verdingte sich als Träger, belud Lastwagen, arbeitete als Teller- und Autowäscher – und mit Hilfe der Sabews schrieb er sich an der Wiener Akademie der Schönen Künste ein. Freilich: Die Zukunft war weiterhin unsicher, als er seinen bulgarischen Pass abgab, auf seine Staatsbürgerschaft verzichtete und um politisches Asyl bat. Über Nacht war er staatenlos geworden.

In den turbulenten Jahren in Bulgarien hatte Christo zwar seine Unschuld eingebüßt, aber er bewahrte sich den kindlichen Teil seines Charakters – eine irrationale Fröhlichkeit. Den Antagonismen der unterschiedlichen politischen, sozialen und wirtschaftlichen Systeme begegnete er mit einer außergewöhnlichen Integrität und unglaublichen Entschlossenheit. Christo hatte eine Erziehung genossen und Lebenserfahrungen gemacht, die sich von denen seiner westlichen Zeitgenossen radikal unterschieden. Beides prädestinierte ihn dazu, ein einzigartiger Künstler zu werden. Diesem sanften Friedensstörer bereitete es offenbar eine diebische Lust, mit byzantinischer Spitzfindigkeit ein anderes Spiel mit anderen Regeln und unfehlbar anderem Ausgang zu spielen. In eine andere Welt verpflanzt, schuf sich Christo Javacheff neu.

2

Die Tochter des Generals

An ihre Kindheitsjahre erinnert sich Jeanne-Claude kaum – kein Wunder, wenn man bedenkt, wie unstet sie waren. Was ihr dazu einfällt, sind laute Explosionen im Hafen von Casablanca, ein Säugling, der sich ihr gegenüber noch nicht feindselig zu verhalten gelernt hatte, das Gefühl von Bäumen als trauten Freunden. Alles Übrige kennt sie nur vom Hörensagen. Als uneheliches Kind verbrachte sie den Zweiten Weltkrieg häufig von ihrer Mutter getrennt in erniedrigender, ungastlicher Umgebung. Sie wurde von den gewaltigen Kräften, die Europa zerrissen, genauso geschüttelt wie Frankreich selbst. Ihre resoluten Eltern verkörperten einen Kampf, zu dessen zahllosen Opfern auch Jeanne-Claude zählte.

Ihre Mutter Précilda zog als erster weiblicher Offizier mit den Truppen des Freien Frankreich am 25. August 1944 in Paris ein. Als Stabschefin von General Berges bahnte sie sich mit größter Mühe den Weg durch die jubelnde Menge, die die Befreier begrüßte. Tags darauf erschien ihr Foto auf der ersten Seite der Zeitungen, deren Schlagzeilen die Rettung des wiedererstandenen Paris feierten. Précildas langer, unbeugsamer Widerstand gegen den Faschismus und die Vichy-Regierung gehörte zu den vielen unbesungenen Heldentaten, die zusammengenommen den Kriegsausgang bestimmten. Ihre Geschichte offenbart einen unbezähmbaren Charakter und eine Willenskraft, die hinter der aller berühmten Männer in ihrem Leben nicht zurücksteht.

Trotzdem wird man über Précilda nie viel wissen. »Meine Mutter ist das erstaunlichste Geheimnis der Welt«, äußerte

Jeanne-Claude. Mit den absichtlich verwischten Spuren ist die Herkunft der durch und durch weiblichen Précilda selbst für die nächsten Verwandten eine terra incognita. Manche behaupten, Précildas übliche Beschreibung ihrer frühen Kindheit sei reine Erfindung. Nach Précildas Worten ist ihre im achten Monat schwangere Mutter, die russische Fürstin Orlow, vor der bolschewistischen Revolution 1918 per Schiff nach Brasilien geflohen. Auf See habe sie die Nachricht erhalten, die meisten in Russland verbliebenen Verwandten seien umgebracht worden. Daraufhin hätten die Wehen verfrüht eingesetzt. Das Schiff habe deshalb Casablanca angelaufen, wo die Fürstin bei der Geburt von Précilda gestorben sei.

Eine nicht näher bekannte Frau soll sich des Säuglings angenommen und das Kind Monate später nach Brasilien gebracht haben, wo ihr Vater, der Franzose Charles Laporte, noch lebte. Précilda zufolge tauchte diese marokkanische Jüdin wie aus dem Nichts auf und brachte ihr Arabisch bei. Nach Meinung einiger Verwandter war diese gute Samariterin zum Teil echt, zum Teil erfunden.

Précilda selbst betont, sie sei 1918 als sechs Monate altes Baby in Brasilien angekommen, wo ihr Vater eine der größten Gummiplantagen, eine riesige Fabrik, Schiffe und mehrere Häuser besaß. »Ich fühlte mich wie im Himmel«, erinnerte sich Précilda und fuhr fort: »Wenn ich daran denke, dann weiß ich nicht, ob es ein Tarzan-Film oder meine Phantasie ist.« 1925 sei sie dann mit einer neuen Gouvernante namens Gertrude in die Schweiz umgezogen.

Da sich das kalte Schweizer Wetter als genauso ungemütlich erwies wie die Hitze in Brasilien, habe ihr Vater ihr ein prächtiges Anwesen am Rande von Casablanca gekauft. Herrliche Gärten und durch zwei Wellenbrecher vor dem Meer geschützter, rosenfarbener Sand bildeten die dramatische Szenerie für glutvolle Sonnenauf- und -untergänge. Wie immer Précildas Kindheit in Wirklichkeit ausgesehen haben mag – jedenfalls war es Casablanca, wo ihr durchsetzungsfähiges Wesen Gestalt gewann.

Ende 1934 lernte die sechzehnjährige Précilda auf dem Jahresball der Marine in ihrem ersten Kleid eines Pariser Modeschöpfers Léon Denat kennen. Der gut aussehende, elegant gekleidete, große, blonde und offenbar unwiderstehliche Major stammte aus gutem Hause. Beide fühlten sich körperlich zueinander hingezogen. Précilda dazu: »Er verliebte sich sofort in mich.« Denat befehligte eine Garnison im Atlas-Gebirge. Der Altersunterschied von zweiundzwanzig Jahren störte ihn nicht; binnen kurzem trug er Précilda die Ehe an. Nach dem Gesetz hätte die noch nicht Einundzwanzigjährige die Zustimmung der Eltern benötigt, aber der Garnisonspfarrer traute sie heimlich. Bald wurde sie schwanger, und sie gelangte nach und nach zu der Überzeugung, dass ihre Romanze nichts als eine vorübergehende Verliebtheit war. Léon behandelte nicht nur die eingeborene Bevölkerung streng, sondern war auch ein Haustyrann. Eines Morgens sagte Précilda, sie habe einen Arzttermin in Casablanca. Von der Stadt aus rief sie Léon an und eröffnete ihm, sie komme nicht mehr heim. Was immer er vorbrachte – es war aus.

Vor dem Gesetz waren sie nicht verheiratet, und den Namen Denat hatte sie nie angenommen. Ihr Vater versorgte sie während der schweren Zeit großzügig mit Geld; dennoch fühlte sie sich einsam und ungeliebt. Das Kind, das sie unter dem Herzen trug, wollte sie unbedingt »als etwas haben, das mir gehört«. Am Abend des 13. Juni 1935 kam Jeanne-Claude zur Welt. Das Krankenzimmer der siebzehnjährigen Mutter war ein einziges Blumenmeer; ein Freund, Montie Alazrachi, hatte sie geschickt. Nach dem Wochenbett zog Précilda mit Jeanne-Claude zu ihm.

Nach Précildas Erinnerung hatte sie Montie 1933 im Schwimmbad kennen gelernt. Montie datiert die erste Begegnung zwei Jahre früher auf 1931. Damals war sie dreizehn und er doppelt so alt. Ob er schon ihr Geliebter war, bevor sie Léon Denat kennen lernte, ist umstritten. 1937, zwei Jahre, nachdem sie zusammengezogen waren, heirateten Montie und Précilda. Im Sommer 1937 brachten die Neuver-

Casablanca 1935: die wenige Monate alte Jeanne-Claude mit ihrer Mutter Précilda. (Foto: Archiv XTO + J-C)

mählten Jeanne-Claude bei Verwandten unter und traten ihre Hochzeitsreise nach Schottland an. Als sie zwei Monate später wiederkamen, wirkte Jeanne-Claude äußerst nervös. Zum ersten Mal war sie länger von ihrer Mutter getrennt gewesen. Aus Angst, sie könnte sie erneut verlassen, klammerte sie sich unentwegt an Précilda und schlief jede Nacht bei ihr im Bett.

Die Ehe mit Alazrachi hielt keine vier Jahre. Am 14. Mai 1939 wurde ihr einziges Kind Joyce May geboren. Damit begann eine irreparable Spaltung des Paares. Précilda warf Montie vor, er verlagere seine Zuneigung völlig von Jeanne-Claude auf Joyce, was er bestritt. Die seit jeher zur Maßlosigkeit neigende Précilda aber nahm das zum Vorwand, das Ende ihrer Beziehung zu planen. Montie machte immer mehr Überstunden, um die vergrößerte Familie unterhalten zu können. Die alarmierende Wende der Weltereignisse dürfte den Familienfrust noch verstärkt haben.

Jeanne-Claude in Taroudant, Marokko, 1939. (Foto: Archiv XTO + J-C)

Am 14. Juni 1940 marschierten die Nazis in Paris ein. Die Schockwellen reichten bis Casablanca. Die Mehrheit der französischen Bevölkerung wählte den Weg des geringsten

Casablanca 1939: Jeanne-Claude mit ihrer kleinen Schwester Joyce May Alazrachi im Arm. (Foto: Archiv XTO + J-C)

Widerstands und unterstützte die neue Vichy-Regierung unter Marschall Philippe Pétain. Doch Précilda Alazrachi schlug sich auf die Seite des Freien Frankreich und bot jede erdenkliche Hilfe an. Am 5. Juli brach Pétain die Beziehungen zu England ab und verlangte die sofortige Ausreise der britischen Diplomaten aus den französischen Gebieten; der Erlass traf auch die Alazrachis.

Während ihrer letzten Tage in Casablanca fälschte Précilda Papiere für achtundzwanzig Franzosen, von denen sechsundzwanzig sicher in London landeten. Zwei wurden verhaftet. Aufgrund ihrer Geständnisse und Précildas weiterer Aktivitäten erlangte sie in Vichy-Kreisen große Aufmerksamkeit. Sogar Pétain selbst soll nachgefragt haben, warum Précilda Alazrachi nicht verhaftet worden sei.

Précilda floh nach Tanger und meldete sich bei den Freien Franzosen. Dort lernte sie den Vichy-Geheimdienstler Charles Luizet kennen, der gleichzeitig gaullistische Untergrundaktionen in Marokko leitete. Im Dezember 1940 bat er sie, wieder nach Casablanca zu gehen und dabei mitzuwirken, die Araber für den Kampf gegen den Faschismus zu gewinnen.

Inzwischen hatte Précildas Ehekrise den Höhepunkt erreicht. Religiöse Unstimmigkeiten machten die Sache noch schlimmer. Précilda behauptete: »Ich habe von Montie nie erfahren, dass er Jude ist, bis er eines Tages sagte, ›ich gehe in die Synagoge.‹« Dass dies erst nach acht oder neun Jahren herausgekommen sein soll, erscheint wenig glaubhaft. Auf jeden Fall kam es im Dezember 1940 zwischen ihr und der Alazrachi-Familie zum Bruch.

Impulsiv war Précilda allemal. Sie packte ihre Sachen und verließ ihren Mann unter Mitnahme von Jeanne-Claude. Joyce blieb beim Vater. Die viereinhalbjährige Jeanne-Claude verlor damit den einzigen Vater, den sie gekannt hatte. Abrupte Ortsveränderungen, ein für sie unsichtbarer Krieg und die Auflösung der Familie – all das war unverständliches Erwachsenenwerk. In der Folge warfen eine Reihe traumatischer Ereignisse die zutiefst verunsicherte Jeanne-Claude vollends aus der Bahn.

Im März 1941 wurde Précilda von der Vichy-Polizei verhaftet. Die bestürzte Jeanne-Claude musste erleben, wie ihre Mutter abgeholt wurde; sie selbst wurde in das Nonnen-Internat Sainte-Marie gebracht. Nach mehreren Tagen in einer Gefängniszelle in Casablanca wurde die widerspenstige Précilda in das Häftlingslager im siebzig Kilometer von Casablanca entfernten Settat verlegt.

In diesem Sommer musste Précilda das Sorgerecht für Jeanne-Claude an Denat abtreten. Nachrichten von Siegen der Nazis gelangten mit entmutigender Regelmäßigkeit nach Settat. An einem Märzmorgen 1942 erkannte Précilda unter den neuen Häftlingen auf dem Weg zur Polizeistation Settat ein bekanntes Gesicht: Lord Roy Anderson. Sie waren sich im Britischen Club von Casablanca mehrfach begegnet. Der groß gewachsene, blonde, gut aussehende Engländer um die Dreißig versprühte so viel Charme, wie seine aristokratische Herkunft und Diskretion zuließen. Den meisten erschien er lediglich als reicher, sorgloser Tourist, der bei seiner Mutter wohnte und mit ihr reiste. Précilda aber spürte, dass da mehr war. 1985 erfuhr sie, dass er damals den britischen Geheimdienst in Nordafrika geleitet hatte. Das Paar wurde unzertrennlich. Binnen kurzem machte er ihr einen Heiratsantrag, den sie ohne zu zögern annahm. Ihr Anwalt handelte mit Monties Anwalt eine schnelle Scheidung aus. Mitte 1942 schlossen die beiden dann vor dem Bürgermeister von Settat die Ehe.

Die Sorge um ihre Töchter, vor allem um Jeanne-Claude, die mittlerweile bei den Denats lebte, warf Schatten auf Précildas neues Glück. Jeanne-Claude war unterernährt und wurde schlecht behandelt. Die Familie Denat machte ihr das Leben schwer, ignorierte oder schikanierte sie abwechselnd. Mehrfach hörte sie, wie ihre Mutter als »gaullistische Hexe« beschimpft wurde. Ihr gleichgültiger Vater war ganz mit seinen Pflichten außer Haus beschäftigt. Seine stille, aber bedrohlich wirkende Frau Charlotte und deren Schwestern Françoise und Jacqueline Duhez gaben sich keine Mühe zu verbergen, wie sehr Jeanne-Claude störte. Zu ihren wenigen erfreulichen Erinnerungen an die Zeit vor Kriegsende gehören die seltenen, heimlichen Augenblicke mit Charlottes blondem, blauäugigen Baby Charlie, das noch zu klein war, um die Feindseligkeit seiner Mutter nachzuahmen. Über allem aber lag das ferne, anhaltende Krachen der Explosionen im Hafen von Casablanca.

Am Morgen des 8. November 1942 zogen dicke Rauchschwaden über den Hafen. Bisher schienen die Gerüchte einer möglichen alliierten Landung weit hergeholt, aber jetzt nicht mehr. An diesem Tag landeten vierhunderttausend Amerikaner gleichzeitig in und um Casablanca, Oran und Algier. Die Nachricht elektrisierte die Häftlinge in Settat. Nach

der Kapitulation sämtlicher Vichy-Truppen am Morgen des
11. November hatte Précilda nur eines im Sinn: Jeanne-
Claude zurückzuholen. Unter dem Eindruck des amerikanischen Blitzsieges versuchte sich die Familie Denat einzu-
schmeicheln und gab das unerwünschte Kind schnell frei.
Die seit mehreren Monaten schwangere Précilda, eine ver-
störte siebenjährige Jeanne-Claude und Lord Roy zogen in
ein Haus gleich neben dem seiner Mutter, Lady Anderson.

Yolande Karsenti, eine Kusine, empfand Jeanne-Claude
beinahe als Schwester:»Sie war anders als die übrigen Kinder in der Familie – sehr schlank, blaue Augen, blondes Haar
und ungemein hübsch.« Als Roy, Précilda und Jeanne-Claude
im Dezember 1942 Yolande besuchten, brachte Jeanne-
Claude ein teures Weihnachtsgeschenk mit, das sie von ihrer Mutter erhalten hatte: eine Louis-Vuitton-Puppe samt
Schrankkoffer mit allem Drum und Dran – Schubladen, Klei-
derbügeln und Puppenkleidern. Yolande sagte:»Von meiner
Mutter hatte ich nur ein kleines Püppchen erhalten. Als ich
es mit Jeanne-Claudes Geschenk verglich, hatte ich keine
Lust, mit dem Püppchen zu spielen. Jeanne-Claude war erst
sieben, aber als sie mein Gesicht sah, verstand sie augenblicklich meine Enttäuschung und sagte: ›Komm, wir tauschen.‹« Diese Großzügigkeit ihrer Kusine hat Yolande nie
vergessen.

Bald nach diesem Besuch erhielt Roy Anderson den Befehl zur Rückkehr nach England. Angesichts ihres Zustands
blieb Précilda nichts übrig, als in Marokko zurückzubleiben.
Am 18. Juni 1943 gebar sie Allistair Anderson. Sie hörte,
wie die Hebamme, Mademoiselle Dufresne, eine glühende
Vichy-Anhängerin, beim Hinaustragen des Neugeborenen
sagte:»Noch ein Engländer in diesem Schlamassel.« Wenige
Tage später kam Dufresne ins Zimmer und meldete:»Ihr bri-
tischer Junge ist tot!« Précilda schleuderte ihr den Wecker an
den Kopf. Die blutende Hebamme wankte aus dem Zimmer.
Vom herbeieilenden Arzt verlangte Précilda, er solle die Polizei rufen. Dieses vorgebliche Vichy-Verbrechen kam sogar
General de Gaulle zu Ohren.

Vom Verlust ihres Sohnes völlig niedergeschlagen, setzten Précilda und Lady Anderson ihren erheblichen Einfluss ein und ergatterten Ende 1943 eine Schiffspassage auf einem Geleitzug nach England. Wegen der kriegsbedingten Reisebeschränkungen, der Gefährlichkeit der Reise oder aus welchem Grund auch immer: Précilda kam zu dem Schluss, sie könne Jeanne-Claude unmöglich mitnehmen. Unerklärlicherweise brachte sie ihre Tochter in die Familie Denat zurück und überredete sie, sich wieder um das Kind zu kümmern. Vielleicht befürchtete sie, die militärische oder politische Lage könnte erneut umschlagen, und entschloss sich deswegen zu dieser unseligen Unterbringung ihres Kindes. Nach Aussage ihrer Nichte Yolande Karsenti »wollte Précilda keine Probleme haben, darum schien ihr die Vichy-hörige Familie Denat wohl der sicherste Ort«. Précilda versprach ihrer achtjährigen Tochter jedoch, sofort nach Kriegsende wiederzukommen. »Ich hatte große Angst«, erinnert sich Jeanne-Claude. »Ich wusste, dass mich die Familie meines Vaters überhaupt nicht mochte.« So erlitt sie zwei weitere lange Jahre der Demütigung und Vernachlässigung, bis sie und ihre Mutter endlich wieder vereint waren.

Précilda und ihre Schwiegermutter schifften sich auf einem griechischen Frachter ein und rechneten mit einer Reisezeit von drei bis vier Tagen; tatsächlich fuhren sie drei angstvolle Wochen durch raue, U-Boot-verseuchte Gewässer. Précilda und Lady Anderson wurden in einem grässlichen Wintersturm so seekrank, dass beide befürchteten, ihr letztes Stündlein habe geschlagen.

In London bekam Précilda über Roy Andersons Freund Außenminister Anthony Eden eine Arbeit bei General de Gaulle, obwohl sie britische Staatsangehörige war. De Gaulle sagte, sie solle für ihn die Informations-, Propaganda- und Pressearbeit übernehmen. Précilda hielt sich für überfordert, aber de Gaulle sagte: »Luizet hat mir gesagt, wozu Sie fähig sind, und ich glaube ihm.« Précilda akzeptierte den wichtigen Posten und enttäuschte das Vertrauen des Generals nicht.

Précilda widmete sich ganz ihrer Arbeit – bis zu dem Tag, an dem es zum Krach mit einem resoluten, vierunddreißigjährigen französischen Karriereoffizier kam. Es ging um eine, wie sich zeigen sollte, Falschmeldung: die Versenkung eines Truppentransporters des Freien Frankreich auf dem Weg nach England. Précilda hatte sich telefonisch im Büro von Major Jacques de Guillebon angemeldet, um zu fragen, was es damit auf sich habe. Als sie in sein Vorzimmer kam, hörte sie, wie ihm seine Ordonnanz meldete, eine Lady Anderson wolle ihn sprechen. Sie stürmte ins Büro des Majors, während dieser eben, ohne von seinen Papieren aufzublicken, in den Apparat brüllte:»Gib der Alten einen Tritt in den Hintern, wenn sie auftaucht.« Daraufhin machte Précilda auf der Stelle kehrt, bückte sich und trompetete über die Schulter:»Tun Sie's doch gleich selber!« Dies sollte freilich eine der wenigen Auseinandersetzungen bleiben in einer liebevollen Beziehung, die über vierzig Jahre andauerte.

Jacques de Guillebon hatte die noble Aura eines neuzeitlichen Ritters. De Gaulle nannte ihn einmal den»Treuesten der Treuen«. Anfang 1941 war Jacques Generalstabschef bei General Jacques Philippe Leclerc, als dieser die Truppen des Freien Frankreich zum ersten Sieg in Nordafrika führte. Mitte 1944 hatten sich sechzehntausend Mann der Zweiten Französischen Panzerdivision in England versammelt. Als Leclercs Divisionen am 1. August zu den Schlachtfeldern nach Europa aufbrachen, versprach Précilda Jacques in die Hand, am Tage seines Einzugs in Paris werde sie ebenfalls dort sein. Lachend sagte er:»Das hoffe ich doch.«

Précildas kühnes Versprechen war mehr als nur Wunschdenken. Erst wenige Tage zuvor hatte de Gaulle, als sie zum Morgenbericht kam, diesen beiseite gelegt und gesagt:»Sie waren für mich sehr wertvoll, Lady Anderson. Was werden Sie tun, wenn wir Soldaten nach Frankreich zurückkehren?«»Herr General, ich wünsche von ganzem Herzen, in Paris zu sein, wenn Sie eintreffen«, war ihre Antwort. Er war überrascht und sagte, sie solle am nächsten Morgen wieder kommen. Am folgenden Tag bat de Gaulle sie, ihrem neuen

Kommandeur, dem Chef der Luft-, Land- und Seetransporte, General Georges Berges, einen Brief zu überbringen. Berges forderte sie auf, bei ihm als Stabschefin zu fungieren.

Mitte August landeten sie in Frankreich, wo Berges zur Division Leclerc stieß, die aufgrund alliierter Befehle und wegen Versorgungsproblemen stecken geblieben war. Am Montag, dem 21. August, schrieb ein enttäuschter Leclerc an de Gaulle:»Guillebon ist mit einer leichten Brigade – Panzer, MGs und Infanterie – nach Versailles beordert, wo er Feind-kontakt aufnehmen und, falls sich der Gegner zurückzieht, in Paris einziehen soll.« Nur gelegentlich durch die jubelnde Menge oder unbedeutenden deutschen Widerstand aufge-halten, rückte Guillebon am Freitag, dem 25. August, an der Spitze des ersten Détachements heimkehrender französi-scher Soldaten in Paris ein. Ergriffen standen Luizet und Guillebon neben Leclerc, während der deutsche Befehlsha-ber, General Dietrich von Choltitz, die von Guillebon ver-fasste Kapitulation unterzeichnete.

Am nächsten Tag stieß Précilda endlich in Leclercs pro-visorischem Hauptquartier wieder zu Guillebon. Guillebons unerschütterliche Zurückhaltung schmolz dahin, als sich plötzlich eine strahlende Lady Anderson im französischen Leutnantsrang aus der Menge löste. Er umarmte sie, schwenk-te sie durch die Luft und küsste sie hemmungslos.

Am 5. Mai 1945, drei Tage vor der bedingungslosen Kapi-tulation Deutschlands, erhielt Précilda einen Anruf aus Berchtesgaden, wo Jacques' Einheit soeben Hitlers Berghof eingenommen hatte: Es sei an der Zeit, ihr Versprechen bei Jeanne-Claude einzulösen. General Berges besorgte ein Flugzeug, und Précilda begab sich unmittelbar vor den End-siegfeiern in Paris zum Flughafen.

Am Dienstag, dem 8. Mai 1945, schwiegen die Waffen. Précilda landete am Spätnachmittag in Casablanca und be-gab sich eiligst zu den Denats. Als die Tür aufging, traf sie fast der Schlag. Eine völlig verängstigte Jeanne-Claude flüch-tete schreiend in eine Ecke. Précilda musste zweimal hin-

Lady Précilda Anderson (in einem Schottenrock ihres früheren Ehemanns Lord Anderson) mit ihrem Verlobten Oberstleutnant Jacques de Guillebon, 1946. (Foto: Jeanne-Claude)

sehen, bis sie sicher war, dass es sich um ihre Tochter handelte. Sie erkannte sie an der mittlerweile viel zu kleinen, fadenscheinigen Kleidung, die noch neu gewesen war, als sie

sie zum letzten Mal gesehen hatte. Schlimmer noch als die unerwartete Hysterie war Jeanne-Claudes körperlicher Zustand. Sie zitterte am ganzen Leib, das Haar starrte vor Schmutz und Läusen, der Bauch war wegen Unterernährung aufgebläht. Précilda fühlte sich von ihrem eigenen Kind abgestoßen. Léon Denat war offenbar seit der amerikanischen Invasion in Marokko nicht mehr zu Hause gewesen. Seine Familie ließ Jeanne-Claude mit Freuden gehen. Précilda nahm die widerstrebende Hand ihres Kindes und verließ das Haus innerlich kochend vor Wut.

Sie mietete eine kleine Villa mit Blick aufs Meer, schrubbte ihr Kind mit gechlortem Wasser, fütterte es, kleidete es neu ein und verwöhnte es. Die Läuse und der Schmutz ließen sich beseitigen, nicht aber die Wunden einer traumatischen Kindheit. Die mittlerweile fast zehnjährige Jeanne-Claude war ungebildet, unsicher und völlig durcheinander. Ganz allmählich schwanden ihre Ängste, vor allem die Furcht, verlassen zu werden. Mit der Zeit erschien ihr das Wiederauftauchen ihrer Mutter wie ein Wunder, das auch alle materiellen Nöte beseitigte. Die beiden verbrachten eine sorglose Woche und bestiegen dann ein Militärflugzeug nach Marseille. Es war Jeanne-Claudes erster Flug und das erste Mal, dass sie aus Afrika herauskam. Im Nachkriegs-Paris begann für sie ein neues Leben.

Kurz nach der Ankunft in Marseille nahm Précilda die Einladung eines Regierungsbeamten und seiner Frau in ein elegantes Restaurant an. Während des ersten Ganges blickten alle entgeistert auf Jeanne-Claude, als diese ihr Essen schnappte und unter den Tisch rutschte, um es dort zu verzehren. Die genierte Précilda versuchte, dieses Benehmen mit der schlimmen Behandlung ihrer Tochter in Casablanca zu erklären. Von nun an achtete die liebende Mutter auf strenge Disziplin; bald schon besaß Jeanne-Claude makellose Tischmanieren.

In Paris kaufte Précilda Jeanne-Claude neue Kleider und fand ein hübsches Appartement auf dem rechten Seine-Ufer. Sie schrieb ihre Tochter in ein Nonnen-Internat ein, aus dem das Kind jedes Wochenende nach Hause kam. Anfänglich konnte Jeanne-Claude kaum lesen und schreiben, machte aber schnell gewaltige Fortschritte. Inzwischen ließ sich Précilda von Roy Anderson scheiden, der widerspruchslos einwilligte.

Jacques hatte Précilda Mitte 1944 in London einen Antrag gemacht, auf den sie unverbindlich reagiert hatte. Es komme nur ein Mann in Frage, der auch ihrer Tochter gefalle. Daraufhin hatte Jacques angefangen, heimlich an Jeanne-Claude in Marokko zu schreiben, um ihre Zuneigung zu gewinnen. Regelmäßig berichtete er ihr über die Tätigkeiten ihrer Mutter und unterschrieb jeden Brief mit »Dein Freund Jacques«. Als Précilda im November 1946 verkündete, ihr guter Freund Jacques wolle sie zum Essen ausführen, strahlte Jeanne-Claude übers ganze Gesicht und fragte: »Woher kennst denn du ihn?« Als Guillebon im Türrahmen erschien, schmolz ihre übliche, widerspenstige Gleichgültigkeit gegenüber männlichen Besuchern dahin. Er hob sie hoch und nahm sie herzlich in die Arme, sie legte ihre Arme um ihn

1946 in einem Park in Paris; Jeanne-Claude bekommt von ihrer Mutter den ersten eigenen Fotoapparat geschenkt. (Foto: Jacques de Guillebon)

Paris 1946: Jacques de Guillebon und Jeanne-Claude mit ihrem Fotoapparat.
(Foto: Précilda de Guillebon)

und küsste ihn. Als Précilda von der andern Ecke her sah, wie ihr Kind den Kopf auf seine Schultern legte, lächelte sie und nickte ein Ja. Am 10. Januar 1947 heiratete sie Jacques. Jeanne-Claude trug die Schleppe des schwarzen Hochzeitskleides ihrer Mutter.

Von Ende 1948 bis Anfang 1951 war Jacques Militärattaché an der französischen Botschaft in der Schweiz, danach fast ein Jahr lang Bereichsbefehlshaber in Chartres. In dieser Zeit besuchte Jeanne-Claude mehrere katholische Schulen, war zweieinhalb Jahre bei den französischen Dominikanerinnen in Fribourg und kurze Zeit bei den Englischen Fräulein. Ihre schulischen Leistungen waren ausgezeichnet, sie war jedoch der Klassenclown und störte ständig den Unterricht. Ihre Freundinnen, darunter die Enkelin des Schweizer Malers Félix Vallotton, waren zumeist aus reichem Haus und ließen sich von der strengen Disziplin einschüchtern. Nicht so Jeanne-Claude. Verglichen mit dem Regiment ihrer Mutter ging es im Internat eher locker zu, und sie blühte regelrecht auf. Ihr ungestümes Verhalten wurde mehrfach mit einem tränenreichen Rausschmiss bestraft.

Bis 1948 war Jeanne-Claude das einzige Kind der Guillebons. Dann kam am 25. August, dem vierten Jahrestag der Befreiung von Paris, Norbert de Guillebon zur Welt. Am 25. August 1952 folgte in Amiens Alexandra de Guillebon, was de Gaulle mit der Bemerkung quittierte: »Guillebon kommt immer am selben Tag nieder.« Als Précilda gut eine Woche später aus der Klinik heimkehrte, beklagten sich die Dienstmädchen, dass Jeanne-Claude, die die Sommerferien der Herz-Jesu-Schule in Amiens zu Hause verbrachte, eine noch schwierigere Hausherrin als ihre Mutter gewesen sei. Unentwegt habe die umtriebige Siebzehnjährige die häuslichen Arbeiten überwacht und das Essen zurückgehen lassen, wenn es nicht ganz genau nach ihren Anweisungen gekocht worden war. Précilda tat die Beschwerden achselzuckend ab und war stolz darauf, dass ihre Tochter so anspruchsvoll war. Ob sie es nun wirklich so genau nahm oder lediglich herrschsüchtig war – Jeanne-Claude imitierte einfach den Stil ihrer Mutter, und der prägte ihre Wertvorstellungen auch in den folgenden Jahren.

Wie Précilda genoss auch Jeanne-Claude die Vorteile eines gehobenen gesellschaftlichen Standes. Die von ihresgleichen akzeptierte und im Überfluss aufwachsende Halbwüchsige lernte den Umgang mit Macht, wurde zu einer ausgezeichneten Gastgeberin und erfuhr endlich jene Geborgenheit, die sie so lange entbehrt hatte. Jeanne-Claude wirkte zufrieden, aber ihr gesellschaftlicher Platz und die damit verbundenen Privilegien gaben ihrem Leben wenig Sinn.

Im Spätsommer 1952 wurde Jacques de Guillebon zum Militärbefehlshaber der unruhigen tunesischen Südregion in Gabes ernannt. Als die Guillebons Anfang Oktober ankamen, gerieten sie mitten hinein in den Unabhängigkeitskampf mit Aufruhr, Streiks und terroristischen Anschlägen. Die Wiederherstellung der Ordnung in der verarmten Region wurde für Guillebon zur Hauptaufgabe.

Jacques' Befehlsquartier war gleichzeitig der Wohnsitz der Familie – mit allem dazugehörenden Luxus. Jeanne-Claude gewöhnte sich an den Lebensstil einer Königin. Ihr Dasein bestand aus Schwimmen, Segeln, Tanzen, Tennis und Reiten. Der Fernunterricht störte ihre Mußestunden nur gelegentlich. Nach einem Jahr in Tunesien schloss die achtzehnjährige Jeanne-Claude ihre Schulausbildung mit dem Baccalauréat ab.

Sie engagierte sich auch für arme arabische Kinder. Es begann damit, dass sie 1952 Dr. Jean-Claude Poirot kennen lernte, der ein Gesundheitsfürsorgeprogramm der UNESCO leitete. Seine Hingabe veranlasste Jeanne-Claude, Arzneimittel an augenkranke Kinder zu verteilen, die ohne Behandlung erblindet wären. Fast täglich stieg sie, die Taschen voller Süßigkeiten und Aureomycin-Röhrchen, auf ihr Pferd und ritt in die Wüste hinaus zu den verstreuten Oasen. Schnell lernte sie, die behandlungsbedürftigen Kinder zu erkennen.

1954 stieg Jacques de Guillebon nach vielen Dienstjahren in den Rang eines Zwei-Sterne-Generals auf. Doch schon

Oben: Lallah Meryam in Südtunesien 1955; Jeanne-Claude in ihrem Boot
»Picardie«. (Foto: Archiv XTO + J-C)
Unten: Essertaux, Picardie, 1958; Jeanne-Claudes Eltern mit vier ihrer
afrikanischen Windhunde »Saloukis«. (Foto: Wjera Fechheimer)

lange vor dieser Beförderung genoss Jeanne-Claude beneidenswerte gesellschaftliche Vorteile. Alle untergebenen Offiziere ihres Stiefvaters versuchten, ihre Gunst zu gewinnen. Die einen fanden sie attraktiv, andere wollten bei einer potenziell mächtigen Verbündeten Eindruck schinden, wieder andere waren einfach höflich. Jeanne-Claude ließ sich nicht lange bitten. »Jeder wollte mit mir Tennis spielen oder forderte mich zum Tanz auf«, sagt sie. »Sie mussten nett zu mir sein.«

Auf ihrem ersten Militärball wurde Jeanne-Claude von Offizieren umschwärmt, die ihre Aufmerksamkeit auf sich lenken wollten. Sie verstieß gegen die Regeln des guten Benehmens, indem sie den größten Teil des Abends nur mit einem Mann tanzte und, schlimmer noch, mit ihm für eine Stunde den Ball verließ. Tags darauf rief Jacques sie zu sich ins Büro und hielt ihr eine Standpauke über die Bedeutung des gesellschaftlichen Anstands.

»Der ist mir egal«, schnippte Jeanne-Claude. »Er darf dir nicht egal sein!« donnerte Jacques.

Bald entdeckte Jeanne-Claude jedoch einen akzeptableren Weg, ihre Zeit ungleich auf Männer zu verteilen. In Tunesien war sie dreimal verlobt. Jede Verlobung folgte demselben Ritual. Hatte ihr ein Freund einen Antrag gemacht und sie ja gesagt, bat der Auserwählte um ein Gespräch mit ihrem Vater. Jeanne-Claude sagte Jacques Bescheid: »Er wird dich um ein Gespräch bitten; dreimal darfst du raten.« »Ich kann mir's denken«, lautete Jacques' resignierte Antwort.

Jeanne-Claudes erster Verlobter kam aus einer der wohlhabendsten Europäerfamilien im Süden. Die stürmische Verlobungszeit endete abrupt, als ihre Mutter die beiden halb nackt im Bett erwischte. Wütend jagte Précilda den jungen Mann aus dem Haus. Jeanne-Claude unternahm einen halbherzigen Selbstmordversuch, indem sie Jodtinktur schluckte. Dann rannte die stürmische Achtzehnjährige zu ihrer Mutter und schrie: »Bring mich ins Krankenhaus. Mein Magen brennt.«

»Das wird dir eine Lehre sein, du Dummkopf«, antwortete

Précilda ungerührt. »Ruf selber im Krankenhaus an.« Jeanne-Claude brach in Tränen aus. Darauf ihre Mutter: »Stirb, wenn du Lust hast.« Schluchzend flüsterte Jeanne-Claude: »Ich will nicht sterben.« Ohne eine Spur von Mitleid fragte Précilda: »Bist du sicher?« Darauf kam ein schwaches »Ja«. Schließlich wurde die aschfahle Halbwüchsige eiligst im Wagen ins Krankenhaus gebracht, wo ihr der Magen ausgepumpt wurde.

Das wilde Hin und Her zwischen flüchtigen Begegnungen, Selbstmitleid und hochgemuter Naivität offenbarte eine quecksilbrige und verwundbare junge Frau. Mit einundzwanzig war Jeanne-Claude immer noch nicht erwachsen. Sie verzehrte sich in der Jagd nach Liebe und Glück. Selbsterkenntnis sollte erst später kommen. Trotz aller Verträumtheit und allen Aufbegehrens lässt sich jede romantische Affäre auch als jugendliche Suche nach einem sinnvollen und den Eltern ebenbürtigen Leben begreifen. Jeanne-Claude war alles andere als zielstrebig. Doch bald sollten unvorhergesehene Ereignisse ihren unbekümmerten Lebensstil unwiderruflich verändern.

Mit der Unabhängigkeit Tunesiens im März 1956 endete die Stationierung von General de Guillebon in Nordafrika. Er übernahm die Leitung der angesehenen Ecole polytechnique in Paris. Dieser Glücksfall und die Aussicht auf ganze Heerscharen neuer Anwärter auf ihre Hand begeisterten Jeanne-Claude.

Freilich: Im Wüstensand von Gabes mochte die Tochter des Generals ungemein gebildet wirken, aber in Paris galten andere Maßstäbe. Der Umzug von einem öden Außenposten in ein vibrierendes städtisches Milieu sollte nicht nur Jeanne-Claudes scharfe Kanten abschleifen, sondern auch ihre Wertvorstellungen auf die Probe stellen. Im Juli 1957 zog die Familie nach Paris. Auf einen Schwarm glühender Verehrer folgte nach zwei Jahren schließlich eine ideale Ehe – so jedenfalls schien es.

3

Transit

Nach der brutalen Zerschlagung des Ungarn-Aufstandes durch sowjetische Truppen stöhnte und ächzte das ohnehin überlastete Wien im Januar 1957 unter einer Viertelmillion Flüchtlingen. »Viele Einwohner hatten Flugscheine nach Salzburg oder München in der Tasche, weil sie befürchteten, die Russen würden die Grenze überschreiten und Wien einnehmen«, erinnert sich Christo. Diese Atmosphäre und die Flüchtlingsängste drückten auf das Glücksgefühl der Freiheit, das seine Flucht nach Österreich begleitet hatte.

Auf seinen Wegen durch die Stadt gemahnten das tägliche Treiben, die Straßen und sogar die heruntergekommenen Viertel an vergangene historische Pracht und Kultur. Unter den verdreckten Matsch- und Schneeschichten gewahrte er die immer noch erkennbare Patina einer großen Vergangenheit. Doch die einst strahlende Wiege eines Klimt, Freud und Mahler an der längst nicht mehr blauen Donau war nicht länger das Zentrum eines Reiches. Mit wenigen Ausnahmen sahen die Wiener ihre Stadt lieber als Mittelpunkt von Musik und Fröhlichkeit des Fin-de-siècle und verdrängten die Tatsache, dass sie in den dreißiger und vierziger Jahren Brutstätte des Faschismus gewesen war.

Christo indes war nicht als Tourist gekommen, sondern er brauchte Arbeit. Er hatte seinen Pass abgegeben und um politisches Asyl gebeten; nun ging es ums tägliche Überleben im selbstgewählten Exil. Der kurze Aufenthalt bei der Familie des Schulfreundes seines Vaters verlief zwar herzlich, war aber gleichzeitig unangenehm. Herr Sabew nutzte jede Gelegenheit, dem unerwarteten Gast klar zu machen, welche finanzielle Belastung er darstellte. Der Gastgeber wider Willen war in allerlei kapitalistischen Unternehmungen tätig, handelte mit seltenen Briefmarken, verpachtete als Feudalherr Land an Bauern und vermarktete anschließend ihre Erzeugnisse. Um etwas zu den Kosten für seinen Aufenthalt beizutragen, arbeitete Christo für Sabew, der ihm auch zu anderen Jobs wie Auto- und Tellerwaschen verhalf, damit er sich möglichst bald eine eigene Unterkunft leisten konnte. Nach wenigen Wochen konnte Christo bei Freunden von Sabew ein möbliertes Zimmer mieten.

In der Wiener Akademie der Schönen Künste schrieb sich Christo in die Fortgeschrittenen-Klasse der Bildhauer ein und erhielt einen Studentenausweis. Dieses unscheinbare Papier leistete wertvolle Dienste – in Ermangelung eines Passes bezeugte es die bürokratische Legitimation seiner Existenz. In Verbindung mit einem amtlichen Flüchtlingsausweis war es eineinhalb Jahre lang der einzige Schutz vor den Behörden.

Ende Januar 1957 muss Christo Javacheff abwechselnd Freude und Verzweiflung, Selbstsicherheit und Selbstzweifel, Optimismus und Einsamkeit empfunden haben. Der Einundzwanzigjährige war spindeldürr und sah jungenhaft aus, doch hinter der jugendlichen Fassade, Bescheidenheit und sanften Art standen wilde Entschlossenheit und der eiserne Wille zum Erfolg. In dieser kritischen Zeit brauchte Christo seine ganze Kraft, um wenigstens sein Leben in Ordnung zu bringen und sich als Künstler zu beweisen. War er auch arm, staatenlos und verwundbar, so verlor er doch nie sein Ziel aus dem Auge.

Der größte Teil seiner künstlerischen Utensilien und neuesten Werke war in Prag geblieben. Folglich nahm Christo jede erdenkliche Arbeit selbst zu den unmöglichsten Stunden an, um das nackte Überleben zu sichern und sich das nötigste Kunstmaterial leisten zu können. Sein Professor an der Akademie, die ihm grässlich theoretisch vorkam, war der schon bejahrte Robin Christian Andersen. Wie vordem in Bulgarien fand Christo auch hier seine Inspiration außerhalb des Ateliers. Das »winzige, aber reizende« Museum der Akademie erwies sich als wichtige Stimulationsquelle, denn hier lernte Christo die Impressionisten, Kubisten und Cézanne kennen. Ein weiterer Glücksfall war die kleine Galerie »Nächst Sankt Stephan« gleich neben dem gotischen Dom. Beim ersten Besuch sah er eine Ausstellung zu Sophie Täuber-Arp, die Monsignore Otto Maurer, der die experimentierfreudige Galerie 1955 gegründet hatte, organisierte. Zwischen Christo und dem katholischen Priester entwickelte sich sofort ein herzliches Verhältnis. Desgleichen war er beeindruckt, wenn nicht gar inspiriert, als er auf einer Einzelausstellung Arnulf Rainers mit großen, kreuzförmigen Gemälden in der Wiener Sezession dem 27-jährigen österreichischen Maler vorgestellt wurde. In der selbstgefälligen, geistig öden Atmosphäre Wiens galten Rainers gestische, monochrome Arbeiten vielen als subversiv oder gar pervers. Dass mit der öffentlichen Darstellung von Kunst das Establishment herausgefordert wurde, faszinierte Christo.

Er brannte darauf, die unzensierten westlichen Theaterstücke und Filme zu sehen, und kratzte in langen Stunden mühseliger Arbeit wenigstens so viel Geld zusammen, dass er ein paar Vorstellungen besuchen konnte. Das Leben in der kapitalistischen Welt war desillusionierend, aber Christos Interesse an ihrer Kultur war alles andere als eine Flucht vor der Wirklichkeit. In seinem ersten Brief an Anani aus Wien vom 23. März 1957 lobte er seinen Bruder für eine Vorstellung, über die in der bedeutenden bulgarischen Wochenzeitschrift *Narodna Kultura* eine vorteilhafte Besprechung erschienen war. Da der vorherige Brief aus Prag hauptsächlich dem Theater gegolten hatte, befasste sich Christo jetzt eingehender mit dem Kino. Er verglich die amerikanischen und französischen Regisseure mit den deutschen, die ihn meist wenig berührten, und schrieb: »*Moby Dick* war der exquisiteste Farbfilm, den ich je gesehen habe, [...] und Gregory Peck ist in seiner Mimik und Sprechweise ein großartiger Schauspieler. Es gibt die Szenen in seiner Kajüte, in denen er nicht schlafen kann und mit seinem Holzbein auf und ab geht – wum, wum, wum geht es da drei Minuten lang ohne jegliche Musikuntermalung.« Ähnlich reagierte er auf *Vom Winde verweht*:»Danach konnte ich bis zwei Uhr früh nicht einschlafen. Unentwegt musste ich an die Amerikaner und ihren Gigantismus denken.«

Über sich selbst schrieb er Anani:»Ich habe Italien und Paris im Auge. Sobald ich es mir finanziell leisten kann, werde ich dorthin reisen. Ansonsten bin ich immer noch allein und gewöhne mich allmählich ein.« Des Weiteren erwähnte er, er habe an ihre Mutter geschrieben und um ein paar Kleider, einen Trenchcoat, Käse, die Süßigkeit Halvah und den Anis-Schnaps Mastika gebeten.»Ich führe ein erträgliches, bescheidenes Leben. Mit Gottes Hilfe und der unschätzbarer Freunde werde ich allmählich die Leiden und Sorgen los. Und: Ich male. Ich male und glaube«, fuhr er fort und schloss:»Du solltest Dir nicht viel Gedanken über mich machen, wenn Du das gelesen hast.«

Allein und fern der Heimat war Christo oft auf Fremde angewiesen. So berichtete er im selben Brief, Sabews ältester, zweiundzwanzigjähriger Sohn sei»ein guter Freund, der mir viel hilft«. Er erwähnte auch, er habe von der einundzwanzigjährigen griechischen Schauspielerin Riali Baxehena, die gerade in Wien auftrat, zwei Porträts gemalt. Das eine davon habe ihr Freund gekauft, aber wichtiger noch sei, dass sie ihm zu weiteren Aufträgen verholfen habe,»drei vor Ostern und fünf danach«.

Im Frühjahr 1957 verbesserte sich Christos Los durch zwei neue Bekanntschaften beträchtlich. Eine österreichische Verwandte seiner Mutter brachte ihn mit mehreren wohlhabenden Bulgaren in Wien zusammen. Der Emigrant Slavtscho Zagoroff, Wirtschaftsprofessor und Dekan an der Wiener Universität, entwickelte ein väterliches Interesse für Christo, kaufte ihm für sein Büro zwei Bilder von Stadtlandschaften ab und sorgte für weitere Verbindungen, wodurch sich die finanzielle Lage des jungen Malers wesentlich verbesserte. Der in Amerika lebende Sohn Zagoroffs, Mitko, wurde Jahre später ein zuverlässiger Freund und spielte bei mehreren Großprojekten eine entscheidende Rolle.

Ein gleichermaßen wichtiger Kontakt in Wien war ein angesehener Geschäftsmann namens Kalendjieff, der gleich
neben dem Stephansdom ein prächtiges Appartement bewohnte. Als ihn Christo besuchte und diverse Porträts, Stillleben und Landschaften mitbrachte, gab Kalendjieff sofort
Porträts seiner Frau und Tochter in Auftrag. Mehrere wohlhabende Freunde Kalendjieffs sahen die Gemälde und nutzten die preisgünstige Gelegenheit. Bald entstand eine Warte-
liste von Christos Kunden. Ihm war freilich bewusst, dass
alle diese Auftragsarbeiten nur dem Broterwerb dienten und
mit seinen künstlerischen Ambitionen wenig zu tun hatten.
Lukrative Angebote rechts stehender, von der CIA finan-
zierter Bulgaren, die ihn mit Geld und anderen Vorteilen nach
München locken wollten, lehnte er ab. Christo ließ sich nicht
in den Kalten Krieg hineinziehen. Politik oder Bulgarentüme-
lei fand er abscheulich. Ihn interessierte einzig die Kunst.

Ende April 1957 reiste Christo mit Unterstützung der
Kunstakademie für zehn Tage nach Italien. Im Mai schrieb
er begeistert an Anani:»Als der Zug über die Grenze fuhr,
strömte mir zauberhafte Luft in die Nase. Ich war hingerissen. Ich verliebte mich augenblicklich und wurde in diesem
Paradies mit seinen herrlich temperamentvollen Menschen
fast verrückt.«

Er traute kaum seinen Augen. Zugleich schärfte sich sein
Sinn für gestalterische Eingriffsmöglichkeiten in konkrete
Räume. Er schrieb:»Ich stehe ehrfürchtig vor den schönen,
modernen Gebäuden, den Straßen und anderen Schöpfungen
der gewöhnlichsten italienischen Maurer und Arbeiter. Hier
ist die Moderne nicht langweilig. Die Richtung ist anders als
in Amerika. Wir leben im 20. Jahrhundert, und der Genius
der modernen Architektur weist den Weg zu einer großen,
neuen Tradition. Diese Inspiration gilt es zu wahren; sie darf
nicht zur Routine verkommen. In der Kunst liegt die Konti-
nuität nicht in der Nachahmung, sondern in der Flamme.«

Wieder zu Hause, nahm Christo seinen hastigen Arbeits-
rhythmus wieder auf. Zwischen Gelegenheitsjobs, bestellten
Porträts und dem Unterricht erlaubte er sich nur hin und wie-

der den Luxus eines Ausstellungs-, Kino- oder Theaterbesuchs. Im Frühjahr 1957 sah er *Titus Andronicus* mit Vivien Leigh und Laurence Olivier. Die Darstellung der stummen Titus-Tochter durch Vivien Leigh hinterließ einen unauslöschlichen Eindruck bei ihm. Vermutlich identifizierte er sich mit ihrem qualvollen Kampf, sich verständlich zu machen.

Das notwendige Erlernen einer neuen Sprache und die Vorbereitung auf eine noch ungewisse Zukunft veranlassten ihn, sich bewusst oder unbewusst eine schmiegsame, neue Identität zu erschaffen. Halb Orpheus, halb mazedonischer Revolutionär, geriet er in einen anhaltenden Zustand des Übergangs und des Hinundhergerissenseins. Er war von der Familie und den Freunden abgeschnitten, blieb seiner Heimat aber brieflich und mit dem Herzen untrennbar verbunden. Jahre später meinte der ebenfalls emigrierte Künstler Saul Steinberg: »Christo und ich sind unsere eigenen Großväter in dem Sinne, dass wir den Übergang vom östlichen zum westlichen Menschen abrupt in einem Akt vollzogen, der sonst vielleicht Generationen gedauert hätte. Ich bewundere Christo als einen Künstler, der sich selber erfunden hat. Nicht nur das, er erfand auch seine Kunst, und, erstaunlicher noch, er erfand sogar sein Publikum.« Die Metamorphose von Christo Javacheff zum künstlerischen Magier hatte begonnen.

Im Oktober 1957 hatte Christo genug Geld gespart, um einen Schritt hin auf Paris zu wagen. Der von großen Träumen beseelte Zweiundzwanzigjährige machte sich mit einem einfachen Billett dritter Klasse, einem Visum für dreißig Tage und einem Koffer mit persönlichen Dingen und Malutensilien bewaffnet auf den Weg nach Genf. Die Hoffnung auf einen formalen Abschluss seiner akademischen Kunsterziehung gab er auf. Das eine Semester an der Wiener Kunstakademie hatte sich als enttäuschend unergiebig erwiesen. Er hatte nicht so viele Risiken auf sich genommen, um lediglich eine weitere, streng konservative Ausbildung zu absolvieren.

Während der Zug durch die blitzsaubere Schweiz fuhr, stiegen Christos Erwartungen ins Unermessliche. Am Genfer Bahnhof erwartete ihn der neunzehnjährige Alexandre Todorov, liebevoll »Sacho« genannt. In Sofia waren die beiden enge Studienfreunde gewesen, bis Sacho zum Medizinstudium nach Budapest wechselte. Nach nur vier Wochen im Hörsaal floh Sacho mit seiner Gastfamilie wegen des Ungarnaufstandes zu Fuß nach Österreich. Von dort reiste er in die Schweiz weiter und schrieb sich mit Hilfe seines Vaters als Medizinstudent an der Genfer Universität ein.

Sachos Aufenthaltsort hatte Christo von einem Wiener Freund erfahren. Sacho bekniete ihn, nach Genf zu kommen, und bot an, ihm einen Sponsor zu beschaffen, der die für ein Visum erforderliche Unterkunft garantierte. Christo erklärte sich einverstanden und versprach alles zu tun, um zu den Kosten beizutragen. Die beiden halfen sich gegenseitig, die Härten der Flucht zu überwinden, eigneten sich nach und nach auch etwas Französisch an.

In Genf hausten Christo und Sacho für wenig Geld in einem alten Stadthaus unmittelbar nebeneinander in zwei winzigen Zimmerchen. »Es war eine harte Zeit«, erinnert sich Sacho. »Unsere Unterkunft war sehr schäbig.« Die akademischen Anforderungen waren hoch, und die beiden hatten kaum Geld für das Nötigste. Beide waren zu größten Opfern bereit, um ihre Ziele zu verwirklichen.

Christo zog es weiterhin nach Paris. Je näher er diesem Zentrum der Kultur kam, desto größer wurde dessen Anziehungskraft. Die Genfer Kunstwelt empfand er als weniger provinziell als die Wiener. Die beiden Städte bezogen ihre künstlerische Energie aus unterschiedlichen Quellen: Wien aus Deutschland, Genf aus Frankreich. Christo nahm allerlei schlecht bezahlte Gelegenheitsarbeiten an und versuchte, Schweizer Porträt-Kunden zu gewinnen. Sagoroff und Kalendjieff hatten ihm Adressen mitgegeben, aber selbst schriftliche Empfehlungen riefen im verschlossenen Genf nur allmählich ein Echo hervor. Erschwerend kam hinzu, dass Christos Visum eine Arbeitsaufnahme ausdrücklich ausschloss. Um Erfolg zu haben, musste er technisches Können mit persönlichem Charme verbinden und sehr diskret vorgehen.

Ein hilfreicher Kontakt war der etwa fünfundzwanzigjährige bulgarische Emigrant Assen Ivanoff. Er gab Christo nützliche Ratschläge und hatte enge Beziehungen zu den Vereinten Nationen und französischen Adelskreisen. Mit seiner Hilfe ging es für Christo allmählich aufwärts, wobei ein Porträt zum nächsten führte. Christo malte schmeichelhafte Bilder im Stil diverser moderner Meister wie Renoir und Matisse. Sie waren eindrucksvoll, wenn auch wenig originell.

In den Weihnachtsferien 1957 begaben sich Sacho und Christo nach Basel und besichtigten das Kunstmuseum. »Eine Offenbarung«, erinnert sich Christo, »eine fabelhafte Sammlung moderner Kunst.« Er kam aus dem Staunen nicht heraus. Umfang und Qualität der Sammlung überstiegen alles, was er bisher in Genf, Wien oder Prag gesehen hatte. Es folgte eine mehr oder weniger zufällige Spritztour, während der sie die Landschaft bewunderten und in Luzern, Zürich, Locarno, Lausanne oder anderen Orten Museen besuchten. Christo versäumte keine sich bietende Gelegenheit.

Bislang hatte sich Christos avantgardistische Grundhaltung noch nicht in seiner Kunst niedergeschlagen. Zwischen seinen Porträts und seiner gesamten anderen Arbeit hat Christo immer unterschieden. Die Auftragsarbeiten waren meist eine zeitraubende Quälerei; der daraus resultierende gesellschaftliche Austausch war Nebensache; die Notwendigkeit, Geld zu verdienen, stand im Vordergrund. Ende 1957 waren alle kommerziellen Porträts, selbst die Studien enger Freunde, mit »Javacheff« signiert. Die Signatur »Christo« blieb den für ernsthaft befundenen Arbeiten vorbehalten. Diese bestanden aus gleichzeitig produzierten experimentellen Werken, die von gelegentlichen Landschaften oder Stillleben bis zu einer Serie neuerer, texturaler Fast-Abstraktionen reichten. In den folgenden Wochen sah er sich wiederum das Kunstmuseum in Basel und das Züricher Kunsthaus an, diesmal allein. Diese Besuche verursachten einen entscheidenden Wandel in seinem Schaffen. Den

Kunstwerken, die Christo am meisten stimulierten, war eines gemeinsam: eine satte, ertastbare Oberfläche. In den Lagerräumen der Prager Nationalgalerie hatte er eine kleine Collage von Joan Miró gesehen, in der Schweiz dann kubistische Ölbilder, Dada-Collagen, dick aufgetragene Gemälde von Nicholas de Staël und – in dieser Zeit vielleicht am wichtigsten – die frühen Arbeiten von Jean Dubuffet. Diese denkwürdigen Objekte waren die bedeutendsten Inspirationen in diesem künstlerisch entscheidenden Winter 1957/58.

Christo lernte kurz nach der Rückkehr nach Genf Chokofé Hamzepour kennen. Ihr auffallendes, seltsam exotisches Gesicht beschrieb Sacho so: »Mit den großen, dunklen Augen, der olivenfarbenen Haut und den langen, wehenden schwarzen Locken besaß sie eine ganz eigenartige Aura.« Die Tochter wohlhabender, iranisch-amerikanischer Eltern war eine zierliche, intelligente Medizinstudentin, die sich ihres Sexappeals voll und ganz bewusst war. Sie sprach fließend Französisch, während Christo noch mit dieser Sprache rang, aber sofort entwickelte sich eine Freundschaft, und Christo entbrannte in Liebe zu ihr. Indem er sie porträtierte, fand er ein weiteres Mittel, sich mit ihr zu verständigen und seine Scheu zu überwinden. Den Abwehrversuchen ihrer Familie zum Trotz wurden die beiden bald ein Liebespaar. In der ganzen Zeit zeichnete und malte er sie oft, realistisch oder nach Art verschiedener bekannter Künstler.

In den kalten Januartagen betrachtete Christo (Sacho und Chokofé waren in den Vorlesungen, die Porträtarbeit ruhte) seine kurz zuvor fertig gestellte Gruppe bearbeiteter Umschläge. Sie waren kaum mehr als kleine Meditationen, unentzifferbare Wandreliefs, bedeuteten ihm indes viel. Er hatte nach einem visuellen Ausdrucksmittel für seine noch verborgene innere Stimme gesucht; die Jahre der akademischen Ausbildung schienen unwichtig. Diese seltsamen Stücke mit ihrer verwitterten vulkanischen Patina lagen zu mehreren Dutzenden verstreut in seinem Zimmer. Jede Papieroberfläche war zerknittert und dann mit Leim- und

Harzschichten überzogen worden. Dazwischen standen aufgerichtet andere, auf Haftschichten gepresste Blätter unterschiedlicher Oberflächenstruktur. Zum Schluss bildeten Firnis, Sand und erdfarbene Pigmenttöne, manchmal auch Schnüre und Zeitungsabrisse die Außenhaut jedes Umschlags. Diese unwahrscheinlichen, zerkrumpelten Oberflächen und eine Hand voll Leinwandtexturen gaben Christo den Anstoß zur Definition seiner Privatwelt.

Nicht einmal Christo selbst weiß genau zu sagen, was ihn veranlasst hat, Gegenstände zu umhüllen. Begonnen hat es im Januar 1958 mit einer kleinen, leeren Farbdose. Er umgab das unscheinbare Ding mit harzgetränkter Leinwand, verschnürte es und bemalte das Ganze mit derselben Mischung aus Leim, Firnis, Sand und einem Hauch braunen und schwarzen Autolacks, die er schon bei den Umschlägen verwendet hatte. Mit dieser instinktiven Geste wurde aus Alltäglichem schlagartig etwas Mysteriöses. Die Dose war nicht nur ihrer ursprünglichen Funktion entfremdet, sie hatte zu seinem Entzücken eine nicht näher bestimmbare Mehrdeutigkeit angenommen. Das umhüllte Gefäß war der Realität entzogen und in eine Scheinwirklichkeit konvertiert. Vielleicht war diese Anfangsgeste reine Improvisation, Anflug einer Ahnung oder Zufallsverwandlung, aber eine Offenbarung war sie allemal.

Sacho betrachtete Christos Produkt aus dem neugierigen Abstand des Naturwissenschaftlers, der von Kunst nichts versteht. Er erblickte eine gespaltene künstlerische Persönlichkeit und etwas, das sich wie ein natürliches Fortschreiten von einer ersten, noch buchstäblichen Transkription der Wirklichkeit über die Umsetzung der Arbeitsweise anderer Maler bis zur schließlich hochpersönlichen, radikalen Aussage ausnahm. Aufmerksam hörte er Christos Erläuterungen zu und sagt rückblickend, er habe sich als objektiver Zeuge eines zusammenhängenden Evolutionsprozesses empfunden. Egal, ob er und Christo die neue Sprache zu begreifen vermochten, in der irrationale, sich dem Zugriff entziehende Elemente einen breiten Platz einnahmen – die erste verhüllte Dose und die wirkungsveränderten Alltagsgegenstände reflektierten Christos instinktive Vision. In den folgenden zwei Jahren häufte er umhüllte, teilverschleierte und im Urzustand belassene Farbdosen, Flaschen mit Pigmentpulver und andere Behältnisse an. Die Zusammenstellung sollte später als *Inventory* (Inventar) bekannt werden. Dieser bescheidene Beginn war eine präzise Vorhersage kommender Abenteuer.

In gewissem Sinn ist jedes Kunstwerk auch Selbstbildnis. Christos früheste Verhüllungen offenbaren neben seiner umgrenzten Existenz auch ein In-Schach-gehalten-Werden. Sie erinnerten an die repressive Atmosphäre der kommunistischen Jugendzeit ebenso wie an sein gegenwärtiges Gefühl kultureller Isolierung. Ein unauffälliges Ensemble umhüllter und zugleich exponierter Dosen und Fläschchen war schäbiges Wahrzeichen eines in der Zeit zwischen ursprünglicher Zweckbestimmung und schließlicher Zerstörung schwebenden Exils. Wie ihr Schöpfer strahlte jedes verhüllte Paket eine klagende Intimität aus. Vielleicht lieferten Empfindungen von Vertreibung, Einsamkeit und Verlust den autobiografischen Inhalt dieser Verhüllungen. Christo analysierte seine Kunst stets nur widerwillig, gestand aber später: »Die Arbeit hatte viel mit der Dimension der Traurigkeit zu tun. Es war da eine Art ›Miserabilismus‹. Das französische ›misérable‹ bedeutet ja auch arm.« Christos Entfremdung trug auch zu seiner Materialwahl bei, diktierte sie vielleicht sogar. Ihm gefiel die Vorstellung, dass seine Kunst traditionslos, wertlos, dreidimensional und beweglich war. Später spekulierte er, die Schöpfung zeitweiliger, manipulierbarer Skulpturen hänge mit »unbewusster Fortbewegung in viel umfassenderem Sinne« zusammen.

Im Februar 1958 hing Christos Verbleib in Genf am seidenen Faden. Sein Dreißig-Tage-Visum war schon mehrfach abgelaufen. Einmal verhalf ihm Assen Ivanoff zu einer Verlängerung. Christo hatte die Termine verstreichen lassen in der Hoffnung, wenn er sich ducke, bleibe er unentdeckt. »Ich dachte, sie würden mich vergessen, aber jeder Schweizer ist ein Spion.« Als er eines Tages in seinem Zimmer arbeitete, erschien ein uniformierter Einwanderungsbeamter in der Tür. Streng prüfte er den ungültigen Pass und fragte Christo, wovon er lebe. Christo, der immer noch schlecht Französisch sprach, fehlten die Worte, und er war »sehr eingeschüchtert, sehr verstört«. Wieder einmal rettete ihn Ivanoff, der die Behörden zu einer letzten Visumsverlängerung überredete. Zu allem Unglück kam unerwartet ein bulgarischer Freund von Sachos Vater zu Besuch, der anschließend erzählte, Sacho habe sich krumm gelegt, um einen notleidenden Maler mit durchzuziehen. Sachos Vater wurde wütend und verlangte von seinem Sohn, sich von Christo zu trennen. Das war indes unnötig. Inzwischen hatte Christo genug Geld für ein Dritter-Klasse-Billett nach Paris und ein paar Wochen Lebensunterhalt dort gespart. Außerdem hatte er sich bei mehreren wohlhabenden französischen Familien Empfehlungsschreiben und Adressen für Porträtaufträge besorgt. Doch selbst Ivanoff mit seinen ausgezeichneten Verbindungen konnte das erforderliche Visum für Frankreich nicht besorgen. Christo musste sich von den Beamten sagen lassen, die Genehmigung sei nur in Wien zu beantragen. Irgendwie gelang es ihm, wieder Kontakt mit seinem französischen Diplomatenfreund Bonavita herzustellen. Nach mehreren Telefonanrufen Bonavitas ließ sich das französische Konsulat in Genf schließlich dazu herbei, Christos österreichischen Flüchtlingsausweis mit dem Stempel eines befristeten französischen Visums zu versehen.

Ende Februar 1958 verabschiedete sich Christo von Sacho und Chokofé. Er packte seine Sachen, darunter auch einen Teil des *Inventory*-Ensembles. In den Wochen vor der Abreise verschwanden auf unerfindliche Weise mehrere Haushaltsgegenstände; besonders schmerzlich vermisste Sacho einen Kerzenhalter aus Bronze. Erst Jahre später beichtete Christo, er habe ihn sich im Namen der Kunst angeeignet. Im Lauf der Zeit entwarf er andere, ästhetischere Strategien, aber für den Augenblick waren Gewebe sein Zauberspiegel und Bindfäden seine blauen Rauchschwaden.

4

Paris

Anderthalb Jahre nach der Flucht aus Bulgarien bestieg Christo am 1. März 1958 ein Zugabteil dritter Klasse nach Paris. Oft schon haben sich in dieser Stadt Einzelschicksale gekreuzt und manchmal ineinander verwoben. Vor ihrer schicksalhaften Begegnung Ende 1958 hatten sich Jeanne-Claude de Guillebon und Christo Javacheff in ganz unterschiedlichen Sphären bewegt. Sie waren Fremde, hatten nur den Geburtstag und eine ungewisse Zukunft gemein. Jeanne-Claude arbeitete mit widerstrebender Zustimmung ihrer Eltern als »Hôtesse de Paris« und betreute Reisende auf einem Pariser Bahnhof. Als Christos Zug in den Gare de Lyon einfuhr, bedurfte er keiner Hilfe. Er eilte zu einem Taxi, das ihn an der Rue Quentin-Bauchard Nr. 8 auf dem rechten Seine-Ufer absetzte. Das elegante Gebäude zwischen den Champs-Elysées und der Avenue Marceau übertraf alle seine Erwartungen. Diese Unterkunft zu einem nominellen Mietpreis hatte die französische Adelsfamilie Cabarusse besorgt, die Christo in Genf kennen gelernt hatte. Er kam im obersten Stock im Dienstmädchenzimmer unter, dessen Inhaberin auf Urlaub war. Was ihn nach dem Aufstieg über sieben Etagen erwartete, war ihm zutreffend beschrieben worden: ein winziges Zimmer unter dem Schrägdach ohne Wasseranschluss oder Toilette. Immerhin: Hier konnte er für sich sein. Christo packte seine wenigen Habseligkeiten aus und richtete sich in der Ecke einen Arbeitsplatz ein.

Der Tag hatte nicht genug Stunden. Galerien und Museen mussten besichtigt, Kontaktadressen für eventuelle Porträtaufträge aufgesucht, künstlerische Arbeit getan und dringend eine Visaverlängerung beschafft werden. Christo, dem alles fremd war und den unablässig die Angst vor der Ausweisung bedrückte, wandte sich erneut an Bonavita, der ihn zur Polizeipräfektur begleitete. Dort beschwatzte Bonavita die mit unbewegter Miene zuhörenden Mitglieder eines Ausschusses so lange, bis sie missmutig eine »Carte de séjour« ausstellten. Die begehrte Aufenthaltsbewilligung war für ein Jahr gültig und konnte jeweils für ein weiteres Jahr verlängert werden. Mit diesem Ausweispapier konnte sich Christo sogar eine Fahrkarte ins Ausland samt dem erforderlichen Visum holen. Erleichtert bedankte sich der junge Künstler überschwänglich bei Bonavita.

Christo fand sich schnell in den engen Gassen und breiten Boulevards zurecht, auf denen es von Menschen wimmelte. Er genoss seine Anonymität im Menschengewühl dieser berauschenden Stadt. Die Oberfläche der Dinge elektrisierte ihn. Elegante Schaufenster, Autos, verqualmte Cafés, verschwenderische Auslagen und vor allem die Vielzahl der Kunst- und Antiquitätenläden faszinierten ihn. In vollen Zügen sog er die Früchte der Freiheit in sich hinein, verschlang jedes sich ihm bietende Bild.

Die schiere Zahl der kulturellen Ereignisse war atemberaubend. Jeder Besuch im Theater, in einer Galerie oder im Museum schenkte ihm neue Kraft für das tägliche Ringen in seinem armseligen Atelier. Wichtiger noch: Die Bandbreite der modernen Kunst in Paris verschaffte ihm eine wesentliche Messlatte für seine eigene Arbeit. Es dauerte nicht lange, da quoll sein Behelfsstudio von Verpackungen und Malversuchen über. Er brauchte unbedingt ein eigenes Atelier.

Aus Genf kannte er den Modefriseur René Bourgeois, der im ersten Stock des vornehmen Grand Hôtel an der Pariser Place de l'Opéra ein florierendes Geschäft betrieb. In Paris stellte Bourgeois den jungen Maler seinem Kollegen Jacques Dessanges vor. Christos rührende Mischung aus Charme, Verletzlichkeit und absoluter Hingabe an die Kunst veranlassten Dessanges, ihm das leere Dienstmädchenzimmer über seiner Wohnung als Atelier anzubieten. Es war klein, aber besser als nichts. Christo hatte genug zusammengespart, um sich für mehrere Monate die Miete für beide Räume leisten zu können; danach hoffte er die Kosten mit neuen Porträtaufträgen zu decken. Immer häufiger nannte er diese Aufträge eine Form der Prostitution. Mit ihnen bestritt er seinen Lebensunterhalt. Die Masse der Arbeiten, die sein Atelier zu verstopfen drohten, deuteten nicht entfernt auf Verkaufbarkeit hin, so dass das Material, das er benutzte – weggeworfene Gegenstände und Waren, Papier, Leinwand, Farbe, Lacke, Sand, Leim und Stoffe zum Ausverkaufspreis – notgedrungen billig oder kostenlos sein musste.

Christo schien von dem Drang beseelt, das gewohnte Erscheinungsbild zu verwandeln oder zu zerstören. Er hielt sich nicht an die inspirationslosen Fakten eines Objekts, sondern überwand dessen Selbstverständlichkeit. Die bloße Verpackung stellte Fakten in Frage. Die weitergeführte *Inventory*-Reihe verdeutlichte, dass die Neubetrachtung des gewohnten Zustands die Sicht verändern und latente Empfindungen wachrufen, der schiere Akt des Verbergens das Banale zum Geheimnisvollen wandeln konnte. Die Bloßlegung der inhärenten Armseligkeit eines Gegenstands stand im Kontrast zu dessen eher tragischer Gefangenschaft in seiner Verpackung. Eine kühl kalkulierte Gegenüberstellung von unveränderten Dosen, Flaschen und anderen Objekten mit ihren verhüllten Artgenossen schuf Unbehagen. Handelte es sich um Veranschaulichungen von Freiheit und Gefesseltsein oder um eine Wiederbelebung seiner früheren Agitprop-Tätigkeit? Autografisch oder unbewusst, Symbol der Repression oder Proklamation neu gewonnener Freiheit – *Inventory* schäumte über vor Ironie und spottete jeglicher Erklärung.

Während das sich auftürmende *Inventory*-Ensemble weiter auf ein Publikum wartete, steckte Christo in akuter gesellschaftlicher Isolierung. Kaum sechs Monate war es her, dass er sich in Genf mit dem Französischen zu plagen begonnen hatte. Als er in Paris ankam, konnte er weit besser lesen, als seine stammelnden, akzentschweren Konversationsversuche vermuten ließen. Doch die Sprache war nur ein Teil des Problems. Später sagte er:»Ich werde Zeit meines Lebens Vertriebener sein«, fügte indes hinzu:»Vertriebensein kann mutlos machen, es kann aber auch inspirierend wirken.«

Christo hatte noch aus Bulgarien die Namen und Adressen zweier Freunde der Familie dabei. Der eine war ein Herr Rosenkranz, Textilfabrikant in Deutschland. Christo schrieb ihm und lud ihn ein, sein Atelier zu besuchen. Zu seiner Überraschung ging dessen Sohn kurze Zeit später auf die Einladung ein. Der zweiunddreißigjährige Dieter Rosenkranz und seine zehn Jahre jüngere, bildhübsche Frau Edith fanden sowohl an dem Künstler als auch an seiner Arbeit Gefallen. Kamen sie auch aus einer gesellschaftlich und wirtschaftlich völlig anderen Welt, so freundeten sie sich doch schnell mit Christo an. Die Rosenkranz' kauften ihm mehrere kleine verhüllte Gegenstände ab und luden Christo für den Sommer zu sich nach Deutschland ein. Vielleicht wollte Dieter dem fast blanken Sohn des Freundes seines Vaters anfänglich lediglich unter die Arme greifen, aber im Laufe der Zeit wurde aus ihm einer der kenntnisreichsten Sammler von Christo-Werken.

Außerdem rief Christo eine alte Freundin seiner Mutter an, die siebenundvierzigjährige Anna Staritsky, Malerin der Pariser Schule. Wie viele Weißrussen war auch sie im Bürgerkrieg geflohen; die Freundschaft mit Tzveta Yavacheva stammte aus der Zeit, als Staritsky an der Kunstakademie von Sofia ihr Kunststudium abschloss. Im März 1958 suchte Christo sie in ihrem Atelier in Montparnasse auf und stellte sich vor.

Lourdes Castro und ihr Mann René Bertholo wurden Christos erste wirkliche Künstlerfreunde in Paris. Das gut aussehende portugiesische Paar lernte Christo über Dominique Lacarrière kennen, eine Bekannte, die sich als Schauspielerin durchschlug. Lourdes, René und Christo waren etwa gleichaltrig, arm, aber vom ungebremsten Optimismus der Jugend beseelt. Das Trio hatte fest vor, dem Status quo zu trotzen und künstlerisches Neuland zu betreten. Wichtiger noch: Sie betrachteten eine bequem verschanzte Kunstszene aus der Perspektive des dezidierten Außenseiters und wurden augenblicklich zu vertrauten Verbündeten. Wie Christo waren auch Lourdes und René entschlossen, trotz eines einschüchternden Kunst-Establishments, der Barrieren einer chauvinistischen Gesellschaft, einer fremden Sprache und niederschmetternder Armut die verwirrenden Möglichkeiten ihrer neuen Heimatstadt zu nutzen. Hat sich Christo je Sorgen gemacht, ob er von Experimenten wie *Inventory* leben könne? Seine klare Antwort:»Darüber habe ich nie nachgedacht, keinen Moment.«

Christo fühlte sich instinktiv zur abenteuerlichsten neuen Kunst hingezogen. Seine nächsten Experimente offenbarten eine Vorliebe für die pastosen Oberflächen von Jean Fautrier, die Kompositionen der»verbrannten Erde« von Antoni Tàpies und vor allem die ununterbrochenen, abstrakten Großflächen der Reihe *Texturologies* von Jean Dubuffet von 1958.

Im Frühjahr 1958 ließ sich der Zustand der zeitgenössischen französischen Kunst als ein Mittelding zwischen gesetzt und komatös beschreiben. Wo waren die Erben Picassos, Matisses und Duchamps? Im Rampenlicht standen Bernard Buffet, Antoni Clavé und andere, ebenso zahme Künstler. Die Bühnenmitte besetzten die ach so eleganten Gemälde der Pariser Schule und der neuesten Mode, wie sie zum Beispiel mit der geometrischen Abstraktion der Galerie Denise René in Verbindung gebracht wurde. Doch am 28. April änderte sich die Szene. An diesem Montagabend wohnte Christo einer bizarren Vernissage bei. Zwischen 21 Uhr und Mitternacht drängten sich Tausende neugieriger Betrachter um die winzige Galerie Iris Clert. Eine rätselhafte Einladung im blauen Umschlag mit blauer Briefmarke hatte zahlreiche Berühmtheiten, Maler und Schriftsteller angelockt. Den kurzen Text in dem blauen Kuvert hatte Pierre Restany verfasst, ein junger Kritiker, der in

Christos Leben bald schon eine wichtige Rolle spielen sollte. Die Ausstellung unter dem Titel *Le Vide* (Die Leere) war ein von Yves Klein inszeniertes, quasi-theatralisches Ereignis. Klein bemalte das große Fenster auf Straßenebene in tiefem Ultramarinblau, das als International Klein Blue oder I.K.B. bekannt wurde. Im dichten Gedränge bahnte sich Christo mit den Ellbogen unter dem neu installierten, blauen, von zwei dumpf dreinschauenden Gardes républicains in voller Montur flankierten Baldachin hindurch den Weg ins Innere. Die Wände der Galerie waren nackt. Im völlig überfüllten Flur zum Ausstellungsraum nippten die Besucher an blauen Cocktails, während jeweils zehn für kurze Zeit den kleinen Raum betreten durften.

Hitzige Debatten, nervöses Gelächter und sarkastische Bemerkungen über Kleins Arbeit kennzeichneten die Eröffnung von *Le Vide*. Nicht wenige feindselige Kommentare wurden ins Gästebuch der Galerie geschrieben. Etwas zurückhaltendere Kritiker warfen Klein vor, er wärme lediglich den Dadaismus auf. Andere erblickten in dem Ereignis eine Bekundung existenzieller Not. Weniger Wohlwollende hielten es für nihilistischen Hokuspokus. Christo empfand den sorgfältig geplanten theatralischen Rummel als Ablenkung vom kühnen Konzept der nackten Wände.

Während die Kunstwelt noch von Kleins respektloser Posse schwirrte, suchte Anna Staritsky im Mai 1958 Christo in seinem Atelier an der Rue St-Senoch auf. Sie hatte keine Ahnung, welcher Art die Arbeiten des Sohnes ihrer Freundin waren, und ärgerte sich darüber, dass sie bis in den sechsten Stock zu dem ehemaligen Dienstmädchenzimmer steigen musste. Noch empörender empfand sie Christos dick aufgetragene Gemälde und die ebenso deprimierenden verhüllten Gegenstände. Alles im Atelier verstieß gegen die Konventionen der traditionellen Staffelei-Malerei. Sie flehte Christo an, sich intensiver mit der Kunst zu beschäftigen und sich vom frivolen Getue der Pariser Kunstwelt fern zu halten. Schweigend hörte er sich ihre Standpauke über Kleins »so genannte Kunst« und die völlig abartige zeitgenössische Kunstszene an, bis sie endlich aufhörte, wohl weil sie merkte, dass ihre Rügen nichts nutzten. Immerhin bot sie an, eine weniger feindselige Person auf Christo aufmerksam zu machen. Mit einer Grimasse deutete sie abschätzig auf ein verhülltes Objekt und sagte: »Versuch's bei Pierre Restany, der denkt so.« Sie gab ihm die Adresse dieses Kritikers – der einzige Lichtblick der niederschmetternden, im Übrigen letzten Begegnung der beiden Künstler. Es dauerte vier Monate, bis Christo Restany in sein Atelier locken konnte.

Lourdes Castro und René Bertholo waren etwas aufgeschlossener als Staritsky, wussten vermutlich aber mit dem, was sie sahen, ebenso wenig anzufangen. Nach Lourdes' Darstellung kombinierte Christo »Dosen zum Farbmischen – Grau, Braun und viel Schwarz, mit dicker Tusche, versetzt mit Sand«. Nach einiger Zeit gewöhnten sich Lourdes und René an die seltsamen, leinwandumhüllten Gegenstände unter der leim- und farbverschmierten Patina.

Die Ereignisse im Zusammenhang mit dem Aufstand der Generäle und Siedler in Algerien im Mai 1958 verfolgte Christo mit einer Mischung aus Verwunderung und Bedrückung. Auf den Champs-Elysées gingen Truppen in Stellung, an allen Kreuzungen standen Soldaten. »Es war beängstigend«, sagte er. Schaudernd erinnerte er sich an die totalitäre Atmosphäre, die er hinter sich gelassen hatte. Die Angst vor einem Staatsstreich ging um. Frankreich stand am Rande der Anarchie und eines Bürgerkriegs. Der Inflationsdruck und der seit zweiundvierzig Monaten tobende Algerienkrieg brachten das zerrissene Frankreich an den Rand des Bankrotts; Tag für Tag verlor es fast eine Milliarde Francs. Der Name eines Mannes, dessen Hünengestalt nach langer Zeit aus der Versenkung wieder auftauchte, war in aller Munde: General de Gaulle.

Christo verfolgte die sich überstürzenden Ereignisse und versuchte gleichzeitig, sich auf seine Arbeit zu konzentrieren. Das Verkleiden von Gegenständen wurde für ihn zur zentralen Obsession. Seine von inneren und äußeren Kräften gespeiste Arbeitswut kannte keine Grenzen. Oberflächlich betrachtet, schienen die Ergebnisse seines Mühens eine Weiterentwicklung des Dadaismus oder Surrealismus. Doch andererseits bot sein wucherndes *Inventory* eine an dunklen, gespenstisch und zugleich vertraut wirkenden Bildformen reiche Neuformulierung. Eine Klassifizierung erschien für den Augenblick unnötig. Jedes verhüllte Objekt, das seine Wurzeln in Bulgarien hatte und im Westen zur Blüte reifte, gab sich auf seltsame Weise undurchdringlich.

Im Spätsommer akzeptierte Christo dankbar eine Einladung der Familie Rosenkranz nach Wuppertal. Als Geschenk brachte Christo zwei Stücke vom *Inventory* mit. Edith und Dieter führten ihn in eine lebendige Kunstszene ein. »Für ihn war das ein wichtiger Abschnitt«, sagt Dieter, »und sein Aufenthalt in Köln eine großartige Erfahrung.«

Edith und Dieter waren mit vielen Malern befreundet, unter anderem mit Mary Bauermeister, die mit rhythmischen Arrangements glatter Kiesel und verzerrenden Linsen bekannt wurde. Gerade letztere Kompositionen schienen Marcel Duchamps Anweisung entsprungen: »Mit einem Auge mindestens eine Stunde lang aus der Nähe zu betrachten.« Oft brachte sie auf einer umrahmten Fläche Skizzen, Wörter oder Bilder zusammen, die sich mit der Verlagerung des Betrachterstandpunktes oder der Brennweite verschoben. Die beiden Rosenkranz' führten Christo in Bauermeisters Kölner Atelier, in dem sie oft avantgardistische Happenings veranstaltete. Ihre Gäste waren zumeist oder überhaupt nur Künstler, die den Status quo in der Musik, im Theater oder der bildenden Kunst anfochten. Sofort freundete sich Christo mit Karlheinz Stockhausen an, der wegen seiner modernen Kompositionen und Theorien in avantgardistischen Musikerkreisen schon mit Dreißig einen legendären Ruf hatte. Desgleichen lernte Christo den immer nur halblaut sprechenden, fünfundvierzigjährigen amerikanischen Kompositionspionier und Provokateur John Cage kennen. Dessen Innovationen unter Benutzung zufälliger Verfahren und neuer Techniken inspirierten eine ganze Reihe von Künstlern. Nach Mary

Bauermeisters Ansicht kam Cage das Verdienst zu, Ende der
fünfziger und Anfang der sechziger Jahre den Geist von
Duchamp in Europa wieder belebt zu haben. In den USA
hatte Cage bereits die Frühwerke von Jasper Johns und
Robert Rauschenberg beeinflusst. Von den Lehren von Cage
in New York beflügelt, führte Allan Kaprow damals das von
ihm als Happening bezeichnete Genre ein. Auch den Pianis-
ten David Tudor, der seit 1952 mit Cage arbeitete, lernte
Christo kennen, ebenso den jungen Koreaner Nam June Paik,
der in Köln in einem Studio für elektronische Musik arbeitete und an den Darmstädter Sommerkursen teilnahm.
    Eine bleibende Freundschaft schloss Christo auf dieser
Reise mit Joseph Beuys. Bei dem damals noch unbekannten,
vierzehn Jahre älteren Beuys, der zur Kultfigur der modernen Kunst werden sollte, traf er auf Verständnis und Hilfs-
bereitschaft. Christo lernte drei weitere Künstler am Beginn ihrer Karriere kennen: die Begründer der Düsseldorfer
Künstlergruppe Heinz Mack, Otto Piene und Günther Uecker. Die von den beiden Rosenkranz' geplante, prallgefüllte
Tour schloss auch die von dem relativ neuen, aber wichtigen
avantgardistischen Kunsthändler Alfred Schmela organisierte Ausstellung von Georges Mathieu ein. Fast im Sturm-
schritt durchmaß Christo Ateliers, Galerien, Museen, Privatsammlungen und verbrachte in Stockhausens Begleitung ein
paar lebhafte Tage bei den Darmstädter Musiktagen. 1958
war der Darmstädter Sommer zum herausragenden internationalen Forum der fortschrittlichsten Formen zeitgenössischer Musik geworden. Von allen Seiten drang Experimen-
telles und Radikales auf Christo ein. Auch Lucio Fontana sah
er zum ersten Mal bei der Arbeit. Die kalkulierte Zerstörung
von Fontanas durchstochenen oder aufgeschlitzten Leinwän-
den beeindruckte ihn. Die Provokation eines ausgelaugten
Systems war offenbar nicht auf Paris beschränkt.
    Wieder dorthin zurückgekehrt, wirkten die Establishment-
feindlichen Konzepte Kleins, Cages, Stockhausens und anderer kompromisslos moderner Künstler stimulierend auf
Christos Selbstschöpfungsprozess. Es war an der Zeit, nun

eine eigene Mythologie zu verwirklichen und den Frieden zu stören. Christo nahm seine Arbeit mit neuer Intensität auf. Doch er wusste, Arbeit und Mühe allein genügten nicht. Um Wirkung zu zeitigen, brauchte er dringend einen Händler oder Kritiker, der seine Kunst bekannt machte und seine künstlerische Position erläuterte. Im September tauchte der Langersehnte im Atelier auf.

Christo sieht heute noch die Silhouette des achtundzwanzigjährigen Pierre Restany im Türrahmen seines winzigen Ateliers. Der magere, glatt rasierte Restany mit seinem Pokergesicht wirkte eher wie ein Bürokrat als wie ein glühender Missionar. Doch er hatte vor kurzem seine Frau verlassen und einen sicheren Verwaltungsposten aufgegeben, weil es ihm nicht genügte, nur nebenbei über Kunst zu schreiben. Restany war entschlossen, sich für eine Kunst einzusetzen, die kaum ein anderer als treffendsten Ausdruck der Zeit einzustufen bereit oder fähig war. Über die Pariser Schule hatte er bereits ein Buch geschrieben. Seine frühzeitige Bekanntschaft mit Yves Klein, Jean Tinguely, Arman und anderen versetzte ihn bald in die Lage, zur kraftvollen Stimme einer ganzen Generation von Nachkriegskünstlern zu werden. Binnen weniger Jahre eröffnete Restany mit seiner neuen Lebensgefährtin Jeanine de Goldschmidt eine der Avantgardekunst gewidmete Galerie.

Anna Staritskys Empfehlung hatte Restanys Neugier geweckt. Zu seinem Besuch in Christos Atelier befragt, sagte er: »Ich sah einige Hochreliefs, ein wenig nach der Art Dubuffets, und die ersten, stark verkleisterten verhüllten Gegenstände.« Besonders das *Inventory* und die Verhüllungsgeste erregten Restanys Aufmerksamkeit. Diese Arbeit entzog sich der einfachen Erklärung. Ließ sich diese seltsame Bildhaftigkeit entziffern und in ein werdendes, großes Ganzes einordnen? »Ich fühlte mich sehr zu dem Mann hingezogen«, sagte Restany später, »nicht nur wegen dem, was er tat, sondern durch seine exakte Vision.« Mit ein paar Brocken Französisch und vielen ausdrucksvollen Gesten bat Christo Restany inständig, ihm zu einer Ausstellung zu verhelfen und vielleicht über seine Arbeit zu schreiben. Sein Flehen wirkte erfrischend unmittelbar. Die lebhafte Gestik des jungen Malers machte seine sprachliche Unbeholfenheit mehr als wett. Restany äußerte sich vorsichtig aufmunternd. Es entwickelte sich eine Freundschaft, die Christo neben Hoffnung auch bittere Enttäuschung bescherte. In der von unerbittlicher Konkurrenz geprägten, oft nachgerade machiavellistischen Pariser Kunstwelt verfolgte Restany seine eigenen Absichten. Zu guter Letzt gelangte Christo zu der Erkenntnis, den Intrigen und abscheulichen Windungen des Galeriesystems lasse sich am besten dadurch aus dem Weg gehen, dass er seine eigenen Regeln aufstellte und ein alternatives System entwickelte.

Sei's Zufall, sei's Schicksal – an einem sonnigen Nachmittag Anfang Oktober 1958 machte sich Christo auf den Weg ins Quartier latin zu einer begüterten neuen Porträtkundin namens Précilda de Guillebon. Bei ihrem letzten Besuch im Salon von René Bourgeois hatte sie Porträts eines jungen Mannes gesehen, den man ihr als »hochtalentierten Bulgaren ohne einen Pfennig in der Tasche« beschrieb. Précilda arrangierte schleunigst eine Verabredung.

An der Ecole polytechnique brachte ein Kadett in Uniform Christo zum Haupteingang des Pavillon Boncourt, eines üppig ausgestatteten, dreistöckigen Louis-Seize-Gebäudes, dem Wohnsitz der Familie Guillebon. Dort führte ein makellos gekleideter Armeeoffizier ihn in ein riesiges Wohnzimmer im zweiten Stock, in dem er drei Damen sitzen sah. Die attraktive, neununddreißigjährige Madame de Guillebon erhob sich, um ihn zu begrüßen. Précilda beschrieb Christo später als kultivierten jungen Mann mit schnellem Lächeln und einnehmendem Wesen. »Er sah so edel aus, als er mir die Hand hinstreckte.« In seinen braunen Augen blitzte ein ganz eigener Schalk. Sie stellte den ungewöhnlichen Besucher Jeanne-Claude und Isabelle de Hautecloque vor. Die beiden jungen Damen lächelten höflich, sagten Hallo und zogen sich dann kichernd in Jeanne-Claudes Zimmer zurück.

Erste Eindrücke, so unbeständig sie sein können, bleiben haften. Jeanne-Claudes blaue Augen und totale Präsenz entgingen Christo nicht. »Sie wirkte sehr französisch und sah in ihrem blauen Kleid wunderschön aus.« Ihr flüchtiger, etwas abschätziger Blick offenbarte die gesellschaftliche Kluft zwischen ihnen. »Es war sehr seltsam«, sagte er, »weil ich das Gefühl hatte, ich sei gar nicht da.« Später sollte Jeanne-Claude zwar sagen, »mein Leben begann, als ich Christo kennen lernte«, aber ihre erste Reaktion spiegelte das nicht wider. In der Sicherheit ihres Zimmers sagte sie zu Isabelle: »Der ist offenkundig ein Homo. Er hat lange, schmale Hände und ist so spindeldürr, außerdem ist er Künstler.« Wohl kaum Liebe auf den ersten Blick also. Während Précilda an diesem Nachmittag für Christo Modell saß, ging Jeanne-Claude zu Jacques und witzelte: »Weißt du, Papa, Mama hat einen Hund ohne Leine heimgebracht.« Am selben Abend wiederholte sie ihre unbegründete Einschätzung von Christos sexueller Präferenz. Précilda wurde wütend, schalt Jeanne-Claude und sagte zu ihr, von Männern verstehe sie gar nichts. Christo werde nun regelmäßig kommen und auch die anderen Familienmitglieder porträtieren. Ihre Tochter solle künftig mehr Respekt zeigen.

Mehrere Monate, bevor Christo in Jeanne-Claudes Leben trat, hatte sie an einem Debütantinnenball in Versailles teilgenommen. Ihre Begleitung bestand nicht etwa aus bloß einem schneidigen Offizier, sondern gleich aus fünfen, darunter Patrick Peugeot, dem kraushaarigen und sommersprossigen aristokratischen Erben des Autokonzerns. Auf einem Illustriertenfoto sieht man sie mit weißen Blumen im Haar in einem weißen Spitzenkleid von Christian Dior lächelnd Bebop oder Cha-Cha-Cha tanzen. Fast jeden Abend hatte sie ein Rendezvous oder eine Tanzerei. Zu der Parade der Bewerber um ihre Gunst gehörten gut aussehende junge Offiziere ebenso wie gestandene Geschäftsleute der gehobenen Gesellschaft. Jeanne-Claudes Vergnügungsleben schien eindeutig vorgezeichnet. Kein Wunder, dass sie Christo als abartig einschätzte.

Die Freunde und Würdenträger, die sich bei den Guillebons die Klinke in die Hand gaben, hätten jeden beeindruckt.
Christos Erinnerung an die schöne Madame de Guillebon und
ihren gutmütigen Ehemann liest sich so:»Der General war
ein sehr würdiger, sehr gewichtiger Mann. Unablässig schlugen Offiziere die Hacken zusammen, und unentwegt kamen
und gingen Politiker und Minister.« Zu der illustren Schar
zählten Kabinettsmitglieder, Botschafter, hochrangige Militärs, Wissenschaftler, Schriftsteller, Industrielle und Stars von
Bühne und Film. Kurzum: keine gewöhnlichen Sterblichen.
Précilda hielt den jungen Maler auf Trab. Sie wusste, dass
er für den Lebensunterhalt dringend auf Aufträge angewiesen war. Nach dem zweiten Précilda-Porträt war Jeanne-
Claude an der Reihe. Im Garten hinter dem Haus saß sie ihm
Modell für ein klassisches Porträt. Diesmal redeten sie miteinander und nahmen sich vorsichtig in gegenseitigen Au-
genschein. Sie hatte noch nie einen Künstler kennen gelernt.
Ihre anfängliche Abneigung gegen Christos Zerbrechlich-
keit, seinen schweren Akzent und seinen Beruf schwand dahin. Dieser Wandel war nicht die Folge der strengen Ermah-
nungen ihrer Mutter, sondern ganz und gar Christos Werk.
Sie fand seinen unaufdringlichen, hellen Tenor bestrickend
und erfrischend ehrlich. Als sie erfuhr, dass sie am selben
Tag geboren waren, war sie selig. Vor allem aber hatte sie
einen vertrauenswürdigen Freund gefunden. Christo erinnerte sich später an ihr strahlendes Gesicht.»Die ganze Zeit
lächelte und lachte sie.« Diese rückhaltlos fröhliche Stimmung war genau, was er brauchte.

Während der Porträtmalerei gewann Christo die Herzen
der Guillebons. Seine häufigen Besuche waren bald schon
ersehnte Augenblicke, und er wurde wie ein Mitglied der
Familie behandelt. Précilda erinnert sich:»Er war sehr stolz.
Anfänglich lehnte er meine Einladung zum Mittagessen ab.
Da sagte ich:›Christo, ich lade Sie nicht ein, um Ihnen eine
Freude zu machen, sondern es ist zu meinem eigenen Vergnügen.‹ Schließlich nahm er lächelnd an. Wenige Tage später war er für uns wie ein Sohn.« Hatte Précilda einen Sohn

gewonnen, so hatte Jeanne-Claude einen Bruder und Christo eine Ersatzfamilie gefunden. Binnen kurzem speiste er täglich bei den Guillebons. Auf Bitten seiner Frau richtete der General für Christo ein großes, lichtdurchflutetes Atelier im obersten Stock ein.

Précilda beschloss, Christo finanziell zu unterstützen, indem sie ihm regelmäßig Aufträge verschaffte. In den folgenden Monaten porträtierte er Précilda in unterschiedlichen Stilen, fertigte zwei impressionistisch anmutende Gemälde von Jacques – einmal in Uniform, einmal in einer beigefarbenen Samtjacke – und Studien der Kinder und mehrerer Freunde der Familie an. Alle waren von seinem künstlerischen Können, seiner Empfindsamkeit und seinem scharfen Intellekt angetan. Bislang hatten die Guillebons nur wenig über Kunst nachgedacht. Zwar bewohnten sie ein architektonisches Kleinod, aber ästhetische Überlegungen waren ihnen fremd. Nun bot Christo Jeanne-Claude Zutritt zu einer unbekannten Welt. Zögernd nahm sie das Angebot an. Christo begann ein systematisches Erziehungsprogramm und führte sie als Erstes in den Louvre. Mehrere Tage lang, als befolgte er einen Lehrplan, sprach er mit ihr über alte Meister, Renaissance- und modernere Künstler. Bevor er zur jüngsten Malerei und Skulptur des 20. Jahrhunderts überging, zeigte Christo ihr die Verbindungen zwischen diversen Kunstwerken auf, um den Evolutionsprozess zu verdeutlichen. Jeanne-Claude bat ihn, sein Atelier sehen zu dürfen. »Noch nicht«, sagte er.

Die Freundschaft wuchs. Sie brachte ihm Französisch bei, zog ihn manchmal wegen seines bulgarischen Akzents auf. Er machte sie mit dem großen Theater bekannt.

Im Winter 1958 zog Christo von seinem Dienstmädchenzimmer an der Place des Etats-Unis in eine Einzimmerwohnung auf der Ile Saint Louis, die ihm Robert Cointreau, Sohn des Likörherstellers, vermietete. Von der malerischen, über Brücken mit beiden Seine-Ufern und der Ile de la Cité verbundenen Ile Saint Louis bis zur Ecole polytechnique waren es nur ein paar Fußminuten. Über den Innenhof gelangte man in Christos neue Behausung – ein rechteckiges, möbliertes Zimmer im ersten Stock. Mit der eingebauten Toilette und, beinahe unglaublich, einem Telefon, wirkte das Zimmer geradezu luxuriös. »In Paris grenzte Ende der fünfziger Jahre ein Telefonanschluss fast schon an ein Wunder«, sagte Christo: »Damals musste man entweder Ministerpräsident sein oder aber zehn Jahre warten, bis man ein Telefon bekam.« Inmitten seiner eigenen Werke hing ein signierter Picasso-Druck, der sich dort fast wie ein Fremdkörper ausnahm. Christo hatte – obwohl er es sich eigentlich gar nicht leisten konnte – die exquisite *Vollard Suite* einige Monate zuvor für ein paar hundert Dollar auf Raten in der Galerie Berggruen erworben.

In einem Brief vom 21. November 1958 an Anani schrieb Christo, er habe keine »große Liebe«. Er erwähnte einen Brief von Ida, einer attraktiven italienischen Blondine mit grünen Augen, bezeichnete aber seine Beziehungen zu Frauen in den zwei letzten Jahren als lediglich freundschaftlich. »Ich habe immer Freundinnen, die sehr herzlich und vernünftig sind, nicht nur in Frankreich, sondern auch in der Schweiz und in Italien. Ich finde sie reizend, und sie sind ungemein hübsch. Morgen bin ich bei Jeanne-Claude zu Hause. [...] Sie ist wie eine schöne, altpersische Gestalt, eine fantastische, wirkliche Scheherazade.«

Im Januar 1959 jährte sich Christos Flucht zum zweiten Mal. Manchmal brütete er schwermütig vor sich hin, dann wieder brach die Freude aus ihm heraus. Nach den Jahren der Zensur in Bulgarien drängte es ihn, künstlerische Ereignisse in sich hinein zu saugen und sich mit den grundlegenden Tatsachen einer zeitgemäßen Existenz vertraut zu machen. Regelmäßig berichtete er Anani, was er in Paris alles erlebte. »Die Tage sind voll der Besuche von Ausstellungen, und am Abend geht es ins Theater, Ballett, in die Oper und in Konzerte.« Er wolle ein ureigenes, »reiches, dynamisches Werk« zustandebringen und »allen Traditionalismus demolieren. [...] Meine Arbeit muss sich als Avantgarde durchsetzen, neuen

Gedanken und Gefühlen Ausdruck verleihen.« Schon vor seiner Ankunft in Paris war Christo geradezu süchtig nach den neuesten Nachrichten. Noch Jahrzehnte später lief in seinem New Yorker Atelier unablässig das Radio mit aktuellen Nachrichten.

Am 8. Januar 1959 wurde de Gaulle unter dem Donner von einundzwanzig Böllerschüssen als Präsident der Fünften Republik vereidigt und erhielt mehr Vollmachten als jedes Staatsoberhaupt seit Napoleon III. Der Bürgerkrieg und die Anarchie waren abgewendet, aber die zentrale Frage des Schicksals Algeriens war immer noch ungelöst.

Die Kunstwelt wandte indes ihre Aufmerksamkeit der Winterausstellung der Arbeiten von Maurice Utrillo in der Galerie Charpentier zu. Die Rückschau, die aus den zahllosen Variationen Mutrillos von Sacré-Coeur und den Straßen von Montmartre bestand, wurde von Publikum und Kritikern gleichermaßen gelobt. Doch was Christos Phantasie beflügelte, war nicht diese etwas süßliche Schau, sondern zwei geistig verwandte und mit einem gemeinsamen Katalog versehene Ausstellungen im Musée national d'Art moderne: *Neue Amerikanische Malerei* und *Jackson Pollock* wurden gleichzeitig am 16. Januar eröffnet.

Die vom International Council of the Museum of Modern Art in New York organisierte Ausstellung *Neue Amerikanische Malerei* hatte neun Monate zuvor in Basel ihre Premiere gehabt. Hier bot sich Christo eine Einführung in die Kunst von Willem de Kooning, Robert Motherwell, Mark Rothko und anderen aufsteigenden abstrakten Expressionisten. Die zweite Ausstellung war dem Andenken des 1956 verstorbenen Pollock gewidmet und bezeugte mit mehr als fünfzig Bildern von ihm einen dramatischen Wandel. Christo war von der schieren Größe des Dargestellten beeindruckt. Er sagte: »An die Pollocks erinnere ich mich genau, sogar an den Raum, in dem *Blue Poles* hing. Es war weniger die entspannte Malweise, sondern die Stofflichkeit der Leinwand. Ich liebte sie. Der schönste Teil dieser amerikanischen Kunst war die luftige Dimension, die aus dem Raum hernieder stieg, die

Leere und vermutlich eine Art Nonchalance. Es war alles sehr schön, sehr aufregend, sehr seltsam und einmalig.« In einem Brief an Anani äußerte er sich begeistert über beide Ausstellungen und nannte viele Maler. Ihre Arbeit und ihre Worte atmeten Freiheit. Nur wenige europäische Beobachter rechneten damit, dass diese Ausstellungen den Anfang einer allmählichen, aber entscheidenden Verlagerung der Metropole der Weltkunst nach New York einläuteten. Kaum fünf Jahre später lag das Bild von Paris als dem dynamischen Mittelpunkt der internationalen Kunst in Trümmern.

Ebenfalls im Januar wohnte Christo der Eröffnung von Jasper Johns' erster Einzelausstellung in Paris bei, einem kaum bekannt gemachten Ereignis in der Galerie Rive Droite. Johns, der im Vorjahr in New York großes Aufsehen erregt hatte, verkörperte eine neue Generation. Seine Arbeiten kennzeichneten eine bewusste Abkehr vom abstrakten Expressionismus und waren ein weiterer Beweis für eine ausgeprägt amerikanische Kunst.»Ich mochte sie sehr«, erinnert sich Christo. Für den Katalog hatte Pierre Restany eine kurze Einleitung verfasst. Die enigmatischen, konzentrierten Arbeiten – ein Kleiderbügel, Flaggen, Ziffern, alles auf glatter Bildfläche – faszinierten Christo.

Christo studierte eifrig jede neue Ausstellung, lernte zwischen innovativer und derivativer Arbeit zu unterscheiden. Der berauschende Selbsterziehungsprozess erreichte 1959 seinen Höhepunkt anlässlich einer gewagten Ausstellung von Jean Tinguely in der Galerie Iris Clert. Der in der Schweiz geborene, vierunddreißigjährige Kinetiker stellte Münzautomaten aus, die gestische Gemälde produzierten. Bei den mit leichter Hand geschaffenen Objekten setzte er nicht nur die Bewegung ein, sondern ließ auch dem Zufall Raum.»Allein die Bewegung ist beständig«, zitiert Pellegrini ihn in *New Tendencies in Art.*»Leben ist Bewegung, Leben ist ewiger Wechsel. […] Im selben Augenblick, da sich Leben fixiert, hört es auf, wirklich zu sein.«

Ebenso anregend empfand Christo die *Achte Internationale Surrealismus-Ausstellung*; er nannte sie »die letzte surrealistische Ausstellung«. Auf ihr waren fünfundsiebzig Maler mit erotischen Themen vertreten. Denkwürdig auch die *Quellen der Kunst des 20. Jahrhunderts* von 1959, die André Malraux organisierte. »Es war eine der aufregendsten Ausstellungen in Paris, eine riesige, sehr schön aufgemachte Schau nicht nur von Kunst, sondern auch von Industriedesign und Architektur. Sie war unglaublich – etwas, womit ich noch nie konfrontiert worden war.«

Die zauberhafte Stadt war weiterhin idealer Schauplatz für Jeanne-Claudes Partys, Empfänge und Kartenabende, fürs Tennis, Tanzen und Bis-in-den-späten-Morgen-hinein-Schlafen. Nur an den Sonntagen kam ihr Vergnügungskarussell zum Stillstand, wenn die Familie zur Kirche ging. Jahre später sagte sie dazu: »Ich ging ganz in der Gesellschaft auf, tat nichts, rein gar nichts. Ich war völlig nutzlos.« Ihrem scheinbar beneidenswerten Lebensstil zum Trotz fühlte sich Jeanne-Claude getrieben und unerfüllt. Seit einiger Zeit suchte sie eine Arbeit. Nach fast einem Jahr der Auseinandersetzungen wurde ihr endlich widerwillig erlaubt, einer respektablen, bezahlten Beschäftigung nachzugehen. Ihr Herzenswunsch war es, Stewardess zu werden. Schauderte es Précilda auch bei dem Gedanken, eine Guillebon als »Dienstmädchen der Lüfte« zu sehen, nahm Jeanne-Claude doch im April 1959 die Arbeit bei Air France auf.

Für die mittlerweile Dreiundzwanzigjährige begann eine neue Lebensphase. Gern vertauschte sie den privilegierten Stand als Stieftochter eines Generals mit der Rolle der berufstätigen Frau. »Ich genoss es«, sagte sie. »Während ich mir ein Taschengeld verdiente, mussten die anderen für ihren Lebensunterhalt arbeiten. Das hat mich vieles gelehrt.« Zum Nachdenken über den Glamour und die Aufregung ihres Jobs blieb ihr keine Zeit. Neuen Stewardessen wurden meist die Flüge nach Afrika zugeteilt. Jeanne-Claudes Routen brachten Zwischenlandungen in Dakar, Lagos und Brazzaville mit sich. In den engen, überfüllten Propellermaschinen dauerte der Flug über zwanzig Stunden, in denen sie zwischen den Städten Mahlzeiten servieren musste. Aber der

Job bei Air France war ein kleiner Schritt in Richtung auf Jeanne-Claudes Unabhängigkeit.

In Casablanca ließ sich das Leben von Joyce May Alazrachi verheißungsvoll an. Précildas zweites Kind, Jeanne-Claudes Halbschwester, war zu einer attraktiven Neunzehnjährigen erblüht; sie war eins sechzig groß, hatte dunkelbraune Haare und lebhafte, grüne Augen. Montie Alazrachi war ihr ein liebender, vielleicht etwas zu beschützender Vater geblieben, seitdem Précilda ihn verlassen hatte. Er ließ Joyce Privatunterricht erteilen; sie beherrschte fließend Englisch, Französisch und Spanisch und brillierte in Musik. Mit sieben bekam sie Klavierunterricht, nahm mit sechzehn Gesangsstunden und besuchte das Musikkonservatorium in Casablanca.

Alle zwei oder drei Jahre besuchte sie ihre Mutter – jeweils nur für ein paar Tage, weil ihr Vater befürchtete, Précilda könnte sie bei sich behalten. Doch 1959 erklärte er sich einverstanden, dass Joyce für ein Jahr nach Paris ging, um ihre Musikausbildung zu vervollständigen. Anfang Mai kam Joyce nach Paris, den Kopf voller Träume. Da Jeanne-Claude ständig mit zahllosen Verehrern beschäftigt oder wegen ihrer Arbeit abwesend war, nahm Joyce in der Familie bald einen wichtigen Platz ein und wurde mit Aufmerksamkeiten überhäuft. Der Wechsel vom behüteten Casablanca in das wogende Gesellschaftsleben der Guillebons hätte dramatischer kaum sein können.

Joyce fühlte sich schnell in der Familie zu Hause. Précilda stellte ihr Christo als eine Art Adoptivsohn vor, und Jeanne-Claude sprach von ihm wie von einem Bruder. »Zuerst verstand ich kein Wort, das er sagte«, erinnert sich Joyce. »Aber er war so reizend. Seine Art sich zu geben, seine Bildung und seine Herzlichkeit beeindruckten mich sehr.« Bald wurden die beiden Freunde. Sie bewunderte seine Intelligenz und seine Hingabe an die Kunst. »Er sprach von allem, von der Oper bis zur Politik, war immer auf dem Laufenden und wusste unheimlich viel. Mich beeindruckte auch, wie standhaft er bleiben konnte, wenn er arbeiten wollte. Wenn Mutter darauf bestand, dass er bei einer Veranstaltung dabei sei, pflegte er zu sagen: ›Nein, nein, ich muss an meine Arbeit.‹«

Joyce gewöhnte sich daran, dass unentwegt Adjutanten umherschwirrten, befolgte bislang fremde Protokollvorschriften und hielt auch dem Auge scharfer Beobachter stand. Vergleiche mit Jeanne-Claude waren unvermeidlich. Die reservierte, in sich gekehrte Joyce mit ihrer direkten Sprache erschien weniger flatterhaft, weniger anmaßend, weniger verwöhnt und viel selbstständiger als ihre Halbschwester. Die beiden waren zunächst Fremde, die nur eine gemeinsame Mutter hatten. Nach und nach entdeckten sie jedoch manche Gemeinsamkeit in ihren Reaktionen und der Spitzzüngigkeit und wurden Freundinnen.

Auch Jeanne-Claude erinnert sich an die damalige Zeit. »Wir kicherten ganze Abende lang.« An Anlässen dazu fehlte es der feurigen, sprunghaften Jeanne-Claude nicht. Ihr neuester Verehrer war Philippe Paul Planchon, ein hübscher vierunddreißigjähriger Ingenieur, den sie bei einer Soirée littéraire bei Freunden kennen gelernt hatte. Ihre Beziehung entwickelte sich nur langsam und lässt sich am besten als abenteuerlos beschreiben. Er spielte mit ihr Tennis und nach dem Abendessen Bridge bei den Guillebons. In beidem war Philippe kaum zu schlagen, aber so recht erwärmen konnten sich Précilda und Jacques für Jeanne-Claudes neuesten Begleiter nicht. Er war nicht gerade reich. Das Beste, was sich über den glanzlosen Planchon noch sagen ließ, war: »Er ist ein solider Bourgeois.« Selbst der aufgeschlossene Christo fand keinen rechten Zugang zu ihm. »Bevor sie Philippe Planchon kennen lernte, war sie mit vielen gut aussehenden Männern ausgegangen, aber er war viel älter. Er war sehr ernst, sehr korrekt, sah sehr gut aus«, soll er nach Joyce' Erinnerung einmal gesagt haben. Doch im Augenblick war er nur einer unter vielen Bewunderern.

Kurz nach ihrer Ankunft feierte Joyce am 14. April 1959 ihren zwanzigsten Geburtstag. Als Geschenk gab Précilda bei Christo ein Porträt von ihr in Auftrag. Auf dem Gemälde im Renoir-Stil ist Joyce in einem grünen Kleid auf pastellfarbenem Hintergrund zu sehen. Précilda gefiel es so gut, dass sie es für sich behielt und zu Joyce sagte, sie bekomme es dann zum 21. Geburtstag. Daraufhin erbot sich Christo, als *sein* Geburtstagsgeschenk ein zweites anzufertigen. Joyce war überwältigt.

Christo habe sich immer ehrlich und klug geäußert, sagte sie.»Er war der Meinung, Jeanne-Claude besitze das wundervollste asymmetrische Gesicht. Nun gilt das für jeden, aber das ihrige erschien ihm besonders asymmetrisch und faszinierend.«

Christo erzählte Joyce von seiner neuesten Entdeckung. Lourdes Castro und René Bertholo hätten ihm die Herstellung von Drucken beigebracht. Bei den beiden zu Hause schuf er einen 13 × 23 cm großen Druck, der in der Maiausgabe von *KWY* erschien, einer billigen Kunstzeitschrift mit Grafiken, gelegentlichen Essays und Gedichten, die Castro und Bertholo herausbrachten. Die vierte Ausgabe von *KWY* enthielt Christos ersten, auf dem Titelblatt»Christo Gavacheff« zugeschriebenen Beitrag sowie eine Lithographie mit Seidenschirm von Jan Voss, einem zweiundzwanzigjährigen Deutschen, der später zu Christos engsten Freunden gehörte, desgleichen Originalsiebdrucke von Castro, Bertholo und zwei weiteren portugiesischen Künstlern, Costa Pinheiro und Vieira da Silva.

Beim Anblick von Christos kleinem, verspritztem abstraktem Schwarz-Weiß-Bild verschlug es Joyce die Sprache, und seine Bemerkung, Porträtmalerei sei nicht viel besser als Prostitution, erhöhte ihre Verwirrung erst recht. Da sie mit bildender Kunst wenig Erfahrung hatte, war sie für den anschließenden Besuch in seinem Atelier denkbar schlecht vorbereitet. Als sie über die Treppe im sechsten Stock ankam, sah sie»mit Flecken und Farbtropfen übersäte Leinwände«, verhüllte Dosen und Flaschen. Christo war völlig in die *Inventory*-Bestandteile vertieft.»Er hat sie tatsächlich intensiv betrachtet. Ich konnte rein gar nichts damit anfangen, versuchte zwar zu verstehen, wusste aber nicht, welche Fragen ich stellen sollte. Ohne seine Begeisterung und den intensiven Ausdruck auf seinem Gesicht hätte ich wahrscheinlich gedacht, das sei nur irgendein Zeitvertreib«, erinnert sie sich. Jeanne-Claude hatte sein Atelier schon ein paar Monate früher besucht. Er stellte sie Castro, Bertholo und Voss vor. Zunächst irritierte sie sein wenig glanzvoller Umgang mit eigenartigen, armen Malern, die in »winzigen Zimmerchen« wohnten. »Christo nahm mich in sein winziges Atelier in einem Dienstmädchenzimmer am anderen Ende von Paris mit. Ich betrat es widerwillig und sagte: ›Mein Gott, was ist das denn?‹ Er zeigte mir seine Kunstwerke. Darauf ich: ›Ich glaube zwar nicht, dass du es erklären kannst, aber du kannst es ja mal probieren.‹ Nachdem ich mit ihm in einigen avantgardistischen Galerien gewesen war, war mir nicht mehr ganz so unbehaglich. Ich wusste, dass er nicht der einzige Spinner auf der Welt war. Ich lachte und sagte: ›Du spinnst zwar, aber was soll's. Du bist ein netter Kerl und malst schöne Porträts.‹ Worauf er erwiderte, das Porträtmalen diene dem bloßen Lebensunterhalt. Dann sprach er vom Offenbaren eines Gegenstands, indem man ihn verhüllt, über den Einsatz von Webstoffen, die Anfälligkeit und Vergänglichkeit der Dinge in einer Kultur, in der Verpacken so viel bedeutet. Ganz allmählich begriff ich.«

Ende Mai 1959 begann es Jeanne-Claude zu dämmern, dass es im Leben mehr gab als Vergnügungen. Sie sprudelte über vor Unternehmungsgeist, wusste aber nicht, wohin damit. Im Gegensatz dazu besaß Joyce klar definierte Ziele. Mit Blick auf die bunte Schar faszinierender Besucher im Pavillon Boncourt meinte sie: »Gesellschaftlich war das wunderbar, aber was ich wirklich wollte, war Musik – Oper, Ballett, Konzerte und Theater.« Das veranlasste Christo, sie in die Oper einzuladen. Freudig nahm sie an. Christo stürzte sich in Unkosten und kaufte teure Parkettkarten für *Rigoletto*. Sie war gerührt. Nach diesem Abend gingen sie immer mal wieder zusammen aus. Joyce fühlte sich von Christos Aufmerksamkeit geschmeichelt. Er lud sie auch zu einer Vorstellung von Marcel Marceau ein. Es war ein denkwürdiger, bezaubernder Abend. »An jenem Abend goss es wie aus Kübeln,

Christo hielt den Schirm und drückte mich an sich, damit ich trocken blieb. Er war ganz reizend. Damals begann ich, mich sehr für ihn zu interessieren.« Der Juni 1959 wurde sowohl für Joyce als auch für Jeanne-Claude zum Schicksalsmonat. Philippe Planchon machte Jacques de Guillebon in dessen Büro in der Ecole polytechnique seine Aufwartung und bat ihn um Jeanne-Claudes Hand. Zögernd erklärte sich Jacques einverstanden. Jeanne-Claude reagierte so darauf: »Er kam genau zur rechten Zeit. Mit meinen vierundzwanzig Jahren fühlte ich mich wie eine alte Jungfer. Ich musste nun Ernst machen, denn wenn ich jetzt nicht heiratete, hätte mich wohl kein Mann mehr gewollt, weil ich zu alt gewesen wäre.« Précilda ließ sich widerwillig dazu herbei, der geplanten Eheschließung zuzustimmen, was sie nicht hinderte, immer wieder darüber zu maulen.

Auch das unabhängige Gebaren von Joyce behagte Précilda nicht; sie empfand es nicht als Ausdruck eines freien Geistes, sondern eher als Respektlosigkeit. Als Joyce ein paar Mal hintereinander sehr spät nach Hause kam und schon früh wieder ging, kam es nach einem größeren Krach zum Bruch. Joyce zog aus. Es sollte mehr als ein Jahr dauern, bis sie wieder miteinander redeten.

Christo wusste, dass er da nichts ausrichten konnte. Er besuchte die Guillebons weiterhin regelmäßig, blieb aber auch mit Joyce in Verbindung. Sie brauchte seine Freundschaft mehr denn je. »Ich tat ihm Leid«, sagt Joyce. »In der Familie meiner Mutter war ich stets das fünfte Rad am Wagen. Er hatte sich um mich gekümmert, und nach dem Bruch tat er es erst recht.« Christo verbrachte jetzt mehr Zeit mit ihr, aus Freundschaft und Mitleid, aber auch, weil er sich zu ihr hingezogen und sich genauso heimatlos fühlte wie sie. In der Abgeschiedenheit seines bescheidenen Zimmers schlug ihr herzliches Verhältnis in Leidenschaft um. In den folgenden Wochen wurde die Rue St-Louis-en-l'Ile 24 zum bevorzugten Ort ihrer intimen Rendezvous. Damals hatte Jeanne-Claude keine Ahnung, dass die beiden ein Liebespaar waren; sie hatte ihre Stellung bei Air France aufgegeben und war mit

Hochzeitsvorbereitungen beschäftigt. Joyce ließ sie nur einen Teil der Geschichte wissen:»Ich erwähnte, dass ich hin und wieder mit Christo ausging, sah aber keine Veranlassung, ihr mehr zu sagen. Ich wusste, dass sie es nur Mutter weitererzählen würde.« Jahre später witzelte Jeanne-Claude über die Liaison:»Sie gingen nicht aus, sondern hielten Einkehr.« Joyce saß für mehrere Zeichnungen Modell. Christo schenkte ihr mal eine Skizze, mal ein Exemplar von *KWY*, einen Schal, ein Halsband oder ein winziges, selbstgebundenes Büchlein mit seinen Tropf- und Spritzgemälden. Jede Seite enthielt eine abstrakte Komposition, signiert und mit Widmung.»Wirkliche Opfergaben, Stücke seiner selbst«, sagte sie. Diese Miniaturen spiegelten seine anhaltende Begeisterung für Stoffoberflächen, Dubuffet, Pollock und diverse amerikanische Maler wider.

Die kurze Romanze endete abrupt. Joyce erinnert sich an die Szene in seinem Atelier:»Er zog mich mit einer wunderschönen Frau auf, die ihm Modell saß. Ich war miserabler Laune und ärgerte mich gewaltig. Ich zerriss den hübschen Seidenschal, den er mir geschenkt hatte, und warf ihm die Fetzen ins Gesicht. Dann stürmte ich davon.«

Für sie war das Verhältnis beendet. Die blendenden Möglichkeiten, die Paris zu bieten schien, gerannen zu unerfüllten Erwartungen. Sie floh in diesem Juli heim in die physische und emotionale Wärme Nordafrikas. Dort erfuhr sie, dass sich Montie Alazrachi vor kurzem einer Krebsoperation hatte unterziehen müssen (sein Vater war im selben Alter an der gleichen Krankheit gestorben). Die Operation wurde als erfolgreich bezeichnet. Tatsächlich aber musste sich Montie erneut operieren lassen und lebte nur noch ein Jahr.

Während des ganzen Sommers 1959 schrieb Christo ihr liebevolle Briefe und Postkarten. Sie antwortete nicht. Sein Alltag war unverändert; er arbeitete lange Stunden im Atelier, suchte nach einem Kunsthändler, Journalisten oder Sammler, der ihm zu einer Ausstellung verhelfen könnte, besuchte Vernissagen und malte Porträts, um sich über Wasser zu halten. Den Guillebons fühlte er sich weiterhin eng verbunden, hoffte auch inbrünstig, einer ihrer einflussreichen Freunde könnte ihm Zugang zu einer Galerie verschaffen. Die Sommerferien verbrachten die Guillebons meist auf ihrem Landsitz in Essertaux und luden Freunde zu privaten Besuchen dorthin ein. Précilda sorgte dafür, dass Christo mehrere Porträtaufträge bekam, und heuerte ihn auch für ein »Porträt« des Schlosses an. Mitte 1959 war Essertaux richtig herausgeputzt, Rasen, Bäume und Gärten atmeten strahlenden Glanz. Die pastorale Szenerie konnte Jacques indes kaum von der dramatischen Zuspitzung der Lage in Frankreich und Nordafrika ablenken. Alle Berichte, die der General erhielt, deuteten auf eine Tragödie in Algerien hin. Aus seiner Ablehnung des grausamen Krieges machte er keinen Hehl. Wie zuvor schon in Tunesien, befürwortete er auch hier die Aussöhnung. Seine gemäßigte Haltung brachte ihn in Widerspruch zu den Hardlinern im Militär.

Im Sommer 1959 rief de Gaulle Jacques mehrfach zu sich. Auf dessen Ehrlichkeit war Verlass. Kein Offizier äußerte sich unverhohlener über die fragwürdige Taktik und unklare Zielsetzung der Militärs. Jacques befürwortete die algerische Unabhängigkeit und war der Meinung, wenn Algerien nicht wie Tunesien und Marokko die Freiheit erlange, könne sich der unerklärte Krieg noch über Generationen hinziehen.

Bei einem solchen Gespräch bat de Gaulle Guillebon, den Oberbefehl über das Constantine zu übernehmen. Jacques lehnte ab. Er war viel zu stolz, diesen nur unklar definierten Auftrag mit weniger Verantwortung und Handlungsfreiheit als in Tunesien zu übernehmen. Jacques sagte zu de Gaulle, die Aufgabe könne er nur übernehmen, wenn er konkrete schriftliche Weisungen über das Endziel erhalte. »Wenn Sie Algerien französisch halten wollen, weiß ich, wie man kämpft; wenn Sie einen unabhängigen Staat wollen, weiß ich auch damit fertig zu werden. Auf keinen Fall aber gehe ich ohne schriftlichen Befehl.« De Gaulle war aber noch nicht bereit, seine Absichten offen zu legen.

Jacques hatte nicht mit der schmerzlichen Notwendigkeit gerechnet, de Gaulles Bitte abschlagen zu müssen. In

Paris 1959: Jeanne-Claude mit General Charles de Gaulle im Haus ihrer Eltern Précilda und Jacques de Guillebon. (Foto: Ecole polytechnique)

einem der schwersten Augenblicke seiner langen Karriere schrieb er sein Rücktrittsgesuch. Einige Tage später schickte de Gaulle es ihm zurück. Über einen Monat lang wanderte das Gesuch unentschieden hin und her. Während sich de Gaulle Gedanken machte über seinen nächsten Schritt, standen für Jacques der Stolz und seine Prinzipien auf dem Spiel.

Im Juli 1959, weniger als einen Monat vor ihrer Hochzeit, kümmerte sich Jeanne-Claude um den Haushalt in Essertaux. Christo war mit seinen Porträts beschäftigt, die allmählich an sämtlichen Wänden des Schlosses hingen: unter anderem Gemälde von Précilda, Jacques, den Kindern, eine fauvistische Darstellung von Jeanne-Claude mit langem Lockenhaar und ein tief nachdenkliches, kubistisches Selbstbildnis. An einem Sonntag wollte Jeanne-Claude im Nachbardorf frisches Brot holen. Christo fuhr mit. Die Einkaufsfahrt wurde zum Wendepunkt ihres Lebens. An dem freundlich warmen Morgen waren sie hochgestimmt. Während der Fahrt machte ihr Christo stürmische Avancen, liebkoste sie. Da sie ihn weder abwehren noch weiter fahren konnte, brachte sie den Wagen auf einem Feldweg zum Stehen. Ihre unterdrückte Leidenschaft füreinander explodierte. Beim ersten wilden Kuss brach Christo ein Zahn aus. Doch das hielt sie nicht auf. Ekstatisch umarmten sie einander. Jeanne-Claude hielt diesen Liebesausbruch für einen letzten Flirt. Später gestand sie: »Ich dachte nicht etwa, ›das ist der Mann meines Lebens‹. Er hatte kein Geld, einen fürchterlichen Akzent, und überhaupt stimmte nichts an ihm.« In Wirklichkeit aber stimmte alles. Auf der Rückfahrt nach Essertaux waren die beiden unschlüssig, ob sie ihr leidenschaftliches Verhältnis fortsetzen sollten. Sie taten es, trafen sich bis zu Jeanne-Claudes Hochzeit weiterhin heimlich.

Die Vorbereitungen für die Hochzeit Jeanne-Claudes mit Philippe Planchon am 11. August liefen planmäßig weiter. Indes: Jeanne-Claudes neuerwachte Gefühle für Christo erschienen damit unvereinbar. Hinter ihrer glatten Fassade verbarg die vergnügungs- und machthungrige junge Frau unerklärliche Regungen. Sie versuchte, sich auf diese widersprüchlichen Empfindungen einen Reim zu machen. Die Stärke ihres verbotenen Verhältnisses mit Christo warf beunruhigende Fragen auf. Mochte die physische Anziehung noch so heftig sein, alle Umstände legten ihr die Unhaltbarkeit fortgesetzter sexueller Begegnungen nahe. Es klingt wie Ironie, aber im Gegensatz zu ihrer heftigen Liaison mit Christo war ihre Verlobungszeit mit Philippe gesellschaftlich korrekt und sexuell enthaltsam verlaufen. Précilda und Jacques hatten Christo als Sohn akzeptiert; der Gedanke, dass er und ihre Tochter intim waren, wäre ihnen unerträglich gewesen. Außerdem empfand Jeanne-Claude seine Arbeit als herrschsüchtige, anspruchsvolle Rivalin. Hinzu kam, dass Christo demnächst für Porträtaufträge nach Korsika und Italien reisen musste. Als sich Christo Ende Juli von den Guillebons verabschiedete, drängten ihn alle, nur ja zur Hochzeit wieder zurück zu sein.

Christo begab sich auf die lange Reise per Bahn und Schiff ohne irgendeinen Anhaltspunkt, ob Jeanne-Claude je mehr darstellen würde als ein freudiges, aber verbotenes Zwischenspiel. Seine Zielsetzung war klar; ihre Pläne sahen völlig anders aus. Wenn das Schicksal vorhatte, sie wieder zu vereinen, dann war dieser Weg nicht zu erkennen. Er schrieb Joyce nach Casablanca und bat sie, ihn in Korsika zu treffen. Er erhielt keine Antwort.

Nachdem er mehrere Porträts gemalt hatte, fuhr Christo weiter nach Rom. Immer noch unsicher, wie es eigentlich zu dem plötzlichen Bruch gekommen war, schrieb Christo ein letztes Mal an Joyce. Seine drei Sätze standen auf einer großen »singenden Postkarte«, einer Schallplatte von »Arrivederci Roma«, deren Vorderseite ein Foto von Kolosseum und Konstantinbogen zierte. Joyce bewahrte zwar die Postkarte auf, aber ihre Romanze war nicht mehr zu retten.

Nach Rom war Christo gereist, um dort einen früheren Kunden aufzusuchen, den in Belgien geborenen Schweizer Felician Brys, der für die Welternährungsorganisation FAO arbeitete. Brys hatte ihm mehrere Porträtaufträge in seinem Sommerhaus in Sorrent besorgt. Wenige Tage vor Jeanne-Claudes Hochzeit kehrte Christo »sehr, sehr verstört« nach Frankreich zurück.

Jeanne-Claude hatte sich daran gewöhnt, zu bekommen, was sie wollte, und sie wollte Christo. Die körperliche Anziehung war inzwischen beinahe unwiderstehlich. Nur ein paar Tage, bevor das Ehegelübde und die Konventionen ihrem sorglosen Betragen ein Ende setzen sollten, nahmen Jeanne-Claude und Christo ihr heimliches Verhältnis wieder auf. »Für mich war es nur zum Spaß«, erinnerte sie sich. »Jede reiche Frau, jung oder alt, will sich einem Künstler hingeben.

Nachher, wenn man ihn gehabt hat, kehrt man ins wirkliche Leben zurück. Er war mein Künstler. Aber er war ein superber Liebhaber. Das schaffte mich.« Jeanne-Claudes Missachtung gesellschaftlicher Tabus schockierte bald schon sogar ihre beste Freundin, Carole Weisweiller. Die Absicht, Philippe Planchon zu heiraten, hatte Carole überrascht. Später bekannte sie:»Mein Eindruck von ihm war Null. Halbherzig versuchte sie, mich und sich selber zu überreden, er sei wunderbar. Ich war nicht überzeugt.« Ihrer Meinung nach lag der Ehe etwas anderes zugrunde.»Ich denke, Jeanne-Claude wollte sich dem Einfluss ihrer Mutter entziehen. Sie wollte frei sein. Ich weiß noch, dass sie sogar mit Zwanzig noch kein Kleid auswählen konnte, ohne zu fragen:›Mama, wie findest du es?‹ Leider wollte sie damals so sein wie ihre Mutter, reden wie ihre Mutter, glänzen wie ihre Mutter.«

Am 11. August brachen die Guillebons zur standesamtlichen Trauung auf, die wie üblich einen Tag vor der kirchlichen stattfand. Jeanne-Claude trug eine weiße Jacke und einen weißen Rock. In letzter Minute brach es aus Précilda heraus, und sie flehte Jeanne-Claude an, die Eheschließung abzusagen. Unheil ahnend, prophezeite sie:»Sie wird kein Jahr halten.« Noch bei der Abfahrt schrie Précilda:»Wenn du unbedingt Blödsinn machen willst, dann tu's.« Dann rutschte ihr die Hand aus, und sie schlug Jeanne-Claude mitten ins Gesicht. Der Ring ihrer Mutter verursachte eine Schürfung unter dem Auge. In der Mairie erschien Jeanne-Claude mit rot geschwollener Wange. Précilda marschierte ins Gebäude und bellte:»Verdammt nochmal, wo müssen wir denn in diesem Saftladen hin?« Als die übrigen Gäste eintrafen, brach Jeanne-Claude in Tränen aus. Philippe konnte sich keinen Reim darauf machen. Die Formalitäten verliefen zwar glatt, aber der Start der Planchons war höchst holprig. Die Neuvermählten kehrten in ihr jeweiliges Heim zurück, um zu warten, bis sie am folgenden Tag kirchlich getraut waren.

Am Mittwoch, dem 12. August, lockerte sich die Spannung im Hause Guillebon. Précilda schlüpfte in die Rolle der lie-

benden Mutter. Als wäre nichts geschehen, trat plötzlich
warme Herzlichkeit an die Stelle der harschen Worte und Taten des Vortages. Offensichtlich strahlender Laune, erschien
Jeanne-Claude in einem weißen Hochzeitskleid von Christian Dior mit einfacher, weißer Perlenkette, weißen Handschuhen und weißen Satinschuhen. Die Familie begab sich
zu Fuß von der Ecole polytechnique in die nahe gelegene
Kirche. Unterwegs blähten Böen Jeanne-Claudes Kleid auf
und wehten unentwegt ihren Schleier zum Himmel. Ein junger, mit der Familie bekannter Jesuitenpater vollzog die Zeremonie, bei der das Paar zwischen zwei hohen Kerzen
kniete. Auf einem Foto ist Jeanne-Claude Marie Denat de
Guillebon Planchon beim Verlassen der Kirche zu sehen, einen Blumenstrauß in der Hand, einen unbestimmbaren Ausdruck im Gesicht.

Die Flitterwochen verbrachten Jeanne-Claude und Philippe in Lallah Meryam, dem Haus der Guillebons am Meer
in Südtunesien, das Intimität und den Luxus von Diener-
schaft bot. In den knapp zwei Wochen gab es gegenseitig viel
zu entdecken. Gelandet waren sie in Tunesien inmitten einer Hitzewelle. Die erste Nacht verging, ohne dass sie miteinander schliefen. Die langersehnte sexuelle Vereinigung
der nächsten Nacht zauberte keine eheliche Glückseligkeit
hervor. Die beiden passten überhaupt nicht zueinander.
Jeanne-Claude erinnert sich an das Fiasko der Flitterwochen:»In Tunesien schlief ich zwei Mal mit Planchon. Ich
wusste sofort, dass ich ihn nicht liebte. Das kann ich katego-
risch behaupten. Er war nichts für mich, und ich wusste, dass
es ihm nicht gefiel. Da habe ich mich gefragt: ›Was tue ich
hier, wo ich doch in Christos Bett sein könnte?‹ Ich weiß es
nicht mehr. Aber instinktiv bin ich sicher, dass mein ganzer
Körper nach Christo schrie.«

Die zwei Wochen in einem Paradies am Mittelmeer wurden für den hoffnungslos emotionslosen Ehemann und seine
verwöhnte, quirlige Gattin zur endlosen Qual. Die Ehe sollte
noch kürzer dauern, als ihre dreimonatige, enthaltsame Verlobungszeit. Philippes Scheidungsantrag enthält den Vor-

wurf, sie habe in den Flitterwochen »eine absolut unverständliche Kälte« an den Tag gelegt. Des Weiteren ist dort von ihrem »unvernünftigen Betragen«, ihren provozierenden »exzentrischen Nervenausbrüchen« und ihrem Verlangen nach »totaler Unterwerfung unter ihre kleinsten Launen« die Rede. Philippe hatte keine Ahnung, dass die Erwartungen seiner Frau unerfüllbar waren. Er mochte sich noch so viel Mühe geben – mit nichts konnte er die lebhafte Schar einstiger Bewunderer oder ihre Gedanken an Christo ersetzen. Philippe bot das Bild eines soliden, verlässlichen Ehemanns, wie ihn sich jede auf Sicherheit bedachte Frau wünschte. Doch bei Jeanne-Claude verpufften seine Anstrengungen wirkungslos. Sie gierte nach Leben und träumte einen unklaren Traum. Mochte es noch so unvernünftig erscheinen – sie sehnte sich nach einem bewegten, heldenhaften Leben, das es mit dem ihrer Eltern aufnehmen könnte.

Am letzten Augustwochenende kehrten die Planchons nach Paris zurück. Jeder hatte vom anderen mehr als genug. Sie bezogen ihre hübsche Wohnung, die Précilda ihnen besorgt hatte. Hier würde sich Jeanne-Claude womöglich leichter zähmen lassen. Der Versuch scheiterte nach kurzer Zeit. So hört er sich aus ihrem Mund an: »Ich kaufte ein und kochte. Am ersten Tag kam er vom Büro heim, machte die Tür auf und sagte: ›Deine Hände riechen nach Zwiebeln.‹ Später erklärte er mir, ich könne kein eigenes Bankkonto haben. Das reichte! Ich explodierte innerlich, sagte zwar nichts, aber als er am nächsten Tag zur Arbeit ging, ließ ich den Schlosser kommen und das Schloss auswechseln.« Anschließend rief sie Christo an. Ihr ungestümes Verhalten fordert den Vergleich mit Précilda geradezu heraus. Philippe zog wieder zu seinen Eltern. In den Scheidungspapieren hört sich der Bruch indes anders an. Danach habe Jeanne-Claude wenige Tage nach der Rückkehr von der Hochzeitsreise erklärt, »sie beabsichtige, in einem Monat allein nach Korsika zu reisen«. Auf seinen Protest hin »nahm die Schwiegermutter die Wohnung wieder in Besitz, und von da an lebten sie nicht mehr zusammen«. Er verlangte auch die Erstattung der Flugkosten nach Tunesien. Einen zusätzlichen ironischen Schlenker erhielt die ohnehin bizarre Situation, als Philippe Christo anrief und ihn bat, Jeanne-Claude ins Gewissen zu reden. Christo gab sich erstaunt, versprach aber – wenngleich halbherzig – als ihr enger Freund und »Bruder« sein Bestes.

Unter dem Druck von allen Seiten erklärte sich Jeanne-Claude zu einer »neuen Versuchsverlobung« bereit. Wenn Philippe sie sehen wolle, müsse er einen Termin vereinbaren. Sie erinnert sich:»An einem Abend gingen wir ins Restaurant und dann ins Theater. Danach versuchte er, mit mir zu schlafen. Ich hatte einen mit vielen Metallstücken besetzten Gürtel an, den ich abnahm, um mich zu wehren. Am nächsten Tag rief ich meine Familie an und sagte: ›Lasst mich bitte in Frieden. Ich mag diese Verlobung nicht.‹ Ich war fertig mit ihm.« Précilda meinte dazu:»Es war acht Tage nach ihrer Rückkehr aus Tunesien. Sie sagte: ›Mama, lass mich bloß nie mehr mit ihm allein.‹ Der arme Schatz.«

Jeanne-Claude hatte nie viel über ihre Loslösung von Précilda nachgedacht. Aber wenn Carole Weisweillers Gefühl stimmte, dass Jeanne-Claude sich nach Unabhängigkeit sehnte, dann war sogar die verpatzte Ehe ein wichtiger erster Schritt, die goldenen Fesseln der Guillebons abzustreifen. Carole fand zwar wenig Bewundernswertes an Philippe, riet aber Jeanne-Claude, den impulsiven Bruch zu überdenken. Als sie sich trafen, um über die Krise zu sprechen, traute sie ihren Ohren nicht.»Ich erinnere mich genau an Jeanne-Claudes Worte«, sagt sie:»Erstens bin ich schwanger. Zweitens lasse ich mich scheiden. Drittens bin ich verliebt.«

»Und in wen?« stotterte Carole.

»Wirst du nie erraten. Versuch's doch.« Nach erwartungsvoller Pause nannte Jeanne-Claude den Vater ihres ungeborenen Kindes: Christo.

Rückblickend meint Carole:»Es war wie im Roman. Ich sah sofort Ärger voraus und fragte: ›Warst du in Philippe verliebt?‹ ›Nicht wirklich‹, lautete Jeanne-Claudes Antwort. ›Bis jetzt konnte ich mir selbst nicht eingestehen, dass ich ganz und gar in Christo verliebt bin.‹«

5

Wendung

Joyce kehrte im Herbst 1959, immer noch zu einer musikalischen Laufbahn entschlossen, nach Paris zurück. Im September fand sie Jeanne-Claudes Adresse heraus und besuchte sie zum ersten Mal seit Hochzeit, Flitterwochen und Scheidung. Sie redeten über vieles, aber Joyce erinnert sich nur an die abfälligen Bemerkungen Jeanne-Claudes über Hochzeitsgeschenke. »Sie konnte ein rechtes Luder sein.« Joyce hatte nicht unrecht. Sogar Jeanne-Claude sagte später einmal: »Snob war untertrieben. Ich war ein Super-Snob.« Mit den veränderten Umständen sollte sich auch ihre hochfahrende Art ändern. Der Traum von einer glücklichen Ehe war zerronnen, schlimmer noch, bald würde alle Welt wissen, dass sie schwanger war. Angesichts der verzwickten Lage der Dinge war an eine Heirat oder ein Zusammenleben von Jeanne-Claude und Christo nicht zu denken, nicht einmal an eine Offenbarung ihrer Gefühle. Die Wahrheit hätte alles nur noch schlimmer gemacht. Außerdem hatte Jeanne-Claude wenig Lust, ihre Untreue bekannt werden zu lassen. Christo seinerseits unterstützte und sorgte sich um sie, während er versuchte, sich an die unerwartete Neuigkeit und die Aussichten, ein Kind großziehen zu müssen, zu gewöhnen. Als logische Strategie drängte sich auf, einfach so zu tun, als wäre Philippe der Vater. Damit wurde der Skandal nicht noch größer, zudem erhielt das Kind eine gewisse Legitimität. Doch sechs Monate später war in den Scheidungspapieren der Planchons zu lesen, das Kind, das seinen Namen trage, sei »nicht dieser Ehe entsprungen«.

Nach ihrem oberflächlichen Versöhnungsversuch nahm

Jeanne-Claude in etwa ihren bisherigen Lebensstil wieder auf. »Ich war wie zerschmettert«, sagte sie. »Fast jeden Abend ging ich mit den gleichen Leuten wie früher aus, mit allen alten Freunden. Sie kannten Christo gar nicht. Er war mein Liebhaber, aber mein offizielles Dasein bestand darin, dass ich mit allen anderen ausging.« Häufig besuchte sie auch ihre Eltern. Inzwischen hatten sich die Umstände allerdings verändert. Jacques' Rücktritt war schließlich akzeptiert worden. In seinen letzten Tagen an der Ecole polytechnique kümmerte sich der General um die Bestallung seines Nachfolgers, während Précilda eine neue Bleibe ausfindig machte. Die beiden lebten jetzt in der Nähe von Jeanne-Claude in einer eleganten Wohnung, die freilich mit der Grandeur des Pavillon Boncourt und seinen aufwartenden Kadetten nicht mithalten konnte. So sehr sich Jeanne-Claude das Gegenteil einzureden versuchte – es gab kein Zurück in die alten, sorgenfreien Tage.

Die meiste Zeit verbrachte Jeanne-Claude bei ihren Eltern, wo sie Christo sah, der dann jeden Abend heimlich zu ihr nach Hause kam. Als Ersatzsohn blieb Christo Teil der Familie, kam regelmäßig, um Porträts von den Kindern zu malen, Skizzen von Jeanne-Claude anzufertigen und mit den Guillebons zu Abend zu speisen. Bei Tisch fand es Précilda gelegentlich amüsant zu sagen: »Wenn Alexandra groß ist, ist Christo ein berühmter Künstler und gibt einen perfekten Ehemann für sie ab«, weiß Joyce zu berichten. Ganz unrecht hatte sie damit nicht. Gemessen an ihren gesellschaftlichen Normen war Christo, bis ihn der Ruhm ereilte, für keine andere Rolle gut als die des Künstlers, der sich abstrampelt, oder des zufälligen Freundes der Familie. Jeanne-Claude war sich im Klaren, dass ihre »Mutter Christo zwar mochte und als Sohn haben wollte, aber nicht als Schwiegersohn. Er war viel zu arm und ungehobelt, gab einen herrlichen Bruder ab, aber eindeutig nicht das, was ich brauchte. Konnte er mir etwa Kleider bei Dior kaufen und all die anderen Dinge, an die ich gewöhnt war?«

Jacques machte sich große Sorgen um Jeanne-Claudes

Wohlergehen, aber in diesem September und Anfang Oktober überschattete die sich verschlimmernde Algerienkrise die persönlichen Probleme. Obwohl Jacques mittlerweile Zivilist war, schickte de Gaulle immer wieder nach ihm und wollte seinen Rat. Die zunehmende Zahl der Begegnungen entsprach dem wachsenden Tempo der Ereignisse. Am 16. September 1959 gab de Gaulle endlich seine Absichten hinsichtlich Algeriens bekannt. An die Stelle der bisherigen Vieldeutigkeiten trat nun das dramatische Angebot der Selbstbestimmung, wie sie Guillebon schon seit langem forderte.

De Gaulles neue Algerienpolitik schuf indes keine Abhilfe für die wirtschaftlichen Nöte des Landes, noch beendete sie die nationalistische Rebellion. Mochte die neue Formel auch manchen internen oder internationalen Kritiker besänftigen, so verstärkte sie doch erst recht den Widerstand der Rechten und fügte somit der ohnehin schon vielschichtigen Gleichung weitere Elemente politischer und militärischer Instabilität hinzu. Mit dem Rücktritt von neun Ministern am 8. Oktober lief das Fass über. De Gaulle ersetzte sie sofort und bat Guillebon, das Kriegsministerium zu übernehmen.

Als Jacques diese Nachricht Précilda überbrachte, nahm sie kein Blatt vor den Mund. Teils in instinktiver Reaktion, teils aus scharfsinniger Analyse sagte sie:»Wenn du das annimmst, werde ich nicht mehr mit dir leben.«»Mach dir keine Sorgen«, erwiderte er,»ich werde Bedingungen stellen, die kein Mensch annehmen kann.« Diese legte er de Gaulle vor: Ernennung auf fünf Jahre, vollständige Verfügungsgewalt über die Armee und freie Hand für deren Reorganisation nach eigenen Vorstellungen. Das war natürlich inakzeptabel. De Gaulle sagte zu Jacques, er brauche ihn, und bat ihn, realistische Bedingungen zu stellen. Guillebon blieb fest und schlug einen anderen für den Posten vor.»Ziehen Sie meinen Freund Pierre Messmer in Betracht. Er ist ein guter Funktionär, der keine Bedingungen stellt.« Das war tatsächlich der Fall, und Messmer wurde Verteidigungsminister. Unterdessen wütete der Krieg weiter.

In gewisser Hinsicht ließ die Algerientragödie niemanden in Frankreich ungeschoren. Auch Christo Javacheff nicht. In seiner Wahl der Kunstmaterialien und -strategien spiegelten sich vielleicht die Wirren, die Repression und die ganze unsichere Zeit wider. Ende 1959 beschäftigte er sich mit dem Vorgang des Verhüllens und Verpackens so eingehend wie kein Künstler vor ihm. Seine Arbeit erfuhr damit eine entscheidende Entwicklung.

Christos ungeheure Arbeitskraft war und blieb erstaunlich. In einem Brief an Anani vom Februar 1960 betonte er, Kunst verlange viel Mut und Ausdauer: »Alles braucht Zeit, Begabung und endlose Arbeit.« Obwohl er regelmäßig die Guillebons und Nacht für Nacht insgeheim Jeanne-Claude aufsuchte, fand er Zeit für häufige Besuche künstlerischer Veranstaltungen und widmete jede verbleibende Minute den Anstrengungen im Atelier. Armut und räumliche Enge taten seinem Drang nach immer platzraubenderen Kompositionen keinen Abbruch. Während des ganzen Jahres 1959 machten die verarbeiteten und unverarbeiteten Dosen, Kanister und andere Haushaltsartikel der fortgesetzten *Inventory*-Reihe größeren und voluminöseren Elementen Platz. Einem Impuls gehorchend, erstand er auf dem Flohmarkt eine Reihe Kisten. Kurz darauf fing er mit dem Erwerb von Ölfässern an. In Algerien war kurz zuvor Erdöl gefunden worden. Doch ganz abgesehen von einer möglichen Symbolik hatte die Wahl von Stahlfässern als Rohmaterial in Christos ausufernder Palette vielleicht mehr noch mit ihrem Umfang, ihrer Gestalt, Dauerhaftigkeit, Oberfläche und ihrem Potential als Bauklötze zu tun. Außerdem waren sie als Schrott billig zu haben. Später wusste er nicht mehr genau, was ihn dazu veranlasst hatte oder wo die ersten herkamen. Jedenfalls fühlte er sich zum Fass, seiner Form und Ausdrucksmöglichkeit hingezogen.

Wie ihre kleineren Vorgänger wurden auch diese Monsterstücke entweder eng verpackt oder unangetastet belassen. Ende 1959 wimmelte es in Christos Atelier von unterschiedlich behandelten, verschnürten und bemalten Behältnissen.

Die planlos scheinenden Zusammenstellungen oder Totem-
säulen glichen eher einem Lager als einem Künstleratelier.
Im Winter trat eine bedeutsame Veränderung ein. Christos Verpackungen bekamen einen Anstrich von Verwundbarkeit. Mit einem kleinen, aber entscheidenden konzeptionel-
len Schritt traten an die Stelle eng angepasster Hüllen mit
harter Oberfläche sperrigere, weichere, vielgestaltigere Verpackungen. Fast zwei Jahre lang hatte er jeden verpackten
Gegenstand mit einer lackgehärteten Schicht überzogen. Die
mit Sand behandelten, in Azeton gewaschenen und mit
einer abschließenden Lackschicht zu steifem Gewebe verwitterten Stücke von *Inventory* und andere hatten starre
Stoffschichten ohne jede natürliche Geschmeidigkeit zur
Folge. Ein Zwischending war beispielsweise ein Objekt wie
Package (Paket) von 1958. Es stellte eine Vorstufe dar zur
späteren Technik und bestand aus kompaktem, mit einem
Netz aus Seilen vertäutem, unter Autolackschichten scheinbar versteinertem Klumpengewebe.

Doch Ende 1959 erlaubte Christo dem Gewebe zu atmen.
Er gab die ansprechende, vulkanartige Oberfläche auf und
akzeptierte das Material so, wie es war. Wie die Hüllen vermochten auch die neueren Pakete, Unruhe zu stiften; einige
waren nur teilverschleiert, andere völlig verhüllt. Gefundenes Material und Gegenstände bescheidener Herkunft wurden dem Vergessen entrissen, mit Papier, Kunststoff oder
Textil überzogen, sodann mit Seilen, Schnüren oder Fäden
gesichert. Obwohl sie keinen Lack-Kokon hatten, muteten
diese verwundbareren Stücke nicht weniger geheimnisvoll,
vielleicht gar noch mehrdeutiger an als ihre Vorgänger. Das
neue Verpackungsgenre wirkte vielleicht weniger aufgeräumt, vielleicht sogar plump, war aber eine einmalige Chris-
to-Schöpfung.

Sofern Christo eine zentrale, prägende Erfahrung gemacht
hat, leitete sie sich aus der Tradition Tatlins her und der
Verwendung »wirklicher Materialien in einem wirklichen
Raum« durch die russischen Konstruktivisten, worauf die
Kunsthistorikerin Camilla Gray hingewiesen hat. Mit ein-

fachstem Material erzielte Christo, was der Kunstkritiker David Bourdon später »Offenbaren durch Verbergen« nannte. »Kein anderer Künstler hat die Verpackungssucht des 20. Jahrhunderts so vollkommen illuminiert«, schrieb Bourdon in seinem Buch *Christo*. Christo selbst sagte zu Rob Morse, der ihn 1983 für das *Florida Magazine* interviewte: »Alle diese Gegenstände haben mit Landschaftsorganisation und Landschaftsgrenzen zu tun. Es ist, als zöge man eine Frau an. Das Tuch auf einer Frau ist viel aussagekräftiger als die nackte Gestalt.«

Wann genau sich ihm das Verpacken als sinnvolles Medium aufdrängte, lässt sich nicht mehr feststellen, aber alles deutet darauf hin, dass es gegen Ende 1959 zu seinem Hauptanliegen wurde. Ob luftdicht oder nur lose gebündelt, die schiere Geste des Umhüllens blieb das Herzstück von Christos Werk. Gehärtet oder biegsam, es schlug dieselbe Saite an. Jede verheimlichende Verpackung enthielt eine Ruhe als Kern. Das besessene Verschnüren mit straff gezogenen Knoten setzte die normale Funktion eines Objekts außer Gefecht. Jedes Stück strafte die Zeit Lügen. In *Monuments and Projects* nannte der Kunsthistoriker Stephen Prokopoff später die verarmten Inhalte »Repositorien bedeutungsloser Geschichte«. Jedes umhüllte Element warf Fragen auf. Was ist es und was bedeutet es? Warum ist es bedeckt? Woher kommt das nunmehr verborgene Innere und was ist seine Endbestimmung? Sichere Antworten gab es nicht. Jedes rätselhafte Stück verwies auf seinen Inhalt oder maskierte ihn, löste kaum definierte, widersprüchliche Empfindungen aus. Christo konzentrierte sich auf eine Kreuzung aus Kunst, Sinnlosigkeit und handfester Realität.

Christos drapierte Objekte nahmen vielerlei Vermummungen an. Manche ähnelten der Topographie einer Landschaft oder einer Person. Andere suggerierten kleine Geschenke, mumifizierte Leichen, Haushaltsware, die auf den Abtransport warten, verschleierte Phantompräsenzen, tragische Erscheinungen, verschnürte oder geknebelte Gegenstände oder ein erregendes, unbekanntes Etwas. Diente der Außenüberzug dem Schutz des untergetauchten Inhalts, so schuf er zugleich einschüchternde Trennungen. Für den Augenblick befanden sich alle verhüllten Elemente in einem Zustand der Leblosigkeit und funktioneller Ohnmacht. Hätte Christo seine Verpackungen in Bronze gegossen, dann wäre nichts Mehrdeutiges übrig geblieben. Ein auf Dauer fixiertes Bild hat nichts zu verbergen, nichts ringt da unter der Verkleidung nach Atem, nichts Geheimnisvolles täuscht oder verwirrt die Sinne. Der Rätselgestalter hinterließ wenige Anhaltspunkte. Armselig aussehende Gegenstände, gemeine Stühle und Tische wurden ihres individuellen Charakteristikums beraubt. Die verhüllten Details ließen nur veränderte Umrisse aufscheinen oder signalisierten mit einem gelegentlich nackt exponierten Teilstück, was im Innern ist.

Als *Inventory* fast fertig war, erweiterte Christo sein visuelles Vokabular und intensivierte die beunruhigende Wirkung, die dem Werk innewohnte. Den alten und neuen Stücken war ein subversiver Ton gemeinsam. Während dieser ganzen Übergangsperiode faszinierte Christo der westliche Verpackungsbegriff. Er verwarf die aalglatte, verkaufsfördernde kommerzielle Verpackung zugunsten eines bewusst verarmten Bildes und verlieh seinen krumpeligen Bündeln eine proletarische Signatur und ein primitives Aussehen. Sie waren bewusst auf Notbehelf getrimmt. Jeder, der zufällig in Christos Atelier gestolpert wäre, hätte das Gefühl gehabt, dieser befinde sich im Umzug oder wolle überflüssigen Kram ins Depot geben. Je genauer man hinsah, desto irrationaler schien das Ganze. Erst Jahre später wurde sein Sprung ins Unlogische als Kunst anerkannt. Mindestens so sehr wie irgendeine andere zeitgenössische Kunst demonstrierten diese expressionistischen Verpackungen mit ihrer nebulösen Vergangenheit, obskuren Gegenwart und unbekannten Zukunft eine neue, zwingende Vision. Das unerforschte Gebiet, das sich Christo erkor und zu meistern versuchte, verschaffte ihm auf Jahrzehnte fruchtbaren Boden.

Jeanne-Claude und Christo hatten allen Grund, bei ihren Begegnungen diskreter denn je vorzugehen. Jeanne-Claudes Schwangerschaft und die Scheidung von Philippe geboten höchste Vorsicht. Als erster Schritt in einem Prozess, von dem sich beide eine schnelle Beendigung ihrer unglücklichen Ehe erhofften, war für den 12. Februar 1960 der Versöhnungstermin anberaumt. Durch einen unerwarteten Gast wurde die Situation noch brenzliger. Précilda lud eine Freundin, Blanche Ackerman, ein, eine Zeit lang bei Jeanne-Claude zu verbringen. Nun bestand die kleine Wohnung im Erdgeschoss nur aus einem Wohnzimmer, einem Schlafzimmer und einem großen Bad, von dem ein Teil zur Küche umfunktioniert worden war. Allen Gefahren einer Entdeckung zum Trotz setzten Jeanne-Claude und Christo ihre nächtlichen Rendezvous fort, mahnten einander, während Ackerman im Schlafzimmer schlief, immer wieder mit einem »Schsch« zur Stille.

Zu der Wohnung gehörte ein großer Kellerraum, in dem Christo seine ausufernden Arbeiten lagerte. Fast klingt es wie eine moderne Version der Sisyphus-Sage, wenn Jeanne-Claude später erzählte: »Christo kaufte alte, schmutzige, zum Teil noch ölige Fässer und brachte sie in die Avenue Raymond-Poincaré. Dann holte er sich eins, brachte es mit der Métro in die Rue Saint-Senoch, trug es in sein Atelier hinauf, reinigte und polierte es und lackierte oder verpackte es manchmal. Danach brachte er es wieder in die Avenue Raymond-Poincaré, lagerte es dort und nahm das nächste mit. So ging es unentwegt hin und her. Die Concierge sagte einmal zu jemandem: ›Er ist so ein netter Kerl, aber irgendwas stimmt mit ihm nicht. Den ganzen Tag lang rennt er mit demselben Fass die Treppe rauf und runter.‹«

Die herkulische Anstrengung ging aber noch weiter. Christo mühte sich auch mit anderen gewöhnlichen Behältnissen ab und versah sie mit unansehnlichen Umhüllungen. Nun verwendeten 1960 immer mehr amerikanische und europäische Künstler Collage- und Assemblage-Techniken. Christos Umgang mit Stoffen und alltäglichen Überbleibseln ent-

sprach diesem Trend, aber dennoch gab es keine Parallele
zu seinem Werk. Die Augentäuschung, die eine Illusion der
Wirklichkeit vorspiegelte, beherrschte er schon seit langem;
nun benutzte er wirkliches Material, um den Anschein der
Unwirklichkeit zu erwecken. Ganz und teilweise verpackte
Gegenstände wurden nicht nur umhüllt, sondern in Frage
gestellt.

Mit der Umkleidung geriet auch die Routinewahrneh-
mung ins Wanken. 1928 malte René Magritte mehrere Versionen von *Die Liebenden*, einem sich küssenden Paar. Der
Mann trägt einen Anzug samt Krawatte und ist ein wenig
größer, die Frau streckt sich nach oben, so dass sich ihre
Köpfe vereinen – alles ganz normal, außer, dass ihre Köpfe
mit Tuch verhüllt sind. Das Ergebnis wirkt zutiefst beunru-
higend. Wie Magrittes *Liebende* erwarten, ja erheischen auch
Christos scheinbar anonyme Stegreifpakete eine emotionale
Reaktion. Zerbrechlich und in verborgene Bedeutung und
Wertigkeit eingetaucht, erwecken sie ungereimte Empfindungen und Erwartungen. Einpacken geht vom späteren
Auspacken aus. Ein Paket ist zum Öffnen da. Jedes hat eine
bestimmte Lebensdauer; was später daraus wird, ist ungewiss. Dieses angestammte Gefühl für den Übergangscharak-
ter steht paradoxerweise im Widerspruch zur traditionellen
Einschätzung eines Kunstgegenstandes als etwas Dauerhaftem. Den Begriff des Dauerhaften hat Christo seit jeher als
illusorisch verworfen. Später sagte er zu Rob Morse:»In gewissem Sinn sind wir in unseren Museen von Ruin und
Trümmern umgeben und versuchen so zu tun, als handelte
es sich um Kunst.« In einer Welt, in der die Künstler von Un-
sterblichkeit träumen, betont sein Werk grausam ihre Sterblichkeit.

Die Avantgarde brannte darauf, Kunst neu zu definieren
und ihr neue Kraft einzuflößen. Christo, seinen jungen Malerfreunden und den zeitgenössischen Malern und Bildhau-
ern, die er am meisten achtete, war der Wille gemeinsam,
die verstaubten Voraussetzungen des Establishment in Frage zu stellen. Im Oktober hatte er eine vielgerühmte Aus-

stellung im Palais de Tokyo in Paris besucht. In der ersten *Biennale des Jeunes* erfuhr der avantgardistische Impuls eine gewisse offizielle Unterstützung. Kulturminister André Malraux hatte sie organisiert, um die Aufmerksamkeit auf eine bunte Schar aufstrebender Künstler aus 40 Ländern zu richten, von denen keiner älter als fünfunddreißig Jahre war. Frankreich spürte, dass es seine Bedeutung als Epizentrum der kulturellen Avantgarde verlor, und Malraux hoffte, mit der Biennale zeigen zu können, dass Paris in der bildenden Kunst nicht nur eine reiche Vergangenheit, sondern auch eine Zukunft besaß. Die Jury, unter anderem Henry Moore, Ossip Zadkine und Edouard Pignon, dachte zwar nicht daran, Christos Arbeiten aufzunehmen, wählte aber Yves Klein, Jean Tinguely, Friedensreich Hundertwasser, Robert Rauschenberg, Allan Jones und andere.

Zum Star der Veranstaltung wurde Tinguely, dessen *Meta-Matic*-Maschinen im Museum und auf der Promenade davor ausgestellt waren. Mehrere waren Christo vertraut, dem die emsigen Apparate größte Freude bereiteten: »Ich mochte sie sehr, wirklich sehr.« Die jüngste Konstruktion, Tinguelys große, schmale, geräuschvolle und hyperaktive *Meta-Matic 17*, produzierte rund vierzigtausend abstrakte Zeichnungen, von denen keine einer anderen gleich war. Mit seinen Worten: »Denken Sie nicht in Stunden, Minuten und Sekunden. Leben Sie jetzt: Leben Sie in der Zeit und im Einklang mit der Zeit und für eine schöne, absolute Wirklichkeit!«* hätte der Bildhauer für Christo und eine neue Künstlergeneration sprechen können.

Was Tinguely und Klein Anfang 1960 unternahmen, passte nahtlos zu Christos Hinwendung zu gewöhnlichen, vergänglichen Materialien. Schon im Sommer 1959 hatte Klein seine Angriffe auf die konventionellen Werte des Kunst-Establishment verschärft. Auch Pierre Restany sagte dem System, das er später als »Festung Paris« und »Die große

---

* *DuMont's Chronik der Kunst im 20. Jahrhundert*, hrsg. v. Jean-Louis Ferrier unter Mitarbeit von Yann le Pichon, Köln 1990, S. 559.

Paris-Mafia« beschrieb, den Kampf an. Ende Februar 1960 erarbeiteten Klein, Restany und der Direktor der Galerie für Internationale Zeitgenössische Kunst, Graf Maurice d'Arquian, die Gestaltung und Einzelheiten für Kleins neuestes Werk, das Restany *Anthropométries de l'Epoque bleue* taufte.

Kleins *Coup de théâtre* fand am 9. März 1960 um Punkt 22 Uhr statt. Eine erlesene, hundertköpfige Gästeschar fand nur anhand nummerierter persönlicher Einladungen Eingang in die Galaveranstaltung. Sie begann damit, dass ein Orchester zwanzig Minuten lang einen einzigen Akkord spielte, woran sich zwanzig Minuten Stille schlossen. Während der ganzen Zeit dirigierte Klein drei nackte Frauen. Auf seinen Einsatz hin beschmierten sie sich von den Brüsten bis zu den Knien mit blauer Farbe, rieben sich aneinander, schlitterten und zogen sich gegenseitig uber Leinwandlaken auf dem Boden und stiegen auf Podeste, um ihre Körper gegen an der Wand befestigte Papierblätter zu drücken. Nach vierzig Minuten war das Ganze beendet. Diese seltsame, respektlose, auf Fotos, im Film, in der Presse festgehaltene und von Mund zu Mund propagierte Episode wurde in Paris sofort zum Stadtgespräch.

Nach Kleins wie übrigens auch Tinguelys Meinung waren die traditionellen künstlerischen Ausdrucksmittel veraltet. Auf Christo wirkten ihre Aktionen belebend. Im stagnierenden ästhetischen Klima war jede Herausforderung der etablierten Ordnung wie ein frischer Luftzug. Wieder einmal hatte sich gezeigt, dass das erhabene Paris nicht mehr das Monopol der Innovation innehatte. Mochten Klein und Tinguely auch als Emporkömmlinge bezeichnet worden sein – sie waren eindeutig Teil eines größeren Ganzen. Eine neue Künstlergeneration, die des Status quo in Amerika ebenso wie in Deutschland und Frankreich überdrüssig war, entfachte den aufkommenden transatlantischen Sturm, der bald das Antlitz der Kunstwelt verwandeln sollte.

Bei diesem Durchbruch hatte auch der vierundzwanzigjährige Christo mitzureden. Er hatte den Geist der Zeit begriffen. Wie viele seiner Zeitgenossen hatte auch er sich zu Alltagsmaterialien entschlossen und Wege zur Überhöhung ihres banalen Wesens gefunden. Stets behauptete er, alle Kunst sei sterblich. Vergangene künstlerische Leistungen waren für ihn Aufsehen erregende Genieblitze, aber keine dauerhaften Gewissheiten. Kunst, so betonte er, spreche am klarsten zu ihrer Zeit – ein seiner Zeit und seinem Raum entrücktes Werk in einem Museum spreche, wenn überhaupt, mit anderer, erstickter Stimme. Was zähle, sei die »Blütezeit des Jetzt«. In den kommenden Jahren sollten seine bedeutendsten Werke in der Blütezeit leben und sterben. Sofern seine Projekte der flüchtigen großen Gesten die Nachwelt ansprechen sollten, müssten sie es als Erinnerung und Mythos tun. Bücher, Fotos, Filme, Zeichnungen und Berichte von Augenzeugen konnten die Bandbreite seiner unwiederholbaren Fantasien bestenfalls andeuten, Vorstudien und Reproduktionen nur eine Ahnung davon vermitteln, wie seine provokanten, kurzlebigen Extravaganzen den ununterbrochenen Wandel, die Schönheit und die Gebrechlichkeit des Lebens offenbaren.

Inzwischen war Jan Voss einer der besten Freunde Christos geworden. Aus wirtschaftlicher Not malte er auf Papier, und seine linearen, phantasievollen Werke schwebten zwischen Höhlenmalerei und karikaturerskem Kryptogramm. Lourdes Castro und René Bertholo hatten ihn mit Christo bekannt gemacht. »Selbst wenn man kein Wort von dem, was er sagte, verstand, so begriff man doch sofort Christos Gestik und Körpersprache. Er war lebhaft, aufgeschlossen für Ideen, begierig darauf, Menschen kennen zu lernen, und äußerst neugierig auf diese neue Welt.« Christos ungewöhnliche Energie erstaunte Voss über alle Maßen. »Christo war unentwegt sehr beschäftigt, ging von einem Porträt zum anderen, trug Fässer hin und her; immer in Bewegung, hatte er nie Zeit für einen Kaffee am Boulevard St-Germain, nie.«

Voss wohnte und arbeitete in einem großen Lagerraum im Industrievorort Gentilly. Christo fragte, ob er dort ein paar

Fässer lagern dürfe. Voss war einverstanden. »Ich weiß noch, wie wir Ölfässer hierhin und dorthin rollten«, erinnert er sich. »Manchmal musste Christo einen Lkw mieten und Helfer anheuern. Er musste wirklich kämpfen. Manchmal, wenn er keinen Porträtauftrag hatte, bedrückten ihn Geldnöte. Er wollte immer alles sofort. Er litt unter Mangel an Materialnachschub, konnte seine Telefonrechnung nicht bezahlen und so weiter. Ich versuchte ihn aufzumuntern, aber wir waren ja alle in der gleichen Lage.« Lourdes Castro und René Bertholo hatten immerhin ein bescheidenes Stipendium der Calouste-Gulbenkian-Stiftung, so dass sie wenigstens nicht hungern mussten. »Sie fütterten uns mit durch«, sagte Voss. Christo sei immer in Eile gewesen, mit Farbkasten und Leinwand unter dem Arm zur nächsten Porträtsitzung gerannt. Trotzdem gab es Zeiten der Not. Um wenigstens einigermaßen zurecht zu kommen, ließ sich Christo auf Tauschgeschäfte ein. »Er fand einen Zahnarzt an der Faubourg Saint-Honoré, der ihm gegen ein Porträt seiner Frau die Zähne richtete. Einmal konnte ich mir sogar bei einem Frisör an der Place de l'Opéra die Haare schneiden lassen, weil er dort ein Porträt malte«, so Castro.

Bislang hatte sich Jeanne-Claude über Finanzen nie Sorgen gemacht. Beim Versöhnungstermin am 1. März 1960 wurde ihr zunächst eine recht ansehnliche monatliche Zahlung zugesprochen, die jedoch noch keine Scheidungsabfindung darstellte. Des Weiteren wurde sie von ihrem Anwalt routinemäßig belehrt: Nach französischem Recht dürfe ein Mann die Wohnung einer Frau abends besuchen; sollte er jedoch nach Sonnenaufgang des nächsten Tages dort angetroffen werden, könne dies ihre endgültigen Scheidungsansprüche gefährden. Christo setzte seine nächtlichen Besuche fort, nahm aber gewöhnlich um fünf Uhr in der Früh die Métro nach Hause.

Jan Voss war von Jeanne-Claude zunächst alles andere als begeistert: »Besonderen Tiefgang schien sie mir nicht zu haben. Sie kam aus einer völlig anderen, gut situierten Gesellschaft, schien mir flatterhaft, und von Kunst verstand sie

rein gar nichts.« Bald jedoch entdeckte er eine andere Seite
an ihr – Offenheit, Neugier und vor allem einen ansteckenden Optimismus. »Sie glaubte an uns alle, vor allem an Christo.« Jeanne-Claudes Schnellkurs in Kunst und Christos anschließende Unterweisung zeitigten erste Ergebnisse. Er
verhalf ihr zu Einsichten in die zeitgenössische Kunst. Ihre
Begeisterung, Fröhlichkeit und Unterstützung der für *KWY*
arbeitenden Künstler veranlassten Bertholo, Castro und
Voss, ihre anfängliche Abneigung gegen ihre High-Society-
Allüren abzulegen. Mit Pierre Restany kam sie von Anfang
an klar. Beide waren in Marokko geboren und aufgewachsen und erkannten einander augenblicklich am Akzent. Sie
setzte ihren ganzen Charme ein, wusste sie doch, dass Christo in ihm einen Förderer zu finden hoffte.

Restanys erstes Manifest zum Nouveau Réalisme erschien
am 16. April 1960 gleichzeitig mit der Eröffnung *Les Nouveaux Réalistes* in der Mailänder Galleria Apollinaire. Die
Ausstellung mit Werken von Arman, Charles Dufrêne, Raymond Hains, Yves Klein, Jean Tinguely und Jacques de la
Villeglé hatten Restany und der Leiter der Galerie, Guido
Le Noci, organisiert. Restany schrieb über die Erschöpfung
des traditionellen Kunstausdrucks und den unvermeidlichen
»Fortschritt zu einem Neuen Realismus reiner Empfindsamkeit« und verkündete: »Die Staffeleimalerei hat wie alle anderen klassischen Mittel der Malerei und Bildhauerei ihre
Schuldigkeit getan. Zwar ist sie gelegentlich immer noch
sublim, aber sie nähert sich dem Ende eines langen Monopols.« Restany hatte den Fehdehandschuh geworfen; dennoch dauerte es noch ein halbes Jahr, bis Restanys vage
»neue Expressivität« deutlicher hervortrat und ihre anerkannten Exponenten hatte. Wie andere hoffte auch Christo
auf die Chance, bei dieser neuesten Herausforderung des
Establishments mitmachen zu dürfen.

Restany und seine wachsende Horde Unzufriedener probten den Aufstand gegen die geheiligten Wertvorstellungen
der bestehenden Machtstruktur. Dazu Voss: »Diese Bewegung war wirklich die erste interessante Kunstentwicklung

in Paris nach dem Kriege. Sie faszinierte mich. Restany war ein äußerst intelligenter Mann. Er stand im Zentrum dieser neuen Gruppe. Er war nicht ihr Papst, handelte nicht als Diktator, sondern als aufmerksamer Freund.« Anderen erschien er wie der tyrannische Führer lärmender, talentloser Angeber und Nihilisten, die Dadas Leichnam exhumieren wollten. In diesem Klima der Polarisierung versuchten Christo und andere junge Künstler, einen Platz zu ergattern.

Restany befürwortete den Einsatz wirklicher Abfallmaterialien der Industriegesellschaft unter möglichst geringer künstlerischer Einwirkung, und Christo hörte auf ihn. Ihre gelegentlichen Begegnungen waren stets freundlich bis freundschaftlich. Restany beobachtete aufmerksam die Entwicklung von Christos Werk, zog jedoch Werke wie Duchamps *Readymades* vor, bei denen die Hand des Künstlers praktisch unsichtbar blieb. Jan Voss erinnert sich an ein unerwartetes Zugeständnis von Christo:»Er akzeptierte Restanys Vorschlag, die Umhüllungen nicht mehr zu bemalen – augenblicklich. Das erstaunte mich.« In Wirklichkeit fiel das Christo nicht schwer, er wäre vermutlich ohnehin diesen Weg gegangen. 1960 beendete er *Inventory*. Fortan versah er die Tuchoberflächen nicht mehr mit einer Mischung aus Sand und Lack. Da für ihn nun die Verpackung als solche im Vordergrund stand, erschien ihm die Zugabe von Farbe wohl überflüssig und ablenkend. Selbst wenn er eine Oberfläche noch bemalte, wirkte das Ergebnis nicht mehr gemacht, sondern eher entdeckt, so, als befände es sich in einem natürlichen Verfallszustand.

Neben Restany hatte auch Voss Christos rätselhaftes *Inventory* eingehend studiert. Die straff verpackten und kontrastierenden unverpackten Stücke fand er faszinierend, sah aber keine Möglichkeit zur Weiterentwicklung des Konzepts. Als Christo mit der Schöpfung von Verpackungen begann, reagierte Voss begeistert. Die neue Strategie schien ihm voller Möglichkeiten:»Ich mochte die Verpackungen sehr. Die ersten waren rechteckig wie Gemälde. Sie umfassten alles, was er finden und verpacken konnte, bis hin zu Gegenständen von der Straße und seinen eigenen Abfällen. Er hatte nur ein kleines Atelier und schaffte den meisten Abfall beiseite, indem er ihn verpackte.«

Als sich im Februar 1960 die Schwangerschaft nicht länger verheimlichen ließ, traf Jeanne-Claude keine Verabredungen mehr und verbrachte die meiste Zeit bei ihren Eltern. Am Montag, dem 8. Mai, spürte Jeanne-Claude wehenähnliche Schmerzen, und Précilda brachte sie eiligst ins Militärkrankenhaus Bégin. Jeanne-Claude hatte Schwangerschaftsgymnastik betrieben und rechnete mit einer natürlichen Geburt. Schmerzmittel erhielt sie keine. Der Arzt konnte bei der Untersuchung keine Erweiterung des Muttermunds feststellen.

Paris 1960: Jeanne-Claude mit Christos Werken in »La Cave«, 4 Avenue Raymond-Poincaré. (Foto: René Bertholo)

Drei Tage lang wurde Jeanne-Claude abwechselnd von drei Ärzten massiert, um die Geburt zu erleichtern. Es nützte nichts. Die Ärzte wollten einen Kaiserschnitt vornehmen, aber Précilda stemmte sich dagegen. Sie hatte Ähnliches bei der Geburt von Jeanne-Claude mitgemacht. »Endlich, am 11. Mai, war das Kind so lieb, herauszukommen. Der Kerl war so lang, er hörte überhaupt nicht mehr auf«, erinnert sich Jeanne-Claude.

Die einzigen männlichen Krankenhausbesucher waren ihr Vater und Christo. Da sie niemandem außer Carole Weisweiller die Wahrheit sagen konnte, gab Jeanne-Claude Christo als Paten aus. Diese Rolle erklärte seine ständige Gegenwart und väterliche Fürsorge. Carole war einverstanden, als Patin zu fungieren. Christo und Jeanne-Claude nannten ihren Sohn nach dem Heiligen des 9. Jahrhunderts, der das kyrillische Alphabet erfunden haben soll, Cyril. Obwohl Philippe Planchon die Vaterschaft abstritt, erhielt Cyril von Amts wegen seinen Familiennamen.

Paris, Avenue Henri-Martin, 1. Mai 1960: Skizze von Christo, 14,5 cm x 18,5 cm. Elf Tage später wird Cyril geboren.

Nach dem Wochenbett verbrachte Jeanne-Claude mit Cyril zwei Monate in Essertaux und wurde ihre unerwünschten Pfunde wieder los. Einen Monat nach ihrem 25. Geburtstag begann für sie und Christo ein neuer Alltag; sie kehrte mit

Essertaux im Juli 1960: Jeanne-Claude mit dem kleinen Cyril.
(Foto: Wjera Fechheimer)

Cyril in ihre kleine Wohnung an der Avenue Raymond-Poincaré zurück, und Christo nahm seine heimlichen nächtlichen Besuche wieder auf. Die gegenseitige körperliche Anziehung war ebenso intensiv wie das Gefühl ständig lauernder Gefahr. Die Stieftochter des Generals aus der feinen Gesellschaft und ihr Immigranten-Liebhaber, der keinen Pfennig besaß, gewöhnten sich daran, gefährlich zu leben. Sie sagte: »Ich fand, Christo und mir gehe es in meiner Wohnung mit unserem Baby großartig. Wir gingen davon aus, dass es auf ewig unser Geheimnis bleiben würde.« Die Liebe überwand den Zwiespalt in ihrem Alltag. Christo genoss die wiedererwachten Freuden des Familienlebens. Für den Augenblick jedenfalls blieb ihre Maskerade unentdeckt.

Planchon machte Jeanne-Claude das Leben schwer. Die festgesetzten Unterhaltszahlungen kamen mit so viel Verspätung, dass ihr Anwalt mit der Pfändung seines Gehalts drohte. Zwar konnte sie sich an ihre Eltern wenden, aber Christo fühlte sich verpflichtet, zusätzliche Porträtaufträge anzunehmen. Dank seiner Empfehlungen in Paris und Umgebung und gelegentlichen Beschäftigungen in der Schweiz konnte er seinen eigenen Lebensunterhalt bestreiten und kleine Beiträge für den Haushalt abzweigen. Für jeden neuen Kunden bedachte er Jeanne-Claude mit einem Dutzend roter Rosen.

Im Herbst 1960 kam Niki de Saint Phalle mit ihrem Geliebten und Mentor Jean Tinguely zu Christo ins Atelier. Dank seiner kinetischen Apparate genoss der fünfunddreißigjährige Tinguely, von kleiner, aber kräftiger Statur, beträchtlichen Ruhm. Die zierliche, attraktive und multikulturelle Niki de Saint Phalle erinnert sich an das Atelier in der Rue Saint-Senoch als »engen Raum mit lauter verpackten Sachen, die ich großartig fand. Ich war ganz begeistert und unterhielt mich hinterher noch lange mit Jean über Christos Arbeiten. Auch ihm gefielen sie. Christo besaß großen Charme. Auch an Jeanne-Claude erinnere ich mich gut. Als ich über eines der Stücke meine Bewunderung äußerte, sagte sie: ›Warum kaufen Sie's nicht einfach?‹ Ihre Frage überraschte mich, und ich entgegnete: ›Würde ich gerne, aber ich habe nicht einmal genug Geld für meinen eigenen Gips.‹ Die Kunstszene sah damals ganz anders aus als heute. Keiner hatte Geld. Uns ging es nur um die Kunst und das, was wir taten. Geld spielte dabei keine Rolle. Ich fand Jeanne-Claude ein wenig einschüchternd, aber Christos Arbeit gefiel mir.« Jeanne-Claude erinnert sich nicht an diese Begegnung, sondern datiert ihr erstes Gespräch mit Tinguely auf ein Jahr später und beharrt darauf, bei dessen Besuch in Christos Atelier nie zugegen gewesen zu sein. Tinguely seinerseits hegte aus irgendeinem Grund eine Antipathie gegen sie.

Ein anderer in chronischen Geldnöten lebender Künstler, Arman, kaufte 1961 tatsächlich ein Christo-Werk. »Christo zeigte mir seine frühesten Verpackungen. Ich erstand ein kleines, sehr mysteriöses Stück zum Spottpreis von 200 Francs.« Die beiden hatten sich 1959 über Pierre Restany kennen gelernt, trafen sich mehrfach in Galerien und wurden Freunde.

Ende Oktober 1960 verkündete Restany seinen grandiosen Entwurf zu einer neuen Kunstrichtung, dem Nouveau Réalisme. Im Laufe des vorangegangenen Jahres hatte er mit Yves Klein, Raymond Hains und Jean Tinguely die Grundsätze der Bewegung erarbeitet. Die Auswahl der möglichen Teilnehmer war nicht frei von Freundschaften und Eifersüchteleien. Schließlich wurden zehn Künstler zum Gründungstreffen des Nouveau Réalisme eingeladen: neben den Genannten Martial Raysse, Daniel Spoerri, Jacques de la Villeglé und François Dufrêne; César und Mimmo Rotella lehnten die Teilnahme an der ersten Zusammenkunft der Gruppe ab.

Christos Beteiligung an der Bewegung schloss Restany aus. Christo hatte freilich nie darum gebeten, kümmerte sich wenig um ihre Ideologie und noch weniger um die schweren Kulissenkämpfe. Rückblickend erwies sich der Ausschluss als Segen. Dennoch verletzte er ihn damals: »Wie jeder junge Künstler wollte ich meine Arbeiten ausstellen.« Restany gab als Grund für den Ausschluss an, Christos Verpackungen seien nicht rein genug, mit ihnen gehe zu viel künstlerischer Eingriff einher. Zum Beweis nannte er Arman, dessen Werk geradezu ein Schulbuchbeispiel für seine sich entwickelnde Definition des Nouveau Réalisme sei: Arman präsentiere einen Gegenstand, *wie er ist*; Christo nicht. Seinen besessen verknoteten Umhüllungen und ästhetischen Entscheidungen wohne eine im Vergleich zu der Reinheit von Kleins monochromen blauen Gemälden, der Klarheit des Ready-made und der inhärenten Poesie unveränderter Gegenstände ne-

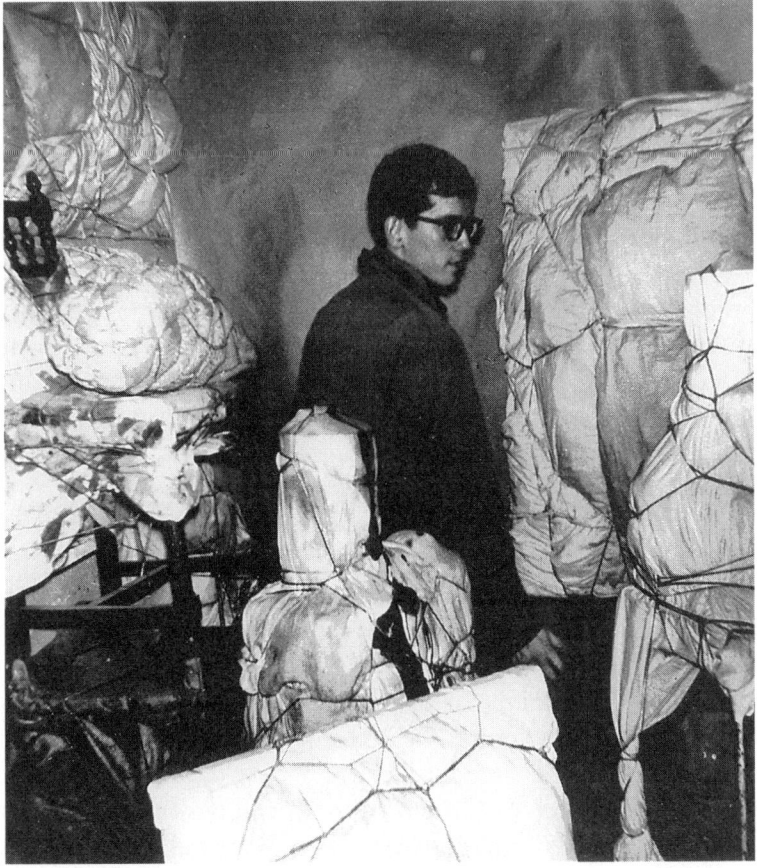

Paris im Winter 1960: Christo in seinem Dienstmädchenzimmer auf der Rue St.-Senoch 14, das er als Atelier benutzt. (Foto: Jean-Jacques Lévèque)

gative Expressivität inne. »Auch Rauschenberg und Johns stand er sehr kritisch gegenüber«, erinnert sich Christo, »weil sie den Gegenstand zu sehr transformierten. Er sagte, meiner Arbeit fehle die Gleichgültigkeit, und meinte: ›Du musst cool sein, cool.‹«

Christos Probleme waren nicht auf die Kunst beschränkt. Weil sie dachte, sie könne sich damit einen ungestörten Abend verschaffen, rief Jeanne-Claude im November 1960 einmal ihre Eltern an und sagte, sie und das Baby seien krank, und hängte den Telefonhörer aus. Dass ihre Mutter die ganze Nacht lang versuchen könnte, sie wieder anzurufen, kam ihr nicht in den Sinn. Aus Angst, ihrer Tochter und dem Baby sei etwas zugestoßen, schickte Précilda ihren Mann los. In den frühen Morgenstunden wurden Jeanne-Claude und Christo wach, weil jemand an die Tür klopfte. Christo sauste aus dem Bett und sprang splitternackt aus dem Fenster. Jeanne-Claude rief: »Wer ist da?«

»Dein Vater«, kam die Antwort. Sie schlüpfte in den Morgenmantel, prüfte hastig, ob Christo etwas zurückgelassen hatte, und machte die Tür auf. Nachdem er sich vergewissert hatte, dass alles in Ordnung sei, ging Jacques wieder. Der bis auf die Knochen durchgefrorene Christo kletterte zurück in die Wohnung.

Nunmehr fing Jeanne-Claude an, die Nächte in Christos Wohnung zu verbringen. Dort gab es wenigstens keine unerwarteten Besucher. Précilda aber beklagte sich: »Ich rufe dich an, aber du bist nie zu Hause. Lässt du das Baby allein?«

»Natürlich nicht. Ich hatte das Baby dabei.«

»Aha, und wo warst du dann? Sag mir, was los ist.«

Unter dem gnadenlosen Verhör gab Jeanne-Claude schließlich zu: »Ich habe einen Geliebten.« Précilda schien erleichtert. Jeanne-Claude meint dazu: »Sie ging davon aus, dass es sich um einen reichen Mann handelt, und beruhigte mich, es sei normal, dass eine gesunde junge Frau mit körperlichen Bedürfnissen einen Liebhaber habe. Ich solle aber daran denken, dass Männer dazu auf der Welt seien, Frauen zu ver-

wöhnen; ein Nerzmantel, ein Diamant oder eine eigene
Wohnung sollten wenigstens dabei herausspringen.«
   Nach der Beichte ließ Précilda keine Gelegenheit verstrei-
chen ohne zu fragen, welche Geschenke Jeanne-Claude ihrem Freund abgeluchst habe. »Nichts«, war die regelmäßige
Antwort.
   Einmal platzte Précilda der Kragen: »Was soll das heißen,
nichts? Das geht nun schon seit Wochen, und du hast immer
noch kein Geschenk?«
   Darauf brach es aus Jeanne-Claude heraus: »Er kann mir
nichts kaufen, Mutter. Der Mann, den ich liebe, ist Christo.«
Das Unheil nahm seinen Lauf.
   Précilda stand einen Moment lang mit offenem Mund da,
dann explodierte sie. »Du Hure«, kreischte sie, »kannst deinen Arsch nicht voll kriegen. Anstatt dich um dein Kind
zu kümmern, entehrst du deine Familie. Ich verbiete dir,
ihn wieder zu sehen.« Jeanne-Claude weigerte sich. »Dann«,
brüllte Madame de Guillebon, »bist du nicht mehr meine
Tochter. Und da ich die Miete für die Wohnung zahle, kannst
du ausziehen.«
   Nach Précildas Ansicht hatten Jeanne-Claude und Christo
das Vertrauen der Familie schmählich missbraucht. Wie
konnte Christo ihre und Jacques' Liebe und Unterstützung
mit so viel Missachtung und Betrug vergelten? Als Ersatzsohn mochte er ideal sein, aber der Gedanke an ihn als
Schwiegersohn war unerträglich. Als Jeanne-Claude an diesem Tag das Haus ihrer Mutter verließ, waren die Tage des
Überflusses und die Jahre des Privilegiertseins, das Leben
in Abhängigkeit und echtem oder simuliertem Gehorsam
schlagartig zu Ende.
   Christo war wie vor den Kopf geschlagen. Die beiden gingen in Jeanne-Claudes Wohnung, rafften ihre Kleider, die
Babysachen und ein paar Habseligkeiten zusammen, luden
alles in zwei Taxis und zogen in die Rue St-Louis-en-l'Ile
24. Am selben Abend unterhielten sich Jeanne-Claude und
Christo gerade über die scheußliche Wendung des Schicksals, als das Telefon klingelte. Eine vertraute Stimme sagte

streng:»Monsieur Javacheff, ich möchte mit Ihnen reden.«
Christo hörte nervös zu, wie ihm Jacques ein Ultimatum
stellte:»Lassen Sie meine Tochter gehen, oder ich sorge dafür, dass Sie binnen vierundzwanzig Stunden aus Frankreich
ausgewiesen werden.« In Panik rief Christo Hilfe suchend
mehrere einflussreiche Porträtkunden an. In den folgenden
Tagen drangen Jacques, Madame Leclerc, Carole Weisweiller
und andere in Jeanne-Claude, sie solle doch bedenken, was
sie und ihr Kind aufgäben. Auch Christo musste sich von
einem stetigen Besucherstrom sagen lassen, er solle den Tatsachen ins Auge blicken.»Die Leute sagten mir, ich solle vernünftig sein und die Dame in Ruhe lassen; sie gehöre einer
anderen Schicht an, sie sei nichts für mich.« Es fiele schwer,
ein Szenarium zu erfinden, das den Charakter und die Liebe
eines Paares auf eine härtere Probe stellt. Doch die emotionale Belastung machte sie nur noch entschlossener.

Rückblickend ist unklar, ob Jacques nur geblufft hatte
oder tatsächlich tätig geworden war und die Ausweisung nur
durch einen oder mehrere Elitekunden Christos verhindert
wurde. Jedenfalls geschah nichts dergleichen. Vielleicht gab
auch ein Telefongespräch den Ausschlag.»Mutter hörte auf
zu drohen, als ich sagte:›Mir macht es nichts aus, mit Christo
nach Bulgarien zu gehen. Dann siehst du deinen Enkel nie
wieder.‹«

Die Guillebons nahmen ihr Leben wieder auf, als existierten weder Christo noch Jeanne-Claude noch Cyril. Sicher auf
Veranlassung seiner Frau verbot der General, Jeanne-Claudes Namen im Hause zu nennen. Jeanne-Claude und Christo
waren entschlossen, mit ihrem Säugling und einem großen
Hund beisammen zu bleiben. Später lobten Freunde ihre
»Tapferkeit vor dem Feind«. Tatsächlich gab es aus ihrer Sicht
keine Alternative. So trostlos die Umstände auch waren –
Leidenschaft, Treue und die wachsende Erkenntnis, dass
ihr Schicksal sie unauflöslich verband, schweißten Jeanne-
Claude und Christo zusammen. Seine Stärke und Zärtlich-
keit gaben ihr Kraft.

Am 9. Dezember 1960 verließen Christo und Jeanne-Claude Frankreich, nicht für immer, wie die Guillebons es vielleicht vorgezogen hätten, sondern um an der Eröffnung einer Gruppenausstellung von *KWY* in der Calouste-Gulbenkian-Stiftung in Portugal teilzunehmen. Die Gruppe bestand aus Christo, Jan Voss und sechs portugiesischen Künstlern: René Bertholo, Lourdes Castro, Goncalo Duarte, José Escada, Costa Pinheiro und João Vieira. Christo stellte diverse Stücke von *Inventory* und ein paar damit verbundene Zeichnungen aus. Im bescheidenen Katalog von Guy Weelan war er nur kurz erwähnt. Auf einer Seite sah man einen lächelnden Christo in seinem Atelier. Daneben befassten sich fünf Absätze unter anderem mit der Neuerfindung von Dada und der Verwendung von »Abfallmaterial«. Die Kunst sei »nicht einfach anzusehen und noch weniger leicht zu akzeptieren«, schrieb Weelan. Christo nannte diese erste Kritik seines Werkes später »doppelzüngig«.

Christo hatte gehofft, eine gewisse Anerkennung zu erlangen. Aber diese lang ersehnte erste Ausstellung rief kaum eine Reaktion des Publikums hervor. Voss nahm es philosophisch: »Wir waren eine recht disparate Gruppe, ein paar gute, ein paar weniger gute. Christo war enttäuscht. Das erstaunte mich. Offenbar hatte er mit einer viel stärkeren Reaktion des Publikums gerechnet.«

Kurz vor Weihnachten kehrten Christo und Jeanne-Claude nach Paris zurück. Der Anblick der Unterdrückung in Portugal hatte seine Entschlossenheit bestärkt, sich das bisschen Freiheit, das er hatte, zu bewahren und gleichzeitig seine belagerte Familie beisammen zu halten. Mit jugendlichem Elan nahmen Christo und Jeanne-Claude eine Existenz voller Entbehrungen auf sich. Was würden Précilda und Jacques noch aushecken, um sie zu bestrafen? Würde ihr inzwischen zum Stadtgespräch gewordenes, illegales Verhältnis die anstehende Scheidungsregelung komplizieren? Und wie konnte Jeanne-Claude ohne Hilfe ihrer Eltern noch die Anwälte bezahlen? Doch Christo hatte schon andere schwere Zeiten überstanden, blieb auch bei leerer Kasse, die sich nur durch einen gelegentlichen Porträtauftrag füllte, bei guter Laune, kümmerte sich um die Familie und ging in der Kunst auf. Jeanne-Claude hatte nie nach Unabhängigkeit gestrebt; nun musste sie feststellen, dass Freiheit nicht zwangsläufig persönlichen Komfort bedeutete. Später sagte sie: »Geld ausgeben war für mich nie aufregend, aber mit Christo in Armut zu leben war es. Es machte mir nichts aus, mit ihm zu hungern. Wir waren gar nicht arm, wir hatten nur kein Geld.« Trotz leerer Kasse gelang es Jeanne-Claude und Christo, in der Kunstszene aktuell zu bleiben, manchmal sogar mit einer Gruppe Künstler zum Essen auszugehen. »Während alle anderen aßen, begnügten wir uns am Kopfende des Tisches mit einer gemeinsamen Tasse Kaffee«, erinnerte sie sich später.

Carole Weisweiller, die Jeanne-Claudes plötzlichen Übergang vom Wohlstand in die Entbehrung in jenem Winter miterlebt hat, sagte rückblickend: »Jeanne-Claude wurde sehr schnell erwachsen. Es verlangte Mut, bei Christo zu bleiben, aber ihre Liebe war sehr stark. Schon der Mutter standzuhalten, verzehrte viel Kraft, aber wirklich niederschmetternd war die Rolle ihres Vaters. Sie bewunderte ihn. Er hatte sie immer wie seine eigene Tochter behandelt. Und dann wurde alles so hässlich. Jacques wurde von Précilda angetrieben. Ich glaube, er selbst wollte keine Probleme schaffen, aber sie war wie eine Tigerin.«

»Ich erinnere mich, wie sie hungerten«, fuhr Carole fort. »Christo verdiente nichts und war unter großem Druck, aber nie kam ein böses Wort gegen Précilda über seine Lippen. Jeanne-Claude widmete sich voll und ganz ihm und dem Baby. Sie liebten sich so sehr. Mehrfach besuchte ich sie in dem überfüllten Zimmerchen. Cyril war sieben oder acht Monate alt. Die Heizung funktionierte kaum, und manchmal wagte ich zu fragen: ›Habt ihr genug zu essen?‹ Worauf sie fest erwiderte: ›Natürlich, was meinst du denn?‹ Jeanne-Claude war sehr stolz. Immer noch war sie gut gekleidet und wollte nicht zugeben, dass sie pleite waren. Als ich kurz vor

Paris 1961: Christo und Cyril im Park bei Notre Dame.
(Foto: Jeanne-Claude)

Weihnachten wieder fragte, wie es mit dem Essen stehe, wandte sie sich wortlos ab.« Ihre schlimme finanzielle Lage blieb bis Anfang 1961 unverändert. Im Gegensatz zu Porträtaufträgen kamen die Miet-, Telefon-, Lebensmittel- und sonstigen Rechnungen in ernüchternder Regelmäßigkeit. Jeanne-Claude kochte einen Eintopf zusammen, der zum Standardmenü der Familie avancierte. Ein wohlgesonnener Metzger gab ihnen kostenlos Markknochen ab. Eine Frau an einem Gemüsestand war froh, gegen geringes Entgelt ihre verwelkten Erzeugnisse loszuwerden. »Ich gab die Knochen mit Salz, Petersilie, Kartoffeln, Karotten, Zwiebeln und allem Gemüse, dessen ich habhaft werden konnte, in einen großen Topf Wasser«, erläuterte Jeanne-Claude. »Besonders gut sah es nicht aus, auch nicht sehr frisch, aber wenn man genug wegschälte, war das Innere brauchbar. Nach drei Stunden Kochen hatten wir eine fantastische, sehr gesunde Suppe.« Sie lachte. »Es war verrückt.«

Wenn Christo mal etwas verkaufte, war es wie ein Wunder. Anfang 1961 erwarb eine Amerikanerin namens Barman ein kleines, vertikales Bündel für den Gegenwert von siebzig Dollar. Das war weniger als ein Drittel dessen, was er normalerweise für ein Porträt verlangte, reichte aber immerhin für eine Monatsmiete. Jeanne-Claude dazu: »Ich sah, wie glücklich es ihn machte. Es ging gar nicht ums Geld. Wenn er ein Porträt malte, waren wir plötzlich ›reich‹. Also gab es stets Hoffnung. Mit jedem Auftrag konnten wir die ausstehende Miete bezahlen und einen kleinen, Platz sparenden Kühlschrank füllen, der über Cyrils Krippe hing. Desgleichen füllten wir die Konservenbestände auf. Das übrige Geld wurde nicht etwa für Schuhe oder Windeln verwendet, sondern ging für Kunstmaterial drauf.«

Christos Materialbedarf stieg. Für April war eine KWY-Ausstellung in Paris geplant. Vielleicht würden die Leute diesmal auf ihn aufmerksam und, wichtiger noch, auch reagieren. Ein weiterer Lichtblick war der Besuch des aufstrebenden Privathändlers Haro Lauhus, den Christo in Deutschland kennen gelernt hatte, in seinem Atelier. Lauhus gefielen die Arbeiten. Er sagte, er plane die Eröffnung einer Galerie in Köln, und schlug unerwartet eine Einzelausstellung im Juni vor. Christo ließ sich diese Chance nicht entgehen. Pierre Restany erklärte sich bereit, etwas für den Katalog zu schreiben.

Erregt und zuversichtlich begab sich Christo fieberhaft an die Arbeit. Er entwarf mehrere Verpackungen, verhüllte und verwandelte Gegenstände und probierte energisch Neues aus. Desgleichen stellte er weiterhin Plastiken unter Verwendung verpackter und unverpackter Ölfässer zusammen. Christo kaufte, lieh und fand Materialien, die er systematisch in Frage stellte. Urplötzlich verschwanden Haushaltsgegenstände; erst ein Stuhl, dann ein Paar Schuhe von Jeanne-Claude. Anfang 1961 arbeitete Christo so besessen, dass selbst ein lukrativer Porträtauftrag zur unerwünschten Störung wurde.

Am 6. Januar 1961 appellierte Charles de Gaulle zwei Tage vor den Wahlen leidenschaftlich an die Bevölkerung und forderte die Wähler auf, für die Fünfte Republik und die Autonomie Algeriens zu stimmen. Das Referendum ließ nur ein Ja oder Nein zu seiner Reformpolitik zu. Die frustrierten Bürger, denen keine tragfähige Alternative offen stand, stimmten mit 75 Prozent für ihn. Abgesehen von gelegentlichen Terrorakten legte sich der seit sechs Jahren tobende Aufstand allmählich, und eine provisorische algerische Regierung kam in Sicht.

Wieder rief de Gaulle Jacques de Guillebon in den Elysée-Palast. Seit über einem Jahr hatten die beiden nicht mehr miteinander gesprochen. Kurz zuvor hatte de Gaulle den Hardliner General Raoul Salan seines Postens enthoben. Mehr denn je brauchte er in den Schlüsselpositionen der Armee verlässliche Leute. Jacques hatte als einer der Ersten die Selbstbestimmung befürwortet und blieb seinen Prinzipien treu, war geachtet und vor allem loyal. De Gaulle appellierte an seinen Patriotismus und seine persönliche Loyalität: »Ich bitte um sechs Monate, mehr nicht.« Jacques konnte nicht ablehnen. Zu seinen Hauptaufgaben gehörte die politische Neuorientierung eines Großteils der halben Million Soldaten, die bald aus Nordafrika zurückkehren sollten. In der Armee herrschte tiefes Unbehagen. De Gaulle hielt Jacques für den Einzigen, der genug Ansehen besaß und auf den genug Verlass war, verärgerte Offiziere von »fehlgeleiteten Handlungen« abzuhalten. Ein ziemlich unfroher General de Guillebon verließ das Präsidialamt als neuer Befehlshaber der fünften Militärregion in Toulouse.

Am selben Nachmittag statteten mehrere Regierungsbeamte und ihre Frauen wegen einer Sache, die scheinbar nichts damit zu tun hatte, Précilda einen unerwarteten Besuch ab. Noch während sie plauderten, kam Jacques nach Hause. Er begrüßte die Gäste, vermied aber seltsamerweise jeden Augenkontakt mit Précilda. Sie sagte: »Du hast ein Angebot akzeptiert, nicht wahr?« Schließlich sah er sie an und gestand. Précilda daraufhin wütend: »Wenn du das tust, gehe ich wieder nach England.« Plötzlich fingen alle Gäste an zu erläutern, wie wichtig Jacques für Frankreich sei. Précilda rannte heulend aus dem Zimmer. Jacques ging ihr nach und tröstete sie, bis sie sich schließlich fasste. Die Abreise aus Paris stand bevor. Jacques rief Jeanne-Claude an, flehte sie an, vernünftig zu sein und nach Toulouse in den Schoß der Familie zurückzukehren. Sie lehnte ab.

Es bedurfte mehr als Armut, Christo von seinem Streben abzubringen. Am 23. April 1961 schrieb er Anani von seinem dicht gedrängten Arbeitsprogramm. Er erwähnte weder Jeanne-Claude noch Cyril noch die Finanzmisere. »Seit meiner Rückkehr aus Lissabon hat sich viel Arbeit aufgehäuft. Die letzten Monate verbrachte ich ununterbrochen im Atelier und mit Hin- und Hergerenne. Die Tage vergehen so schnell, dass ich ihnen nachlaufen muss.« Parallel zu seinem gewaltigen Arbeitspensum besuchte Christo weiterhin Galerien, Ateliers und Museen. Von Mitte Dezember 1960 bis Ende Februar 1961 bildete eine umfangreiche, rückblickende Ausstellung von vierhundert Gemälden, Zeichnungen und Skulpturen Jean Dubuffets einen Höhepunkt der Pariser Kunstszene. Mit seinen Worten, »Kunst sollte sich nicht ankündigen, sondern unerwartet, überraschend auftauchen«, und über Ernährung: »Das Kunstbedürfnis ist so fundamental wie das Bedürfnis nach Brot, vielleicht gar noch mehr. Ohne Brot stirbt man hungers. Aber ohne Kunst stirbt man an Langeweile«,* hätte Dubuffet genauso gut Christos Arbeit beschreiben können.

Christos Hoffnungen galten der Ausstellung der *KWY*-Gruppe, aber die Ereignisse drohten seine Einführung in die Pariser Kunstszene zu überschatten oder gar hinfällig zu machen. Zwei Tage vor der Eröffnung der *KWY*-Ausstellung ergriffen vier ehemalige französische Generäle die Macht in

---

* Jean-Louis Ferrier, Hrsg., *Art of Our Century*, New York 1988. In der deutschen Fassung dieses Werkes, *DuMont's Chronik …*, a.a.O., ist dieses Zitat nicht enthalten (Anm. d. Übers.).

Algerien und schworen, Algerien französisch zu halten. Am folgenden Tag verurteilte de Gaulle den Staatsstreich und rief die Bürger und Streitkräfte auf, den Verrat zu zerschlagen. Am 24. April wurden die Flugplätze um Paris geschlossen, an Regierungsgebäuden zogen Panzer und MG-Posten auf, die meisten Seine-Brücken waren gesperrt. Am selben Nachmittag gingen zehn Millionen Arbeiter auf die Straße und riefen den Generalstreik aus; die kommunistischen, katholischen und sozialistischen Gewerkschaften waren entschlossen, eine Ausbreitung der Rebellion auf Frankreich zu verhindern. Am 25. April errangen die französischen Truppen in Algerien wieder die Oberhand in Oran und Constantine. Tags darauf begannen loyale Armee-Einheiten, die Schlüsselstellungen in Algier zurückzuerobern. Der Aufstand der Generäle brach zusammen.

Christo und seinen *KWY*-Kollegen entrang sich ein Seufzer der Erleichterung. So unbedeutend ihre lang erwartete Ausstellung unter diesen Umständen sein mochte, ihre kaum bemerkte Eröffnung ging am Freitag, dem 28. April, in der Galerie Le Soleil dans la Tête über die Bühne. Christo, Bertholo, Castro, Duarte, Escada, Pinheiro, Vieira und ihre Freunde füllten den schmalen, flurähnlichen Raum problemlos aus. Christo zeigte neben anderem ein mit verhüllten und nackten Dosen gefülltes Regal. Wie schon in Lissabon blieb auch dieses Ereignis praktisch unbemerkt. Später wanderte eine erweiterte Version in die Saarbrücker Universität, wo sie wiederum eine kräftige Dosis freundlicher Vernachlässigung genoss. Christo blieb ein obskurer, verarmter Künstler.

Dessen ungeachtet bereitete sich Christo auf seine erste Einzelausstellung in der Kölner Galerie Haro Lauhus vor. Es war noch viel zu tun. Viele der rund dreißig Ausstellungsstücke waren fertig, aber andere, größere mussten vor Ort vollendet werden. Sie waren ein erster Hinweis auf die grandiose Vision des Künstlers. Am ehrgeizigsten waren die *Dockside Packages* (Verpackung am Hafen). Diese riesigen improvisierten Strukturen waren wie eine Vorahnung auf künftige Projekte. Christo hatte nahe der Galerie am Rheinufer lagernde Tonnen und Papierballen bemerkt. Mit Erlaubnis des leicht amüsierten Hafendirektors bezahlte Christo ein paar Kranführer, die ihm nun beim Umrangieren der Bestände halfen. Sie liehen ihm auch ein paar Planen. Zweifellos war den Hafenarbeitern das seltsame Umrangieren und Umverpacken vollkommen unverständlich. Mit Kunst, wie sie sie verstanden, hatte das nichts zu tun. In *Christo* schrieb David Bourdon 1966 über *Dockside Packages*: »Obwohl sie kaum von der Arbeit von Schauerleuten zu unterscheiden waren, besaßen sie die Größe und formale Reinheit ägyptischer Mastabas oder mykenischer Steinbauten. Christo lieferte den Nachweis, dass ein Künstler aus dem unansehnlichsten Material und durch einfachste Aussage Geheimnisvolles und erstaunliche Schönheit zaubern kann.«

Mary Bauermeister erinnert sich der damaligen Erregung: »Etwas Unglaubliches für Köln.« Sie besaß die Gabe, avantgardistische Künstler jeder Couleur zusammenzubringen. »Für uns teilte sich die Kunstszene in zwei Lager: Die einen schufen figurative Kunst, die andern wollten die Gesellschaft verändern. Augenblicklich erkannten wir, dass Christo einer der unsrigen war. Unsere Gruppe empfand sich als Geheimbund, der neue Wertvorstellung vertrat. Unser Held war Duchamp, nicht Picasso, denn wir wollten keine neuen Gegenstände, sondern ein neues Bewusstsein.«

In den zwei großen Räumen der Galerie Lauhus zeigte Christo große Ölfässer-Strukturen und Verpackungen unterschiedlicher Größe. Das subversivste Bündel dürfte *Wrapped Car* (Verhülltes Auto) gewesen sein. Dazu hatte er für ein Spottgeld einen zerbeulten Renault ohne Motor erstanden, umhüllt und mit Seilen eng verschnürt und verknotet. Christo brachte Lauhus dazu, ein großes Fenster herausnehmen zu lassen, damit das Fahrzeug ins Innere geschoben werden konnte. Zwei Klaviere von Nam June Paik, die Lauhus anhand einer umstrittenen Rechnung konfisziert hatte, erwiesen sich als Problem. Damit sie nicht von seiner Ausstellung ablenkten, verhüllte Christo sie mit Tüchern und Seilen. Dann stellte er eines so nahe an die Eingangstür, dass sich die Besucher an ihm vorbeiquetschen mussten. Christo wollte eine Barriere. Lächelnd sagte er:»Ich wollte den Zugang erschweren. Es sah aus, als wäre ein Spediteur vorgefahren. Man musste sich anstrengen, sich anpassen.«* Ein Klavier in eine Zwangsjacke zu stecken war nur eine sanfte Provokation, aber es zur Behinderung des Zugangs zu verwenden, verlieh dem Ganzen die Note eines Bubenstreichs.

Neben dem Auto, den beiden Klavieren und den am Rhein gefundenen Materialien wurden unter anderem Dosen, Suppenlöffel, ein Teekessel, ein Auto-Dachträger, eine Kaffeemühle, eine Schreibmaschine, ein Kanonenofen und Flaschen Opfer seiner Verpackungssucht. *Dockside Packages* wurde zum Prototyp eines neuen Genres ephemerer öffentlicher Kunst.

Die meisten Betrachter dürften die Schau amüsant und eher theatralisch als tief schürfend empfunden haben. Eine Zeitung ließ fünf Besucher heimlich fotografieren. Das Foto erschien unter der Schlagzeile»Zwischen Kunst und Unsinn« und dem Untertitel:»Die umstrittenste Ausstellung, die Köln je sah.« Die Leser wurden gewarnt:»Sie werden sich in einer Lagerhalle oder einem Trödlerladen wähnen.« In einem Artikel mit der Überschrift»Abgenütztes verhüllt sein zweites Gesicht« schrieb der Kunstkritiker Siegfried Bonk am 31. Juli 1961 im *Kölner Stadt-Anzeiger*:»Im Gegensatz zu Altmeister Duchamp, der entfunktionalisierte Gebrauchsgegenstände obendrein noch durch ausgefallene Titel verfremdete und ironisierte, glänzen bei Christo Witz und Ironie durch Abwesenheit. Was bleibt, ist das naive Staunen über die plastischen Qualitäten des Gewöhnlichen. [...] Weder surreale Illusion noch abstrahierende Effekte sind offensichtlich von Christo beabsichtigt. Er predigt die Vergänglichkeit der irdischen Erscheinungen.« Bonk bemerkte eine

---

* Wenige Tage nach Ausstellungseröffnung erschien Paik mit der Polizei und einem Gerichtsbeschluss, die ihm die Wiederinbesitznahme seiner Klaviere ermöglichten. Später gab er zu, es sei falsch von ihm gewesen, sie wieder auszupacken.

weitere gezielte Behinderung durch Christo:»Wir [...] zwängen uns durch eine schmale, dunkle Gasse, die von den Tonnen-Säulen freigelassen wird, in den Hinterraum. In der Tür stockt unser Schritt: Eine geschlossene Wand aus gestapelten Tonnen [...] bildet eine offensive Front des Schweigens. [...] Die Abfallkisten von Arman wirken dagegen wie Miniaturen. [...] Die Mumienpakete, die mumifizierten Gegenstände führen einem die besondere Haltung Christos vor Augen, die ihn über den Rahmen des neurealistischen Fetischismus hinaushebt.«

Der dünne Lauhus-Katalog enthielt acht Fotos von Christo-Werken und drei Absätze von Pierre Restany, der die Ausstellung nie gesehen hat. Er gestand Christos Fässer-Anhäufungen »besondere Monumentalität« zu, nannte aber Arman als »Pionier der Objektaneignung«, zudem Daniel Spoerri als weiteren Kunstvorläufer. Tatsächlich hatte Christo jedoch schon Anfang 1958, ein Jahr vor Armans ersten Akkumulationen und fast zwei Jahre vor Spoerris Assemblagen gefundener Objekte, mit dem Verpacken und Zusammenstellen von *Inventory* begonnen.

Als Christo Köln Ade sagte, hatte er fast keinen Pfennig in der Tasche. Das Wenige, was ihm von seinem letzten Porträtauftrag verblieben war, hatte er für die Ausstellung ausgegeben. Als er wegen der Rückgabe der Arbeiten anrief, ging Haro Lauhus unerwarteterweise auf ihn los. Der hitzköpfige Händler nannte die Kunst wertlos und behauptete, er habe alles vernichtet. Christo hörte ihm ungläubig zu. Als er und Jeanne-Claude versuchten, eine Zahlung oder wenigstens eine Entschuldigung für den Verlust zu erreichen, liefen sie gegen eine Mauer. Christo erhielt nicht ein Stück zurück und bekam auch keinerlei Entschädigung. Lauhus vergaß überdies zu erwähnen, dass er mehrere Stücke verkauft hatte. Lucio Fontana hatte zwei verhüllte Dosen gekauft; auf dem Heimweg wurde er von italienischen Grenzern des Langen und Breiten zu den verdächtig wirkenden Gegenständen verhört, von denen er behauptete, es handle sich um Kunstwerke. Jeanne-Claude und Christo zufolge hat Lauhus alles, was er nicht verkaufte oder zum Sperrmüll gab, gestohlen. Christo meinte dazu:»Ich denke, er hat wohl die Hälfte der Stücke zerstört. Lauhus war sehr brutal.« Später tauchte ein Teil der angeblich vernichteten Verpackungen im Handel und bei Auktionen auf.

Die Erfahrung mit Lauhus hatte auch eine positive Seite: Die Vorbereitung und Durchführung der Ausstellung halfen Christo, seine Ideen deutlicher herauszuarbeiten. Eine Menge Leute sahen die Ausstellung, und Pierre Restany fing an, ernstlich über einen Platz für Christo in der anschwellenden Woge des Neuen Realismus nachzudenken. Mitte 1961 nahm Christo gerne Restanys Angebot zur Teilnahme an einer Gruppenausstellung im Herbst in der Galerie J an.

Im Verlauf des Jahres 1961 verbrachten mehrere junge Künstler, darunter vor allem Jasper Johns, Robert Rauschenberg und Larry Rivers, beträchtliche Zeit in Paris und nahmen Verbindung mit ihren französischen Zeitgenossen auf. Die große Aufgeschlossenheit für neue Ideen führte zur gegenseitigen Befruchtung und gelegentlich auch zu gemeinsamen Unternehmungen. Am 13. Juni, Jeanne-Claudes und Christos sechsundzwanzigstem Geburtstag, lernte Christo bei der Eröffnung von Jasper Johns' Ausstellung in der Galerie Rive Droite den Amerikaner kennen. Eine bemalte Bronzeskulptur, die eine mit Pinseln gefüllte Kaffeekanne darstellte, beeindruckte Christo und ließ Jeanne-Claude ratlos. Sie sagte:»Ich weiß noch, wie mir Christo etwas zeigte, was wie ein in einer Kanne steckendes Pinselbündel aussah, und zu mir sagte, Johns sei ein großer amerikanischer Künstler.«

Unterdessen bereitete sich Christo auf die Ausstellung in der Galerie J vor und hatte das Gefühl, es sei nur noch eine Frage der Zeit, bis er eine Einzelausstellung und ein größeres Publikum in Paris haben werde. Im Sommer 1961 ließ ihn Jan Voss sein Garagenatelier in Gentilly und den großen Hof dahinter benutzen. Christo verpackte ein Motorrad und stellte Fässer zu mehreren Plastiken zusammen.

Mitte Juli wurde in der Galerie Rive Droite *Der Neue Rea-*

lismus in Paris und New York eröffnet. Es sollte eine Kontrast-
veranstaltung der Neuen Realisten mit der amerikanischen,
so genannten Neodada-Gruppe sein, zu der Jasper Johns, Robert Rauschenberg, Richard Stankiewicz und John Chamberlain gehörten. Parallel dazu liefen in Nizza zwei Ereignisse,
die später als *Erstes Festival des Neuen Realismus* bekannt
werden sollten. Doch Christo hatte weder die Zeit noch das
Geld, an die Côte d'Azur zu fahren. Jeanne-Claude erinnert
sich:»Wir hatten weder Geld für Lebensmittel noch für die
Miete, als eine Dame anrief und sagte, sie wolle ein Porträt
ihres Kindes.« Doch Christo hatte anderes im Kopf. Bei der
Rückkehr aus dem Atelier verwarf er den Gedanken augenblicklich:»Nein. Ich habe gerade etwas angefangen, und ich
werde das nicht machen.« Das Honorar hätte für mehr als
vier Monatsmieten gereicht.

Jeanne-Claude versuchte ihn zu überreden:»Wir sind völlig blank«, und schalt ihn:»Den ganzen Tag lang machst du
diese blöden Verpackungen, aber ein Porträt willst du nicht
malen.«

»Wenn meine Pakete so blöd sind: Da ist die Tür«, setzte
sich Christo zur Wehr.»Von dem Tag an betete ich seine Verpackungen an«, lacht Jeanne-Claude heute.

Sie wusste nicht, dass Christo zusätzlich zu seiner Arbeit
schon für August mehrere Porträtaufträge in der Schweiz
übernommen hatte, die so geplant waren, dass sie mit der
Hochzeit seines Freundes Sacho Todorov zusammenfielen.
Bis sich ihre finanzielle Lage verbesserte, würde Jeanne-
Claude schon Mittel und Wege finden, durchzuhalten.

Da er sein weniges Geld für Kunstmaterialien ausgegeben
hatte, war Christo immer auf der Jagd nach weggeworfenen
Gegenständen und eignete sich heimlich auch Familienei-
gentum an. Jeanne-Claude sagte:»Eines Tages kam ich nach
Hause und zog die Schuhe aus, um meine bequemen alten
anzuziehen. Ich suchte überall, fand sie aber nicht. Als Christo heimkam, sagte ich: ›Liebster, wo sind meine Schuhe?‹ Er
wurde puterrot und sagte: ›Weiß ich nicht.‹ Später entdeckte
ich sie verpackt in seinem Atelier. Danach verschwand ein

Kleid.« 1961 überzog Christo ihren Nachttisch vollkommen mit einem alten Baumwolllaken von Jeanne-Claude und verschnürte es dann. Desgleichen konfiszierte er den Tisch und die Stühle des Vermieters. Sein teilverhüllter *Packed Table* (Verpackter Tisch) enthielt mehrere mit Leintuch und Leinwand umhüllte Dosen. Später gestand Christo:»Ich habe einfach alles verpackt, was an Wertvollem herumstand oder -lag.«

6

Grenzen überwinden

Im Sommer rief Précilda zum ersten Mal an, seitdem Jacques seinen Posten in Toulouse angetreten hatte. »Wie geht's deinem Bastard?« fragte sie grob.

»Gut, danke«, erwiderte Jeanne-Claude.

»Kann er schon laufen?« fragte Précilda.

»O ja, er läuft«, sagte Jeanne-Claude.

Daraufhin sprudelte es aus ihrer Mutter heraus: »Bring ihn endlich her, Dummkopf.« Jeanne-Claude kamen fast die Tränen. Ohne Illusionen über die verletzten Gefühle, die sie verursacht hatten, organisierte Jeanne-Claude den Besuch bei ihren Eltern während Christos Reise nach Genf. Die immer sprunghafte Précilda vergaß ihre Verbitterung, die Verwandlung der drohenden Kämpferin in eine zunächst gnädige, dann liebende Mutter und vernarrte Großmutter setzte ein. Die Versöhnung mit Christo dauerte allerdings etwas länger. Doch das Schlimmste war überstanden.

Sacho Todorov heiratete am 11. August 1961 in der katholischen Franziskuskirche; an der Feier nahmen Christo und neun weitere Gäste teil. Als Hochzeitsgeschenk hatte Christo in Transparentfolie verpackte und verschnürte Zeitschriften mitgebracht, er überreichte es seinem Freund beim großen abendlichen Hochzeitsempfang in Nyon. Doch schon bald holten Christo die wirtschaftlichen Nöte ein, deretwegen er nach Genf gekommen war. Am 13. August 1961 fing er mit dem ersten Porträt an. Am selben Tag begann in Berlin der Bau der Mauer. Als Christo eine Woche später wieder in Paris war, konzentrierte er sich auf eine Idee, die seiner Arbeit eine neue Richtung geben und einen schon vorher vorhandenen Impuls verdeutlichen sollte. Die verhängnisvolle Barriere gegen die Freiheit, die in Berlin Gestalt gewann, brachte ihn immer mehr auf Grenzen, Trennungen und Durchgänge.

Im September und Oktober 1961 fasste Christo eine Reihe kühner Projekte unter Benutzung von Wort und Bild ins Auge. Seine neu formulierte Strategie legte den Akzent aufs Monumentale und auf viel stärkere Einbeziehung der Öffentlichkeit. Bereits in Gentilly und Köln hatte Christo umfangreiche Fass-Konstruktionen produziert, aber diese vereinigten sich noch mit ihrer Umgebung und ließen sich leicht als gewöhnliche Warenstapel fehldeuten. Die jetzt beabsichtigte, aufrüttelnde Wirkung stand im Zusammenhang mit der Berliner Mauer, galt mittel- oder unmittelbar der Verzweiflung der Unterdrückung und der Wonne der Freiheit.

Im September fertigte Christo eine erste Vorstudie des Vorhabens, das später als *Rue Visconti Project* bekannt werden sollte. In einer Fotomontage veranschaulichte er einen »Eisernen Vorhang« aus Ölfässern. Geplant war, den Durchgang durch eine Gasse auf dem linken Seine-Ufer mit hundert horizontal aufgeschichteten Fässern zu versperren. Er besprach das Konzept mit Restany, der sich bereit erklärte, bei den Verhandlungen mit der Pariser Stadtverwaltung behilflich zu sein. »Pierre hatte politische Verbindungen zu jemandem von der Polizeipräfektur. Wir gingen in das Gebäude, erhielten ein Laissez-passer und unterhielten uns mit ihm. Zum ersten Mal verhandelte ich mit einer Behörde.« Christo hatte zudem Restany und Jeanine de Goldschmidt als Sponsoren einer Einzelausstellung im Zusammenhang mit dem Ereignis gewinnen können. Zum ersten Mal benutzte er zur Charakterisierung seiner künstlerischen Vorhaben das Wort »Projekt«:

PROJEKT EINER ZEITWEILIGEN MAUER
AUS METALLFÄSSERN

Die zwischen Rue Bonaparte und Rue de la Seine ge-
legene, 140 m lange Einbahnstraße Rue Visconti ist
durchschnittlich 3 m breit. Sie endet rechts mit der
Hausnummer 25 und links mit der Hausnummer 26.
Es gibt nur wenige Geschäfte: eine Buchhandlung,
eine Galerie für moderne Kunst, ein Antiquariat, ein
Elektrogeschäft, eine Gemüsehandlung. [...]
Die Mauer wird zwischen den Hausnummern 1 und 2
errichtet, den Verkehr vollkommen blockieren, jede
Verbindung zwischen der Rue Bonaparte und der Rue
de la Seine durchschneiden. [...]
Dieser »Eiserne Vorhang« kann als Sperrung während
Bauarbeiten benutzt werden oder eine Straße endgültig
zur Sackgasse machen. Sein Prinzip lässt sich auf ein
ganzes Viertel, ja auf eine ganze Stadt anwenden.

CHRISTO
Paris, Oktober 1961

Ein anderes Projekt war sein *Project for Wrapping the Ecole
Militaire* (Verhüllung der Ecole militaire), das eine Fotocollage samt Begleittext skizziert. In der Mitte der Komposition
befindet sich, auf eine Abbildung der Ecole militaire geklebt,
ein winziger Ausschnitt des von Harry Shunk und Janos Kender* aufgenommenen Fotos von *Package*, das er in Köln ge-

---

* Harry Shunk und Janos Kender spezialisierten sich auf Künstlerporträts,
Kunstreproduktionen und die Dokumentierung von Kunstereignissen. Für
Christo begannen sie im Sommer 1961 zu arbeiten, nachdem sie ihm in
der Galerie J vorgestellt worden waren. Zu ihren Kunden gehörten unter
anderem Klein, Miró, Hartung, Mathieu, Rauschenberg, Johns, Rivers,
Segal, Oldenburg, Chamberlain, Warhol und Kaprow. Ihre Aufnahmen
waren eindrucksvoll, aber vor allem ihre Preise und Bedingungen erwiesen sich für arme Künstler als unwiderstehlich. Dazu Shunk: »Wir verlangten etwa einen Dollar pro Foto. Manche stotterten sie ab, andere gaben
Arbeiten in Zahlung, einige zahlten überhaupt nicht.«

zeigt hatte. Der transformierte Bau ist durch den Fuß des Eiffelturms zu sehen, im Vordergrund sind Autos und Fußgänger. Christo sagt, er habe das Objekt für seine Kolossalverpackung nicht wegen irgendeines Bezugs zu den Streitkräften oder Jeanne-Claudes Vater ausgewählt, sondern einfach, weil es sich um einen bekannten Ort handelte. Der maschinenschriftliche Begleittext steht auf demselben Blatt wie die Collage und beschreibt die Örtlichkeit im Einzelnen, geht auf die Umhüllungsmethode ein und zeigt Möglichkeiten auf, wie sich das beabsichtigte Projekt realisieren lasse.

Für das im Oktober 1961 konzipierte *Project for a Wrapped Public Building* (Verhülltes öffentliches Gebäude) wurde einem anderen Foto ein zweiter, diesmal größerer Abzug von Shunks *Package*-Aufnahme hinzugefügt. Diesmal klebte Christo *Package* umgekehrt auf. War in Köln die inhärent freiheitsbeschränkende Wirkung einer Verpackung noch subtil angedeutet, dramatisierten nunmehr die Vorschläge für die Verpackung ganzer Gebäude deutlich die zwingende Wirkung. In einem späteren Interview* erklärte Christo: »Das Gebäude existiert nicht, es ist namenlos. […] Als mögliche Verwendungen regte ich an: Parlament, Sportstadion, Museum, Konzerthalle oder Gefängnis. In *Project for a Wrapped Public Building* ist der Ton meines Textes sehr ernst, so, als geschähe es wirklich. Bei *Project for Wrapping the Ecole Militaire* sagte ich: ›soll verhüllt werden‹. In Wirklichkeit machte ich mir aber nie ernstliche Hoffnungen, es verpacken zu können.«

Die Verlockung des Monumentalen und der Reiz, tägliche Funktionen zu unterbinden, hielten an. Mit den drei kleinen Vorstudien für die Rue Visconti, die Ecole militaire und ein hypothetisches öffentliches Gebäude gelangte Christo an eine entscheidende Weggabelung. Seine wachsende Meisterschaft offenbarte, dass der Verpackungsgeste potenziell eine neue Bildsprache innewohnte. Shunk dazu: »Christo war völlig anders als andere Künstler. Er war wie die Konzept-Künstler einer späteren Generation.«

* Quelle: *Christo: The Early Works, 1958–1964*, Tokyo 1991.

Wie sich die dynamische Kunstwelt weiter veränderte, verlagerten sich auch die Hierarchien. Pierre Restany wurde von Arman telefonisch unterrichtet, soeben sei in Yves Kleins Wohnung ein Prozess abgeschlossen worden. Restany sei der Angeklagte in Abwesenheit gewesen. Seine Darstellung der Bewegung und seine ständigen Bezugnahmen auf Duchamp hatten Klein zur Weißglut getrieben. Am 8. Oktober 1961 verkündeten Klein, Raysse und Hains die Auflösung des Nouveau Réalisme. Die Schuld schoben sie Restanys einseitigem zweiten Manifest zu. Die unerwartet heftige Revolte tat Restanys Ruf Abbruch und stellte seine Rolle als Sprecher der Avantgarde in Frage. Restany versuchte, sich auf die für den Herbst geplante Ausstellung neuer Talente, *The Adventure of the Object*, zu konzentrieren. Zu den Teilnehmern gehörten Christo, mehrere Bildhauer sowie die Kollektivgruppe DuChateau. Christo zeigte neben einem verpackten Tisch, verpackten Stühlen und anderen Gegenständen ein in Tuch und transparente Folie gehülltes Motorrad.

Der wegen des Zusammenbruchs der Bewegung besorgte Restany wirkte eher abwesend. Er saß die meiste Zeit mit Jeanine in der Bar im rückwärtigen Teil der Galerie, wo sich zahllose Freunde und Bekannte zu ihnen gesellten. »Es tat mir weh, dass Pierre und Jeanine nicht mehr Interesse an meiner Arbeit zeigten. Die Galerie wurde zur Bar, in die die Leute kamen, um etwas zu trinken«, meinte Christo dazu.

Jeanne-Claude und Christo waren Klein in den letzten Jahren oft begegnet, aber dieser hatte von ihnen kaum Notiz genommen. Das änderte sich schlagartig an einem Dezemberabend 1961, den Jeanne-Claude so beschrieb: »Kleins Lebensgefährtin Rotraut war schwanger, und die beiden planten eine große Hochzeit. Sie suchte nach einem Hochzeitskleid. Da wir etwa gleich groß sind, sagte ich naiv: ›Ich kann dir Geld sparen helfen. Du kannst mein Hochzeitskleid von Dior haben.‹ Klein verschlug es die Sprache, und er sah mich zum ersten Mal richtig an. Dann sagte er: ›Du hast in

einem Kleid von Christian Dior geheiratet!‹ Ich sagte, ›ja‹.
Dann erzählte ihm jemand von meiner Familie. Der Name
Guillebon beeindruckte Klein offenkundig. Von dem Augenblick an wurden wir dicke Freunde, und er behandelte Christo plötzlich wie einen richtigen Künstler.« Klein schlug auch
ein Gemeinschaftswerk vor, ein Hochzeitsbild von sich und
Rotraut. Kleins Beitrag bestand darin, dass er den linken Teil
der Komposition blau malte und später dort eine seiner
Schwamm-Malereien hinzufügte. Das von Christo beizu-
steuernde Porträt verlangte mehrere Sitzungen in Kleins
Wohnung, vor und nach der Hochzeit. Christo beschrieb das
große Bild als »sehr akademisch, in Manet-Manier«. Er betrachtete es als sein Hochzeitsgeschenk.

Die Koproduktion des Hochzeitsporträts von Yves und
Rotraut empfand Christo als wenig befriedigend. Später
klagte er:»Ich wirkte nicht mit, sondern durfte nur mitmachen. Es war schon schmeichelhaft, dass ich überhaupt
darum gebeten wurde. Lieber hätte ich Werke ausgetauscht
oder gleichberechtigt mitgewirkt. Ich wollte gar kein Porträt
machen, aber er bestand darauf. Wer da mitmachte, war
nicht Christo, sondern Javacheff.« Später tauschte Christo
ein großes Paket gegen ein blaues Gemälde von Klein ein.

Bei Kleins Hochzeit kamen die Neuen Realisten wieder
miteinander in Berührung und knüpften vorübergehend
neue, lockere Bande. Klein vergaß seinen Ärger und weihte
sowohl bei der Hochzeit als auch bei nachfolgenden Grup-
penveranstaltungen Restany wieder zum Patriarchen. Die
Grabenkämpfe wurden ausgesetzt; aber schon begannen er-
neute, ärgerliche Versuche Restanys, die bunte Schar unter
seinem philosophischen Banner zu sammeln. Klein seinerseits fasste eine konkretere Koalition ins Auge, in den ersten
Monaten des Jahres 1962 schlug er jedem Neorealisten ein
Gemeinschaftswerk vor.

Am 10. April wurde Larry Rivers' erste Exklusivaus-
stellung in Paris in der Galerie Rive Droite eröffnet. Seine
Technik, schwach bemalte Leinwände mit Zeichnungen zu
versehen, empfand Christo als virtuos, und die beiden ent-

wickelten ein herzliches Verhältnis zueinander. Im selben Frühjahr schlug auch Tinguely eine Gemeinschaftsproduktion vor. Wieder fühlte sich Christo geschmeichelt, lehnte aber höflich ab. Die Vorbereitungen für *Rue Visconti* und seine gleichzeitige Einzelausstellung im Juni in der Galerie J nahmen seine ganze Aufmerksamkeit in Anspruch.

Anfang Mai flog Yves Klein zur Premiere von Gualtiero Jacopettis *Mondo Cane* bei den Filmfestspielen nach Cannes. Im Sommer zuvor, als Klein Nacktmodelle als Farbpinsel dirigiert hatte, war in der Galerie Rive Droite ein Ausschnitt gefilmt worden. Klein ging davon aus, die Szene werde zum aufregenden Finale des Films, aber sie erschien nur als schrulliges Einsprengsel. »Sein Ausbruch ohnmächtiger Wut brachte ihm den ersten Herzanfall ein«, erinnert sich Restany in *Yves Klein*. In einer Podiumsdiskussion im Musée des Arts décoratifs in Paris wenige Tage später kam es zu zornigen Wortwechseln. Bei der Eröffnung von *Donner à Voir* in der Galerie Greuze erlitt Klein einen weiteren Herzanfall. Drei Wochen später – Rotraut war im achten Monat schwanger – starb Yves Klein am 6. Juni in seiner Wohnung in der Rue Campagne-Première an Herzversagen.

Zunächst wollten viele es nicht glauben, hielten es für einen weiteren bizarren Schabernack. »Yves hatte mich gefragt, ob er mich komplett von Kopf bis Fuß und Schwanz bis Arsch in blauen Gips gießen dürfe. Als ich an jenem Tag aus Freundschaft und Solidarität in sein Atelier kam, um mich gießen zu lassen, war er tot. Er war vierunddreißig. Aufgebahrt wurde er in einem mit seinen Werken gefüllten Zimmer der eigenen Wohnung auf seiner Plastik *Blauer Tisch* – in voller Montur des Sebastian-Ordens, über einen Arm ein dunkelblaues Cape geschlagen wie ein napoleonischer Seeheld«, erinnert sich Larry Rivers in *What Did I Do?* »Er lag reglos auf seiner eigenen Skulptur und sah aus wie ein weiteres Werk von Yves Klein.« Auch Jeanne-Claude erinnerte sich lebhaft: »Wie er da in ihrem Wohnzimmer lag, war er ganz blau. Jemand hatte einen Gipsabdruck für die Totenmaske genommen und nicht einmal den Gips aus den

Brauen und Ohren entfernt. Es sah schrecklich aus. Ich säuberte sein Gesicht, damit Rotraut keinen Schock bekam.«

Eine sture Bürokratie legte dem bis ins Kleinste geplanten *Rue Visconti Project* immer neue Steine in den Weg. Doch Christo ließ sich nicht beirren. Weithin sichtbare Plakate auf dem Boulevard Saint-Germain und anderswo kündigten mit großem Getöse Christos erste Einzelausstellung in Paris an. Die Ausstellung in der Galerie J sollte vom 27. Juni bis 3. Juli 1962 dauern. Die untere Hälfte des Plakats verkündete, am 27. Juni zwischen 21 und 22 Uhr werde auf der Rue Visconti »ein einmaliges Ereignis«, *Le Rideau de Fer* (Der eiserne Vorhang), stattfinden. Acht Monate war es schon her, dass Christo die Genehmigung zur Sperrung der Straße beantragt hatte, und immer noch gab es weder eine Zu- noch eine Absage noch überhaupt eine Antwort. Da sich die Familienbeziehungen inzwischen weiter verbessert hatten, wandte sich Jeanne-Claude an ihren Vater um Hilfe. General Jacques de Guillebon, Befehlshaber der Region Toulouse, schrieb an den Polizeipräfekten Maurice Papon und bat um eine Entscheidung über Christos Antrag. Doch nicht einmal einem Kriegshelden und Freund zuliebe erlaubte Papon die Sperrung einer Durchgangsstraße. In einem vom 25. Juni datierten, aber spät genug abgeschickten Brief, so dass er erst nach der vorgesehenen »kulturellen Demonstration« eintraf, schrieb Papon: »Ich möchte die Diskussion nicht in den Bereich der Kunst verlagern, wo offenbar alle Meinungen gültig sind, sondern halte mich lieber an die Rechtslage. Eine öffentliche Straße muß per definitionem für den Verkehr frei sein. Die Behörde, die ich vertrete, kann ihrer Schließung nicht zustimmen, auch nicht für ein paar Stunden. [...] Mit dem Ausdruck meines Bedauerns bitte ich Sie, lieber General und teurer Freund, meine besten Grüße entgegenzunehmen.«

Die Guillebons machten sich auf den Weg nach Paris. Précilda sollte sich um Cyril kümmern; Jacques wollte Christos ungewöhnlichem Kunsttreiben zusehen. Alles war vorbereitet, nur die polizeiliche Genehmigung stand aus. Aufsehen erregende Einladungen wurden versandt. Der Text besagte, eine Stunde nach einem Empfang der Galerie J um 20 Uhr werde in der Rue Visconti ein zeitweiliges Monument errichtet. Auf einer Schwarz-Weiß-Luftaufnahme war rot der Weg von der Galerie zur Rue Visconti eingezeichnet. Auf der Rückseite der Karte bezeichnete ein Text von Pierre Restany die bevorstehende Sperrung »nicht als Barrikade, improvisiert in der Aufregung einer Revolte, [sondern] als kohärente Einheit und monumentales Bild unserer Zeit«. Der Text schloss mit den Worten: »Die Sprache des Neuen Realismus ist auch die von Christo.« Diese späte Umarmung bedeutete Christo weniger als die Überwindung der letzten Hürde.

In der Ausstellung wollte Christo wie in Köln das vielfältige Spektrum seiner Werke zeigen. Das erwies sich als unmöglich. Die Galerie J maß etwa sechs Meter im Quadrat, und Gegenstände, Fenster und Türen engten den Raum noch mehr ein. Eine kleine Fotomontage von *Rideau de Fer* und vergrößerte Aufnahmen winziger Skizzen diverser Fässer-Konfigurationen, *Project for Wrapping the Ecole Militaire* und *Project for Wrapping a Public Building* wurden zum ersten Mal ausgestellt. Doch ein Werk beherrschte das Ganze. An der hinteren Wand ragten einhundertzwanzig vom Fußboden bis zur Decke horizontal aufgeschichtete, vielfarbige Öltonnen empor. Die Bestandteile waren im vergangenen Jahr gefunden oder gekauft, in den riesigen Arbeitsraum in Gentilly verbracht und schließlich zu diesem festen Arrangement zusammengestellt worden. Das Werk gemahnte an den imponierenden Fässerwall ein Jahr zuvor in der Galerie Lauhus und gab einen Vorgeschmack auf die Rue Visconti. Die Reaktionen waren unterschiedlich. Einige Betrachter empfanden eine bedrohliche Gegenwart, andere ein rhythmisches, farbenprächtiges Bild.

Die Mauer mochte vieles darstellen, aber keinesfalls etwas Praktisches. Jeanine de Goldschmidt zeigte sich von Christos Werk oder einer Ausstellung ohne Preisschilder wenig begeistert.»Sie war dagegen«, sagte Jeanne-Claude,»aber Pierre machte sich zum Fürsprecher.«Restany träumte immer noch von einer gewaltigen Zukunft des Neuen Realismus, und für ihn war Christo Ausdruck der Vitalität der Bewegung.

In den Stunden vor der Eröffnung wurde es Restany und Christo immer mulmiger. Die Einladung und die Plakate verlangten den Bau eines zeitweiligen Monuments, aber bis zum Mittwochnachmittag des 27. Juni lag immer noch keine Genehmigung vor. Das amtliche Schweigen verstärkte die bangen Gefühle noch. Am späten Abend des Vortages begaben sich Jeanne-Claude und Christo mit Plakaten, Tapetenbürste und einem Eimer Leim bewaffnet auf die Straße und verunstalteten im Schutz der Dunkelheit viele Mauern.

»Jeanne-Claudes Entschlossenheit war sehr hilfreich«, sagte Restany.»Unentwegt sagte sie: ›Wir führen das Projekt durch, komme, was da wolle.‹« Christo wusste, dass er möglicherweise verhaftet und eingesperrt würde. Die Fässer für das Projekt mussten gemietet werden, und Christo hatte sorgfältig ihre Anzahl, die Farben und Oberflächen ausgewählt und für den einen Tag einen sehr akzeptablen Preis ausgehandelt. Zu den Kosten gehörten ein Lkw samt Fahrer sowie ein weiterer Helfer für die Anlieferung und den Rücktransport der Fracht. Am 27. Juli – die Galerie-Ausstellung stand schon – beluden der Fahrer, der Helfer und Christo den Lkw und fuhren ins verstopfte 6. Arrondissement.

Um 18.30 Uhr kamen sie im warmen Sommerabendlicht in der Rue Visconti an. Jeanne-Claude und mehrere Freunde warteten schon. Die Arbeiter begannen sofort mit dem Abladen, reichten Christo von der Ladefläche Tonne um Tonne. Schnell baute er den Fuß der Barrikade, indem er zehn Fässer nebeneinander über die Straße legte. Die Störung machte sich sofort bemerkbar. Der Verkehr kam zum Stehen, wütendes Hupen, die Leute strömten zusammen. Das Abladen ging unbekümmert weiter. Christo balancierte wie ein Seiltänzer auf der wachsenden Struktur. Auf Fo-

tos von *France-Soir* war ein spindeldürrer, höchst ernsthaft
dreinblickender und erschöpfter Christo zu sehen. »Ich beobachtete Christo die ganze Zeit«, erinnert sich Jeanne-Claude.
»Er schien so müde und unter Druck. Ich war buchstäblich
hypnotisiert von der Mauer und von ihm. Angst hatte ich
keine, außer um Christos willen. Er war sehr schmächtig. Die
Fässer sahen unendlich viel schwerer und kräftiger aus als
er. Er lud sie ab, als wären sie Dynamit und könnten jeden
Augenblick explodieren.« Er sagte: »Die Ladefläche des Last-
wagens war wie eine Leiter. Gegen Ende stand ich auf den
Fässern und war höher als der Lkw. Die Arbeit ging sehr
schnell vonstatten. Nach nicht mal einer halben Stunde waren wir fertig.« Der erste Polizist erschien, während Christo
und seine Helfer noch die Fässer abluden. Jeanne-Claude
hielt ihn auf. Der sprachlose Gendarm betrachtete die aber-
witzige Szene und fragte dann: »Was ist das?«

»Ein Kunstwerk«, erläuterte Jeanne-Claude mit unbeküm-
mertem Lächeln.

Der Gendarm protestierte: »Das ist verboten. Sagen Sie
ihm, er soll aufhören.«

Ohne mit der Wimper zu zucken, gab Jeanne-Claude zurück: »Ich kann mich nicht einmischen, er ist noch nicht fertig.« Dann sagte sie, das alles sei ganz legal und ohnehin nur
vorübergehend. Als der Polizist befahl, mit der Arbeit aufzu-
hören, verlangte Jeanne-Claude nach seinem Vorgesetzten.
Als er mit mehreren Polizeioffizieren wiederkam, war die
Lage bereits außer Kontrolle geraten. Der Lkw war wegge-
fahren, eine gutgelaunte, festlich gestimmte Menge hatte
sich eingefunden, die Presse hatte ihr gefundenes Fressen,
und eine neue französische Barrikade machte Geschichte.

»Bis der Lastwagen weg war, konnten wir kaum etwas
erkennen«, sagte Jeanne-Claude. »Dann, plötzlich, wurde
Christos *Rideau de Fer* sichtbar. Zwischen den beiden Stra-
ßenseiten türmte sich eine rhythmische, gut vier Meter
hohe, mit Verbindungszapfen, Beschriftungen, reliefartigen
Ausbuchtungen und einer Vielfalt verwitterter Oberflächen
überhöhte Fläche aus zweihundertvierzig roten, weißen, gel-

Paris, Juni 1962: Christo vor *Eiserner Vorhang – Mauer aus Ölfässern* in der Rue Visconti. (Foto: Journal France Soir)

ben, blauen, schwarzen, grauen, braunen und rostfarbenen Kreisen.«

Jeanne-Claude sah in ihrer blonden Lockenpracht und einem dunkelgrünen Dior-Abendkleid aus früheren, wohl-

Paris, Juni 1962: Jeanne-Claude vor der *Mauer aus Ölfässern* in der Galerie J.
(Foto: Raymond de Seynes)

habenderen Tagen hinreißend aus. Christo überließ klugerweise ihr das Reden. Sie kramte in ihrer Handtasche und
hielt dem hohen Polizeibeamten alles an Papieren vor die
Nase, dessen sie habhaft werden konnte. Keines hatte mit
dem Vorgang zu tun. Um Zeit zu gewinnen, drängte sie ihn,
zur nahe gelegenen Galerie J zu gehen und durchs Fenster zu

schauen, und behauptete, die dortige Fässerwand beweise, dass *Rue Visconti* ein legitimer Ausdruck der Kunst sei. Der wie vom Donner gerührte Polizeichef hörte sich das alles an und verlangte dann eine Genehmigung. Restany, der das Ganze mitgekriegt hatte, sagte:»In diesem Augenblick zückte sie die letzte ihr verbliebene Karte – ihren Namen. Damit bekamen wir genug Zeit.« Jeanne-Claude bat darum, dass die Mauer bis Mitternacht stehen bleiben dürfe. Der Polizeichef verabschiedete sich mit den Worten:»Wenn dieses Ding um ein Uhr morgens noch da steht, wandern Sie alle ins Gefängnis.« Ein Polizist blieb zurück, die anderen schwärmten aus, um den Verkehr umzuleiten. Mitten in dem Aufruhr stand auch Jacques de Guillebon auf einmal da.»Ich hatte ihn nicht gebeten zu kommen«, sagte Jeanne-Claude,»aber wir waren sehr glücklich, als wir ihn sahen.«

René Bertholo und Lourdes Castro wohnten nur ein paar Straßenzüge entfernt. Sie kamen gerade noch rechtzeitig, um zu sehen, wie Jeanne-Claude die Polizei hinhielt, und als die Nacht einbrach, erlebten sie, wie Christos strahlende Fässerwand unter einer Batterie Scheinwerfer zu Leben erwachte.»Die Anwohner waren schockiert, dass es jemand wagte, ihre Straße zu versperren. Sie hielten es für eine Szene aus einem Film«, erinnert sich René. Jan Voss genoss das Chaos in vollen Zügen:»Die meisten Leute amüsierten sich darüber. Es war ein Künstlerviertel, also unterstützten alle Christo. Doch auch da wollte er eine Reaktion der Gesellschaft. Macht man eine Straße zu und trennt Dinge, die sonst immer beisammen waren, dann ergibt das Probleme. Christo zwang die Leute zur Reaktion. Die Mauer war schön und hinterließ einen bleibenden Eindruck.« Auch der amerikanische Maler und Plastiker Richard Tuttle fand den Abend des 27. Juni 1962 denkwürdig. *Time* vom 7. Februar 1969 zufolge sagte er:»Ich glaube, man konnte dieses Werk ›übrig gebliebenen Existenzialismus‹ nennen. Es steckt so viel Verzweiflung drin, und gleichzeitig ist es in meinen Augen schön.«

René Drouin hatte Christo erlaubt, in seiner Kunstgalerie

in der Rue Visconti Material zu lagern und von dort den Strom für das Projekt zu beziehen. Drouins früherer Partner, der amerikanische Kunsthändler Leo Castelli, der 1957 in New York eine Galerie aufgemacht hatte, in der 1962 Jasper Johns, Robert Rauschenberg, Frank Stella und andere aufsteigende Sterne am Kunsthimmel zu sehen waren, besuchte nach der Biennale von Venedig am 27. Juni seinen früheren Partner. »René hatte mich bereits mit Christo bekannt gemacht und einen Atelierbesuch arrangiert«, sagt Castelli. »Sein *Rideau de Fer* war ein großes Ereignis. Ich begriff es sofort, denn meine Künstler hatten dieselbe konzeptionelle Betrachtungsweise. Die Idee, eine Straße zu blockieren, war reiner Duchamp.«

Nicht alle waren so begeistert wie Castelli. Die in den Verkehrsstau eingekeilten Fahrer beispielsweise lehnten sie ab. Auch einige Anwohner ärgerten sich über die Karnevalsatmosphäre des Ereignisses und äußerten ihren Zorn am Fenster mit lauten Verwünschungen und indem sie allerlei Flüssigkeiten herunter gossen. Gegen 23 Uhr lief einem Mieter wegen des Krachs die Galle über, und er leerte seinen mit Urin und anderem Unrat gefüllten Nachttopf, dessen Inhalt sich auf mehrere Zuschauer ergoss. Am meisten bekam Pierre Restanys Kleidung ab. »Ich war völlig durchnässt. Runde fünfundzwanzig Liter höchst zweifelhafter Substanz ruinierten den teuren Anzug, den ich gerade erst in Mailand gekauft hatte.«

Zu denen, die dem Reiz des *Rue Visconti Project* nicht erlagen, gehörte auch Carole Weisweiller. »Ich mochte Christos Zeichnungen, aber seine Verpackungen oder die Mauer beeindruckten mich nicht«, sagte sie. »Ich konnte es nicht recht ernst nehmen.«

Arman war hin und her gerissen, weil er der Meinung war, Christos bunte Fässermischung ähnele zu sehr seinen eigenen Erfindungen: »Ein paar Monate zuvor war ich mit Pierre Restany im Hafen von Nizza und signierte einen [gefundenen] Haufen Fässer. Sie lagen aufgeschichtet zum Transport bereit. Solche Sachen machte ich oft.«

Christos Ereignis war Party und Provokation zugleich. Restany klagte: »Einige lachten, weil sie es für einen Witz hielten. Das Ganze wurde schnell zu einer Art Dorfversammlung mit der üblichen anonymen Menge, wie man sie bei Bränden und Unfällen sieht. In Wirklichkeit war die Mauer etwas Mysteriöses, das die Leute nicht verstanden.«

Oberflächlich schien Christos Aufstand gegen den Rationalismus dadaesk. Doch Christos Inspirationsquelle war weiterhin die russische Avantgarde. Christos Ansinnen, das Publikum mit hineinzuziehen und so Kunst und Leben miteinander zu verbinden, konnte mit der Realitätsnähe eines Tatlin, Meyerhold oder Majakowski verglichen werden. Seine zeitweiligen Monumente entzogen sich der Inbesitznahme und blieben wie Straßenumzüge oder Freilufttheater den Betrachtern nur im Gedächtnis haften.

Zwischen Mitternacht und ein Uhr verschwand die Mauer wieder. Der Lkw brachte die Fässer nach Gentilly zurück, und der Verkehr normalisierte sich. In den Cafés der Umgebung redete man sich die Köpfe heiß: Erinnerte Christos flamboyante architektonische Geste an die Berliner Mauer, das gespaltene Frankreich, das Auseinanderdriften im modernen Leben, die Mängel der westlichen Konsumgesellschaft oder die Schönheit alltäglicher Industriegegenstände? Auf jeden Fall aber hatte Christo gegen das Gesetz verstoßen. Am Donnerstag, dem 28. Juni, wurden die jüngste Berühmtheit der Kunstwelt und Jeanne-Claude in die Polizeistation Saint-Germain einbestellt. Christo wurde verwarnt. Lächelnd versprach er in seinem erratischen Französisch, es nie wieder zu tun.

Mochte das *Rue Visconti Project* mit seiner seltsamen Mischung aus Ordnung und Chaos auch viele Deutungen finden – Christo beschränkte die seinige auf materielle Fakten und enthielt sich der Entschlüsselung. »Ich definiere Kunst nicht, ich mache sie«, sagte er später. Dem ephemeren *Eisernen Vorhang* wohnte ein sozialer Kontext inne; er hatte sogar die gleichgültigsten Betrachter aktiviert. Dieses Provozierende war ein Wesensmerkmal von Christos ersten Pariser

Jahren. Seine Ausstellung blieb noch eine Woche lang geöffnet. Wer die Galerie J aufsuchte, konnte nicht wissen, wie treffend die dortige Mauer verkrusteter Fässer und kleiner diagrammatischer Studien von Monumentalprojekten auf zukünftige Abenteuer hinwies.

Christos bevorzugter Schauplatz lag jenseits der traditionellen Museen- und Galerienlandschaft. Er und die Galerie J hatten beträchtlich viel Zeit, Energie und Geld auf das *Rue Visconti Project* verwendet, aber der Verkauf spielte dabei nie eine Rolle. Und obwohl Restany zum Freund und Befürworter des Werkes geworden war, schloss er auch weiterhin Christo von allen neorealistischen Ausstellungen aus. »Es war gut geschütztes Gebiet«, erinnert sich Christo. Auch an die Kluft zwischen seiner Denkweise und Restanys künstlicher Orthodoxie entsann sich Christo. »Die Aneignung lag in der Luft«, sagte er. »Überall benutzten Künstler gefundene oder fertige Gegenstände. Ihre Einbeziehung in ein Kunstwerk war keine zündende Idee, die über Nacht entstand. Im Museum of Modern Art gab es schon die Ausstellung *Art of the Assemblage*. Jeder arbeitete mit Collagen und Assemblagen. Das hatten nicht etwa die Nouveaux Réalistes entdeckt.«

Jeanne-Claude war von Restany ebenso enttäuscht wie Christo. Besonders deutlich wurde Restanys abweisende Haltung im Sommer 1962, als Christo vom New Yorker Kunsthändler Sidney Janis aufgefordert wurde, zu einer Ausstellung im Herbst zwei Verpackungen beizusteuern. Christo erfuhr, dass Restany versucht hatte, ihn von der Ausstellung fern zu halten. Als Janis von ihm Christos Adresse haben wollte, schwieg Restany. Später erläuterte er seine Haltung so: »Nur Neue Realisten und die amerikanischen ›Neodada‹-Leute sollten teilnehmen, keine anderen. Das war die Grundidee.«

Im Sommer 1962 lernten Jeanne-Claude und Christo drei junge Amerikaner kennen, die zu Besuch nach Paris gekommen waren und später als Mitarbeiter Christos eine bedeutende Rolle spielen sollten: Dimiter (Mitko) Zagoroff und Albert und David Maysles. Mitkos Vater Slavtscho Zagoroff hatte Christo in Wien mit dem Kauf mehrerer Bilder und mit Adressen für Porträtaufträge unter die Arme gegriffen. Mitko war wie Jeanne-Claude und Christo siebenundzwanzig Jahre alt, kam von einer internationalen Konferenz der Dokumentarfilmer in Lyon und hatte eine kleine, leichte Handkamera entwickelt. Er kannte die Pioniere unter den Filmemachern, die ausgefallene, improvisierte Filme produzierten. Er war es auch, der nach einer mitternächtlichen Aufführung von *Showman* in der Pariser Cinémathèque Jeanne-Claude und Christo mit den Brüdern Maysles bekannt machte. Albert Maysles sagte: »Die beiden waren von *Showman* völlig hingerissen. Wie alle unsere Filme war er genau so gemacht wie Christos Projekte. Schon damals bestand eine Verwandtschaft in der Art, wie wir arbeiteten.«

Ende 1962 nahm das lethargische Paris kaum wahr, dass sich der Schwerpunkt der Kunstwelt immer mehr nach New York verlagerte. Nach zwei Jahren war der amerikanische Aufstieg perfekt. Das Signal hatte die Eröffnung von *New Realists* in der Galerie Sidney Janis am 31. Oktober gegeben.

Janis mietete zusätzlichen Raum an, um sein ehrgeiziges Unterfangen unterbringen zu können: 54 Werke von 29 Künstlern aus fünf Ländern. Einige der neuen Betrachtungsweisen sollten das Antlitz der zeitgenössischen Kunst unwiderruflich verändern.

Janis hatte es auf sich genommen, Christo – der zwei Verpackungen von 1961 ausstellte – in das von Restany ausgewählte französische Kontingent einzubeziehen. Von den übrigen Künstlern kamen drei aus England, fünf aus Italien, zwei aus Schweden und zwölf aus Amerika. Zu der lebhaften Truppe gehörten unter anderem Peter Agostini, Jim Dine, Robert Indiana, Roy Lichtenstein, Robert Moscowitz, Claes Oldenburg, James Rosenquist, George Segal, Harold Stevenson, Wayne Thiebaud, Andy Warhol und Tom Wesselman. Janis, der mit der großen Teilnehmerzahl vor allem Vielfalt sichern wollte, schrieb im Katalog:»Der Geist des gemeinsamen Gegenstands wird zum gemeinsamen Thema dieser Künstler.«

Einige Kritiker stießen sich am irreführenden Titel *New Realists*. Es kam zu einem Wortgefecht, wie sich die dort ausgestellten neuen Tendenzen besser definieren ließen. Sidney Janis' Frau Harriet schlug Factual artists vor, das aber ebenso verworfen wurde wie Neo-Dadaists und Popular Realists. Max Kozloff regte New Vulgarians an. Im Vorwort zum Katalog schrieb John Ashberry, der Neue Realismus sei»eine andere Art von Realismus mit Gegenständen als gemeinsamer Basis. [...] Der Neue Realismus ist nicht neu. Noch ehe Duchamp sein erstes Ready-made produzierte, hatte Apollinaire schon geschrieben, die wahre Poesie unseres Zeitalters sei im Schaufenster des Frisörladens zu finden.«

Amerikanische Autoren gefielen sich darin, die abstrakten, intellektuellen Neigungen der Franzosen mit ihren konkreteren und figurativeren amerikanischen Kollegen zu vergleichen. Natürlich hatten die Europäer dabei das Nachsehen. Sidney Tillim bemerkte in *Arts*, die Amerikaner»liefern dir das Ding selbst – klatsch«. Lucy Lippard schrieb in *Pop Art*:»Die europäischen Beiträge sehen im Vergleich zur neuen Pop-Art blass, überstrapaziert und stark surrealisierend aus. [...] Die Amerikaner greifen ihre Alltagswirklichkeit direkt auf. Stilistisch und formal ist der europäische Künstler nicht so aggressiv wie der amerikanische, sondern neigt zum Manifest, zur ungezügelten, emotionalen Demonstration, ist im Gegensatz zum ›kühlen‹ angloamerikanischen Standpunkt engagiert und verschmäht die Gruppen-Identifizierung. Die Pariser Haltung [...] ist weitaus literarischer [und] soziologischer.«

In der Biografie *Arman* vermerkte Jan van der Marck, eine Autorität in Sachen avantgardistischer Kunst:»Im Ringen um internationale Aufmerksamkeit wurde ›Französisch-Sein‹ zur Belastung; jungen amerikanischen Künstlern erschien diese Tradition bankrott. Original-Ideen, -Gesten und -Erfindungen Kleins, Armans, Spoerris und Christos wurden von amerikanischen Kritikern abschätzig mit den vertrauteren Ideen, Gesten und Erfindungen amerikanischer Künstler verglichen. [Sie] imitierten nicht, wie manchmal behauptet wird, sondern antizipierten ähnliche Vorgehensweisen der Amerikaner.« Und in *Art in America*: »Es war ein ungünstiger Zeitpunkt für die Pariser Künstler, die ihre avantgardistische Rolle mit dem Paris von einst verbanden. Arman, Klein, Tinguely, Spoerri und Christo galten bei amerikanischen Kritikern als armselige Alternative zu den aufstrebenden jungen Pop-Art-Künstlern in New York.«

Restany witterte Verschwörung. Als er wieder zu Hause war, sah er sich einem weiteren Problem gegenüber. Inzwischen hatte sich in Paris ein neuer Außenposten der neueren amerikanischen Kunst etabliert und wurde zum Rivalen seiner Führung in der Avantgarde. Am 15. November 1962 eröffnete die Galerie Ileana Sonnabend unter Leitung von Leo Castellis früherer Frau Ileana und ihrem Mann Michael Sonnabend.

Das Verhältnis der Sonnabends zu Restany hatte herzlich begonnen. Ileana erinnerte sich an häufige Besuche in der Galerie J: »Dort lernten wir Jeanne-Claude und Christo kennen. Das *Rue Visconti Project* gehörte zu den interessantesten Ereignissen des Jahres. Es war ein großer Erfolg. Christo gelang es, das Boot kräftig zu schütteln und einen großen Aufruhr zu verursachen.«

Restany war den Neuankömmlingen gegenüber misstrauisch, meinte, die Sonnabends suchten nur nach einer Möglichkeit, die amerikanische Pop-Art in Paris zu lancieren. Ileana dazu: »Pierre und Jeanine hielten uns für Eindringlinge, die französische Sammler aus unserer Galerie fernzuhalten suchten. Er bekämpfte uns mit der Begründung, er verteidige den europäischen Humanismus. Wir waren für ihn die amerikanischen Barbaren.«

Das Jahr 1962 brachte auch große familiäre Umbrüche. Im Sommer erweiterten Jacques und Précilda de Guillebon die Familie um einen Sohn. Eines Abends erwähnte ein Mitarbeiter des militärischen Sozialdienstes bei einem festlichen Diner in Toulouse einen reizenden Waisen, den Soldaten einige Jahre zuvor in den algerischen Bergen gefunden hätten. Danach habe sich der Junge bei den französischen Truppen aufgehalten, aber »jetzt müssen wir ihn umquartieren«. Spontan sagte Précilda:»Ich nehme ihn.«

»Waas?« fragte Jacques entsetzt.

Darauf Précilda:»Jawohl, und du wirst nichts dagegen haben, Jacques.« Er hatte nichts dagegen.

»Der Junge war so hübsch und allerliebst, dass ihn jeder sofort ins Herz schloss«, erinnert sich Jeanne-Claude. Die Adoptiveltern von Jean-Marie gaben ihm den Familiennamen Essertaux und setzten seinen Geburtstag auf den 25. August fest, an dem auch Norbert und Alexandra de Guillebon geboren waren.

Im Leben von Précildas beiden ältesten Töchtern stellte der September 1962 einen Wendepunkt dar. Joyce Alazrachi zog von Paris nach Wien; zwischen Jeanne-Claude und Christo erhob sich das ärgerliche Problem einer Heirat. Jedes Mal, wenn Jeanne-Claude das Thema aufbrachte, schob Christo es von sich.»Ich wollte unbedingt heiraten. Er wandte dauernd ein, ein Künstler sei allein seiner Kunst verpflichtet. Doch seine Kunst stand zwischen uns, wie eine andere Frau, mehr noch. Mutter und Vater drängten mich unentwegt zu heiraten. Sie sagten: ›Du musst endlich aufhören, in Sünde zu leben. Wenn er dich nicht heiratet, dann liebt er dich nicht.‹ Natürlich sagte ich keinem, dass Christo mich nicht heiraten wollte, sondern behauptete: ›Wir sind auch so glücklich. Wir leben in den sechziger Jahren, und da ist zusammenleben modern, warum also heiraten und alles verderben?‹ Aber in Wirklichkeit wollte ich diese Bindung.«

Mitte September setzte Jeanne-Claude alles auf ein Karte und stellte das uralte Ultimatum:»Entweder heiratest du mich, oder ich verlasse dich.« Sie führte ins Feld, wenn er mit einer Französin verheiratet sei, könne er viel leichter reisen als mit seinem Flüchtlingsausweis. Außerdem könnten sie auf Reisen dann Geld sparen:»Damals musste man in Italien außer in Bordells immer zwei Zimmer bezahlen, wenn auf dem Pass verschiedene Namen standen. Wir konnten uns aber schon ein Zimmer kaum leisten. An diesem Abend gab er endlich nach und sagte: ›O.K., heiraten wir.‹ Später erzählte ich allen, wir hätten geheiratet, um im Hotel Geld zu sparen, aber das stimmte nicht. Ich wollte heiraten.«

Kaum hatte sie seine Zusage, schaltete Jeanne-Claude auf eine neue Strategie um. Sie stellte sich quer. Es dauerte nicht lange, bis Christo anfing zu drängen: »Wir sollten endlich heiraten.« Je mehr er es tat, desto zögerlicher gab sich Jeanne-Claude. Außerdem musste sie erst noch von Philippe Planchon geschieden werden. Als es endlich so weit war, rief Jeanne-Claude ihre Eltern an, sie lebe nicht mehr in Sünde. Précilda und Jacques waren froh, blieben aber lieber in Toulouse, weil es nur eine kleine standesamtliche und keine kirchliche Trauung gab.

Am Mittwoch, dem 28. November 1962, landeten Jeanne-Claude Marie de Guillebon und Christo Vladimir Javacheff endlich nach langem Hin und Her im heiligen Hafen der Ehe. »Wir waren nur zu viert. An einem düsteren, kalten, grauen Regentag wanderten wir zum Standesamt«, sagt sie. Trauzeugen waren Pierre Restany und Jeanine de Goldschmidt. »Ich hatte einen der ersten unechten Pelzmäntel der Welt mit grauem, kurzem Lockenhaar an. Die Haare hatte ich aufgesteckt. Wir gingen in einen großen Saal im Bürgermeisteramt des 4. Arrondissements, wo uns eine Standesbeamtin traute. Sie war etwa vierzig und hatte eine reizende Tochter. Christo machte ›huch!‹ zu der Kleinen hinüber, woraufhin alle lachten und die Zeremonie noch einmal von vorne anfangen musste. Ich hatte ihm beigebracht, nicht einfach ja oder nein zu sagen, sondern immer höflich ›ja, Monsieur‹, ›nein, Madame‹. Als die Zeit kam, die Frage der Standesbeamtin ›Willst du diese Frau zu deinem angetrauten Weibe nehmen?‹ zu beantworten, wollte er besonders sittsam sein und sagte nicht bloß, wie ich es ihm vorgemacht hatte, ›Ja‹, sondern ›Ja, Madame‹. Die Anwesenden gerieten aus der Fassung, weil das nicht die gesetzlich vorgeschriebene Antwort war. Christo blickte verärgert um sich und fragte: ›Warum lacht ihr alle?‹ Dann wandte er sich vorwurfsvoll zu mir: ›Du hast mir das doch beigebracht!‹« Restany bemerkte:»Ich sehe noch Jeanne-Claudes Gesicht vor mir, als sie ja sagte. Denselben entschlossenen Ausdruck hatte sie später beim Hochzeitsessen. Als sie ihr Leben mit dem Christos verband, war es wie eine innere Offenbarung, ein Augenblick der Wahrheit. Sie war sehr glücklich. Jetzt nennen die Leute sie ehrgeizig oder unbescheiden. Aber sie kennen sie nicht so wie ich. Ich kannte sie als liebende Frau mit absolut echter und vollkommener Liebe und kann die Reinheit und Wahrheit ihrer Liebe bezeugen.«

Monsieur und Madame Javacheff trugen keine Eheringe. Die Kosten für die Hochzeitsfeier übernahm Jeanine Goldschmidts Mutter Marie-Louise Lafont. Christo sagte:»Wir luden weder Freunde noch Verwandte ein«, und Jeanne-Claude fügte hinzu:»Das wäre uns nicht im Traum eingefallen, wir konnten damals ja nicht mal unsere Miete bezahlen.« Die bescheidene Feier fand in einem kleinen Restaurant nicht weit von der Kirche Saint-Germain-des Prés statt. Nach dem Essen gab Madame Lafont den Neuvermählten einen Schlüssel. Er erlaubte ihnen eine luxuriöse Hochzeitsnacht in ihrem Doppelappartement an der Avenue Foch, wo sie ein Himmelbett mit Satinlaken erwartete.»Es war himmlisch. Champagner war da und ein fantastisches Schlafzimmer, lauter Dinge, die wir zu Hause nicht hatten«, schwärmte Jeanne-Claude.

Anfang 1963 war Pierre Restanys Definition des Neuen Realismus nicht mehr ganz so puritanisch. Christo durfte nun ebenfalls mit der Gruppe ausstellen. Höhepunkt des *Zweiten Neorealistischen Festivals*, das am 8. Februar in München in der Neuen Galerie Künstlerhaus eröffnet wurde, war die Ausstellung *Nouveaux Réalistes*. Zu Restanys alter Garde stießen nun auch Christo, Gérard Deschamps und Tinguelys Lebensgefährtin Niki de Saint Phalle. Christo stand zwar nicht im Mittelpunkt, wusste aber seine Chance zu nutzen.

Die Teilnehmer versuchten, ihre eigene Bildersprache zu schaffen. Abenteuerlich war Christos Beitrag. In einem langen, korridorartigen Raum, der zu einem Innenhof führte, zeigte er mehrere Stücke, darunter *Package on a Luggage Rack* (Gepäck auf einem Dachträger): ein Kinderroller, der die Räder in die Luft streckte, in durchsichtiger Kunststofffolie verpackt und mit Seilen und Spinne auf einem Auto-Dachträger befestigt war. Im Innenhof schichtete Christo zahlreiche Fässer horizontal zu mehreren miteinander verbundenen Bogendurchgängen auf, denen sich die Besucher aus dem Hof oder über eine umlaufende Arkade nähern konnten. Die Konstruktion ähnelte seinen Öltonnenmauern in der Galerie Lauhus und Galerie J. Restany nannte Christos »zeitweilige Konstruktion eine monumentale Zusammenstellung« und »schöne Leistung«.

Wieder in Paris, ging Christo ungeduldig und vor Ideen überschäumend an die Arbeit. Je mehr er und andere Künstler ihre Bildersprache verfeinerten, desto mehr nahm Restany jene aufs Korn, die er als Rivalen in der Führung der Avantgarde empfand. Jean-Louis Ferrier brachte es auf den Nenner: »Im Text des Katalogs spricht Pierre Restany von einer Spaltung zwischen Paris und New York und verteidigt seine Schützlinge voll Feuer. [...] Die amerikanischen Pop-Künstler, die er Neodadaisten nennt, scheinen ihm weniger gut gerüstet zu sein, um sich der komplexen Realität von morgen stellen zu können. Wie immer ist er sehr selbstsicher.«* In der vordersten Front derer, die sowohl das Establishment als auch Restanys exaltierte Vision einer avantgardistischen Revolution anfochten, standen die Kunsthändler und Befürworter der neuen amerikanischen Kunst Sidney Janis, Leo Castelli und vor allem Ileana und Michael Sonnabend.

Christo sah die eskalierende Konfrontation mit Unbehagen. »Pierre nahm eine missionarische, parteiische Haltung ein und machte es den französischen Künstlern unnötig schwer, indem er auf Unterschiede pochte. Das war absolut

* *DuMont's Chronik der Kunst* ..., a.a.O., S. 590.

lächerlich. Pierre behauptete, die Nouveaux Réalistes würden sich Amerikas bemächtigen. Ich fand die Polemik höchst ärgerlich. Es war falsch, einen politischen Ästhetikkrieg zwischen New York und Paris anzuzetteln.«Dennoch kam es zu Feindseligkeiten, zu denen – sei es aus Überzeugung oder aus Eigeninteresse – Künstler, Kritiker und Kunsthändler bewusst oder unbewusst beitrugen.

Restanys bedingungslose Fixierung auf die unbearbeiteten Gegenstände einer technologischen, städtischen Konsumgesellschaft konnte den klar lesbaren Worten, Symbolen oder figurativen Bildern des amerikanischen Alltags und seiner Kultur nicht standhalten. Restany dazu:»Der Kunstkrieg war damals schon zu Ende, ohne dass wir es merkten. Paris hatte verloren. Gegen globale Ereignisse ist man machtlos.«

Während sich der Kampf um die künstlerische Dominanz zuspitzte, kehrte Christo im Februar 1963 nach Deutschland zurück, um eine Einzelausstellung in der Düsseldorfer Galerie Schmela vorzubereiten. Da Schmela keine Transportkosten übernahm, fuhr Christo schon mehrere Wochen vorher hin und wollte alles an Ort und Stelle herstellen. Jeanne-Claude brachte Cyril zu ihren Eltern. Vorher ging sie noch zum Friseur,»dem billigsten, den es gab. Er werkelte an mir herum, und plötzlich hatte ich blaue Haare wie eine alte Tante! Er wollte es aber nur rückgängig machen, wenn ich noch einmal bezahlte. Wütend stürmte ich davon.« Bei den Guillebons kam Jeanne-Claude mit schwarzem Lederrock und schwarzen Netzstrümpfen an.»Als mich meine Mutter sah, kreischte sie: ›Was ist denn das?‹ Ich drehte mich um, tat, als verstünde ich nicht, und fragte: ›Was soll sein?‹ Ihre Stimme überschlug sich: ›Deine Haare! Die sind ja blau!‹ Darauf ich: ›Gefällt's dir?‹ Sie zog eine Grimasse. ›Ist ja scheußlich. Gefällt das etwa Christo?‹ Ich log ganz dreist: ›Er findet es großartig!‹«

Die Vorstellung, gemeinsam zu reisen, neue Leute kennen zu lernen und an neuen Orten Kunst zu entdecken, bezauberte Jeanne-Claude und Christo. Aus der vormaligen Schülerin mit High-Society-Background war inzwischen eine echte Kennerin geworden. Christo seinerseits fand die Aussicht erregend, an fremdem Ort neue Werke zu schaffen. In Düsseldorf wohnten die Christos in einem leeren, ungeheizten Atelier, das Rotraut Kleins Bruder Günther Uecker gemietet hatte –»eine uralte Fabrikhalle, die Uecker im Winter nicht benutzen konnte, weil es keine Heizung gab«, wie Jeanne-Claude sagte. Christo fügte hinzu:»Schmela war ein Geizkragen; wir mussten auf dem eiskalten Fußboden schlafen.«

Alfred Schmela hatte seine winzige Galerie 1957 mit einer Ausstellung von Yves Kleins blauen Gemälden eröffnet. Er führte Klein, Tinguely und Fontana in Deutschland ein.»Damals«, erläuterte Jeanne-Claude,»war eine Ausstellung bei Schmela geradezu eine Weihe. Er führte die größte Kleingalerie in Europa – sie hatte den besten Ruf wegen der fantastischen Qualität und weil hier fortschrittliche Kunst gefördert wurde. Schmela hatte 1961 Christos Werk in der Galerie Lauhus in Köln gesehen. Im Jahr darauf besuchte er uns in Paris. Er konnte nur Deutsch, zeigte unentwegt auf die Arbeiten und sagte: ›Prima! Prima!‹ Sogar wir, die kein Deutsch verstanden, wussten, was das bedeutete: ›Großartig, großartig, du Kunst, ich Geld‹. Er schien darauf zu brennen, die Sachen auszustellen. Wir lächelten und nickten. Das war unser Vertrag.«

Während der zwei Wochen unermüdlicher Arbeit in Düsseldorf fanden Christo und Jeanne-Claude irgendwie auch Zeit zu einer Stippvisite bei Edith und Dieter Rosenkranz, und sie besuchten Künstlerateliers und Ausstellungen. Viel Zeit ging fürs»Organisieren« weggeworfenen oder billigen Materials drauf, das sich für ein Verpackungsensemble eignete. Jeanne-Claude dazu:»Wir arbeiteten in dem eiskalten Raum, neben einem Haus, das wie ausgebombt aussah. Das war wunderbar, denn dort gab es Nägel, Holzbretter und Trümmer in Mengen, die ich mir schnappte und schnellstens zu Christo brachte. Er stopfte die Sachen in stoffüberzogene Pakete, um sie aufzubauschen, und verschnürte das Ganze dann mit Seilen.«

Zwei Etagen des Gebäudes gehörten dem Drucker Hans Möller und seiner Frau Gisela. »Sie hatten zwei kleine Jungen, von denen wir einen kennen lernten, als wir dort arbeiteten«, berichtet Jeanne-Claude. »Eines Tages sah der Junge einen Bericht im Fernsehen, wie Christo einen Volkswagen verpackte. Daraufhin kam er mit einem Spielzeugauto und bat Christo, es zu verpacken. Christo war so gerührt, dass der Junge sein Spielzeug zu opfern bereit war, und verpackte es nicht nur, sondern leimte es auf ein Stück Holz und signierte es. Es sah wunderschön aus. Bei unserer nächsten Reise lernten wir auch den Bruder des Kleinen kennen. Er sagte nicht mal guten Tag. Wir erfuhren, dass es sein Auto war, das sein Bruder der Kunst geopfert hatte.«

Am 9. Februar 1963, neun Tage vor Ausstellungseröffnung, saßen Christo und Jeanne-Claude mit Pierre Restany im Düsseldorfer Brauhaus »Zum Uerige«, in dem auch viele Künstler verkehrten. Christo erinnert sich: »Pierre war völlig betrunken. Er schrieb über mich auf einen Bierdeckel.« Restany kritzelte ein paar kryptische Sätze über Christo, der an einem Kreuz hänge und das Lendentuch, mit dem er die Schönheit der Poesie und die Wahrheit von Gegenständen verschleiere und damit offenbare. Restany paraphierte und datierte den Bierdeckel und schrieb den Namen des Brauhauses auf seine rätselhafte Aussage. Als Christo die Ankündigung für seine Ausstellung bei Schmela entwarf, nahm er eine Reproduktion von Restanys Bierdeckel-Essay sowie Fotos von drei früheren Werken auf, die nicht auf der Ausstellung gezeigt wurden: *Package*, *Wrapped Bicycle on Luggage Rack* und *Wrapped Building Project*.

Bei der Eröffnung war auch Joseph Beuys mit dem obligaten grauen Hut zugegen. Christo sagte: »Er war sehr nett und ungemein bescheiden. Beuys war still, nachdenklich und vielschichtig, überhaupt nicht arrogant. Er tat alles, worum ihn Alfred Schmela bat, passte sogar auf das Baby auf.«

Im selben Monat hatte Beuys ein großes Fluxus-Konzert organisiert. Das Ereignis mit Namen »Festum-Fluxorum-Fluxus« dauerte zwei Tage und war als Kolloquium für Studenten der Düsseldorfer Kunstakademie gedacht. Zu den sechzig auf dem Plakat Genannten gehörten George Maciunas, John Cage, Daniel Spoerri, Emmet Williams, Dick Higgins, Yoko Ono, Robert Fillieu, Nam June Paik und Wolf Vostell.

Durch Vermittlung von Edith und Dieter Rosenkranz kannte Christo schon viele, die sich nun unter dem Fluxus-Banner zusammenschlossen, einer Neodada-Gruppe, die Straßenvorstellungen und Happenings veranstaltete, provozierende Veröffentlichungen herausbrachte und subversive Tätigkeiten aller Art betrieb.

Christo hat sich zwar nie als Neuer Realist oder Fluxus-Mitglied betrachtet, trug aber erheblich zur revolutionären Atmosphäre bei, von der beide Gruppen lebten. Seine Eröffnung bei Schmela zog eine lebhafte Mischung von Intellektuellen, Kunstsammlern und Untergrundkünstlern an, die längst nicht alle in der Galerie Platz fanden. Die Ausstellung bestand aus verpackten Objekten unterschiedlicher Größe sowie einem Diptychon aus gleich großen Schwarz-Weiß-Bündeln. Zudem waren *Packed Adding Machine* (Verpackte Rechenmaschine), *Packed Printing Machine* (Verpackte Druckmaschine) sowie *Packed Supermarket Cart* (Verpackter Einkaufswagen) zu sehen. Jeanne-Claude weiß heute noch die Preise:»Die Packages kosteten zwischen 30 und 80 Dollar. Mitten in der Eröffnung ging ich zu Alfred und fragte, warum er auf die meisten Werke rote Punkte aufgeklebt habe. Er sagte: ›Sie sind verkauft.‹ Ich fragte, wer sie gekauft habe. Er zeigte auf eine Dame und einen Herrn. Also ging ich hin und stellte mich vor. Ich fragte die Dame: ›Was hat Sie veranlasst, das zu kaufen?‹ Darauf sie: ›Ganz einfach. Vor zwei Jahren hatte Alfred eine Fontana-Ausstellung und sagte mir, ich solle kaufen. Ich tat es aber nicht. Jetzt sind seine Sachen das Vierfache wert. Also kaufe ich.‹ Dann wandte ich mich an den Herrn und sagte: ›Mein Herr, Alfred sagte mir, Sie hätten dieses Stück gekauft. Das freut mich sehr, aber darf ich fragen, warum?‹ Er sagte: ›Vor einem Jahr packte mich Alfred am Kragen und drohte: ‚Wenn Sie nichts kaufen, dürfen Sie nie wieder den Fuß in meine Galerie setzen.‘ Also

kaufe ich jetzt bei jeder Ausstellung.‹ Aus Angst, was ich
vielleicht sonst noch zu hören bekäme, fragte ich niemanden
mehr.« Auch Christo war erstaunt: »Ich konnte es kaum glauben, aber fast alles wurde verkauft.«

Unter den Besuchern war auch Christos jüngster Freund
und Anhänger, der Düsseldorfer Fotograf und Sammler
Charles Wilp. Schmela hatte sie zwei Wochen zuvor miteinander
ander bekannt gemacht. Auf Schmelas und Wilps Drängen,
ein weiteres Werk zu schaffen, beschloss Christo, noch eine
nackte Frau zu verhüllen.»Wilp besorgte das Aktmodell. Ich
nahm die Arbeit in seinem Atelier vor, weil in der Galerie
kein Platz war. Ich versuchte Schmela zu überreden, die verhüllte Nackte für kurze Zeit auf einem Podium auszustellen,
aber er wollte nicht. Die Idee war, ein organisches Wesen auf
Skulpturbasis zu zeigen.« Die Verhüllung fand wenige Tage vor der Eröffnung statt; rund dreißig Journalisten und
Freunde wohnten ihr bei. Eine Zeitschrift beschrieb das in
mehrere Plastikschichten verschnürte Model als »rundliche
nackte Blonde mit Pagenschnitt. In einem gut geprobten
›umgekehrten Striptease‹ umgab er sie mit mehreren hundert Meter langen Bahnen Polyäthylen.« Nachdem er den
letzten Knoten geknüpft hatte, stellte sich der Künstler den
Fragen.»War das Verhüllen einer nackten Blondine nicht
eigentlich ein Happening?« fragte jemand.»Ganz und gar
nicht! Die Verpackung war eine reale Skulptur, auch wenn
sie nur ein paar Stunden dauerte.« Jahre später bemerkte
Christo:»Die Idee, das Geschlecht einer Person durch Verhüllung unsichtbar zu machen, ist mir vielleicht gekommen,
nachdem ich ein Foto von Giacomettis Atelier gesehen hatte.
Es war sensationell, denn alle seine Arbeitsskulpturen waren
verhüllt, um ein Austrocknen zu verhindern. Durch das Tuch
wurden die Gestalten anonym, vieldeutig. Das faszinierte
mich. Mich beeindruckte, dass die Formen nicht mehr männ-
lich oder weiblich waren. Sie waren unbekannt geworden.«[*]

[*] Christo spricht hier Ernst Scheideggers Foto der verhüllten Skulpturen in
Giacomettis Atelier an.

Ermutigt durch Christos zeitweilige Verpackung und seine
glänzende Fotoserie, mit der er den Vorgang dokumentierte,
half Wilp dem Künstler, zum gleichen Zweck einen Volkswagen auszuleihen. Christo war begeistert, weil er hier eine Gelegenheit sah, den verpackten Wagen, der 1961 in der Galerie Lauhus ausgestellt und danach vernichtet worden war,
wenigstens vorübergehend zu ersetzen. Auf Wilps Bilder-
reihe sind die schlanken, schwarz gekleideten Gestalten von
Jeanne-Claude und Christo in hohen Gummistiefeln bei der
Arbeit in seinem verschneiten Hinterhof zu sehen. Jeanne-
Claude reicht ihm ein Seil, während er wie besessen eine un-
durchsichtige Hülle um das Fahrzeug legt. Als Dank, dass er
Wilps Räume benutzen durfte, verhüllte Christo die Rollei-
flex seines Gastgebers samt Stativ. Mit eben dieser Kamera
hatte Wilp Kleins *Le Vide* fotografiert.

Am 3. März 1963 kehrten die Christos nach Paris zurück;
kurz darauf fuhr Jeanne-Claude zu ihren Eltern, um Cyril ab-
zuholen. Während dessen Abwesenheit hatte sich Christo
des Spielzeugpferdchens seines Sohnes bemächtigt. Als das
Kind heim kam, fand es *Packed Horse* (Verpacktes Pferd) vor.
Das rund 40 Zentimeter hohe gute Stück auf Rädern war
in Leinwand gewickelt und straff verschnürt; nur der zer-
fetzte Strohschweif lugte hervor. Zum Glück besaß Cyril
noch ein zweites Schaukelpferd, das ihm Carole Weisweiler
geschenkt hatte. Obwohl Christo nur selten zu Hause arbeitete, verbrachte Cyril seine Kindheit in enger Nachbarschaft
mit Stoffen und Schnüren und erlebte eine ganze Prozession
veränderter Gegenstände, die seinem Vater in die Hand gefallen waren.

Im Mai 1963 reisten Christo und Jeanne-Claude nach London, wo sie der seltene Luxus eines Badezimmers erwartete.
»Wir verbrachten in dem Frühjahr ein paar Wochenenden in
der Wohnung von Charles Wilp in Roland Gardens. Es war
himmlisch«, sagte Christo, und Jeanne-Claude fügte hinzu:
»Charles hatte uns die Wohnungsschlüssel überlassen. Vor
der Abreise riefen wir ihn von Paris aus in Deutschland an.

Charles erwähnte, dass er auch nach London komme. Darauf sagte ich: ›Oh, dann können wir nicht dort wohnen.‹ Darauf er: ›Aber sicher doch. Christo soll wieder eine Frau verkleiden, und ich kann das in einem Film festhalten.‹« Der Film beginnt damit, dass ein wohlgebautes Model allein mit dem Rücken zur Kamera steht. Ihr rechter Arm weist nach oben, der linke ist um den Kopf gelegt und hält den rechten Ellbogen. Dann beginnt ein seltsames Ritual. Christo wird schlagartig aktiv, legt Schicht auf Schicht Transparentfolie um sie, bis sie mit Ausnahme einer kleinen Öffnung um den Mund völlig verhüllt ist. Den ersten Knoten befestigt er an der Spitze der senkrecht emporgehaltenen rechten Hand, und von da aus wirbelt er um seinen Fang und wickelt ihn nach unten hin ein. Der Soundtrack besteht einzig aus dem Knistern der Folie und dem Zurren der Knoten. Schließlich wird die Figur der Kamera zugedreht. Schnüre umkreuzen die hervorstechenden Brüste, die Füße scheinen in eine Baumstammform einzuschmelzen, deren größte Breite am Fußboden klebt. Christo legt sein Paket auf den Boden und wendet es dort. Das Schlussbild zeigt den halb offenen, reglosen Mund des versiegelten Models.

Wie die anderen verpackten Akte dauerte auch der Londoner weniger als eine Stunde. »Ich benutzte viele Schichten durchsichtiger Folie. Einige Formen wurden dadurch sichtbar, andere unsichtbar. Man sah es an und dachte, ist das nun ein Mann oder eine Frau? Wo ist der Mund? Tuch macht alles unsichtbar, aber Plastikfolie weckt die Neugier auf das, was drin steckt.«

American Pop Art in der Galerie Ileana Sonnabend überschattete in diesem Mai zahllose Ausstellungen zeitgenössischer europäischer Kunst in Paris. Trotz seiner losen Verbindung mit den Neuen Realisten fühlte sich Christo von der sich vertiefenden französisch-amerikanischen Kluft nicht tangiert. Er meint dazu: »Es gab in Amerika und Europa viele Künstler, die sich den Gegenstand aneigneten und in ihrer Arbeit verwendeten. Pierres unnötige Streitereien und seine parteiische neorealistische Polemik haben den französischen Künstlern geschadet.« Einen Monat zuvor war Arman nach New York gezogen. Die Canal Street sollte sein neuer Flohmarkt werden. Der Exodus hatte begonnen. Auch Mary Bauermeister vertauschte in diesem Sommer Deutschland mit der aufstrebenden Kapitale der Kunstwelt, und Larry Rivers kehrte nach New York zurück.

Anfang Juni 1963 bereiteten Jeanne-Claude und Christo den Transport für seine Einzelausstellung in Mailand vor. Sie hatten einen zerbeulten, fünfzehn Jahre alten Renault Juva 4 gekauft, der sie eine Monatsmiete kostete. Jeanne-Claude hatte ausgerechnet, dass sie mit dem Fahrzeug glatt 90 Prozent der Transportkosten, Eisenbahnfahrkarten, Hotelrechnungen und so weiter einsparen könnten.

Christo konnte nicht fahren und weigerte sich auch, es zu lernen. Also setzte sich Jeanne-Claude ans Steuer. Der ganze Fond war voll mit Kunstwerken für die Galleria Apollinaire, auf dem Dachträger lagen Pakete in großen Bündeln verschnürt. An der italienischen Grenze zweifelten die Zöllner zunächst daran, dass all die Pakete wirklich Kunstwerke sein sollten, aber nach lebhafter Diskussion und angstvollem Warten zuckte ein unschlüssig dreinblickender Zollbeamter schließlich resigniert die Schultern und gab das wenig ansehnliche Gefährt und seine angstschlotternden Insassen zur Weiterfahrt frei. Als sie schließlich ins Zentrum von Mailand zuckelten und an einer stark befahrenen Kreuzung anhielten, um nach dem Weg zu fragen, bedachte sie ein elegant gekleideter Verkehrspolizist mit wütendem Blick und böser Grimasse und bedeutete ihnen, sie sollten sich zum Teufel scheren. Trotzdem fanden sie schließlich zu ihrem Hotel.

Auf der Einladung zur Apollinaire-Ausstellung prangten Fotos von *Wrapped Motorcycle*, *Wrapped VW*, diverse Pakete und sogar eine Aufnahme Jeanne-Claudes von Shunk und Kender, wie sie sich mit hochhackigen Schuhen ins Bett kuschelt, daneben verstreute Texte aus Anzeigen von *Fortune*. Auf einer Seite befanden sich Illustrationen von drei Kunstwerken mit dazwischen stehender Beschriftung:»Wir sind

Am Straßenrand, 1961: Jeanne-Claude und der Renault Juva 4 von 1948.
(Foto: Christo)

beim Packen« und »Die Verpackung beeinflusst den Käufer
gleich nach dem Produkt am stärksten«. Auf einer anderen
Seite stand unter der Fotomontage von *Wrapped Public Buil-
ding*: »Warum lassen Sie sich nicht von Ihren Packern helfen?« Außerdem enthielt das Heft einen kurzen Essay von
Pierre Restany.
    Am 18. Juni 1963, fünf Tage nach Jeanne-Claudes und
Christos 28. Geburtstag, wurde die Ausstellung in der Galleria Apollinaire eröffnet. Die Menge, die sich auf dem engen
Raum drängte, stand bis in die Via Brera hinaus. Aus der
Kunstszene waren unter anderem auch Lucio Fontana und
Marcel Duchamp da. Beide ermutigten Christo und wurden
treue Anhänger seiner Kunst. Wieder wurden Stücke verkauft. Fontana erstand ein großes, auf dem Fußboden der
Galerie liegendes Paket. Seine plastikverpackte Schaufens-
terpuppe nannte er »Schwebender Engel« und hängte sie
quer an die Wand.

Christo sagt:»Lange bevor wir uns kennen lernten, hatte
Fontana schon zwei verpackte Dosen in Deutschland ge-
kauft. In Mailand kamen wir uns sehr nahe.« Christos Kunst
fand andere Bewunderer. Einem jungen Paar aus Holland,
Martin und Mia Visser, gefiel *Package on a Luggage Rack*.
Doch nicht alle waren so begeistert wie die beiden. Jeanne-
Claude bemerkt dazu:»Der bedeutendste Kritiker in Mai-
land sagte: ›Der Kerl verpackt, weil er nicht zeichnen kann.‹«

Im Oktober 1963 eröffnete die Galerie Ileana Sonnabend
ihre Herbstsaison mit der ersten europäischen Ausstellung
von George Segal. Die Skulptur *Gottlieb's Wishing Well* bestand aus einer lebensgroßen männlichen Gipsfigur, die sich
über einen echten Flipper-Automaten beugt. Sie war Segals
einziges in Europa gefertigtes, ganz und gar unfranzösisches,
geistig wenig anspruchsvolles Werk. In *George Segal* bemerkt
Jan van der Marck dazu:»Ein solches Werk in Paris zu schaffen war eine Absage an die europäische Kultur und den europäischen Lebensstil, wie wenn man in einem Feinschme-
cker-Restaurant einen Hamburger bestellt.«
    Segal und Christo wurden einander von Ileana und Michael
Sonnabend vorgestellt. Segal sagte:»Wir wurden gute Freunde.
Die Ideen von Duchamp und Cage sprachen uns beide an.
Mich erregte die Schöpfung begehbarer Raumskulpturen. Es
ging immer um Menschen, ums Vergipsen von Menschen,
und um die Verwendung aller ihrer Alltagsutensilien. Jeder
von uns beiden folgte dem Weg, den ihm sein Temperament
vorschrieb. Christos Werk fand bei seinen Zeitgenossen großen Anklang. Ich halte ihn für einen ausgezeichneten Skulp-
teur mit sehr persönlicher und origineller Aussage. Christo
greift sich ein gefundenes Objekt aus der realen Welt, verhüllt es und verwandelt seine Gestalt bis zur Unkenntlich-
keit. Sein Eingriff lenkt unsere Aufmerksamkeit von allem
ab, was wir üblicherweise mit dem Gegenstand verbinden.
Das ist das Vorgehen eines Skulpteurs.«
    Christo, Segal und viele ihrer Kollegen stellten irgendwo
aufgegriffene Waren in den Dienst einer neuformulierten

Wirklichkeit. Einige Avantgardisten gestalteten komplexe, kodierte Werke, andere bedienten sich subtiler Ausdruckslosigkeit, wieder andere waren geradewegs provozierend. Dabei gelang es einer Handvoll Künstler, die herkömmliche Vorstellung von Kunst in Frage zu stellen. Nicht jeder war bereit zuzugestehen, dass Armans Anhäufungen, Christos Verpackungen, Oldenburgs bemalte Gipsgebilde oder Warhols seidenverhängte Bildnisse Kunst oder gar ein Springquell visionärer Ideen seien.

Giovanni Camuffo und Attilio Codognato betrieben die einzige wirklich avantgardistische Kunstgalerie in Venedig. Die nahe dem Markusplatz gelegene Galleria Del Leone war winzig. Beide Besitzer waren höchst überrascht, als Christo mit nur wenigen fertigen Stücken und einem Sack voller Werkzeuge ankam. Camuffo:»Ich wusste nicht recht, was ich denken sollte. In dem Sack befanden sich Meißel, Hammer, Nägel, lauter Dinge, die ein Handwerker benutzt, aber kein Kunstmaterial. Wir kauften zusammen Bücher, Leinwand, Möbel und andere Dinge. Er überzog Zeitschriften mit durchsichtiger Plastikfolie, dann umhüllte er einen metallenen Wandleuchter und steckte ihn in einen großen, ovalen schwarzen Rahmen, den wir gefunden hatten. Das Ganze vollzog sich auf dem Fußboden der Galerie.« Sein größtes Ausstellungsstück bestand aus einem verpackten Stuhl und einem verpackten unechten Tisch aus dem 17. Jahrhundert; auf dem Tisch stand ein zerbrochener Murano-Lüster, der mit undurchsichtiger Folie überzogen war und dadurch eine mehrdeutige Form bekam. Desgleichen verpackte Christo ein altes Waschbecken, das in seinem krummbeinigen Ständer hing; es stand verloren mitten in der Galerie und wartete auf die Eröffnung am 11. Oktober. Aufnahmen von *Package on a Luggage Rack*, *Wrapped Magazines* und andere kleine Bündel bescheidener Herkunft hingen, dramatisch von Scheinwerfern angestrahlt, an der Wand. *Wrapped Table and Wrapped Chair* standen an der Wand, waren wie alles andere funktionslos gemacht.

Camuffo und Codognato gefielen die Arbeiten. Noch vor

der Eröffnung handelten sie einen bescheidenen Kaufpreis für die gesamte Ausstellung aus. Christo und Jeanne-Claude waren überglücklich. Christo akzeptierte eine Einladung zur Ausstellung auf der Biennale von Venedig. »Weil sie so nett waren und alles kauften, fertigte ich für sie noch ein paar weitere Stücke«, sagte Christo. Camuffo nahm dankbar *Package on Wheelbarrow* (Paket auf Schubkarre) entgegen und stellte es ins Schaufenster. Er erinnert sich: »Wir hatten in meinem Hinterhof eine alte Holzschubkarre gefunden. Christo nahm eine Matratze, umgab sie mit undurchsichtiger Folie und befestigte sie auf der Karre. Das Ganze mutete irgendwie tragisch an.« Die in Jahrzehnten harter Arbeit blank gescheuerten Handgriffe, die Karre und die Räder unter dem geheimnisvollen Paket blieben sichtbar.

Package on Wheelbarrow musste schleunigst aus dem Fenster genommen werden. Beim Bischof von Venedig waren mehrere Klagen eingegangen; daraufhin erschien ein Gerichtsvollzieher mit der Anordnung, das Ausstellungsstück herauszunehmen und die Ausstellung zu schließen. Camuffo sagte: »Der örtliche Polizeipräfekt sagte mir, es sei unehrenhaft, *Package on Wheelbarrow* als Kunstwerk zu verkaufen, und nannte mich einen Dieb.« Camuffo und Codognato fügten sich widerwillig, bestürmten aber die Behörden mit der Bitte, ihr Geschäft wieder öffnen zu dürfen. Sie und Christo waren verblüfft, dass von »Gotteslästerung« und »Obszönität« die Rede war. Offenbar nahm jemand in dem noblen Viertel um den Markusplatz, wo Juwelen, Gold und Antiquitäten in den Schaufenstern prangten, Anstoß an dem »Gerümpel«. Rückblickend meint Christo: »Es war nicht bloß, weil es sich um Gerümpel handelte, sondern dass man es ausstellte und Kunst nannte, schien den Leuten widernatürlich; sie empfanden es als Beleidigung ihrer schönen, eleganten Kulturstadt. Die Schließung machte ziemlich Furore. Ich verstand den ganzen Aufstand nicht.« Nach drei Tagen wurde Camuffo und Codognato die Wiedereröffnung der Ausstellung erlaubt, allerdings mit der Auflage, *Package on Wheelbarrow* nicht mehr ins Fenster zu stellen. Das übel beleumundete Kunstobjekt landete zu guter Letzt im New Yorker Museum of Modern Art. Ab 1963 machten Christo und Jeanne-Claude bei jedem Venedigbesuch auch einen Abstecher nach Padua. Die Giotto-Wandgemälde in der Cappella Scrovengi faszinierten sie. Die 38 Szenen in drei Reihen an den Seitenwänden und das *Jüngste Gericht* am Eingang waren durch ein allgegenwärtiges Blau verbunden. Christo äußerte sich stets mit großer Ehrfurcht über Padua, die kleine, stille Kapelle und Giottos größte Leistung: »Alle Fresken hat er selbst gemalt, ohne jede Hilfe. Jede Szene ist klein und mit riesigen, unglaublich packenden leeren Flächen komponiert. Nur selten kann ein Gemälde so viel Leere dadurch ausgleichen, dass ganz unten etwas geschieht. Giotto hat große Flächen mit kaum einer Andeutung von Landschaft oder Figuren gestaltet, nichts als rätselhafte, entspannte Flächen, auf denen rein gar nichts passiert.« Vielleicht noch wichtiger erschien ihm die Darstellung der Kleider und Faltengewänder. »Alle Gestalten sind einfach, skulpturhaft und in Tuch gehüllt. Giotto offenbart die Form seiner Personen durch die Art und Weise, wie er Gewebe malt.«

Ende Oktober begaben sich Christo und Jeanne-Claude nach Rom zur Ausstellung in der Galleria La Salita von G. T. Liverani. Christo brachte mehrere Stücke aus Paris mit, aber den größten Teil der Ausstellungsgegenstände hatte er schon im Sommer davor in Rom geschaffen. Auf einem Foto, das während des Aufbaus gemacht wurde, ist Christo verschwommen und kaum erkennbar inmitten von sechs Objekten zu sehen. Oben rechts auf dem Schnappschuss sieht man *Wrapped Candelabra* (Verpackter Lüster) von der Decke hängen. Darunter befindet sich auf einem niedrigen Podest *Package on Baby Carriage* (Paket auf Kinderwagen) von 1962, ein rosarotes, auf Cyrils Kinderwagensitz befestigtes Plastikbündel. Ein großes, orangefarbenes Paket auf einem Auto-Dachträger ist an der Wand befestigt. Daneben steht als senkrechter Monolith *Wrapped Postcard Rack* (Verpackter

Postkartenständer) auf einem Podest. Den Drehständer samt Bildpostkarten hatte er von einem römischen Zeitschriftenhändler erworben und ihn in milchige Folie verpackt, durch die nur die Andeutung jedes Bildes durchschimmerte. Das seltsame Ganze wurde abgerundet von zwei Verpackungen, fünf Zeitschriftenbündeln, zwei verhüllten Porträtgemälden, *Wrapped Toilet Table*, *Wrapped Shoes* (Verpackte Schuhe), *Chair, Base and Statue Wrapped* (Stuhl, Podest und Statue, verpackt), einem zweiten *Package on Luggage Rack* und *Wrapped Vespa* (Verpackte Vespa).

Liverani war gerissener als Schmela, Le Noci und Camuffo und Codognato. Er erzählte nie, dass etwas verkauft wurde, und zeigte auch keine Neigung, irgendeines der achtzehn Ausstellungsstücke zu erwerben. Christo freute sich zwar über die Ausstellungschance, aber ab Ende 1963 und fast während des ganzen Jahres 1964 mussten sich Christo und Jeanne-Claude von ihm und anderen Kunsthändlern eine unwürdige Behandlung gefallen lassen und finanzielle Einbußen hinnehmen. In einem »schmerzlichen Erziehungsprozess« reifte Jeanne-Claude allmählich zur leidgeprüften Expertin: »Wir waren so dumm. Damals wussten wir noch nicht, dass man die Werke abmessen und fotografieren oder eine Liste anfertigen und von den Händlern eine Empfangsbescheinigung unterschreiben lassen musste. Lieber wären wir gestorben, als uns anmerken zu lassen, dass wir ihnen nicht über den Weg trauten.«

Als sie Mitte November 1963 wieder in Paris eintrafen, wartete ein Problem auf Jeanne-Claude und Christo, mit dem sie nicht gerechnet hatten. Ihr Vermieter ließ sie wissen, wenn sie ihre Wohnung nicht kauften, werde er sie jemandem anderen anbieten. Der Preis belief sich auf den Gegenwert von achttausend Dollar, eine atemberaubende Summe. »So viel Geld war jenseits unserer Möglichkeiten. Das war genauso, als wenn man heute von mir verlangte, fünf Milliarden Dollar aufzubringen.« Der Gedanke, eine freundliche Nachbarschaft, den Luxus eines Telefons und das bequeme

Anschreibenlassen bei den Geschäftsleuten der Gegend aufgeben zu müssen, wurde in gewissem Umfang dadurch erträglicher, dass sie seit einiger Zeit bereits selbst an einen Umzug gedacht hatten. Über ein Jahr lang hatten sie immer wieder davon gesprochen, nach Amerika zu gehen. »Amerika haftete so etwas wie ein Zauber an, wie dem gelobten Land«, sagte sie. »Inzwischen hatten wir uns mit Ileana und Michael Sonnabend angefreundet. Sie redeten unentwegt über die New Yorker Kunstwelt. Und Leo Castelli sagte uns, Christos Kunst passe genau in die New Yorker Kunstszene.« Castelli ermunterte Christo nicht nur, sondern bot ihm auch eine Ausstellung im Mai 1964 an.

Christo und Jeanne-Claude näherten sich einem Wendepunkt in ihrem Leben. Was sie in Filmen gesehen und von Allan Kaprow, Larry Rivers, George Segal, Albert und David Maysles, Mitko Zagoroff und anderen über New York gehört hatten, ließ aufregende Möglichkeiten erahnen.

In dieser unruhigen Zeit fing Christo an, eine radikal neue Richtung für seine Kunst zu erforschen. Er begann mit einer Reihe von Zeichnungen und Tiefrelief-Konstruktionen sowie Vorstudien, die schließlich zu lebensgroßen Facsimile-»Ladenfassaden« führen sollten. Ihr Ursprung lässt sich auf eine Gruppe von »Schaukästen« zurückverfolgen, die er im Frühjahr 1963 anfertigte. Diese Vitrinen sahen bescheiden und anonym aus. Sie bestanden aus rechteckigen Einheiten, die der Künstler neu oder gebraucht erworben oder selber gebastelt hatte. Meist handelte es sich um banale Schau- oder Arzneikästen, deren Glasfenster von innen mit braunem Packpapier oder Stoff verkleidet waren. Gelegentlich installierte Christo im Innern eine Glühbirne oder Neonleuchte und lenkte so die Aufmerksamkeit auf den verdeckten Innenraum. Wie seine Verpackungen den Inhalt seiner normalen Funktion entfremdeten, lockten nicht funktionierende Schaukastentüren, verhängte Fenster und beleuchtete Innenräume den Betrachter, verweigerten ihm jedoch die Inaugenscheinnahme. So handelte es sich bei den unzugänglichen Paketen und entfremdeten Schaukästen um mindestens ebenso extreme visuelle Aussagen wie bei Kleins *Le Vide* oder Armans *Le Plein*. Warum faszinierten diese Schaukastenformate den Künstler? Wie immer enthielt sich Christo jeder Spekulation über einen Sinn, sondern stellte ganz sachlich fest,»die Glas- und Fassadenstruktur« habe ihn fasziniert und er habe »den Einblick ins Innere verwehren« wollen. Im Gegensatz zu seinen Paketen, die Gegenstände anonymisierten oder nur teilweise sichtbar werden ließen, umhüllten diese Werke oft nichts als eine Leere. In beiden Fällen konnte das Verbergen oder die Andeutung eines nicht näher genannten Inhalts Geheimnisvolles, Spannung, Entfremdungsgefühle, Trennung, Leere oder Besitzansprüche wecken. Später nannte Christo die Schaukästen nicht ganz befriedigende »Podest-Stücke«. Ende 1963 plante er die Konstruktion großer Nachbildungen von Kaufhausfassaden. Jede sollte die frontale Qualität eines Bühnenbilds besitzen: handgemacht, lebensgroß und ohne nützliche Funktion. Die Fassaden boten ihm die Möglichkeit, großflächige reale Elemente in das Werk einzubeziehen und einen architektonischen Maßstab des Raums zu projizieren.

Die Javacheffs mussten jeden Centime mehrfach umdrehen. Zur Finanzierung eines viermonatigen Versuchsaufenthalts in New York übernahm Christo eine letzte Porträtrunde in der Schweiz. Verbissen bemühten er und Jeanne-Claude sich um den Verkauf seiner Arbeiten an Kunstsammler und -händler. Auf eine positive Reaktion stießen sie unter anderem bei dem bekannten Antiquitätenhändler Jean-Marie Rossi, der viel für zeitgenössische Kunst übrig hatte. Er erwarb eine Fassadenstudie. Jeanne-Claude hatte ausgerechnet, dass sie im Februar mindestens dreizehnhundert Dollar brauchten: sechshundert für die Reise, siebenhundert für den Aufenthalt. Ihre Einnahmen, die Porträthonorare und ein paar Kunstverkäufe, ergaben etwa tausend Dollar, aber der Rest fehlte immer noch.

Den Kunstsammlern Philippe und Denyse Durand-Ruel bot Jeanne-Claude eines von Christos gewichtigsten Werken an. Philippe war der Enkel eines prominenten Kunsthändlers des 19. Jahrhunderts. Im Salon Comparaison, der einen Überblick über aktuelle Kunst zeigte, hatte er *Wrapped Motorcycle* (Verpacktes Motorrad) gesehen.»Er war sehr reich und hatte bereits ein langes, aufrecht stehendes Paket sowie ein paar kleine verpackte Gegenstände gekauft«, sagte Christo. Als Preis für *Wrapped Motorcycle* nannte Jeanne-Claude »dreihundert Dollar oder eine Reise nach New York und zurück. In beiden Fällen gehört das gute Stück Ihnen.« Darauf Philippe:»Dreihundert Dollar für dieses Ding! Kommt nicht in Frage. Das ist viel zu teuer.« Sieben Jahre später kaufte er *Wrapped Motorcycle* für zehntausend Dollar.

Christo arbeitete fieberhaft weiter. Im Februar 1964 schuf er *Wrapped Statue* (Verpackte Statue), eine nicht genehmigte, zeitweilige Arbeit auf der belebten Esplanade du Palais de Chaillot vor den laufenden Kameras des belgischen Fernsehens. Auch Shunk und Kender dokumentierten die Aktion. Auf ihrer Schwarz-Weiß-Fotoreihe ist ein schlanker junger Mann im schwarzen Sweater und mit schwarzer Brillenfassung zu sehen, der einen hohen Sockel erklimmt und ein 1,80 m hohes, vergoldetes Bronzestandbild einer Frau mit mehreren Schichten milchiger Folie umkleidet und dann verschnürt. Die Fernsehaufnahmen standen im Zusammenhang mit seiner Ausstellung in Antwerpen. Zu den in der Galerie Ad Libitum ausgestellten Stücken gehörten Pakete und verhüllte Gegenstände wie *Wrapped Road Sign* (Verhülltes Straßenschild), *Wrapped Road Lamp* (Verhüllte Straßenlaterne), *Wrapped Shoes*, *Wrapped Mirror* (Verhüllter Spiegel), *Wrapped Table*, *Wrapped Bicycle on Luggage Rack* und diverse verpackte Gemälde. Bei der Eröffnung am 15. Februar fanden *Wrapped Bicycle on Luggage Rack* und diverse andere Stücke Käufer. Jeanne-Claude schwelgt in der Erinnerung: »Es war schon ein Wunder, dass wir bereits zwei Schiffspassagen nach New York und zurück besaßen. Nun gab uns der Galeriebesitzer, John Trouillard, auch noch etwas Geld, und plötzlich sah alles geradezu rosig aus. Lange Zeit hatten wir davon geträumt, in Amerika zu leben, aber bevor wir uns endgültig festlegten, wollten wir uns vergewissern, dass unser Wunsch nicht ganz unvernünftig war.«

Da ihr Vermieter Cointreau zum Zeitpunkt ihrer Abreise ihre Wohnung doch noch nicht verkauft hatte, konnten die Christos sie an die Galerie-Assistentin der Sonnabends, Annina Nosei, untervermieten, die auf das kleine, aber hübsche Zimmer erpicht war.

Schnelle Veränderungen verwandelten das Antlitz der zeitgenössischen Kunst. Pierre Restanys großmächtige Vision, der Nouveau Réalisme werde die transatlantische Kunstszene beherrschen, hatte sich nicht bewahrheitet. Klein war tot. Die übrigen, zerstrittenen Neorealisten gingen alle ihre eigenen Wege. Arman hatte sich in New York niedergelassen. Niki de Saint Phalle und Jean Tinguely zogen nach Soisy-sur-Ecole. Die turbulente, kurzlebige Zusammenarbeit löste sich auf, hinterließ jedoch ihren Stempel als Frankreichs bedeutendste Kunstbewegung der Nachkriegszeit. Das imperiale Paris merkte kaum, wie sich die Kunstkapitale der Welt nach New York verlagerte. Binnen Jahresfrist sollte sich der Aufstieg Amerikas vollenden.

Im Februar 1964 brachten Jeanne-Claude und Christo ihren Sohn Cyril und den persischen Windhund Guelbi zu Précilda und Jacques und schifften sich erwartungsvoll auf der *SS France* ein. Für Zweifel oder Furcht ließ ihre Liebe keinen Platz.

7

Neue Ufer

Am 12. Februar 1964 begrüßte eine ekstatische Menge die Beatles bei ihrer Ankunft in New York. Als zwei Wochen später die Christos ankamen, nahm kein Mensch von ihnen Notiz. Ihnen selbst raubte der Anblick der Stadt vom Schiffsdeck aus den Atem. Christo konnte kaum erwarten, diese verlockende neue Grenze zu erforschen, obwohl er nur Bulgarisch, ein erbärmliches Französisch und lediglich ein paar Worte Deutsch und Italienisch sprach. Jeanne-Claude hatte Englisch in der Schule gehabt und als Teenager zwei Mal den Sommer in englischen Familien außerhalb Londons verbracht.

Die Taxifahrt ins Chelsea Hotel machte Jeanne-Claudes Selbstsicherheit schnell zunichte: »Ich dachte, ich könne fließend Englisch, aber ich bekam den Schock meines Lebens. Zwischen dem Hafen und dem Chelsea Hotel stellte mir der Fahrer drei Fragen. Ich brach in Tränen aus und sagte zu Christo, ich verstände kein Wort. Seit jeher hatte ich Schwierigkeiten beim Hören oder Sprechen von ähnlich klingenden Worten wie ›ship‹, ›sheep‹, ›cheap‹. Als wir im Chelsea ankamen und ich sah, dass das Bett noch nicht gemacht war, rief ich unten an und sagte: ›Can we please have some shit?‹ Darauf kam die erstaunte Frage: ›Wie bitte? Sie wollen Scheiße, Ma'am?‹ Darauf ich: ›Ja, für die Betten.‹«*

Alle Freunde hatten ihnen das Chelsea empfohlen. Das zwölfstöckige Wahrzeichen stammte von 1884. Der grau verwitternde, rosafarbene Ziegelbau mit den barocken, gussei-

* Gemeint war natürlich ›sheet‹ – ›Laken‹.

sernen Balkonen hatte schon Sarah Bernhardt, Mark Twain, O. Henry, Tennessee Williams, Hilton Kramer, John Sloan, Jackson Pollock, Yves Klein und zahllose andere Größen aus Kunst, Musik und Literatur beherbergt.

Christo erinnert sich an seinen ersten Eindruck:»New York war genau so, wie ich es in Filmen gesehen hatte. Es gab viel Komisches. Ich weiß noch genau, wie wir am ersten oder zweiten Tag zum Frühstück in den Automatenimbiss Horn & Hardart neben dem Chelsea gingen. Hinter Glastürchen standen die Speisen. Man wirft ein paar Nickel in einen Schlitz. Es war reizend und altmodisch, wie in einem alten Film. Zum ersten Mal begegnete ich in einer Stadt so viel Architektur und Dingen aus den dreißiger Jahren. Es sah sehr eigenartig und schön aus.«

Als Erstes riefen sie jeden an, den sie in New York kannten. Ihr erster Dinner-Gast war Ray Johnson, Patriarch der Mail-Art. Christo hatte mit ihm korrespondiert, ihn aber nie kennen gelernt. Johnson sagte:»Christos Werk sah ich zum ersten Mal in der Ausstellung *New Realists* von 1962 von Sidney Janis. Auf dem Boden lag ein Rupfenpaket, das ich kaufen wollte. Es kostete 29 Dollar. Ich befühlte es: Innen befanden sich Flaschen. Später gab mir Arman oder Daniel Spoerri Christos Adresse im Chelsea, und ich schrieb ihm.« In dem Brief stand, er habe zwar wenig Geld, würde aber gern ein Stück kaufen. Schließlich bekam er Post. Nachdem er das Paket geöffnet hatte, entdeckte Johnson lediglich ein von Shunk und Kender aufgenommenes Foto des ungeöffneten Pakets, dazu einen Zettel, auf dem stand, das Kunstwerk selbst sei vernichtet worden; Johnson möge das Foto als Souvenir behalten. Jetzt luden ihn die Christos zum Abendessen in ihr Hotelzimmer im Chelsea ein. Johnson:»Als Geschenk packte ich vier Gabeln ein und schrieb von Hand auf das Päckchen: ›FEAR FOUR FORKS‹*. Sie ließen das Paket zu. Jeanne-Claude machte Würstchen heiß. Wahrscheinlich aßen wir sie mit bloßen Händen. Sie hatten schon ein gegrill-

* »FÜRCHTE VIER GABELN.«

Manhattan 1964: Christo und Jeanne-Claude in ihrem Zimmer im Chelsea-Hotel. (Foto: Ugo Mulas)

tes Hähnchen mit der Schere, dem einzigen Essgerät im Zimmer, verspeist.« Die Stimmung war aufgeräumt, und man verstand sich bestens.

Christos Lächeln und seine gewinnende Freundlichkeit waren beredter als die paar akzentschweren Brocken, die er äußerte. Rückblickend behauptet Johnson, jedes Wort verstanden zu haben; die meisten anderen brauchten Hilfe. Manchem gingen Jeanne-Claudes anmaßende Erläuterungen der künstlerischen Einstellung ihres Mannes wider den Strich. Der Schriftsteller Jesse Kornbluth beschrieb sie später als geistreiche, einnehmende Frau, die oft den Eindruck einer »herrschsüchtigen, penetranten, humorlosen Xanthippe« erweckt habe. Diesen ersten Eindruck in New York führte sie darauf zurück, dass die Amerikaner sie »als aggressiv empfanden, weil ich für Christo antwortete. Sie wussten ja nicht, dass er die Sprache nicht verstand. Ich hätte mir die Zeit nehmen sollen, ihm ihre Fragen zu übersetzen, ihn antworten zu lassen und seine Antwort dann zu dolmetschen.«

Christo weiß noch, wie frustriert er war. »Ich war absolut wütend auf mich, weil ich die Sprache nicht lernte. Aber ich hatte so viel anderes zu tun. Ich kam mir wie ein Idiot vor. Wir blieben nur vier Monate, und mir war alles andere als wohl in meiner Haut. Vor allem regte mich auf, dass ich nicht in der Lage war, Material für meine Arbeit zu kaufen. Einmal ging ich in einen Laden an der Bowery, um Schrauben und so weiter zu kaufen. Natürlich musste ich Jeanne-Claude mitnehmen, denn ich konnte ja nicht einfach auf etwas zeigen, sondern musste Fragen stellen. Das war mein größtes Handikap. Es war schlimm.« Auch Christos Französisch war sogar noch Mitte der sechziger Jahre unzureichend – die einen brachte es zum Lachen, andere zum Schaudern. Dennoch: Es war die einzige Sprache, in der sich Christo und Jeanne-Claude verständigen konnten.

Christo bereitete seine Gruppenausstellung im Mai bei Castelli mit wilder Entschlossenheit vor. Er wollte ein einziges, großes Werk vorstellen. Während der Monate März und April konstruierte er im Hotelzimmer im Chelsea seine erste lebensgroße Ladenfassade. Er nannte sie »recuperation« (Rückgewinnung), denn »viele Bestandteile stammten buchstäblich von abgerissenen, altmodischen Ladenfassaden. Sie projizierten die Qualität realer, nicht von mir gemachter Dinge, auch wenn ich sie zusammensetzte.« Die dunkelgrüne *Storefront* (Ladenfront) entstand in mehreren Vorstudien. In Lebensgröße zu beiden Seiten einer zurückspringenden Tür steht je ein verglaster, mit dünnen Aluminiumecken versehener Schaufensterkasten. Als Halterung dienten mit einer Kehlung versehene rechteckige Klötze. Über der nicht benutzbaren Tür befindet sich etwas, das wie der verpackte Kasten der Klimaanlage wirkt (eine echte Christo-Verpackung). Ein großes, mit Packpapier verklebtes Glasfenster und ein Messingtürknopf verschönern die Tür; letzteren hatte Christo im Hotelzimmer abmontiert und dort durch einen billigeren ersetzt. Innen in den Schaukastenfenstern hängt gelbes Tuch und versperrt die Sicht auf die Neon-Innenbeleuchtung in samtigem Orange, ein kaum sichtbares, freistehendes Paket und anderes Material; den Durchblick durch das Türfenster verwehrt das braune Packpapier. Montiert war das Ganze gut drei Meter hoch, zwei Meter siebzig breit und einen Meter tief.

Eines Tages klingelte das Telefon, während Christo an der Fassade arbeitete. Jeanne-Claude ging dran. John und Kimiko Powers riefen vom Hotelempfang an. »Wir sammeln zeitgenössische Kunst«, sagte John, »und hörten, Sie seien hier abgestiegen. Können wir heraufkommen?« »Natürlich.« Das kunstverständige Paar sah sich die fertigen Stücke und die laufende Arbeit an und entschloss sich ohne zu zögern für eine verpackte Flasche. »Uns gefällt sie«, kam gleichzeitig aus beider Munde. Christos erste New Yorker Einnahme belief sich auf etwas über hundert Dollar – genug für mindestens eine Woche Miete und ein paar Sachen außer der Reihe. Kurze Zeit später kaufte ein weiterer Besucher, der angesehene Kunsthändler Richard Bellamy, *Wrapped Magazines* (Verhüllte Zeitschriften). Durch die Haut des in Klarsichtfolie verpackten, verschnürten Bündels leuchtete *Seventeen* – »Amerikas Teenager-Zeitschrift« –, auf deren Titelblatt ein exotisches Frauengesicht Unwillen über seine Gefangenschaft auszudrücken schien.

Christos Ehrgeiz gab sich nicht mit Verpackungen im häuslichen Maßstab und »von innen verhüllten« Fassaden zufrieden. Er dachte auch daran, New Yorker Wolkenkratzer zu verpacken. Zufällig begegneten die Christos dem Pariser Fotografen Raymond de Seynes, der das *Rue Visconti Project* und viele frühe Verpackungen und Fässerkonstruktionen dokumentiert hatte. Jeanne-Claude und Christo überredeten ihn, von der Fähre nach Staten Island aus Lower Manhattan zu fotografieren. Später machte er auch Aufnahmen von Christos vor kurzem fertiggestellten, maßstabgerechten Modellen hochaufragender Gebäude am Broadway Nr. 2 und Exchange Place Nr. 20. Diese verhüllten Gebäude und die Skyline von Downtown Manhattan fügten sich zu verblüffenden Fotocollagen und Fotomontagen zusammen. Das teilweise verwischte und übermalte Ergebnis war weder eine Übung in surrealistischer Fantasie noch visuelle Spielerei, sondern eine Vorstudie für realisierbare Mammutprojekte. Die Vorstellung eines Stadtpanoramas, das von einem oder mehreren verhängten Gebäuden akzentuiert wurde, hatte ihre Wurzeln in *Project for Wrapping the Ecole Militaire* und *Project for a Wrapped Building* von vor drei Jahren in Paris. Jedes Mal setzte Christo dieselbe Technik ein, die schon seine späteren Arbeiten ahnen ließ.

Christo und Jeanne-Claude genossen die ersten Monate in New York in vollen Zügen. Sie wurden zu jeder Party der Kunstwelt eingeladen. Sie waren ein attraktives Paar, eine Neuheit, und da sie nur als Touristen in der Stadt weilten, sahen die Künstler in ihnen keine Konkurrenten. Außerdem kam Christo zugute, dass er mit der bevorstehenden Castelli-Ausstellung zu tun hatte. Jeanne-Claude erinnert sich: »Er war zwar im Grunde kein Castelli-Künstler, wurde aber als solcher bekannt. Damals gab es in New York fünf wichtige zeitgenössische Galerien: Sidney Janis, Leo Castelli, Betty Parsons, Martha Jackson sowie Dick Bellamys Green Gallery – und das war's schon! Der eigentliche König war Leo Castelli.«

Am 2. Mai 1964 wurde in der Castelli-Galerie die Vier-

Künstler-Ausstellung *Four* eröffnet. Jedes Stück war in Lebens- oder Überlebensgröße ausgestellt. Christo zeigte nur die grüne *Storefront*. Die Besprechungen waren gemischt. Der Kunstkritiker Brian O'Doherty schrieb am 31. Mai 1964 in der *New York Times*, diese vier neuen Talente »manipulieren Ideen mit so viel Aplomb, dass ihre Werke gewissermaßen zu einer Art Performance werden«. Als Christos »Lieblingstrick« nannte er »verhüllte Pakete, die neugierig machen. Die Verhüllungsidee wandte er auf eine Ladenfassade in Lebensgröße an, bei der Drapierungen die beleuchteten Fenster und perlmutt schimmernden Fenstereinfassungen überdecken und der passend bandagierte Klimakasten über der Tür hängt. Die Wirkung ist in etwa die eines dreidimensionalen Edward Hopper, und ein uralter Trick findet Eingang in eine erfindungsreiche neue Darstellung.«

Trotz gewisser kritischer Äußerungen in der Presse erwarben Emily und Burton Tremaine *Double Storefront, Project* (Doppel-Ladenfront, Entwurf), eine kleine Studie, die in Castellis Hinterzimmer stand.

Im Mai 1964 hatten sich etwa noch vorhandene Zweifel der Christos, ob sie nach New York ziehen sollten, verflüchtigt. Einzig ungewiss waren die Logistik und der Zeitpunkt des Umzugs. In Europa gab es noch vielerlei zu erledigen: was aus der Wohnung werden sollte; Lagerung und Transport von Christos Kunst und ihrer wenigen Habseligkeiten; Geld musste beschafft, Freunde, Verwandte, Kunstsammler und -händler mussten benachrichtigt, die Produktion für künftige Ausstellungen fortgesetzt und schließlich Cyril abgeholt werden, der am 11. Mai seinen vierten Geburtstag bei den Großeltern in Toulouse feierte. Seine Eltern hatten ihn seit fast drei Monaten nicht mehr gesehen.

Die Christos erreichten, dass sie eine Gruppe von Ladenfassaden, darunter *Dolly*, im Hotel lagern durften, das erstaunlicherweise nichts dafür verlangte. Anfang Juni bestiegen sie zum ersten Mal gemeinsam ein Flugzeug, das sie nach Paris brachte. Nach einem Kurzbesuch bei Cyril und den Guillebons blieben den Christos gerade noch zwei äußerst anstrengende Wochen, bevor sie zur Eröffnung der Biennale am 20. Juni in Venedig sein mussten. Wie Leo Castelli kamen auch sie eine Woche vorher dort an. Es ging das Gerücht, jede kleinste Einzelheit, angefangen bei der Auswahl der Ausstellungsstücke durch Kunstkurator Alan Solomon, bis hin zu den intensiven Intrigenspielen einer kleinen Clique von Verschwörern hinter den Kulissen, sei Teil eines amerikanischen, von Castelli inszenierten Coups, den internationalen Kunstmarkt zu vereinnahmen.

Niemand hat das europäische Interesse an neuerer amerikanischer Kunst mehr gefördert als Leo Castelli und die Sonnabends. In Venedig konzentrierte sich dank der wachsenden Vitalität der New Yorker Kunstszene und des Auftauchens der Pop-Art als beherrschender Kraft die Aufmerksamkeit auf die Amerikaner. Bisher war im 20. Jahrhundert ein europäischer Meister nach dem andern, darunter Braque, Miró und Matisse, auf der Biennale gekrönt worden. Doch 1964 ging der Internationale Große Gemäldepreis erstmals an einen Amerikaner: Robert Rauschenberg. Alan Solomon sagte vor der Presse.»Jedermann sieht, dass sich das Zentrum der internationalen Kunst von Paris nach New York verlagert hat.«

Nicht jeder war begeistert. Der Kunstkritiker Hilton Kramer vermutete eine von Castelli angeführte Verschwörung und »Kulturimperialismus«. Die italienische *ABC* klagte in dicken Lettern:»Alles verloren, sogar das Schamgefühl.« Pierre Schneider schrieb in *L'Express*, der »Hyperidealismus« werde durch den »Hypermaterialismus« verdrängt. Ileana Sonnabend erinnert sich:»Man lehnte sich gewaltig dagegen auf, dass die ›amerikanischen Imperialisten‹ das Ruder ergriffen – wo blieben die humanistischen Werte? Franzosen kamen zu mir und sagten, ich hätte das Trojanische Pferd eingeschmuggelt, heulten, weil Rauschenberg den Preis bekam. Und Alan Solomon meinte mir gegenüber: ›Sagen Sie ruhig: Ja, das habe ich getan, weil es die Mühe lohnte.‹«

Ende Juni schloss Christo noch eine Vereinbarung für eine Ausstellung in der Galleria Del Leone in Venedig im August an, auf der eine lebensgroße Ladenfassade, kleinere Collagestudien und größere Konstruktionen gezeigt werden sollten. Das alles wollte er im Armeehauptquartier in Toulouse herstellen, wo er mit Jeanne-Claude vor der Abreise nach Amerika einen Monat lang bei den Guillebons wohnen konnte. Christo beschrieb die amtliche Residenz seiner Schwiegereltern als »unglaublichen Palast mit Garten aus dem frühen 19. Jahrhundert. Daneben stand ein Stall, der in eine Schreinerei umgebaut worden war. Ich erhielt einen ganzen, mit Schreinerwerkzeugen ausgestatteten Raum.«

Sofort machte sich Christo an die Arbeit. Wie schon für seine New Yorker Ladenfront stöberte er an Abbruchstellen nach weggeworfenen Türen, Simsen und Bauresten. Fehlendes ergänzte er und stellte zwei freistehende, lebensgroße Fassaden so zusammen, dass sie sich für den Transport problemlos auseinander nehmen ließen. Jeanne-Claude sagte: »Ich half ihm beim Herbeischaffen von Holz und Nägeln, machte Besorgungen und kümmerte mich gleichzeitig um Cyril.« In etwas mehr als einem Monat schuf Christo genügend Werke für die Ausstellungen in der Galleria Del Leone im August und der Düsseldorfer Galerie Schmela im Dezember. Zum Glück handelte es sich beide Male um relativ kleine Räume. Die beiden umfangreichsten Stücke waren eine hellrote und eine purpurne Ladenfront aus Holz, Metall, Tuch, Plexiglas, elektrischer Beleuchtung und Emailfarbe sowie eine Gruppe ausgeklügelter dreidimensionaler, ausgeschnittener Zeichnungen und Konstruktionen. In beiden Fällen standen die Fenster, und nicht ihr belangloser Inhalt, im Zentrum der Aufmerksamkeit.

In der zweiten Augustwoche demontierten Jeanne-Claude und Christo die rote *Storefront* und verstauten sie samt einem Dutzend kleinerer Konstruktionen und Collagezeichnungen in und auf ihrem altersschwachen Renault. Dann kam die Zeit des Abschiednehmens. Schon seit einiger Zeit bekümmerte Précilda, was sie als stetige Erosion von Cyrils

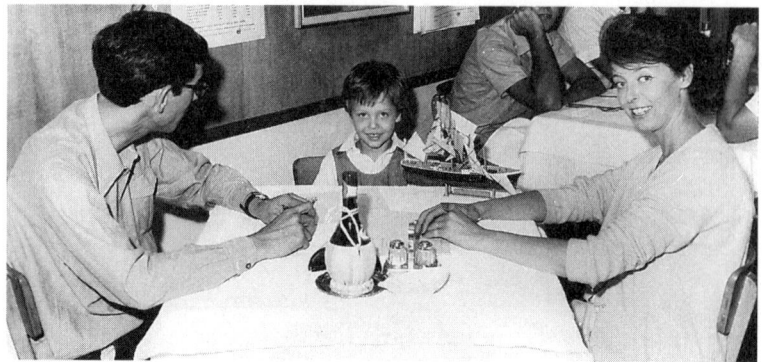

1964: Lunch in einer Trattoria in Venedig. Christo, Cyril und Jeanne-Claude.
(Foto: Gian-Enzo Sperone)

reichem französischem Erbe empfand. Bei dem Gedanken,
ihr einziger Enkel könnte eines Tages sein Französisch vergessen oder, schlimmer noch, es mit bulgarischem Akzent
sprechen, brach sie in Tränen aus. »Und wenn er alles ver-
gisst?« schluchzte sie. Christo versuchte sie zu trösten, sah
ihr in die Augen und brachte sanft in Französisch vor: »Äh,
Madame, nix sorgen. Wir zu Hause immer Französisch sprechen.« Verzweifelt heulte Précilda noch lauter.

An der italienischen Grenze sorgte die Familie für einen
kräftigen Verkehrsstau. Ein Zollinspektor kam zu dem Schluss,
die auseinander genommenen Teile der roten Ladenfront
auf dem Dach und andere Stücke im Fond des zerbeulten
Fahrzeugs seien keine Kunst, sondern zollpflichtige Waren.
Während Christo vergeblich zu erklären versuchte, ermunterte Jeanne-Claude Cyril, mit den Stempeln des Zöllners zu
spielen. Als das Kind wie wild drauflos stempelte, verlangte
der Zöllner, Jeanne-Claude solle ihn zurückhalten. Sie tat so,
als verstünde sie nicht. Als das Hupkonzert der Autos hinter
ihnen immer mehr anschwoll, gab sich der genervte Beamte
schließlich geschlagen und winkte sie weiter.

Als sie in die Vororte von Venedig zockelten, liebäugelte
der Benzinstandsanzeiger immer mehr mit der Null. Außer-

dem waren sie praktisch pleite. »Nach einem Blick auf unser Auto wies uns der Garagenwärter sofort einen Platz in der letzten Reihe auf dem offenen Garagendach zu«, erinnert sich Christo. »Er wusste, dass er auf kein Trinkgeld hoffen durfte. Wir hatten nicht mal das Geld für das Vaporetto nach Venedig. Jeanne-Claude rief die Besitzer der Galleria Del Leone an und sagte, wir wollten die gesamte Ausstellung verkaufen. Etwas später kamen sie dann zu uns aufs Garagendach.«

Jeanne-Claude ergänzte: »Als ein Garagenwärter sah, dass die zwei gut angezogenen Männer zu uns kamen, näherte er sich, weil er meinte, womöglich gebe es doch ein Trinkgeld.« Sie begann, mit Giovanni Camuffo und Attilio Codognato zu handeln. Inzwischen kannten sie sich dafür schon gut genug. Sie nannte als Vorzugspreis zwei Millionen Lire (damals 3240 Dollar) für alles. Camuffo meinte, sie sei wohl übergeschnappt, und bot eine Million. Sie sagte: »Wir fingen an, uns gegenseitig anzuschreien. Der Parkwächter dachte wohl, wir verkauften einen Wagen voller Drogen.« Es ging immerhin um die lebensgroße Fassade, drei ausgefeilte dreidimensionale Werke und sieben oder acht Collagezeichnungen. In Erinnerung an die Szene lächelte Camuffo: »Ich bot 500 Dollar für die große Fassade. Jeanne-Claude erwiderte: ›Nein, sie ist viel mehr wert!‹ Daraufhin schaltete sich Christo ein: ›Lass mich mit Camuffo verhandeln. Ich bin Christo.‹« Schließlich einigten sich die drei.

Christo entwarf ein Plakat für die Ausstellung, installierte die Werke, verhängte das Galerieschaufenster mit Tüchern und verpackte eine Kirchenskulptur aus dem 16. Jahrhundert, die Codognato gehörte. Als die Ausstellung am 19. August ihre Pforten öffnete, waren die Christos um fast 2000 Dollar reicher. Sie brauchten jeden Pfennig für den Anfang in New York.

Die Christos hatten vor, binnen eines Monats nach Amerika abzureisen. Doch noch war in Paris sowie in Galerien in Italien, Deutschland und Holland vieles zu erledigen. Die Familie fuhr von Venedig nach Turin in der Hoffnung, sich die noch in der Galleria G. E. Sperone lagernden Kunstwerke Christos wiederzuholen oder, besser noch, einiges oder gar alles verkaufen zu können. Sie einigten sich mit Sperone darauf, dass er einen Teil kaufte und den Rest in Kommission behielt. Dieses erfreuliche Zwischenspiel war indes der Auftakt zu einer enttäuschenden Tour durch europäische Galerien. Einige Galeristen, zum Beispiel Liverani in Rom und Trouillard in Antwerpen, weigerten sich schlichtweg, die verkauften Werke zu bezahlen oder die unverkauften zurückzugeben. Zum Teil spielten sich entwürdigende Szenen ab, wenn Christo und Jeanne-Claude versuchten, an ihr Geld zu kommen. Die glatte Konfiszierung von Christos Werken in Köln, Rom und Antwerpen nahm immer mehr die Form einer Enteignungskampagne an.* Trotz aller Vorsichtsmaßnahmen waren und blieben sie und viele Künstler den Gaunereien derer ausgesetzt, auf die sie am meisten angewiesen waren. Die Christos hatten weder die Zeit noch die Mittel, sich gegen die Diebstähle zu wehren.

In Belgien besuchten sie vor der Abreise auch noch Mia und Martin Visser. Martin bot ihnen zwei erstklassige Matratzen aus seiner Fabrik an, die sie nach Amerika mitnehmen konnten. Jeanne-Claude akzeptierte mit Freuden: »Ich wusste, dass wir nie das Geld haben würden, uns in New York Matratzen zu kaufen.«

In Paris wartete eine ganze Lawine von Erledigungen auf sie: Sie mussten über ihr Zimmer in der Rue Saint-Louis-en-l'Ile 24 verfügen, offene Rechnungen begleichen, Christos Kunstwerke inventarisieren und fotografieren, für die sichere Lagerung seiner Werke und der Stücke sorgen, die sie von anderen Künstlern geschenkt bekommen oder im Tausch erstanden hatten, ihre Visa erneuern, die Überfahrt buchen, möglichst noch weitere Werke verkaufen, Freunden, Verwandten, Kunsthändlern und -sammlern ihre New Yorker Adresse mitteilen und packen. Jeanne Claude unter-

---

* Nach den Preisen von 1964 rangierten die einzelnen Stücke zwischen 100 und 600 Dollar; der Gesamtwert belief sich auf etwa 2200 Dollar.

richtete Philippe Planchon von ihren Plänen und bat ihn, ihr die bescheidene, aber dringend benötigte Scheidungsabfindung in die USA nachzuschicken.

Fürs Fotografieren von Christos Arbeiten wurden Harry Shunk und Janos Kender eingespannt. Dazu Shunk:»Seine Kunstwerke lagerten in verschiedenen Teilen der Stadt, und jedes Mal mussten wir alles in den Hof oder auf die Straße schleppen.« Bei seinem letztem Besuch in der Wohnung von Shunk und Kender skizzierte Christo seine Zukunftspläne mit entwaffnender Offenheit. Shunk traute kaum seinen Ohren:»Ich weiß noch, wie er mit mir und Kender auf dem Boden saß und uns sagte, er gehe nach Amerika, um große Projekte zu verwirklichen, Dinge, die man in Europa nicht machen könne. Von dem auch nicht besonders großen *Rue Visconti Project* einmal abgesehen, hatte er bisher noch nichts Monumentales gemacht. Na ja, ich glaubte ihm kein Wort«, lachte Shunk.

Wer nicht lachte, war Restany:»Ich glaube, Christo hatte bereits alles im Kopf, als er Europa verließ. Amerika vermittelte ihm einen neuen Sinn für Proportionen. Paris war der Wendepunkt, die Gärungsperiode, aber in Amerika sollte er sein volles Potenzial ausschöpfen. Als er nach New York ging, war er bestens vorbereitet.«

Im September 1964 gingen Christo, Jeanne-Claude und Cyril an Bord der *France*. Sie hatten nur ein paar Handkoffer und ihren Rietveld-Stuhl dabei, der zwischen den beiden Matratzen steckte. Dass sie vor der entscheidenden Wende ihres Lebens standen, war ihnen selbst nicht bewusst, vielleicht, weil sie jung und an Ortswechsel gewöhnt waren.»In diesem Alter ist nichts traumatisch«, sagt Jeanne-Claude. »Ein Großteil unserer Sachen lag noch im Chelsea, und es war, als kämen wir nach Hause. Wir merkten nicht einmal, dass sich unser Leben änderte.« Nach fünf Tagen auf See erlebte die Familie auf Deck die Einfahrt der *France* in den Hafen von New York. Jeanne-Claude und Christo hoben Cyril hoch, damit er die imposante Skyline sehen konnte. Christo spürte unbegrenzte Möglichkeiten. Amerika bot eine ausreichend große Bühne, auf der sich auch das ehrgeizigste Stück entfalten konnte. Mit seiner Begabung, seiner Besessenheit und der Fähigkeit, sich selbst neu zu erschaffen, packte er den Stier bei den Hörnern. Christos Geschichte sollte seine Hoffnungen nicht Lügen strafen. Seine schon in frühen Jahren gereifte Entschlossenheit wurde durch den Schmerz der Trennung von seiner Familie und seine ungestüme jugendliche Kraft noch bestärkt. Volle Konzentration und unermüdliche Arbeit waren nur Teil einer größeren, geheimnisvolleren Fähigkeit, die eines Tages die ganze Welt in Erstaunen versetzen sollte.

Mit unerschütterlichem Selbstbewusstsein tauchte dieser Stoffmagier und Knüpfer gordischer Knoten, dieser Meister der verwitterten Öltonnen, nostalgischen Fassaden und recycelter Verpackungen städtischer Industrieabfälle nunmehr ein in eine neue, aufregende Welt der Architektur, Werbung und Fernsehbilder und avantgardistischen Kunst in jeder Form. Christos Umzug nach Amerika führte ihn geradewegs in eine Gesellschaft größtmöglicher Freiheit.

Christo und Jeanne-Claude besaßen die Vorstellungskraft, Anpassungsfähigkeit und innere Stärke, mit allen Widrigkeiten fertig zu werden, die diese Verpflanzung mit sich brachte. Mehr noch: Dieses himmelstürmende Tandem ließ sich von einer Vision leiten, die das Antlitz der zeitgenössischen Kunst verändern sollte.

Nach sechs Jahren an Christos Seite, davon vier als seine Ehefrau, war aus der sprunghaften, quirligen Jeanne-Claude eine Kennerin aller Schattierungen der Kunstwelt geworden. Doch was sie motivierte, war nicht die Kunst, sondern die Liebe. Dieselbe magische physische Chemie, die die beiden zueinander hingezogen hatte, hielt sie weiterhin im Griff. Rückblickend gestand sie: »Ich könnte jetzt sagen, dass es die Kunst war, aber – er war ein verdammt guter Liebhaber.«[*]

---

[*] Zitiert in David Molner, »Porträt: Christo«, *Lufthansa Bordbuch* Sept./Okt. 1993, S. 23.

8

New York

Im September 1964 zog die Familie Christo wieder ins Chelsea-Hotel ein. Ihre bescheidene Unterkunft bestand aus Schlafzimmer, Küche und komplett eingerichtetem Badezimmer und wies als Luxus Telefon und Fernseher auf. Das Chelsea war nur als Übergangsquartier gedacht; schon im Oktober begann die ernsthafte Suche nach einer Kombination aus Atelier und Wohnraum. Während Christo und Jeanne-Claude durch Manhattan zogen, kümmerten sich das Hotelpersonal und andere Gäste um Cyril. Die Christos besichtigten über fünfzig Dachstudios und Wohnungen, meist zu Fuß, um die U-Bahn-Kosten zu sparen. Jeanne-Claude sagte dazu: »Wir wanderten einfach drauflos, und wenn wir irgendwo ein Schild ›Loft for Rent‹ sahen, gingen wir hinauf. Sie waren alle entweder zu klein oder zu teuer oder zu scheußlich.« Einmal schrieben sie auf ein Inserat für sieben Zimmer für monatlich 80 Dollar in Hoboken, New Jersey. Als sie aus dem Vorortzug stiegen, blickte sich Jeanne-Claude nur kurz um und erklärte: »Ich will das Ding gar nicht sehen.« Sie machten auf dem Absatz kehrt und fuhren zurück nach Manhattan.

Für Christo Javacheff, der Französisch immer noch radebrechte, erwies sich das Englische als fast unüberwindliches Hindernis, während sich der viereinhalbjährige Cyril die neue Sprache mit erstaunlicher Leichtigkeit aneignete. Als Christos Sprachlehrer fungierten Jeanne-Claude, Zeitungen und Fernsehen. Dennoch lernte er nur quälend langsam zu lesen, einem Gespräch zu folgen oder gar zu sprechen, selbst wenn es sich nur um einfachste Dinge handelte. Wie schon in der Vergangenheit machte er das Handikap mit gewinnendem Lächeln, aufmerksamem Zuhören, ausdrucksreicher Gestik und seinem sanften, gutmütigen Wesen wett. Am 22. November 1964 kamen die mittlerweile in Amerika ansässigen Claes und Patty Oldenburg ins Chelsea. Augenblicklich lebte der Kontakt zwischen den beiden Familien wieder auf, den sie beim Besuch der Oldenburgs in Paris vor ein paar Monaten geknüpft hatten. Claes meinte, die Christos sollten ihn doch in seinem Atelier in der Howard Street besuchen.»Ich stelle euch meinem Vermieter vor. Er hat drei Etagen, die seit Jahren leer stehen. Die Räume sind billig.«

Tags darauf schlenderten die Christos ins Stadtzentrum zur Howard Street 48. Das Haus der Oldenburgs lag in Chinatown inmitten eines Viertels, in dem es von Stoffherstellern, Textilgroß- und -einzelhändlern nur so wimmelte. Der fünfgeschossige Bau mit verglaster Dachwohnung gehörte den Brüdern Max und Ben Rosenbaum, die wie schon ihr Vater im Erdgeschoss eine Dachdeckerei betrieben. Oldenburg war ihr einziger Mieter und hatte sein Atelier im zweiten Stock. Während sich Cyril mit den Plastikspielzeugen beschäftigte, die Oldenburg als Vorlage für seine Arbeiten dienten, führte Max Rosenbaum die Eltern durch die drei restlichen, heruntergekommenen Stockwerke. Dicke Schmutzschichten, ausrangierte Maschinen, vertrocknete Öllachen und ein unangenehmer Geruch erklärten, warum die Räume so lange leer gestanden hatten, ebenso die günstige Monatsmiete von 70 Dollar pro Etage. Nach kurzer Besprechung verkündeten Jeanne-Claude und Christo, sie nähmen die beiden oberen Stockwerke, das eine als Atelier, das andere als Wohnraum. Jeanne-Claude sagte dazu:»Der Preis war so anständig, dass wir erst gar nicht zu handeln versuchten. Max schien entsetzt, dass wir vorhatten, dort zu wohnen. Er sagte: ›Wollen Sie etwa dieses wunderschöne Kind in dem Dreck da oben wohnen lassen?‹ Ich sagte ihm, dass wir natürlich erst mal aufräumen würden. Max erwies sich als der beste Vermieter der Welt.«

Ende November und den größten Teil des Dezembers waren sie damit beschäftigt, ihre neue Unterkunft zu säubern, zu reparieren und zu renovieren. Zuerst richteten sie das Dachgeschoss als Atelier her, danach brachten sie die aus einem einzigen, großen Raum bestehende Etage darunter in einen bewohnbaren Zustand. Blechplatten hingen von der Decke herunter und mussten mühsam wieder festgenagelt werden. Noch schlimmer stand es um den völlig verfaulten Fußboden. Christo holte sich bei seinem Vermieter Zinnblech-Abfall und passte ihn in die aufgeplatzten Stellen des Fußbodens ein. Nachdem schlachtschiffgraue Farbe dick darüber gestrichen war, nahm sich die Fläche fast schon präsentabel aus. Von Freunden und Bekannten erhielten sie allerlei ausrangierte Gerätschaften wie Abwaschbecken und Herd, die sie selber installierten. Dann entschlossen sich Jeanne-Claude und Christo, den 24 mal 6 Meter großen Raum zu unterteilen. Er maß ihn aus, konstruierte Holzrahmen als Wandhalterungen und füllte sie mit Rigipsplatten aus, die Jeanne-Claude heranschleppte und ihm anreichte. So entstanden binnen einer Woche zwei Schlafzimmer, Wandschränke, ein Essplatz, eine Küche und ein Badezimmer. Das alles geschah in eisiger Kälte. Jeanne-Claude dazu: »Es war wie im Kühlschrank.« Als das Ganze gestrichen werden sollte, wurde es so klirrend kalt, dass die dick vermummte Jeanne-Claude in der Werkstatt der Rosenbaums Zuflucht suchte und lamentierte, da oben erfriere man ja. Worauf Max ihr sagte, sie brauche nur bei Con Edison anzurufen, sie sollten den Gaszähler anschalten. »Ich hatte keine Ahnung, dass es so einfach war. Beim Telefon war's ähnlich.«

Jetzt begann eifriges Malen. »Einmal gaben wir dem Zimmermädchen im Chelsea ein Trinkgeld, damit sie sich um Cyril kümmerte, und arbeiteten dann bis vier Uhr morgens in der Howard Street«, weiß Jeanne-Claude zu berichten. »Die frisch bemalte Wand sah wunderschön aus. Wir kehrten ins Hotel zurück und legten uns für ein paar Stunden aufs Ohr. Als wir wieder in die Howard Street kamen, war die Farbe überall abgeblättert. Ich holte Max und zeigte es ihm.

Er fragte, ob wir denn nicht mit Schellack grundiert hätten. Christo und ich schauten uns nur an. Wir hatten noch nie davon gehört. Also schabten wir die ganze Farbe wieder ab und fingen von vorne an.«

Zwanzig Jahre später versuchte sich Cyril an den Umzug in die Howard Street zu erinnern:»Viel weiß ich nicht mehr, außer, dass ich mit dem Anstreichen der Fußleisten beschäftigt war. Alles andere machten meine Eltern. Überall rannten Ratten herum.«

Mitte Dezember 1964 war alles fertig und aus dem heruntergekommenen Raum eine gastliche Bleibe geworden. Ihre wenigen Habseligkeiten aus dem Hotel wurden per Lkw angefahren. Nun fehlten noch ein paar Möbel.»Da in Manhattan immer am Donnerstag- und Freitagmorgen Sperrmüllabfuhr war, schafften die Leute am Mittwoch- und Donnerstagabend ihr überzähliges Gerümpel auf die Straße«, erklärte Jeanne-Claude. Also begaben sich die Christos auf die Suche, statteten sich nach und nach mit Möbeln aus und sammelten gleichzeitig Kunstmaterial.

Der endgültige Auszug aus dem Chelsea-Hotel warf allerdings erhebliche Geldprobleme auf. Anfang Dezember war ein Rückstand von 1500 Dollar aufgelaufen. Hinzu kamen die Monatsmiete für die Howard Street, die beträchtlichen Renovierungskosten und die laufenden Lebenshaltungskosten. Doch trotz ausbleibender Einnahmen verließ die Christos nicht der Mut. Es gelang ihm, eine kleine Verpackung zu verkaufen, und endlich traf auch eine Alimentenzahlung von Philippe Planchon ein, allerdings die letzte.

Die wichtigste Hilfe kam von unerwarteter Seite. Als Henri Rustin, ein Freund der Familie Guillebon, der häufig geschäftlich in New York zu tun hatte, von den Geldnöten der Christos erfuhr, lieh er ihnen 1500 Dollar für die Renovierung ihrer Bleibe. Zum Dank schenkte ihm Christo ein kleines, verpacktes Porträt von Brigitte Bardot, das Henri so gefallen hatte.

Mitte Januar 1965 fand die Maskerade der Christos, die immer noch so taten, als wohnten sie weiterhin im Chelsea, ein abruptes Ende. Inzwischen näherte sich ihre unbezahlte Hotelrechnung der Zweitausend-Dollar-Marke. Hotelmanager Stanley Bard hatte bemerkt, dass sie nur jede zweite Nacht im Hotel übernachteten. Eines Morgens griff er sie sich in der Hotelhalle und sagte:»Wann ziehen Sie aus? Alle Welt weiß, dass Ihr Loft fertig ist.« Jeanne-Claude wurde rot und stotterte:»Noch nicht ganz.« Bard grinste verständnisvoll:»Na, kommen Sie schon, Jeanne-Claude, warum lassen Sie die Rechnung weiter auflaufen?« »Weil wir sie nicht zahlen können«, beichtete sie. »Keine Sorge«, beruhigte er sie,»zahlen Sie erst, wenn Sie können. Lassen Sie einfach ein Werk Ihres Mannes da.« Als Pfand hinterließ ihm Christo eine ausgearbeitete, dreidimensionale Ladenfront mit Innenbeleuchtung.*

Christo war in jeder Beziehung ein Außenseiter. In zwei Monaten lief sein Touristenvisum ab. Da er weder Amerikaner noch Franzose war und auch seine bulgarische Staatsangehörigkeit aufgegeben hatte, war er immer noch staatenloser Flüchtling.»Wäre er Franzose geworden, dann hätte er Wehrdienst leisten müssen, und das war das Letzte, was wir wollten«, sagte Jeanne-Claude.»Fragte ihn jemand, woher er komme, dann pflegte Christo zu sagen: ›Ich bin frei. Ich habe keine Nationalität.‹«

New York wirkt auf seine Bewohner kraftspendend und demütigend zugleich, stellt vor allem Künstler unablässig auf die Probe. In Europa hatte Christo einen gewissen Bekanntheitsgrad erreicht, aber in Amerika war er nur wenigen Künstlern, Kuratoren, Kunsthändlern, Journalisten und Schriftstellern ein Begriff.»Als wir hier ankamen«, sagt Jeanne-Claude,»waren Christos Arbeiten, obwohl er schon mehr Einzel- und Gruppenausstellungen als die meisten Künstler

---

* Die Christos beglichen ihre Schuld binnen Jahresfrist. Die als Pfand hinterlassene Ladenfront vermachten Stanley Bard, Christo und Jeanne-Claude später gemeinsam dem Israel Museum in Jerusalem.

gehabt hatte, spottbillig und fast unbekannt.« Einmal fragte
ihn ein Maler im Chelsea, wann er seine erste Ausstellung
habe. Als ihm Jeanne-Claude das übersetzte, lächelte Christo
nur und zuckte die Schultern:»O.K., dann fangen wir halt
wieder bei Null an.«

So unbekannt Christo als Künstler in Amerika war, seine
Werke türmten sich zu unübersehbaren Bergen. Ende Dezember floss sein Atelier in der Howard Street bereits wieder über von den Arbeiten, die er aus dem Chelsea Hotel
hergeschafft hatte oder die neu entstanden waren. Diverse Verhüllungen waren darunter, so zum Beispiel *Wrapped
Lantern*, *Packed Telephone*, *Wrapped Iron*, ein paar undefi-
nierbare Bündel sowie ein maßstabgerechtes Modell *Lower
Manhattan Wrapped Building* (Verhülltes Gebäude von
Lower Manhattan). Hinzu kamen unterschiedlich weit ge-
diehene Collagezeichnungen: *Empaquetage d'un Arbre* (Verpackung eines Baumes), *Packed Table and Two Chairs* und
Two Lower Manhattan Packed Buildings. Eine ganze Batterie
von teils fertigen, teils noch im Bau befindlichen Ladenfassaden, deren Größe von kleinformatigen Vorstudien bis zu
umfänglichen, dreidimensionalen Konstruktionen reichte,
nahm den größten Teil der Wände und des Raums in Anspruch.

Ivan Karp, zwischen 1959 und 1969 Manager der Castelli
Gallery, erinnert sich an einen Besuch mit Leo Castelli in der
Howard Street:»Christos Arbeit war keineswegs ein Fremdkörper im herrschenden künstlerischen Klima. Die Ladenfassaden hatten irgendwie Biss, und ich bewunderte das
Amerikanische an ihnen. Wir empfanden die Arbeit als interessante Privatbeschäftigung. Er selbst war bescheiden, innovativ und angenehm im Umgang, weder übermäßig aggressiv noch zu ehrgeizig. Den Gegenpol dazu lieferte sie.
Jeanne-Claude förderte seine Kunst ziemlich rabiat.«

Arman war ein Jahr vor Christo nach New York gegangen.
»In Frankreich ist man immer Gefangener irgendeiner lang-
weiligen Revolution«, wird er in einem Artikel von Marvin
Elkoff in *Show* zitiert,»während man hier nicht gleich aus je-

der Bewegung eine Religion macht.«Im Gegensatz zum zu-
geknöpften, snobistischen Paris»habe ich hier sofort jeden
kennen gelernt, zum Beispiel die Museumsleute Selz, Seitz,
Hopps, Geldzahler, Alloway. Sie arbeiten mit einem und helfen einem und sind nicht so förmlich und konservativ wie in
Frankreich.« Die Christos gingen zur Eröffnung der Arman-
Ausstellung in der Sidney Janis Gallery am 29. Dezember
1964. Bei einem Großteil der fünfzig gezeigten Werke handelte es sich um Akkumulationen – große Mengen ein und
desselben Industrieprodukts, die in durchsichtigen Plastik-
säcken verpackt und aufgehängt waren. Der von Abfallhau-
fen, Förderbändern und Schaufensterauslagen inspirierte
Arman beschaffte sich seine Gegenstände en gros – Schrau-
benzieher, Bohrer, Kugellager, Matchbox-Autos, Spielzeug-
boote, Spannfedern, Metalldübel, Teekannen, Glaslinsen,
Prismen, Nieten, Scheibenwischerblätter, Ventilatorenflügel,
Ventile, Sprungfedern, Zahnräder, Telefone, Schraubenmut-
tern, Bolzen und Zollstöcke – und schloss sie dauerhaft in
Kunststoffbehälter ein.

Christo teilte Armans Abneigung gegen die Exklusivität
der Pariser Kunstwelt. In einem Interview mit Marvin Elkoff,
bei dem Jeanne-Claude für ihn dolmetschte, nahm er die
»Kunsthändler und Kritiker und äußerst arroganten Museumsleute« aufs Korn. »Regelrechte Bürokraten. [...] Die eigentlichen Snobs sind die Maler. [...] Ein [französischer] Maler, der eine Ausstellung hatte, ist nicht geneigt, einen
anderen Maler zu empfangen, der noch keine Ausstellung
aufweisen kann. Im Gegensatz zum amerikanischen Maler
hat er keine Kinder, weil man ihn sonst für einen Zahnarzt
halten könnte. Aus demselben Grund nimmt ein französi-
scher Maler nie eine andere Arbeit an; sonst wüsste ja niemand, dass er Künstler ist. Lieber stirbt er hungers. Was für
ein Unterschied zu hier.« Im gleichen Artikel ließ sich Christo über New York aus: »Die menschlichste Großstadt, in
der ich je gelebt habe. Sie ist labil, und das ist gut fürs Schöp-
ferische. Sie ist die erbarmungsloseste und wurzelloseste
Stadt, und da wir allesamt so wurzellos sind, ist New York

der einzige Ort, der uns ein wahres Bild vom Leben vermittelt.«*

Im Februar 1965 lancierten die Christos eine regelrechte
Kampagne, um Künstler, Journalisten, Kunsthändler, -samm-
ler und -kuratoren in die Howard Street zu locken. Jeanne-
Claude meint dazu: »Auf unserer ersten New-York-Reise und
danach hatten uns so viele Leute eingeladen, dass ich mich
revanchieren musste. Außerdem konnten wir nur so Leute
kennen lernen und sie dazu bringen, uns einzuladen. Sie
schienen hier richtig Spaß zu haben.« Es war der Anfang
einer Reihe von Essenseinladungen, die in der klatschfreu-
digen Kunstwelt schnell zum Tagesgespräch wurden. Die
Christos brachten Schlüsselgestalten des zeitgenössischen
Kunstschaffens zusammen, die sie zum Teil schon von ir-
gendwoher kannten. Die immer länger werdenden Einla-
dungslisten umfassten Berühmtheiten wie Leo Castelli, Jasper Johns, Robert Rauschenberg, William Rubin, Sidney
Janis, Marcel Duchamp, Frank Stella, Barbara Ross, Dick Bellamy, Henri Geldzahler, Jim Dine, Lawrence Alloway, James
Rosenquist, William Copley, Tom Wesselman, Claes Oldenburg, Ellsworth Kelly, Leo Steinberg, Saul Steinberg und
viele andere.

Nach Ivan Karps Erinnerung »zierte sich Jeanne-Claude
nicht lange, sondern ging vollkommen ungeniert auf die
Kunstgemeinde zu. Sie luden jeden ein, den sie für eine
Leuchte hielten, jeden, von dem sie dachte, er könnte für
Christos Karriere nützlich sein. Dabei traten sie in manches
Fettnäpfchen. Zum Teil lag das auch an den Gästen: Man er-
wartete von ihr kulinarische Höchstleistungen, weil sie Fran-
zösin war.« Die erste Zusammenkunft beschrieb Karp als »ka-
tastrophal öden Abend beim miserabelsten Essen, das je in
einem Privathaus serviert worden ist«. Ein regelmäßiger
Gast, der seinen Namen nicht preisgeben wollte, meinte zu
Jeanne-Claudes Kochkünsten: »Mit dem Fraß hätte man

* Marvin Elkoff, »Left Bank of the Atlantic«, *Show*, April 1965.

nicht mal einen halbverhungerten Hund locken können.«
Nimmt man noch hinzu, dass die europäische Kunst und ihre
Künstler ohnehin niedrig im Kurs standen, lieferten die
Mahlzeiten, die unter aller Kanone waren, gerade die rich-
tige Ausrede für die kaum verhüllte Feindseligkeit mancher
Kreise.

Der mit Christo und Jeanne-Claude befreundete Kritiker
David Bourdon brachte es auf diesen Nenner:»Die New Yorker Hierarchie mochte die beiden nicht. Man verachtete sie.
Sie galten als auftrumpfend. Die Christos zögerten nicht,
hoch berühmte, für mich geradezu legendäre Gestalten einzuladen. Und dann servierten sie irgendeinen Fraß. Die Abneigung gegen sie betraf in der frühen Zeit hauptsächlich
Christos Kunst, den Rest erledigten Jeanne-Claude und ihre
ungenießbaren Steaks. Vor oder nach dem Essen mussten
die Gäste eine Etage höher klettern, um sich Christos Arbeiten anzusehen. Na ja, so benahm man sich in der damaligen
New Yorker Kunstszene einfach nicht. Also waren sie unbe-
liebt und hatten es sehr schwer. Wenn die vielen europäischen Besucher sie nicht unterstützt hätten, wäre es den
Christos sicher so vorgekommen, als wären sie von Apachen
umzingelt.«

Natürlich gab es auch Gäste, denen mehr an geistiger An-
regung oder einem gemütlichen Abend als am Menü lag.
In diese Kategorie gehören Holly und Horace Solomon. Er
stellte Kämme und andere Toilettenartikel her. Sie war
Schauspielerin und wurde eine der einflussreichsten Kunst-
händlerinnen New Yorks. Bevor sie ihre Aufmerksamkeit
Christos Arbeiten zuwandten, hatten die beiden Pop-Art gesammelt. Jeanne-Claude war verzweifelt aufs Verkaufen aus;
sie und Christo waren hoch verschuldet und brauchten unbedingt Geld. Sie beschwatzten ihre Gäste, sich die grell bemalte *Orange Storefront* (Orangefarbene Ladenfront) anzusehen. Die flache, blaue Innenseite hinter einem breiten
Schaufenster war weitgehend mit Tuch verhängt, ebenso
der Plexiglas-Teil der Tür. Zwei galvanisierte Metallblenden
über Tür und Schaufenster unterstrichen die orangefarbene

Manhattan 1965: Christo und der Kunstjournalist David Bourdon im Wohnzimmer der Christos. (Foto: Jeanne-Claude)

Fassade. Nach eingehender Betrachtung gelangten die Solomons zu dem Schluss, das Werk sei für ihre Wohnung zu groß. Sie berieten sich kurz und entschieden sich dann unerwartet für *Yellow Storefront* (Gelbe Ladenfront), das ähnlich angelegt, aber kleiner war. Holly meinte dazu: »Ich glaube das Werk augenblicklich verstanden zu haben – das Wesen der Verbergung, des Durchscheinen-Lassens nur eines Teils, die Mischung aus Vergnügen und Missmut. Bei Christos Arbeit geht es im Grunde um die Freiheit des menschlichen Geistes.« Der Preis für *Yellow Storefront* belief sich auf lebensrettende 3500 Dollar. Außerdem kauften die Solomons mehrere Collage-Zeichnungen.

Über die berüchtigten Abendessen äußerte sich Holly so: »Obwohl sie kein Geld hatten, stand immer etwas zu essen auf dem Tisch, gut, schlecht oder einfach fad. Wir machten uns zwar darüber lustig, was für eine miserable Köchin Jeanne-Claude war, aber es ging ja darum, dass man sich kennen lernte. Sie hatten kein zusammenpassendes Service oder Silberbesteck. Alle saßen an einem langen Tisch, mampften vor sich hin und sahen sich Christos Arbeiten an. Wir trafen hochinteressante Leute aus aller Welt. Über Kunst diskutiert haben wir, glaube ich, nicht. Das Gespräch war eher witzig als tief schürfend ... Armut ist ja ein Geisteszustand. Ich meine, Christo ist klug. Für ihn ist Geld nicht etwas fürs Konto, sondern ein Gebrauchsgegenstand.«

Den dringend benötigten Auftrieb erhielt Christo im Frühjahr 1965, als Elkoffs Artikel über die europäischen Künstler im Chelsea Hotel in der Zeitschrift *Show* erschien. Die Illustrationen enthielten unter anderem eine Reproduktion von zwei großen Ladenfassaden sowie ein Foto von Christo, wie er einen freistehenden Kleiderständer verhüllt. In dem Artikel ist auch von Christos »Pariser Frau Jean-Claude« [sic] die Rede; »sie in dem Loft zu erleben, in ihrem schicken Après-Ski-Anzug und mit der üppigen Lockenpracht, das hatte etwas von sehr eleganter Pop-Art mit ihrer Mischung aus Schein und Wirklichkeit«.

Der Artikel sorgte für mindestens einen Käufer. Harrison Rivera-Terreaux, der für Bergdorf Goodman, Bloomingdales und andere Kaufhäuser Schaufenster dekorierte und für Textilfabrikanten Gardinen- und Polstermuster entwarf, wurde zu einem der besten Freunde und Mitarbeiter der Christos. Der Artikel hatte ihn gereizt. »Ich war sofort in das Foto der einen Ladenfront verliebt. Von Christo hatte ich noch nie gehört, aber diese Ladenfassade musste ich unbedingt haben. Also rief ich ihn an und wir verabredeten einen Termin. Ich sah mir ein paar kleine Ladenfassadenstücke an, die mir gefielen, aber auch die kleinen Bündel auf seinem Arbeitstisch faszinierten mich. Ich weiß zwar nicht, was sie darstellten oder warum sie mir gefielen, aber wir einigten uns für ein kleines Paket auf den Preis.«

Im April besserte sich die Lage der Christos gewaltig. Etwa gleichzeitig mit dem Verkauf an Harrison traf unerwartet ein Scheck der Galleria La Salita in Rom ein: eine

Teil- und Abschlusszahlung für die unverkauften Werke der Christo-Ausstellung von 1963, die die Galerie bislang unrechtmäßig einbehalten hatte. Ebenfalls zu dieser Zeit nahm Christo seinen letzten Porträtauftrag an. Auch Jeanne-Claude fand eine kurze, aber gut bezahlte Beschäftigung als Dolmetscherin für einen zu Besuch weilenden französischen Kunsthändler.

In den vergangenen drei, vier Jahren hatte sich der Stil der Ausstellungseröffnungen gewandelt. Anstelle der traditionellen Eröffnung am Dienstagabend, die eher eine gesellschaftliche Veranstaltung war, bei der kaum jemand die Kunstwerke beachtete, öffnete die Galerie Castelli nunmehr als Erste jeweils an einem ganzen Sonnabend, wobei auch ungeladene Gäste Zutritt hatten und kein Alkohol ausgeschenkt wurde. 1965 waren viele andere Galerien dem Beispiel gefolgt. Daraus ergab sich nun eine weitere Neuheit: die an die Eröffnung anschließende Loft-Party. »In den sechziger Jahren gingen wir alle auf Loft-Partys. Dort spielte die eigentliche Musik. Sie waren das Blut in den Adern der Kunstwelt.«

Da Harrison Rivera-Terreaux wenig Geld hatte, fing er an, sich bei den Christos als Babysitter zu verdingen, um als Gegenleistung seinen zweiten Christo zu ergattern. »Christo und ich gingen in alle Samstagseröffnungen und zu den anschließenden wilden Partys«, erinnert sich Jeanne-Claude. »Drei oder vier Eröffnungen hatten automatisch drei oder vier Partys zur Folge. Wir mochten zwar keine Partys, aber es war wichtig, dass man uns dort sah. Um die Adresse mitzukriegen, musste man wie ein Luchs aufpassen. Auf unserer ersten Amerikareise wurden wir zu allen Partys eingeladen, aber als die Leute merkten, dass wir hierher gezogen waren, war es anders. Wir wurden nicht mehr eingeladen, denn jetzt waren wir Konkurrenz.«

»Es gab mehrfach ungebetene Gäste«, sagte Ivan Karp. »Die Leute kamen einfach unangemeldet, aber an wirklichen Ärger kann ich mich nicht erinnern.« Nach Jeanne-Claudes

Meinung war Ivan Karp für Leo Castelli als eine Art Wachhund tätig.»Leo sagte nämlich immer ja ja. Dann schickte er Ivan, der nein sagen musste. Wir gingen jeden Sonnabend in die Castelli-Galerie, auch wenn keine Eröffnung war, um zu sehen, wer da war, und um möglichst viele Leute zu treffen. Leo stellte uns vor, während Ivan dafür sorgte, dass wir keinem vorgestellt wurden.« Karp zufolge »setzte sich Jeanne-Claude mit aller Gewalt für Christos Kunst ein. Mir ging's über die Hutschnur. Ihre Dinners waren ein endloser Skandal. Ohne Unterlass wurde man bekniet, sich für ihn einzusetzen. Dass sich die Frau eines Künstlers für ihn stark macht, ist zwar nicht ungewöhnlich, aber hier kam es tausend Mal dicker. Ich wollte nicht mit ihr im selben Raum sein. Es war, als wäre sie allgegenwärtig, Teil der Ausstellung. Ich glaube, es machte ihr rein gar nichts aus, wenn man ihre Gegenwart ablehnte. Wenn ich Direktor der Galerie und nicht bloß Zweiter gewesen wäre, hätte mich das vermutlich so aufgeregt, dass ich die Beziehung überhaupt abgebrochen hätte.« David Bourdon sah das anders:»Ivan war an ihnen oder ihrer Kunst einfach nicht interessiert. Die Christos buhlten unentwegt um Castellis Gunst. Leo war geschmeichelt. Sein europäischer Charme verdeckte alle Befürchtungen, die er hegen mochte. Ivan hingegen, der nur dabeistand, durchschaute die schamlose Schmeichelei. Da sie nicht ihm galt, steigerte er sich vielleicht in eine sehr zynische Haltung hinein.« Dennoch gestanden Ivan Karp und andere, denen Jeanne-Claudes Mahlzeiten ebenso Magenschmerzen verursachten wie ihre höchst durchsichtige Promotion von Christos Kunst, ihr einnehmenden Charme zu und fanden die Christos ein betörendes, absolut ungewöhnliches Paar.

Kurz nach ihrem dreißigsten Geburtstag am 13. Juni erlebten die Christos ihren ersten New Yorker Sommer als Dachstockbewohner.»Da wir keine Klimaanlage hatten, rissen wir sämtliche Fenster auf, um Durchzug zu bekommen. Binnen kurzem waren alle Räume schwarz vom klebrigen Ruß der Textilindustrie. Es war ekelhaft. Es war so stickig, dass

Manhattan im Sommer 1965: Jeanne-Claude und Cyril entfliehen der Hitze auf das Dach ihres Hauses. (Foto: Christo)

wir nachts kein Auge zumachten«, beschrieb Jeanne-Claude die Szene, und Christo fügte hinzu: »Es gibt Aufnahmen von mir, wie ich splitternackt an einer Ladenfront arbeite.«

Schon auf den ersten Blick durchs Atelier offenbarte sich eine Veränderung von Christos Arbeitsweise. An die Stelle altmodischer, verwittert aussehender Ladenfassaden aller Größen und Schattierungen traten stromlinienförmigere Versionen. Atmeten die früheren Stücke mit ihren verschleierten Fenstern und Türen noch einen gewissen handwerklichen Reiz, so dienten jetzt die unzugänglichen, wenig ansprechenden Rekonstruktionen kommerzieller Fassaden als Prototypen für *Four Storefront Corner* (Ecke mit vier Ladenfassaden), eine mechanisch aussehende Einrichtung mit eingebauter Beleuchtung, die drei Viertel eines Raums der Castelli Gallery einnehmen sollte. »Wir versuchten, für 1965 eine Castelli-Ausstellung zu arrangieren, aber Leo riet uns ab: ›Nein, wartet noch bis 1966‹«, sagte Christo. Das aus For-

Manhattan 1966: Christo, Jeanne-Claude und Cyril vor einer *Ladenfront*.
(Foto: Thomas Cugini)

mica-Plastik, galvanisiertem Metall, lackierten Holzfaser-platten, klarem und farbigem Plexiglas gebaute, rot, gelb und blau innenbeleuchtete, schmucklose und moderne *Four Storefront Corner* schien geradewegs Gerrit Rietvelds De-Stijl-Architektur entstiegen.

Als die Sommerhitze vollends unerträglich wurde, winkte den Christos das Glück. Robert und Rhett Delford-Browne baten sie, während ihrer Abwesenheit ihr großes Haus mit Swimmingpool, Tennisplatz und Obstgarten in Great Neck zu hüten.

Am 26. November veranstaltete Alfred Schmela mit Joseph Beuys in seiner Galerie in Düsseldorf die dreistündige Aktion *Wie man dem toten Hasen die Bilder erklärt.* In New York zeigte Daniel Spoerri im Herbst in der Allan Stone Gallery seine *Snares,* und Nam June Paik erforschte das Fernsehen als Kunstform. Paik arbeitete seit 1959 mit dem Fernsehen in der Überzeugung, eines Tages werde es die Leinwand ersetzen. »Irgendwann werden Künstler mit Kondensatoren, Widerständen und Halbleitern arbeiten, wie sie es jetzt mit Pinseln, Geigen und Kitsch tun«, sagte er in seinem Programm für eine Vorstellung im Café à Go-Go in New York am 4. Oktober 1965. Zu denen, die mit Paiks Experimenten Schritt hielten, gehörten auch die Christos.

Zum guten Schluss des Jahres 1965 erhielt Christo gewaltigen Aufschwung. Guido Le Noci erklärte sich einverstanden, eine Monographie über Christos Arbeit herauszubringen. Als Autoren verpflichtete er David Bourdon, Otto Hahn und Pierre Restany. Das Büchlein *Christo* erschien Mitte 1966 mit *Dolly* (1964) auf dem Umschlag. Aus Dankbarkeit und zugleich als Beitrag zur Finanzierung schenkte der Künstler dem stets hilfreichen Le Noci etliche Kunstwerke.

Auch das Jahr 1966 versprach neue Erfolge: Christo sollte an sieben amerikanischen und europäischen Gruppenausstellungen mit angesehenen Künstlern teilnehmen[*]; Leo Castelli setzte endlich den Mai als Datum für Christos

---

[*] Institute of Contemporary Art in Philadelphia; *Salon de Mai* im Musée d'Art moderne de la Ville in Paris; Staatliche Kunsthalle Baden-Baden; Louisiana Museum in Dänemark; Goldovsky Gallery in New York; *Sixty-Eighth American Exhibition* im Chicago Art Institute; *Eight Sculptors* im Walker Art Center von Minneapolis; American Federation of the Arts, New York City.

Ladenfassaden-Ausstellung an; und das Stedelijk Van Abbe-museum im niederländischen Eindhoven plante eine erste Einzelausstellung in einem Museum. Für den Eindhovener Katalog schrieb der Kurator des Guggenheim-Museums und Pop-Art-Förderer Lawrence Alloway eine kurze Einleitung, zu der sich Beiträge von Martin Visser, Martin Friedman und Jan van der Marck gesellten.

Anfang 1966 arbeitete Christo wie besessen. Zum Schaffens-fieber kam eine wachsende Spannung wegen der Ausstellun-gen in Eindhoven und bei Castelli. In jeder sollte eine riesige Ladenfassade stehen. *Three Storefronts* war als Raumteiler einer großen Galerie im Museum gedacht; *Four Storefront Corner* sollte für sich allein die Ausstellung bei Castelli aus-füllen. Beide Werke entstanden zwischen Juli 1965 und Januar 1966 im hoffnungslos überfüllten Atelier in der Howard Street. Auf Fotos sieht man Christo die zweieinhalb Meter hohen und vierzehn Meter langen *Three Storefronts* abschreiten, die diagonal in seinem Atelier mit der hohen

Manhattan 1966: Christo in seinem Atelier. (Foto: Ugo Mulas)

Decke stehen; die scheinbar endlose Fläche trennt die von
großen, tuchverhängten Schaufenstern gesäumte Wand von
einer anderen, die mit kleinen Ladenfassaden-Vorstudien be-
hängt ist. Durch die massive, elf Meter lange, rechteckige
Eckfassade von *Four Storefront Corner* wurde die Enge noch
bedrängender. Ältere Werke, neuere Pakete, ein maßstabgerechtes Modell für ein für Eindhoven vorgesehenes, im
Freien aufzustellendes Stück und allerlei Kunstmaterialien
waren Teil eines organisierten Haufens, der für andere
Großunternehmungen kaum noch Platz ließ.

Für die Ausstellung im Stedelijk Van Abbemuseum be-
gnügte sich Christo nicht damit, seine Arbeiten lediglich
dorthin zu schicken. Die Veranstaltung gebot seine persönliche Anwesenheit. Er sollte mehrere Stücke an Ort und Stelle
konstruieren, darunter ein monumentales Freiluftpaket am
Museumseingang; die *Three Storefronts* mussten zusammenmontiert und überhaupt die Ausstellung als solche installiert
werden. Die Reise in die Niederlande war insofern proble-
matisch, als sich Christo und seine Familie illegal in den
Vereinigten Staaten aufhielten, seit die im September 1964
ausgestellten Sechsmonatsvisa abgelaufen waren. Jeanne-
Claudes Mutter Précilda bot ihre Hilfe an und schrieb in
einem Brief von 1965:»Um zu helfen, bin ich zu allem bereit.
Notfalls verführe ich den amerikanischen Botschafter. Pech
für Deinen Vater.«

»Weder Christo noch Cyril noch ich konnten die Vereinigten Staaten verlassen«, erinnert sich Jeanne-Claude.»Wir
hatten nicht mal unsere Pässe, denn die befanden sich bei
Anita Streep, einer auf Einwanderungsrecht spezialisierten
Anwältin. Schließlich gelang es Streep, für Christo eine Sondergenehmigung zu erwirken. Er erhielt vorläufige Reise-
papiere, aber die Beamten sagten: ›Er kann für ein paar Tage
weg, seine Frau und sein Kind bleiben hier.‹«

Kaum im Stedelijk Van Abbemuseum angelangt, begann
Christo seine Arbeiten aus den Transportkisten herauszuho-
len und *Three Storefronts* zu montieren. Des Weiteren hatte
er Collagezeichnungen, Pakete und verhüllte Gegenstände

wie *Wrapped Armchair* dabei, einen bequemen Sessel, dessen Lehne sich auf Knopfdruck in Liegestellung bringen ließ, den er in New York mit Tuch und Transparentfolie verhüllt hatte. Außerdem mussten noch drei große Stücke angefertigt werden, darunter die Collagezeichnung von 1964/65, *Empaquetage d'un Arbre*, die für Christos ersten lebensgroßen *Wrapped Tree* (Verhüllter Baum) von 1966 als Modell diente. »Ich verpackte eine große Birke«, sagte er, »deren Wurzeln in Stoff und deren Zweige in Klarsichtfolie gehüllt waren – wie bei den verhüllten Aktmodellen: einige Teile waren sichtbar, andere nicht.« Der lange Stamm zwischen der Tuch- und Folienverpackung blieb unbedeckt, und das Ganze wirkte wie ein Baum auf der Durchreise, der seltsam schräg auf einem sehr langen, 1,20 Meter hohen weißen Podest stand. Eine zweite, an Ort und Stelle zu fertigende Konstruktion waren *56 Barrels* (56 Ölfässer), die zunächst im Haus von Martin und Mia Visser zusammengestellt, abgebaut und auf dem Museumsgelände wieder zusammenmontiert wurden. Fünfundfünfzig verwitterte Ölfässer unterschiedlicher Größe wurden senkrecht in fünf Lagen aufgestockt, darauf lag horizontal ein weiteres Fass.

In Lawrence Alloways Einführung zum Eindhoven-Katalog hieß es: »Christo ist ein bedeutender Künstler einer Zeit, die nach Objektivität in der Kunst und Erforschung der Ästhetik vertrauter, von der Alltagsbenutzung her unpersönlicher Gegenstände und Arbeitsverfahren lechzt. [...] Der vertraute Gegenstand und die vertraute Fassade werden buchstäblich vorgeführt. Die dadurch hervorgerufenen Reaktionen beruhen auf der objektiven Handlung, ein Paket zu machen oder ein Fenster zu verhängen, so dass die faktische Basis der Arbeit weder transzendiert noch unterminiert wird. Dies ist das ganze Geheimnis.«

Diese Darstellung war nun nicht gerade die richtige Einstimmung auf das imposante Luftpaket *Air Package*. Es bestand aus einem luftgefüllten, mit Seilen verschnürten Ballon aus gummierter Leinwand von gut fünf Metern Durchmesser, überzogen mit durchsichtigem Polyäthylen.

An Stahltrossen und Haltetauen war er über dem Museumseingang befestigt, und seine genarbte Oberfläche sah fast
aus, als verbärge sich darunter ein kleiner Mond mit dicken
Kratern. Christos erstes Luftpaket bewegte sich kaum. Dennoch wirkte es in seiner Höhe über den Baumwipfeln gespenstisch, denn weder schwebte es frei, noch war es erdge-
bunden. Wie der Künstler die anderen Gegenstände, die ihm
in die Hand fielen, ihrer Funktion beraubte, wurde auch
dem Ballon sein frei schwebendes Wesen verweigert.

Zwei Tage vor der Eröffnung rief Christo Jeanne-Claude
an und erläuterte ihr, in Holland sei es üblich, dass die
Künstler eine Musik auswählten, die bei der Eröffnung gespielt werde.»Ich will die Batman-Platte.« Jeanne-Claude
sagte dazu:»Der Soundtrack der Fernsehserie war eben herausgekommen. Ich kaufte die Platte, ging an den Flughafen,
schnappte mir einen KLM-Piloten und bat ihn: ›Bringen Sie
diese Platte bitte nach Amsterdam. Mein Mann wartet dort
am Flughafen darauf!‹« Am 6. Mai 1966 eröffnete die Christo-Ausstellung im Stedelijk Van Abbemuseum unter den
kreischenden Klängen von Batman.

Christos erste amerikanische Solo-Ausstellung Ende des
Monats wurde ohne musikalische Untermalung eröffnet.
Four Storefronts Corner stand sperrig allein in einem Raum
bei Castelli und ließ nur eine Teilansicht des Werks zu. Die
Betrachter fanden sich in den verbleibenden Galerieraum
eingezwängt. Jeanne-Claude beschrieb die Konstruktion so:
»Sie sorgte dafür, dass den Leuten recht ungemütlich zumute
war, weil sie den Raum nicht richtig betreten, sondern nur
an eine Ecke, wieder zur Tür und dann ans tote Ende der anderen Ecke gehen konnten. Sie waren buchstäblich in die
Ecke gedrängt.«

Lawrence Alloway genoss die Castelli-Ausstellung.»Auf
mich wirkten die späteren, modernen Fassaden mit ihren
neuen Beschlägen am anziehendsten; sie hatten weder Tex-
tur noch nostalgischen Reiz. Auch Christos Konzept eines
Flurs, der nirgendwohin führt, mochte ich. Seine Ladenfassaden breiteten sich aus wie Pop-Art-Landschaften. Sie ver-

mittelten ein Gefühl für Proportionen, das den Gegenstand überstieg. Für mich sind die Ladenfassaden ein bedeutender Wendepunkt in seiner Karriere; sie überbrücken die Kluft zwischen Paketen unterschiedlicher Größe und seinen späteren Landschaftsstücken. Der Schritt vom Paket zur Ladenfassade war eine Etappe dieser Ausweitung. Von den Ladenfassaden, denen immer noch eine gewisse bildhauerische Feinheit eignete, ging er zu den Großprojekten mit ihrer gewaltigen Landschaftsausdehnung über.«

In diesem Herbst belasteten das Schulgeld für Cyril, der Erwerb von Kunstmaterial, die Reisekosten und andere Ausgaben den Familienetat. Dank mehrerer Verkäufe zur rechten Zeit konnten die Christos die Rechnungen begleichen. Er produzierte vier verhüllte Porträts – zwei von Holly Solomon und zwei von ihrer Schwägerin Muriel Ribner; jeweils eine Vorstudie und eine große Endversion wurden sehr realistisch gemalt, in Klarsichtfolie eingeschlagen und mit Kordel verschnürt. Desgleichen schuf Christo das sehr beredte *Wrapped Portrait of Jeanne-Claude*, ein Ölgemälde auf Leinwand, das er zum Teil mit Tuch verhüllte, durch eine oder mehrere Schichten Klarsichtfolie dem Betrachter entzog und sicher mit Kordeln und Schnüren zusammenband. Die eher schwermütige Darstellung stand in starkem Kontrast zu Jeanne-Claudes putzmunterer öffentlicher Erscheinung.

Im Oktober flogen Christo und Jeanne-Claude samt Cyril nach Minneapolis und bezogen in einem kleinen Hotel gleich gegenüber der Minneapolis School of Art Quartier. Anlass waren zwei bedeutende Ereignisse: Christos erste Gruppenausstellung in einem renommierten amerikanischen Museum und die Durchführung seines ersten ehrgeizigen Projekts in den USA. Die vom Walker Art Center veranstaltete, provokatorische Ausstellung *Eight Sculptures: The Ambiguous Image* öffnete am 22. Oktober ihre Tore; an ihr beteiligten sich Christo, Donald Judd, Robert Morris, Claes Oldenburg, Lucas Samaras, George Segal, Ernest Trova und H. C. Westerman. Zu Christos Beiträgen gehörten neben

Four Storefront Corner auch die 1964 gefertigten, enigmatischen Verpackungen *Dolly* und *Pushcart* (Kinderwagen). Der Katalog enthielt Illustrationen und Einsichten in Christos Arbeiten. Museumsdirektor Martin Friedman bezeichnete in der Einführung Christo und Oldenburg als Künstler, die gewöhnliche Gegenstände unter Einsatz des psychologischen ebenso wie des physikalischen Raums verwandelten. Der Kurator Jan van der Marck erblickte in Christos Kunst »eine geheimnisvolle, vieldeutige und paradoxe Aussage. Die Verpackung, das Exponat dieser Aussage, ist zur visionären Besessenheit des Künstlers geworden. […] Ihre Ausdruckskraft hat mit Abnutzung zu tun und wird durch eine ominöse Kontur und ein Übermaß an strangulierenden Knoten weiter überhöht. Die vertrauten und zugleich beunruhigenden Ladenfassaden ohne Inhalt verlängern Christos Abhandlung übers Absurde.«

In Minneapolis erhielt Christo kräftigen Zulauf. Neben Martin Friedman und Jan van der Marck flößten seine Innovationskraft und seine ansteckende Begeisterung auch dem Präsidenten der Contemporary Arts Group vom Walker Art Center, David Johnson, und dem Direktor des Minneapolis Institute of Art, Arnold Herstand, Bewunderung ein. Herstand hatte Christo um ein Projekt gebeten, in das alle Erstsemester der Schule einbezogen sein sollten. Durch den Erfolg mit *Air Package* in Holland ermutigt, schlug Christo die Konstruktion einer 18 Meter langen, schwebenden Verpackung vor. Er hatte eine durchsichtige, aufblasbare, mit farbenprächtigen Ballons gefüllte Struktur im Auge, die ein Hubschrauber auf der Wiese des Minneapolis Institute of Art aufnehmen und quer über die Stadt aufs Dach des Walker Art Center transportieren sollte. Die meisten Vorstudien zeigten eine eher runde als längliche Form; auf einer Collage sieht man zwei Helikopter das Paket durch die Luft tragen. »Ich diskutierte das Projekt mit Jan van der Marck, der die Christos schon vor mir kannte«, sagte Herstand. »Jan versicherte mir, dass das Projekt durchführbar sei. Christo legte eine Liste des benötigten Materials vor. Wir bestellten eine

ganze Menge, aber die Ausgaben überstiegen unseren ursprünglichen Etat, so dass wir zusätzliche Geldmittel benötigten.«

»Christos Aufsehen erregender Sprössling *42,390 Cubic Feet
Package* (1200-Kubikmeter-Paket) sollte zwischen dem 24.
und 29. Oktober unter Mitwirkung von 147 Studenten entstehen. Vier Forschungsballons für große Höhen der U.S. Army,
die aufgeblasen jeweils 5,5 × 7,6 m maßen, und 2800 far-
benprächtige Ballons von je 70 cm Durchmesser sollten in
225 m³ durchsichtiges Polyäthylen eingeschweißt und mit
825 Metern 0,65 cm dickem Seil verschnürt werden.

Am Montag, dem 24. Oktober, fand die erste von zahlreichen Besprechungen Christos mit den Studenten und
dem Lehrkörper statt. Trotz seines begrenzten Wortschatzes
sprang der Funke der Begeisterung für das Projekt über. Anfänglich sahen sich die Studenten an, als wollten sie sagen
»Spinnt der?« Herstand weiß zu berichten: »Richtig aufregend wurde es, als die eigentliche Arbeit begann. Die Studenten waren zwar an interessante Projekte gewöhnt, aber
nicht an etwas Derartiges. Es entstand eine echte Mitmach-
Atmosphäre, die Teach-ins im Schein der lodernden Lager-
feuer im Schulhof, wo sie arbeiteten, dauerten die halbe
Nacht. Bald nahm das gigantische Paket Gestalt an, fast so
groß wie die umstehenden Häuser. Zuerst gab es auch Widerstände, aber die Sache zog die meisten Studenten und
Mitarbeiter schnell in ihren Bann. Sie halfen bei der logisti-
schen Planung. Es war keine High-tech-Operation, nirgends
wirkten Fachleute oder Ingenieure mit. Beim Bau ergaben
sich allerlei Probleme wie etwa die Frage, wie man das Rie-
sending denn mit Luft füllen solle. Zu guter Letzt haben sie
dafür, glaube ich, zwei Industriestaubsauger umgekehrt. Immer wieder musste irgendwas anderes beschafft werden.
Christo arbeitete Tag und Nacht und prüfte, was die anderen
gemacht hatten. Seine Studenten schlossen richtig Freundschaft mit ihm. Die Mitarbeiter von Walker und vom Institute kamen jeden Tag, um mitzuhelfen und die Fortschritte
zu bestaunen. Ich weiß noch, dass an dem Abend, als das

Ding zum ersten Mal aufgeblasen wurde, später Kinder aus
der Nachbarschaft Löcher in die Haut stachen und die Luft
heraus ließen. Am nächsten Morgen wurde alles repariert
und wieder aufgeblasen. Danach stellten die Studenten Wa-
chen auf. In den letzten Tagen kampierten viele Erstsemester an Lagerfeuern die ganze Nacht rund um das Paket
zu dessen Schutz. Unentwegt kamen Leute. Bei der Polizei
gingen Anrufe ein, eine fliegende Untertasse sei gelandet.
Nachts erhellten Scheinwerfer das Paket, dieses riesige,
durchsichtige Ding mit den farbenprächtigen Ballons, die
sich darin tummelten. Es schien zu pulsieren, auch dann
noch, als es prall aufgeblasen und verzurrt war. Der win-
zigste Luftzug bewegte es. Fast als lebte es!«

Nach Herstands Erinnerung wuchsen die Erregung und
Ungewissheit.»Jedes Christo-Projekt durchlebt schreckliche
Krisen, weil es alles übersteigt, was die Leute für möglich
halten. Wir hatten Mühe, einen Hubschrauber zu bekom-
men. Die ersten, die wir fragten, lehnten ab, hielten das
Ganze für einen verspäteten Aprilscherz. Schließlich krieg-
ten wir einen Helikopter. Nach einem ersten Blick auf das
Projekt wurde dem Piloten mulmig. Er sagte, die erste Phase
des Anhebens hänge ganz vom herrschenden Wind ab.
Wenn der Wind mit weniger als 8 km/h blase, lasse sich die
Sache am Freitag bewerkstelligen.

Jeanne-Claude kümmerte sich um die Werbung. Sie rief
Reporter von *Time*, *Life*, *The New York Times* und Informan-
ten der New Yorker Zeitungen an und versuchte, ihnen das
Projekt eines quer über die Stadt zum Walker transportierten
Mammutpakets schmackhaft zu machen.»Ich weiß noch,
wie ein Reporter von *Life* sagte: ›Wenn Sie's hoch genug kriegen, dass wir darunter die Skyline von Minneapolis erkennen können, na ja, dann bringen wir's als Titelblatt von *Life*‹.
Die Tausende von farbigen Ballons im Inneren machten die
Sache noch interessanter. Da das Paket im Wind hin und her
schwankte, fielen die Ballons übereinander und sprangen
von den Wänden ab. Das gab dem Ganzen noch mehr Farbe
und Geheimnis.

Am Freitag kam der Pilot wieder. Wir befestigten das Paket mit Seilen am Helikopter. Er versuchte abzuheben, aber der Wind blies zu stark. Er war nervös, weil durch den Wind das Riesenpaket wie ein Segel reagierte und der Druck sehr, sehr gefährlich werden konnte. Es wurde kritisch; Christo bekam fast einen hysterischen Anfall. Seine Emotionalität und Jeanne-Claudes kühles Blut im Angesicht des Feindes ergaben eine gute Mischung. Es bestand echte Gefahr, und wir alle waren sehr besorgt.«

In David Johnsons Erinnerung nimmt sich die Sache so aus:»Am Freitagmorgen war das Wetter so schlecht, dass es danach aussah, als würde das Projekt platzen. Der Fotograf von *Life* war abgereist. Ich erhielt einen Anruf von Jeanne-Claude, die mir sagte, Christo sei außer sich. Als ich in ihr Hotel kam, stellte ich fest, dass der Helikopter abgeflogen und den Zeitungs- und Fernsehleuten gesagt worden war, das Projekt sei abgeblasen. Ich willigte ein, die Kosten für den Hubschrauber zu übernehmen, und tätigte sofort mehrere Anrufe, um die Medienberichterstattung für Sonnabend sicherzustellen.«

»Die Nachricht verbreitete sich in Windeseile«, sagte Arnold Herstand.»Am Sonnabend standen die Studenten, der Lehrkörper, Mitarbeiter des Museums und Hunderte von Leuten aus der Nachbarschaft bereit. Das Wetter war heikel, aber der Pilot wollte einen Versuch wagen.« Um 12.30 Uhr am 29. Oktober erhob sich Christos unhandliches, glänzendes *42,390 Cubic Feet Package* in die Luft. Herstand beschrieb die Karnevalsatmosphäre:»In diesem aufregenden Moment ertönten Hochrufe. Man sah, wie der Hubschrauber hinter der Schule immer wieder abzuheben versuchte. Viele Leute lagen auf dem Bauch und versuchten, das Paket von unten so zu fotografieren, dass es wirkte, als befände es sich in weiter Ferne. Jeanne-Claude war über Funk mit dem Hubschrauberpiloten verbunden. Er versuchte, das Paket hochzuheben, und schaffte es auch ein paar Minuten lang, aber starke Windstöße zwangen ihn wieder nach unten. Der Pilot war tollkühn, aber die Luftströme waren zu stark. Weitermachen hätte ein gewaltiges Risiko bedeutet. Natürlich war Christo enttäuscht, aber es war trotzdem eine große Leistung, meine ich. Viele hielten es für ein großartiges Erlebnis. Binnen weniger Tage wurde das Objekt zerstört. Letzten Endes war es doch alles sehr geheimnisvoll. Die Geschichte der Künstler, die Ephemeres schaffen, reicht über Tausende von Jahren zurück. Diese Tradition wird oft vergessen. So schufen beispielsweise Leonardo und andere Renaissance-Künstler extravagante Festivitäten. Darum geht es bei Christos Projekten.«

Christo hatte bewiesen, dass er Teamgeist besaß, mit seiner Begeisterung Mitarbeiter motivieren konnte und mit Jeanne-Claudes Hilfe auch finanzielle Unterstützung zu gewinnen vermochte. Später schoben Journalisten die Schuld für den verpatzten Flug quer über die Stadt der Luftfahrtbehörde, einem ängstlichen Piloten und nervösen Stadtbeamten in die Schuhe. Der wirkliche Schurke in dem Stück aber war Christos lebenslanger erbitterter Gegner und stärkster Verbündeter: die Natur. Rückblickend stellte *42,390 Cubic Feet Package* das erste Scharmützel in einer bis heute andauernden Schlacht dar. Künftig sollte der Künstler den Luxus völliger Herrschaft über ein Projekt ohne zu zögern opfern, um Raum zu lassen für das spannungsgeladene Spiel der unvorhersehbaren Kräfte der Natur, ihre Schönheit und Ehrfurcht gebietende Macht.

9

Einmal um die Welt

Das ganze Jahr 1967 über war Christo zu beschäftigt, um ein
weiteres Großprojekt in Angriff zu nehmen. Er veranstaltete
drei Einzelausstellungen, nahm an elf amerikanischen und
europäischen Gruppenausstellungen teil, produzierte zahlreiche Zeichnungen, Collagen und einige maßstabgerechte
Modelle für mindestens ein Dutzend Projekte.

Im Januar 1967 kam Christos Vater zu Besuch nach New
York. Vladimir Yavachev hatte bisher weder Jeanne-Claude
noch Cyril gesehen. Der Charme seiner Schwiegertochter
beeindruckte ihn sehr, und mehr noch sein Enkel, der seinem Sohn auffallend ähnlich sah. Im April besuchten auch
Jeanne-Claudes Eltern das erste Mal die Howard Street.

Nach wie vor gaben die Christos ihre Dinner-Partys. Ihrer-
seits waren sie häufig bei ihren guten Freunden Teeny und
Marcel Duchamp zu Gast. Christo fiel besonders auf, wie
vollkommen gleichgültig Duchamp dem Reichtum und der
Verkäuflichkeit eines Kunstgegenstands gegenüber stand:
»Dass Menschen nicht nur der Kunst, sondern überhaupt einem Gegenstand Geldwert beimessen konnten, schien ihn
richtig zu erstaunen, und er fragte sich, wie man denn den
Reichtum eines Lebens und die Kraft eines Menschen in
Geld berechnen könne. Geld war für ihn nur ein höchst
relatives Indiz, von dem man nicht wusste, was es eigentlich bedeutet.« Als Marcel Duchamp am 2. Oktober 1968
in Neuilly bei Paris starb, war es für Christo ein schwerer
Schlag. Ein paar Monate zuvor hatten die beiden einen
Tauschhandel vorgenommen. »Gegen Ende sahen wir ihn
und Teeny oft«, erinnert sich Christo. »Kurz vor der Abreise

nach Europa kam er noch zu mir ins Atelier und sah sich alles an. Besonders gefielen ihm die Vorstudien zum *Wrapped-Coast*-Projekt in Australien. Also tauschten wir eine Collage von *Wrapped Coast* gegen ein paar Stücke von seinem *Valise*, die Teenys Tochter gemacht hatte. Ich weiß nicht, ob er genau wusste, was ich eigentlich zu tun versuchte, aber er ermutigte mich sehr.«

Der »Herrschaft des Geldes« traten Christo und in unterschiedlichem Maße auch einige seiner Zeitgenossen dadurch entgegen, dass sie unverkäufliche Kunst produzierten. Zu denen, die Duchamp mehr beeinflusste als der Dollar, gehörte auch der mit den Christos befreundete avantgardistische Komponist Nam June Paik, der später sagte, Christo sei der einzige Künstler gewesen, der je einen Kunstsammler zu ihm ins Atelier geschickt habe. Anfang 1967 brauchten Paik und Charlotte Moorman dringend Geld. Da er sein Videogerät und seine Musikschöpfungen nicht los wurde, bat er Christo, doch seinen tragbaren Schwarz-Weiß-Fernseher zu verpacken. Niemand wolle ihn haben, aber wenn Christo ihn verpacke, könne ihn Charlotte vielleicht verkaufen. Nach Jeanne-Claudes Worten war »Christo gerne einverstanden. Die beiden durften ihn um fast alles bitten. Wir bewunderten sie sehr.« Christo hatte 1967 schon einen Fernseher verpackt. Diesmal blieb von dem plastikverhüllten und mit Bindfaden verschnürten *Wrapped Television* nur die Antenne unverhüllt. Der Würfel trug gleich zwei Signaturen: »Paik '67« und »Für Paik '67«.

Mitte 1967 traten mehrere erfreuliche Wendungen ein. Christo war zwar immer noch »politischer Flüchtling«, erhielt aber endlich eine befristete Aufenthaltsgenehmigung, so dass die ganze Familie verreisen konnte. Zum andern gelangten mit dem Umzug von Harry Shunk und Janos Kender nach New York endlich auch preiswerte, qualitativ hochstehende Fotos in Reichweite. Christos größte Chance war indes, dass ihn Jean Leering, Mitglied des documenta-Rats, in den Ausstellerkreis der Kasseler documenta 4 von 1968 einbezog. Nach mehreren Besprechungen erklärte sich

Leering mit einer lebensgroßen Ladenfront und einem Mammut-Luftpaket einverstanden. Für die Entwicklung ihrer Projekte standen jedem Künstler 5000 Dollar zur Verfügung, was sich für die Konstruktion eines achtundzwanzig Stockwerke hohen Ballonprojekts als hoffnungslos unzureichend erwies. Horace Solomon griff Christo beim Bau seiner *Corridor Storefront* (Korridor-Ladenfront) dadurch unter die Arme, dass er ihm den Betriebsleiter seiner Fabrik Solo Products in Englewood, New Jersey, zur Verfügung stellte. Auch Les Braverman half immer mal wieder bei der Montage mit, wofür sich Christo dann mit einer großen Vorstudie für eine Ladenfassade bedankte.

Im Jahre 1968 schloss sich ein Unterfangen nahtlos ans nächste an. Christos wachsende Kunstproduktion war aber nur der eine Teil der Geschichte. Um seine künstlerischen Ziele zu erreichen, musste er unendlich viel Kraft auf Dinge außerhalb des Ateliers verwenden. Allmählich lebten Jeanne-Claude und Christo praktisch nur noch für ihre zeitraubenden Projekte. »Sie sind unsere Kinder«, bemerkte sie zutreffend; mit jedem Projekt wurde die Familie größer.

Christo war schon seit langem erpicht darauf, ein großes Gebäude zu verhüllen. »Bereits 1964 war mir klar, dass die Verhüllung eines Gebäudes nur innerhalb der Museumswelt möglich sein würde. Deswegen schlug ich 1967 die Verhüllung der Nationalgalerie für Moderne Kunst in Rom vor. Ich fertigte ein maßstabgerechtes Modell, Zeichnungen, Collagen und eine Fotomontage; vielleicht ließe sich der Vorschlag ja parallel zu einer dortigen Ausstellung verwirklichen.« Zwar wurde aus beidem nichts, aber »wir waren ganz nahe dran«.[*]

Im Verlauf des Jahres 1968 entwarf Christo Pläne für die Verhüllung von fünf Museen: des Museum of Modern Art und des Whitney Museum of American Art in New York, der Kunsthalle in Bern, der Nationalgalerie in Rom und des Museum of Contemporary Art in Chicago, von denen immerhin

---

[*] Zitiert in *Christo: The Early Works, 1958–1964*, Tokyo 1991.

zwei zur Durchführung gelangten. Auch anderen Bauwerken wandte er seine Aufmerksamkeit zu: der dreistöckigen Oper Teatro Nuovo in Spoleto, dem dreiundzwanzigstöckigen Allied Chemical Building in New York sowie dem Opernhaus und der Harbour Bridge in Sydney. Überdies fasste er die Verhüllung eines Küstenstrichs ins Auge. Die Christos brauchten Geld, sowohl für diese ehrgeizigen Projekte, als auch für ihre Lebenshaltung. Das Verkaufen von Kunstwerken wurde zur baren Notwendigkeit. Inzwischen aber war es zwischen Christo und der Galerie Castelli zum Bruch gekommen. »Sie wollten Fortschritte, und zwar ganz, ganz schnell«, erinnert sich Ivan Karp. »Leos Galerie war dafür einfach nicht die richtige Plattform. Jeanne-Claudes Ehrgeiz reichte weit darüber hinaus.« Und Castelli sagte: »Ich konnte ihn einfach nicht mehr vertreten, hatte ohnehin schon zu viele Künstler. Dass ich deswegen kein schlechtes Gewissen bekam, lag vor allem an seiner unglaublichen Frau Jeanne-Claude. Es war schon deutlich, dass sie sich viel besser zur freien Agentin eignete, als wenn er in der Galerie geblieben wäre.«

Und tatsächlich waren die Christos kaum noch zu bremsen. Die erste von fünf Einzelausstellungen des Jahres 1968 fand in der New Yorker John Gibson Gallery statt. Auf dem Waschzettel stand: »Projekte von Verpackungen, Ladenfronten und Ölfässern«; als Illustration enthielt er das maßstabgetreue Modell der verhüllten Nationalgalerie in Rom. Vieles fand einen Käufer. Das Museum of Modern Art erstand das *Package on Wheelbarrow* von 1963.

Zur intensiven Arbeit im Atelier gesellten sich noch die üblichen Essenseinladungen, Vernissagen, Verabredungen mit Kunstsammlern, Kuratoren, Journalisten und natürlich die umfangreichen Vorbereitungen für kommende Ausstellungen und potentielle Projekte. Ein kurzer Blick auf den Terminkalender der Familie zeigt, welche Unmenge von Dingen zu erledigen war, um die diversen Projekte voranzutreiben. Am 8. Januar begannen die Besprechungen von Priscilla Morgan, Leiterin des elften, jährlich stattfindenden *Spoleto*

Festival of the Two Worlds, und Christo über seine eventuelle Teilnahme; es wurde vereinbart, dass er ein Wahrzeichen der Stadt verhüllen solle. Am 15. Januar lud der Chef der Berner Kunsthalle, Harald Szeeman, Christo ein, sich mit elf anderen Künstlern an einer Ausstellung aus Anlass des fünfzigjährigen Bestehens des Museums zu beteiligen; anstatt typische Stücke zu zeigen, schlug Christo vor, das Gebäude und die Ausstellung zu verpacken, worauf Szeeman begeistert einging. Am 16. Januar schlossen Christo und Saul Steinberg einen Tauschhandel ab. Am selben Tag bat Kurator Robert Doty vom Whitney Museum Christo, sich am *Sculpture Annual* von 1968 des Museums zu beteiligen, das am 17. Dezember begann. Christo schlug die Verhüllung des Museums vor; Doty sagte seine Unterstützung zu. Am 18. Januar fand die erste von mehreren Besprechungen mit dem Whitney-Architekten Marcel Breuer statt. Zu diesen Vorgesprächen kamen Besuche von Kunstsammlern und -händlern, und nebenher liefen die Vorkehrungen fürs Fotografieren, die Kostenvoranschläge und der Transport des Heliums für das auf der documenta zu zeigende Luftpaket. Am 1. Februar trafen sich John Gibson, die Christos und der Direktor des Museum of Modern Art, William Rubin, zur Besprechung der eventuellen Verhüllung des Museums. In der Woche darauf lieferten Shunk und Kender die Fotos des Gebäudes. Am 10. Februar hatten die Christos bereits Lawrence Alloway überzeugt, für die Zeitschrift *Art International* einen Artikel über Christos documenta-Beitrag zu schreiben. Desgleichen war Alloway bereit, ein Buch über Christo zu verfassen, das im folgenden Jahr bei Abrams erscheinen sollte. Am 21. Februar diskutierte Christo mit Allan Kaprow das Kaprow-Happening *Transfer* an der Wesleyan-Universität, von dem Kaprow sagt, er habe es Christo gewidmet.

Im März ging es genauso hektisch weiter: Am 9. wurden die Pläne für die Christo-Ausstellung Ende 1968 im Institute of Contemporary Art in Philadelphia entworfen; gleichzeitig liefen die Besprechungen mit Vertretern vom Whitney-Museum, vom Museum of Modern Art, von der Berner Kunsthalle, der documenta und von Spoleto weiter. Scheinbare Ablenkungen wie etwa die Besuche in Andy Warhols Atelier am 16. und 18. März, wo sie sich Filme ansahen, sowie alle übrigen Unternehmungen, um in der Kunstszene auf dem Laufenden zu bleiben, hatten allesamt mit Christos Arbeit zu tun. Nachdem er *Corridor Storefront* auseinander genommen und zur Verschiffung fertig gemacht sowie an der Gala-Eröffnung von *Dada, Surrealism, and Their Heritage* am 25. März im Museum of Modern Art teilgenommen hatte, gab es noch ein paar Besprechungen in letzter Minute mit William Rubin.

Christo hatte vorgeschlagen, als krönenden Abschluss der Dada/Surrealismus-Ausstellung das sechsstöckige Museum of Modern Art zu verhüllen. Rubin hatte sich aufgeschlossen gezeigt; seiner Meinung nach verkörperte die Arbeit des jungen Künstlers den Geist oder reflektierte das »Erbe« von Dada und Surrealismus. Außerdem versprach Christos irrationaler Akt, der großen Ausstellung einen Aufsehen erregenden zusätzlichen Aspekt zu verleihen. Nach langer Beratung gab die Museumsverwaltung dann aber lieber der Vorsicht den Vorzug gegenüber der tollkühnen Vision des Künstlers. David Bourdon zufolge befürchtete die Verwaltung eine Störung der öffentlichen Ordnung, nicht zuletzt wegen aktueller Ereignisse. Am 4. April war Martin Luther King ermordet worden, worauf es in vier Städten zu Aufruhr kam. Ende des Monats besetzten protestierende Studenten die Columbia-Universität, und im Mai brachten in Frankreich Studentenunruhen und Generalstreiks beinahe die Regierung von Charles de Gaulle zu Fall.

Christo hatte dem Museum of Modern Art noch weitere, ähnliche Vorschläge vorgelegt: Verpackung des Abby Aldrich Rockefeller Sculpture Garden; Errichtung einer Mauer aus Ölfässern und damit Blockierung des Verkehrs auf der Museumszufahrt an der Dreiundfünfzigsten Straße; Verhüllung von Bäumen in der Haupthalle; Aufbau einer Mastaba aus Ölfässern in der Lobby; Verpackung auf Podesten stehender Frauen am Abschlussabend. Anstelle all dieser Ereignisse schlug Rubin nun Christo den ersten »Project Room« und die erste der später regelmäßigen »Project Shows« im ersten Stock des Museums vor. Die am 5. Juni eröffnete Ausstellung bestand aus sechs Modellen und zehn Zeichnungen und Fotomontagen. Im Katalog *Christo Wraps the Museum ... a Non-Event* schrieb Rubin:»Es überrascht nicht, dass er davon träumte, das Museum – oder auch die Bäume, die Skulpturen oder sogar ein paar Besucher im Skulpturengarten – zu verpacken. Die Mitarbeiter des Museums empfanden das als potenziell lebendiges und eigenwillig poetisches Projekt. Aber die praktischer veranlagten Chefs von Feuerwehr, Polizei und Versicherungen setzten sich durch.« In *New York* schrieb John Gren, die Museumsverwaltung habe »den Schwanz eingezogen«, und fügte hinzu:»Schade.«

Am Sonnabend, dem 1. Juni 1968, eröffnete John Gibson die Ausstellung *Christo II – Scale Models, Photomontages and Drawings* (Maßstäbliche Modelle, Fotomontagen und Zeichnungen), auf der Vorbereitungsmaterial für künftige Projekte gezeigt wurde. Binnen kurzem war alles ausverkauft. »Wir nahmen die Sachen ab, hängten andere auf, die sofort wieder verkauft waren, erweiterten die Ausstellung, stellten noch mehr aus und verkauften auch davon noch die Hälfte«, weiß Gibson in *The Art Dealers* zu berichten. »Allein im ersten Jahr, in dem ich Christo vertrat, verkauften wir fünfzig Kunstwerke von ihm. Ein großer, hoch verdienter Erfolg.« Wenige Tage später, am 5. Juni, erwarben Jean und Dominique de Menil fast sämtliche Christo-Exponate im Museum of Modern Art und schenkten sie diesem.

Am folgenden Tag flogen Christo nach Frankfurt und Jeanne-Claude mit Cyril nach Rom. Fünf prall gefüllte Wochen in Deutschland, Italien und der Schweiz erwarteten sie. Am 8. Juni bestiegen Jeanne-Claude und Cyril den Zug nach Spoleto. Während sich Christo mit seinem riesigen Luftpaket auf der documenta 4 in Kassel abmühte, sollte Jeanne-Claude die erste Gebäudeverhüllung am Teatro Nuovo versuchen. Christo hatte sie genauestens instruiert und alles mit Zeichnungen, Collagen und einem maßstabgerechten Modell verdeutlicht.

In Spoleto wurde Jeanne-Claude von Priscilla Morgan be-
grüßt. »Nach der Ankunft wurde mir eröffnet, ich könne das
Theater nicht verpacken, weil es die Feuerwehr verboten
habe«, berichtete Jeanne-Claude. »Also rief ich Christo in
Kassel an, und er sagte: ›Na gut, schau dich in der Stadt um
und ruf mich morgen wieder an.‹«

Am nächsten Tag, dem 12. Juni, sah sich Jeanne-Claude
die Wahrzeichen der Stadt an, sprach mit amtlichen Vertretern und aß mit Gian Carlo Menotti, dem Begründer und
Mentor des Festivals, zu Mittag. Am selben Abend berichtete sie Christo: »Sie schlagen vor, eine ausrangierte Kirche
zu verhüllen. Sie halten das für sehr lustig.«

Darauf er: »Ich rühre keine Kirche an. Auf keinen Fall!
Hast du noch etwas anderes gesehen?«

Jeanne-Claude beschrieb ihm einen alten Brunnen und einen mittelalterlichen Turm. »Soll ich versuchen, dafür die
Genehmigung zu kriegen?« Er war einverstanden.

Am 13. Juni, Jeanne-Claudes und Christos 33. Geburtstag,
sprachen Jeanne-Claude und Priscilla Morgan mit mehreren
wichtigen Leuten der Stadt. »Wir gingen in den Stadtrat,
suchten die Handelskammer auf und sprachen mit dem Bürgermeister wegen einer Genehmigung«, meinte Jeanne-
Claude dazu. »Meist redete Priscilla. Das Ganze war ziemlich
locker. Wir gingen von einem zum anderen, aßen zusammen
und erklärten ihnen die Sache, während Cyril mit ihren Kindern spielte. Sie alle waren guter Dinge, weil sie dachten,
Christo werde erklären: ›Entweder das Theater oder gar
nichts.‹ Das Tuch und die Seile hatten wir schon, und eine
Mannschaft stand Gewehr bei Fuß.«

Am Freitag, dem 14. Juni, versuchte Jeanne-Claude unter
Mithilfe einiger Arbeiter einen alten Steinturm am Stadt-
rand zu verhüllen. Die traurige Geschichte ist in Großbuch-
staben in ihrem Taschenkalender nachzulesen: »TURM –
NEIN. ZU VIEL WIND«. Am frühen Sonnabendmorgen ließ
der Wind nach, und Christos Statthalterin blies zu einem
neuen, diesmal erfolgreichen Sturm auf den Turm, bei dem
ein riesiges vertikales Paket herauskam. Am darauf folgen-

den Montag verhüllte Jeanne-Claude mit derselben Mannschaft einen Barockbrunnen und die Fassade eines schmucken vierstöckigen Gebäudes am Marktplatz. Ergebnis war ein seltsames Gemenge von Alt und Neu, es entsprach ganz dem Geist des »Festivals der zwei Welten«. Jeanne-Claude machte ein paar beeindruckende Fotos, auf denen weiß drapierte Bauten in der Sonne glitzern. Nur wenige der neugierigen Zuschauer bemerkten, dass die markanten Schnürknoten fehlten, die Christos Signatur waren. Anhand der Fotos produzierte Christo zum ersten und letzten Mal Zeichnungen nach anstatt vor einem Projekt. Die beiden Verpackungen blieben während des dreiwöchigen Festivals an Ort und Stelle. In *Life* vom 6. September 1968 schrieb David Bourdon später: »Eine wütende, nach Luft ringende Frau griff in ihrer mit Folie verhüllten Wohnung nach einem Fleischermesser und schlitzte Christos Verpackung auf.«

Als Jeanne-Claude mit Cyril an der Hand in Kassel eintraf, sprühte sie noch vor Begeisterung über ihren Erfolg in Spoleto. Das sollte sich freilich schnell ändern. Die Abenteuer mit dem Kasseler Luftpaket hätten für ein ganzes Leben ausgereicht. Wochen der Agonie, Tränen, Improvisation und Spannung begleiteten die vier herkulischen Versuche, ein sensationelles, 28 Stockwerke hohes, phallisches, luftgefülltes Gebilde zu errichten. »Dieses Luftpaket«, sagte Jeanne-Claude, »war eine reine Katastrophe, das schrecklichste Projekt meines Lebens. Alles ging schief. Wir waren Tag und Nacht in schierer Panik.«

Das Projekt war eine Weiterentwicklung der Luftpakete von Eindhoven und Minneapolis. Zur Planung dieses bisher größten Ballonprojekts hatte sich Christo im November 1967 mit Mitko Zagoroff zusammengesetzt, der mittlerweile seinen Abschluss als Ingenieur gemacht hatte. Als Christo am 7. Juni 1968 in Kassel eintraf, hatte Mitko gerade mehrere Zementsockel für die luftgefüllte Säule fertig. Lächelnd erinnert sich Mitko an das gefahrvolle Unternehmen: »Ich interessierte mich damals sehr für Ballonfahrt. Als Erstes mussten wir die technische Entscheidung treffen, ob das Ding leichter als Luft sein sollte oder nicht und ob es sich um einen Ballon oder eine aufblasbare Struktur handeln sollte. Erst zogen wir beide Konzepte in Betracht. Wir dachten, heliumgefüllt würde es sich erheben und oben bleiben. Das Problem war allerdings, dass der leiseste Wind es nach unten und auf den Erdboden drücken würde. Als zweite Methode bot sich an, wie bei einem Tennisball einen festen Überzug mit Luftüberdruck zu füllen, als Festkörper zu behandeln und mit einem Kran hoch zu hieven. Darauf stellte ich den ganzen Entwurf ab.« Christos *5,600 Cubic Meter Package* (5600-Kubikmeter-Paket) sollte hoch über Kassel ragen und aus allen Richtungen auf 25 Kilometer sichtbar sein.

Der erste Hebeversuch mit dem Monsterpaket fand am 24. Juni, drei Tage vor der offiziellen documenta-Eröffnung, auf einer großen Parkwiese bei strömendem Regen statt. In *Christo** beschreibt David Bourdon die Szene so: »Aus dem Regen wurde Sturm, und urplötzlich riss die seit drei Stunden aufgeblasene Polyäthylenhaut über drei Meter Länge auf. Nachdem die Nähte geplatzt waren, segelte der schimmernde Polyäthylenkoloss, der sich nur zehn Minuten in der Luft gehalten hatte, langsam zur Erde und sank mit dem majestätischen Zucken eines sterbenden Wals in sich zusammen.«

Zum weiteren Verlauf sagte Mitko: »Wir versuchten vier Mal, das Projekt aufzurichten. Beim ersten Mal bliesen wir es als Festkörper auf. Als wir ihn anheben wollten, platzte die Haut, zum einen, weil wir falsch gerechnet hatten und sie zu dünn war, zum andern, weil die deutschen Behörden den Einsatz schwererer Ankertrossen verlangten als die, mit denen wir gerechnet hatten. Inzwischen war die Eröffnung schon so nahe gerückt, dass Christo sagte: ›Wir haben doch das Helium. Warum reparieren wir die Kräne nicht einfach und versuchen's nochmal mit Helium?‹ Schon von Anfang an hatten die Christos auf der Verwendung von Helium bestan-

* New York 1970.

Christo:
erhüllte Flaschen und Dosen,
58–1960. (Foto: Eeva/Inkeri)

Christo:
Projekt für die Verhüllung eines
öffentlichen Gebäudes,
Fotocollage 1961.
(Foto: Harry Shunk)

PROJET DE UN EDIFICE PUBLIC EMPAQUETE

I. Notes générales:
Il s'agit d'un immeuble situé dans un emplacement vaste et régulier.
Un bâtiment ayant une base rectangulaire, sans aucune façade.Le bâtiment sera complètement fermé—c'est à dire empaqueté de tous les côtés. Les entrées seront souterraines, placées environ à 15 ou 20 metres de cet édifice.
L'empaquetage de cet immeuble sera éxécuté avec des bâches des toiles gommées et des toiles de matière plastique renforcée d'un largeur moyenne de 10 à 20 metres, des cordes métalliques et ordinaires. Avec les cordes de métal nous pouvons obtenir les points, qui peuvent servir en suite à l'empaquetage de bâtiment. Les cordes métalliques évitent la construction d'un échafaudage. Pour obtenir le resultat nécessaire il faut environ 10000 metres de cordes métalliques, 20000 metres de cordes métalliques, 80000 metres de cordes ordinaires.
Le present projet pour un edifice public empaqueté est utilisable:
I.Comme salle sportive-avec des piscines, le stade de football, le stade des disciplines olympiques, ou soit comme patinoire à glace ou à hockey.
II.Comme salle de concert, planetarium, salle de conférence et essais expérimentaux.
III.Comme un musée historique, d'art ancien et d'art moderne.
IV.Comme salle parlementaire ou un prison.

CHRISTO
octobre 1961, Paris

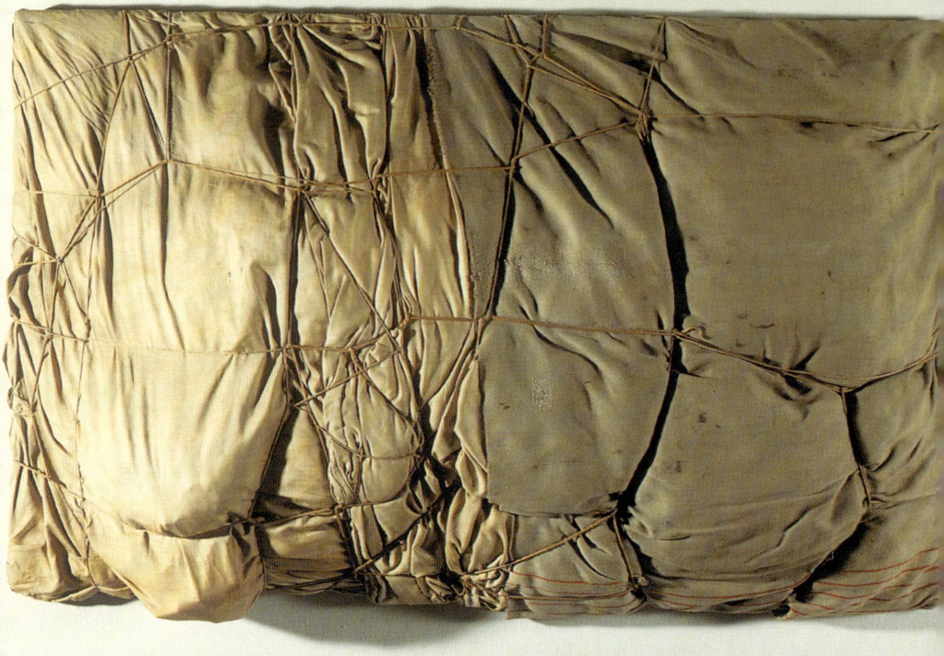

Christo:
Paket, 1961.
(Foto: Wolfgang Volz)

Christo:
Purpurne Ladenfront, 1964.
(Foto: Wolfgang Volz)

Christo und Jeanne-Claude
Eiserner Vorhang – Mau
aus Ölfässern, Rue Viscon
Paris 1961–196
(Foto: Jean-Dominiq
Lajou

Christo und Jeanne-Claude
Verhüllte Kunsthalle, Bern
1968. (Foto: Balz Burkhard

Christo und Jeanne-Claude
5600-Kubikmeter-Paket,
documenta 4, Kassel 1967–
1968. (Foto: Klaus Baum)

Christo und Jeanne-Clau
Verhüllte Küste, Little B
92900 Quadratme
Sydney, Australien 196
(Fotos: Harry Shu

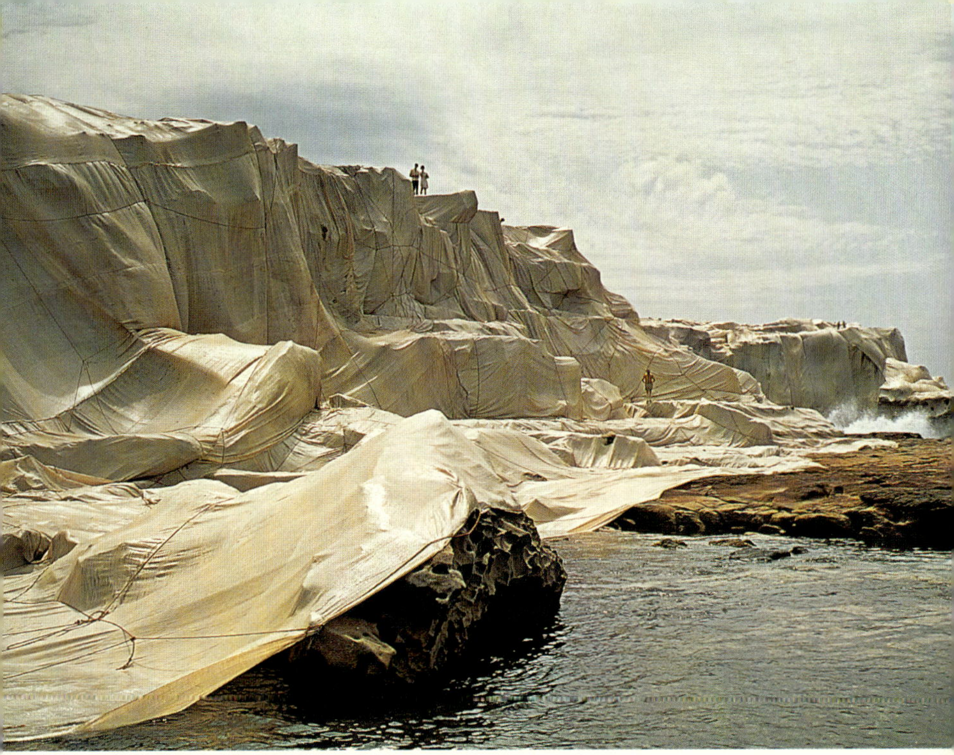

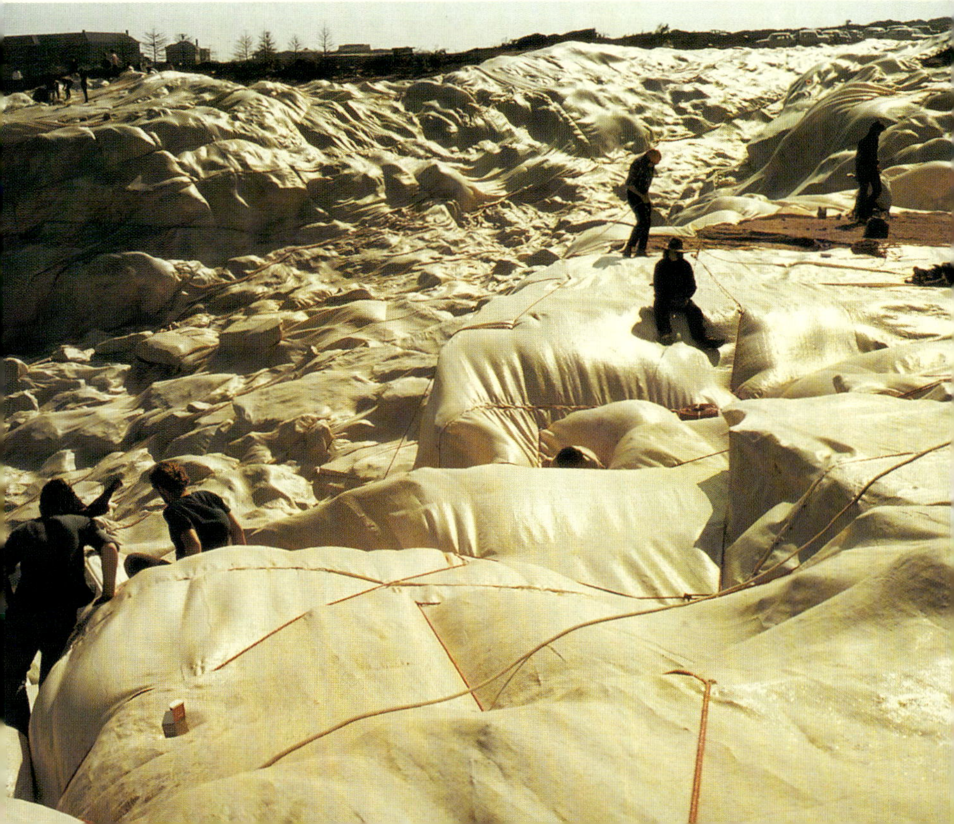

ben Christo und Jeanne-Claude: Meeresfront, Newport, Rhode Island 1974.
(Foto: Gianfranco Gorgoni)

inks Christo und Jeanne-Claude: Talvorhang, Rifle, Colorado 1970–1972.
(Foto: Harry Shunk)

nten Christo und Jeanne-Claude: Die Mauer, Verhüllte Römische Mauer, Porta
inciana delle Mura Aureliane, Rom 1974. (Foto: Harry Shunk)

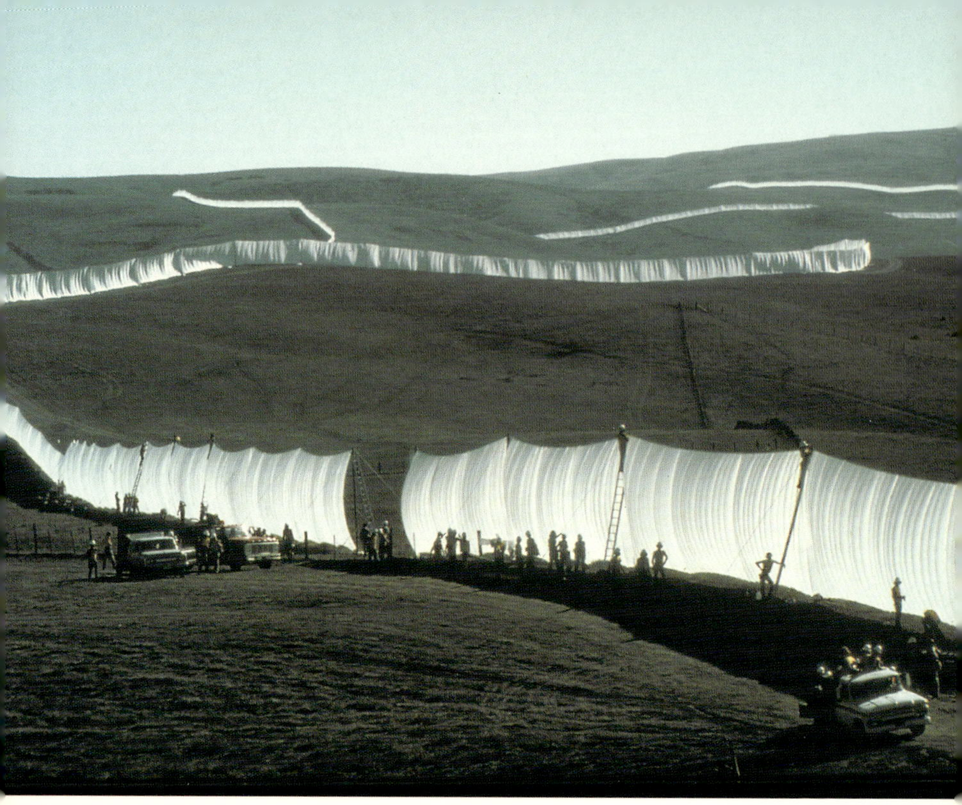

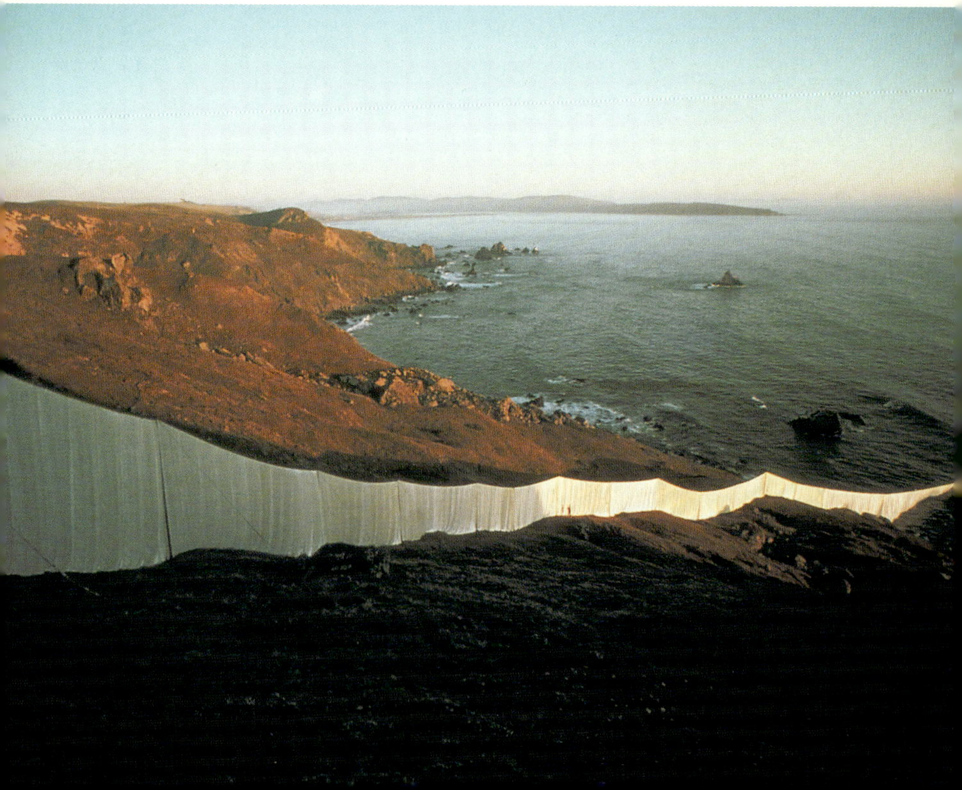

Oben
Christo und Jeanne-Claude:
Verhüllte Spazierwege, Jacob
L. Loose Park, Kansas City,
Missouri 1977–1978.
(Foto: Wolfgang Volz)

Links
Christo und Jeanne-Claude:
Laufender Zaun, Sonoma
and Marin Counties,
Californien 1972–1976.
(Fotos: Wolfgang Volz)

Rechts
Christo und Jeanne-Claude:
Verhülltes Vestibül, The Art
Gallery of New South Wales,
Sydney 1990.
(Foto: Wolfgang Volz)

Christo und Jeanne-Claude:
Umsäumte Inseln, Biscayne Bay, Greater Miami, Florida 1980–1983.
(Foto: Wolfgang Volz)

Christo und Jeanne-Claude:
Verhüllter Pont Neuf, Paris 1975–1985.
(Fotos: Wolfgang Volz)

Christo und Jeanne-Claude:
Die Schirme, Japan/USA 1984–1991: Ibaraki.
(Fotos: Wolfgang Volz)

Christo und Jeanne-Claude:
Die Schirme, Japan/USA 1984–1991: Kalifornien.
(Fotos: Wolfgang Volz)

Christo und Jeanne-Claude: Verhüllter Reichstag, Berlin 1971–1995.
(Fotos: Wolfgang Volz)

Christo und Jeanne-Claude: Verhüllte Bäume, Fondation Beyeler und Berower Park, Riehen, Schweiz 1997–1998. (Fotos: Wolfgang Volz)

nächste Seite Christo und Jeanne-Claude: The Wall, 13000 Ölfässer, Gasometer, Oberhausen 1999. (Foto: Wolfgang Volz)

den. Das war dann der zweite Versuch.« Ihm war ebenfalls nur kurze Dauer beschieden. Am 26. Juni erhob sich das wiederhergestellte, aufgeblasene Objekt, das fast die Länge eines Fußballplatzes hatte, für wenige Minuten, aber noch bevor es aufrecht stand, wehte der Wind es um, es platzte und sank wieder in sich zusammen. 1200 Kubikmeter Helium und mit ihnen die mageren Finanzen der Christos lösten sich in Luft auf. Die Medien hatten ihr gefundenes Fressen. In Schlagzeilen wurde der in aller Öffentlichkeit erfolgte Fehlschlag lächerlich gemacht, wobei sich der Humor vor allem an Christos Unfähigkeit festmachte, »sein Ding hochzukriegen«.

Der Kunsthändler David Juda, der Deutsch, Französisch und Englisch konnte, wurde für die documenta 4 als Christos Verbindungsmann eingespannt. Wochenlang arbeitete er mit Christo zusammen und beaufsichtigte eine Gruppe Kunststudenten. In seinen Worten nahm sich das Fiasko vom 26. Juni so aus: »Als der Ballon gerade nach oben stieg – er ähnelte einem halb erigierten Penis –, knickte er unter dem enormen Druck ein und platzte an den Nähten. Jeanne-Claude war außer sich und heulte. Christo nahm sie einfach in die Arme und sagte: ›Hast du gesehen, wie schön er war? Reg dich nicht auf, ist doch bloß eine Skulptur.‹ Vermutlich ging ihm erst später auf, was passiert war.«

Es hatte ganz den Anschein, dass die Christos mit ihrem Latein am Ende waren. Sie hatten bereits mit der Bundeswehr Kontakt aufgenommen in der Hoffnung, vielleicht einen Großhubschrauber einsetzen zu können. Ein ehemaliger Luftwaffenpilot kam, um ihnen zu helfen. »Es war schrecklich«, sagte Jeanne-Claude. »Am Ende sagte er, ›nichts zu machen‹. Wenn das Haltetau sehr lang ist, wird es für den Piloten zu gefährlich. Ist es zu kurz, drückt der Luftwirbel der Rotoren beim Abheben den Ballon nach unten. Danach entdeckte Mitko, dass die mathematische Gleichung, die er zur Luftbefüllung des Ballons benutzt hatte, irgendwann nicht mehr multiplizierbar wird. Die Formel war bislang noch nirgends auf der Welt eingesetzt worden, weil niemand sie je

brauchte. Er musste eine neue erfinden. Wir fanden den berühmten Wissenschaftler Professor Trostel, der bereit war,
ihm zu helfen.«

Mitko erinnert sich an die Enttäuschung vom 26. Juni:»Es
war daneben gegangen. Nachdem wir eine Nacht darüber
geschlafen hatten, traf Christo eine Entscheidung. ›Verflixt
nochmal, das Schwerste haben wir doch schon hinter uns.
Alles, was wir brauchen, ist eine neue Haut.‹ Inzwischen waren alle Verankerungen fertig. Für das Unterteil hatten wir
einen riesigen Auflagekorb gebaut. Auch das Gebläse fürs
Aufblasen hatten wir gekauft, sogar einen Generator für den
Fall, dass der Strom ausfiel. Die Christos hatten für all das
Drum und Dran eine Menge ausgegeben. Zufällig befand
sich in Kassel der richtige Stofffabrikant, eine kleine Firma,
die aufblasbare Tennishallen herstellte.«

Die Christos waren fest entschlossen, die Sache zu Ende zu
bringen. Die documenta dauerte vom 27. Juni bis zum 6. Oktober. Irgendwie brachte Jeanne-Claude das Geld für eine
neue Hülle zusammen, während Christo die Überbleibsel
des 5000 Dollar teuren Polyäthylens einsammelte, in einen
Zug packte und sich auf den Weg machte, um die Berner
Kunsthalle zu verpacken.

Einen Großteil der Vorarbeiten dazu hatte Harald Szeeman schon geleistet. Als Christo eintraf, brachten er und elf
Helfer sechs Tage damit zu, die Überbleibsel der ursprünglich 2500 Quadratmeter des in Kassel geplatzten Polyäthylens zusammenzupassen und mit 3000 Metern Nylonseil zu
verschnüren. Die Holzpfähle um den gedrungenen Bau aus
dem 19. Jahrhundert wurden mit Stoff gepolstert, um eine
Beschädigung des Gebäudes zu verhindern. Die Feuerwehr
zeigte sich nach einer Weile hilfreich und stellte eine hyd-
raulische Leiter zur Verfügung. In *Christo* schreibt David
Bourdon:»Die Versicherungen übernahmen keinen Ver-
sicherungsschutz gegen Brand und Vandalismus für die
Kunsthalle und ihren wertvollen Inhalt während der Dauer
der Verpackung. [...] Szeeman stellte Tag und Nacht rund
ums Gebäude sechs Wachleute auf. Das alles war recht kost-

spielig, weshalb die Verhüllung nach einer Woche abgenommen wurde.« Im *Daily Telegraph Magazine* vom 27. März 1970 erklärte Ian Ball den Abbruch der Verhüllung anders: »Die Museumsbesucher, die durch einen schmalen Schlitz in der Plastikhaut Einlass fanden, wurden von der Hitze und schlechten Luft im Innern fast ohnmächtig.« Dennoch: Endlich hatte Christo ein ganzes Gebäude verhüllt. Plötzlich schien alles möglich. Nach sieben Jahren Träumen und Planen hatte er eine öffentliche Einrichtung auf dramatische, unerwartete Weise verwandelt. Die durch die Hülle teils sinnlich, teils wie ein verführerisches Geschenk, teils wie gefangen wirkenden, weichen Konturen des Museums erregten die Gemüter wie ein verlockendes Geheimnis. Jeanne-Claude hat das um die Kunsthalle verschnürte leuchtende, blasenhafte Gespinst nie gesehen, ebenso wenig wie Christo die schimmernden Schleier um den Brunnen und den Turm in Spoleto. Mit jedem Akt ging die Schöpfung neuer, beunruhigender Formen einher. Jeder Eingriff vermittelte ein Gefühl von Ganzheit, blieb indes vieldeutig genug, um Besitz, Freiheit und alle erdenklichen anderen Interpretationen zu suggerieren.

Anfang Juli kehrte Christo nach Kassel zurück. Von seinem Projekt in Bern und Jeanne-Claudes willkommenem Verkauf von *Corridor Storefront* an einen belgischen Sammler ermutigt, wappnete er sich, zusammen mit Mitko und David Juda, für einen neuen Versuch, den wenig kooperativen Ballon endlich hochzukriegen. Die neue Hülle aus synthetischer Textilfaser, die mit Wasser abweisendem Kunststoff besprüht und wärmeversiegelt war, wurde in Rekordzeit fertig gestellt. Am 14. Juli unternahm eine neu zusammengestellte Christo-Mannschaft einen weiteren Versuch. Diesmal halfen auch Joseph Beuys und andere Künstler. Der aufgeblasene Monolith lag ausgestreckt auf der Erde, war von gut 3500 Metern Seil umschlungen und mit einem Auflagekorb, zwei großen Kränen und sechs Betonfundamenten in einem Kreis von 300 Metern Durchmesser verbunden. Voll aufgepumpt wog das Monstrum 6 Tonnen. Auf Fotos ist zu sehen, wie junge Männer die dicken Haltetaue festhalten, während andere Gestalten Seile an der Spitze des Objekts befestigen. Die Kräne waren ihrer Aufgabe nicht gewachsen. Dazu Mitko: »Als wir es an der Mitte hochheben wollten, sackte es durch, und die Haut platzte. Der Innendruck war zu groß. Ärgerlich für mich als Ingenieur war, dass wir den Druck genauestens kontrolliert hatten.« Nach langer technischer Erläuterung anhand von Diagrammen und Fotos sagte Mitko weiter: »Ich kann es auch einfacher sagen: Die Haut dehnte sich zwar gleichmäßig, aber da sie an den Nähten überlappt, ist sie dort doppelt so dick, dehnt sich also nicht im gleichen Maße. Was ich nicht berechnet hatte, war, dass die Quernaht eine doppelte Spannung entlang der Längsnaht bewirkte. Das allein ließ eine Naht platzen.«

Die deutsche Presse dokumentierte genüsslich Christos Fehlschlag. Es erschienen Bilder des sinkenden Ballons, in dem eine Art Schnittwunde zu sehen war, und der niedergeschlagene Künstler ließ, ähnlich dem verwundeten Luftpaket, den Kopf hängen. Mitko erläuterte: »Was explodierte, war nicht etwa das ganze Ding, sondern es handelte sich um ein Platzen weniger Stellen. Die Reparatur war einfach. Was wir wirklich brauchten, war eine andere Methode, um das Paket aufzurichten. Christo beschloss, mehr und größere Kräne zu holen.« Jeanne-Claude sagte mit schmerzverzerrter Miene: »Für uns war es eine harte Zeit. An die verstreichende Frist dachten wir schon gar nicht mehr. Es ging nicht mehr ums Publikum, sondern nur noch um uns. Da es nie zuvor ein aufgeblasenes Objekt dieser Größe gegeben hatte, konnten wir auch niemanden um Rat fragen.«

Mit Wechseln auf künftige Verkäufe sicherten sich die Christos, deren Nervenkostüm zu reißen drohte, die Dienste der beiden größten Kräne Europas. Es dauerte zwei Wochen, bis sie endlich – der Überbreite wegen von Motorradfahrern eskortiert – eintrafen, der eine aus Hamburg, der andere aus Spanien. Kosten: 9000 Dollar. Als der erste Riesenkran auf dem Auepark eintraf, sank er im weichen Wiesengrund ein. »Es hatte den ganzen Sommer geregnet«, sagte Jeanne-

Claude. »Wir brauchten Stahlmatten, wie die Armee sie in der Wüste benutzt.« Mitko und David gelang es, die Hilfe der britischen Rheinarmee zu bekommen. »Wir arbeiteten Tag und Nacht«, erinnert sich Jeanne-Claude.

Endlich, noch vor Sonnenaufgang am Samstag, dem 3. August 1968, standen fünf Kräne samt Arbeitern bereit für einen letzten Versuch der Christos. Der Leiter des Museum of Modern Art, Alfred Barr, war gekommen, um ihnen beizustehen. Jeanne-Claude stand schweigend im Dunkel und umklammerte seinen Arm. »Wir kannten einander nicht sehr gut, aber an diesem Morgen wurden wir dicke Freunde«, sagt sie. »Barr kam schon um fünf in der Früh, da ist es ziemlich windstill. Um fünf Uhr morgens ist das auf der ganzen Welt so. Zwischen fünf und sechs herrscht Windstärke Null, weil sich der Nachtwind legt und der Tageswind noch nicht aufkommt.« Nach Mitkos Worten »war es ein höchst spannender Augenblick. Kam auch nur der kleinste Wind auf, konnte die Struktur die Kräne umwerfen. Bei geringem Wind konnten die Kräne den Ballon problemlos hochheben, aber wenn Wind aufkam, mussten sie ihn fliegen lassen, weil er sie sonst umwerfen würde. Also setzten wir das Ganze in aller Herrgottsfrühe an, wenn noch kein Wind weht. Das Anheben ging Stückchen um Stückchen voran, bis es fast geschafft war. Als ein Winkel von 80 Grad erreicht war, kam leichter Wind auf. Das verursachte ein Flattern der Struktur, die jetzt anfing, hin und her, nach links und rechts und auf und ab zu tanzen. Sie bog sich nach links, dann rechts, oben, unten … links, rechts, oben, unten. Die Kräne begannen zu schwanken, und das ganze Objekt sprang aus dem Auflagekorb wie ein Gummiball. Das Rohr, durch das wir die Luft gepumpt hatten, riss fast ab.« Jeanne-Claude sagt über diesen Augenblick: »Irgendwann verlor der Ballon die Balance und schlug erst gegen einen, dann gegen einen anderen Kran. Die Kranmannschaften hatten noch nie etwas Derartiges erlebt. Als sich der eine Kran zur Seite neigte, rannte ich hin und schrie dem Mann in der Kabine zu: ›Spring!‹ Er rief mir etwas auf Deutsch zu. Später erfuhr ich, was er gesagt hatte: ›Weib, geh in die Küche und lass mich machen.‹ Wenn es ihn erwischt hätte, gäbe es keinen Christo mehr. Beide Kräne wankten und machten einen fürchterlichen Lärm.«

Auf der documenta in Kassel 1968: Dimiter (Mitko) Zagoroff, Jeanne-Claude und Christo während der Errichtung von *5600-Kubikmeter-Paket*. (Foto: Klaus Baum)

In Mitkos Worten nimmt sich der dramatische Abschluss so aus:»Wir waren alle aufs Äußerste gespannt, aber irgendwie schaffte es der Ballon über die 80 Grad weg, und die Mannschaft vertäute die linken und rechten Haltetaue, die ihn am Hin- und Herschwanken hinderten. Dann machte sie die Vorderseite fest, und im Grunde hatten wir damit das Schlimmste hinter uns. Vor Erleichterung musste ich mich fast übergeben. Wir hatten's geschafft, und die Arbeiter fingen an zu jubeln. In diesem Augenblick sahen die Christos rot. Sie waren wütend. Immer noch blieben zehn oder zwölf Taue zu sichern, und sie wollten, dass alles fest verzurrt war, bevor man zum Feiern überging. Aber eigentlich gab es keinen Grund zur Sorge mehr. Die Studenten mussten sich ein paar barsche Worte anhören. Ich war irritiert. Aber für die Christos zählt einzig das Projekt; alles andere kommt später, für Rücksichtnahme ist da keine Zeit. Im Grunde fühle ich mich ihnen näher, wenn etwas schief läuft. Für Christo steht immer das Projekt im Vordergrund, immer. Jeder Beteiligte muss sich ganz dem Projekt widmen und an seine Bedeutung denken. Es hat Vorrang vor allem anderen und lässt einen nicht mehr los. Christo kann diese Dringlichkeit herstellen, er blendet sich und Jeanne-Claude dabei völlig aus. Das einzig Wichtige ist der Akt.«

Was allein zählte, war, dass 5,600 *Cubic Meter Package* triumphal über Kassel stand. Der 6 Tonnen schwere Koloss wippte mehr als zwei Monate sanft über der Stadt und wurde erst mit Ende der documenta abgebaut. In seinem Beitrag zu *Christo* beschreibt Lawrence Alloway das Paket als »gewaltig – etwa so hoch wie das Seagram Building von Mies van der Rohe –, aber so nervös auf Luftbewegungen reagierend wie Algen auf Wasserströmungen«. Die finanziellen Anstrengungen schienen vergessen. Am Ende beliefen sich die Gesamtkosten auf 70 000 Dollar, nicht gerade wenig für ein umstrittenes, kurzlebiges Kunstwerk.»Das Projekt verursacht mir heute noch Alpträume«, sagt Jeanne-Claude.

In Kassel haben die Christos eine Menge gelernt. Mit *5,600 Cubic Meter Package* gewann eine dynamische Methode Klarheit, die in späteren Großprojekten wiederkehrte: umfangreiche Planung mit Unterstützung technischer Berater, Beschaffung behördlicher Genehmigungen, Verkauf von Arbeitsskizzen und -modellen zur Finanzierung des Projekts, Installation durch motivierte Arbeiter, Aufräumen des Veranstaltungsortes und eingehende Dokumentation des Ganzen.

Joyce Alazrachi war für das Ereignis nach Kassel gekommen und nannte als Grund, warum sich Menschen zu Christo hingezogen fühlten: »Es ist seine Aufrichtigkeit, die überall durchscheint. Er liebt wahrhaft, was er tut. Da gibt es kein Getue und keine Angeberei. Kein Wettrennen mit andern. Er tut es, weil er es tun will. Ich glaube nicht, dass er sich mit irgendwem vergleicht. In Kassel wurde sein Luftpaket ein phallisches Symbol genannt. Ich fragte ihn, was er dazu meine. Er sagte: ›Na ja, wenn sie's so sehen wollen. Im Grunde ist es egal.‹«

Als Christo Mitte September nach New York zurückkehrte, konzentrierte er seine Aufmerksamkeit auf seine Einzelausstellung *Monuments and Projects*, die am 4. Oktober im Pennsylvania Institute of Contemporary Art (ICA) der Universität in Philadelphia eröffnet wurde. Sie umfasste frühere Arbeiten und drei vor Ort zu fertigende Projekte. ICA-Chef Stephen Prokopoff und eine Hand voll Kunstsammler hatten Christos Entwicklung verfolgt und waren glühende Anhänger geworden. Im Ausstellungsprospekt stellte Prokopoff eine Verbindung zwischen Christos Arbeit und einem »allgemeinen Gefühl der Entfremdung im ganzen geistigen Leben Europas nach dem Zweiten Weltkrieg« her und charakterisierte die Ladenfassaden als »Anspielungen auf eine kompromisslos gesichtslose Gegenwart« und als so »entpersönlicht, dass sie wie Metaphern der Entfremdung wirken, als Monumente einer Kultur ohne jegliches Innenleben«.

Die Kunsthistorikerin Suzanne Delehanty berichtet über die Ausstellung: »Das ICA war eine kleine Einrichtung; es gab Stephen als Leiter und mich als Assistentin, außerdem ein paar Teilzeitkräfte für die Installation. Das war's aber auch schon.« Über ihren ersten Eindruck von Christo sagt Delehanty, die später selbst Institutsleiterin wurde:»Man musste den Mann einfach mögen. Er ist ein Energiebündel, ungemein intensiv, und herzlich obendrein. Seine Augen funkelten. Ich musste 1500 Ölfässer beschaffen, das entsprach der Ladung von fünf Güterwagen. Daraus sollte in unserer großen Galerie von 15 × 15 Metern eine abgeflachte Pyramide gebaut werden. Schon das Beschaffen war nicht einfach. Es brachte den Betrieb der Ölfirmen durcheinander, die in allen Phasen des Lieferzyklus Fässer benötigen. Das von Christo ausgewählte Material zog dieses unsichtbare System in Mitleidenschaft. Stephen und ein ICA-Vorstandsmitglied verhandelten mit mehreren Firmen über die Fass-Ausleihe. Eine Firma wollte sie uns nicht leihen, sondern verkaufen und bei Rückgabe einen Teil rückerstatten. Also musste ich die Uni-Verwaltung überzeugen, dass sie sich nicht über die Rechnung von zehn- oder fünfzehntausend Dollar aufzuregen brauchten. Wir borgten uns die Fässer bei mehreren Firmen aus; die einen wollten einen Briefvertrag, andere benutzten ihr eigenes Lagerkontrollsystem. Es war faszinierend.«

»Es war meine erste Erfahrung mit einem speziell für einen bestimmten Ort entworfenen Exponat, für das nicht-traditionelles Material verwendet wurde«, fuhr sie fort. »Alles musste äußerst schnell vor sich gehen, denn die Christos kamen später als geplant von der documenta zurück. Es gab jede Menge Besprechungen mit den Technikdozenten und Mitko Zagoroff. Einige machten sich Sorgen wegen der Sicherheit. Sie berechneten die Belastbarkeit des Fußbodens und entwickelten ein ausgeklügeltes System von Spannvorrichtungen – metallenen Halterungen, durch die man Taue ziehen und so das Ganze verzurren kann. Nach dem Aufbau des Objekts sah man die Taue kaum noch. Aber keiner von uns hatte gedacht, dass das alles so teuer würde.«

Für die Rampe wurden Holzfaserplatten auf die Treppen gelegt und mit Planen abgedeckt. Im ganzen Gebäude wurden Planen ausgebreitet, um eine Beschädigung der

Fässer beim Hinaufrollen zu verhindern. »Wir mussten jedes Fass in gutem Zustand zurückgeben«, sagte Suzanne dazu. »Während der Installation gab es immer wieder kritische Momente. Wir alle arbeiteten zwar liebend gerne mit den Christos zusammen, aber manchmal wurde es doch sehr brenzlig. Immer wieder hieß es: ›Und wie sollen wir das schaffen?‹, und als Antwort: ›Wir müssen einfach.‹ Manchmal flogen die Fetzen, und das ist noch zurückhaltend ausgedrückt. Eines Abends schlichen sich einige Architekturstudenten, die mit dem Werk nichts anfangen konnten, in die Galerie und klauten ein paar Fässer. Vermutlich verletzte die Struktur ihr architektonisches Empfinden. Weil sie wie eine architektonische Form wirkte, empfanden sie sie vielleicht als Verletzung ihres Territoriums. Na ja, wie auch immer, wir holten uns die Fässer wieder.«

Während im Erdgeschoss die verschiedenfarbigen Ölfässer als massive Mastaba aufeinander geschichtet wurden, entstand eine Etage höher als zweites Projekt *Packed Hay* (Zwei Tonnen Heuballen). Die für die Installation angeheuerten Studenten luden abwechselnd Fässer ab und schwärmten auf der Suche nach Heuballen ins umliegende Land. »Die sperrige Struktur aus übereinander geschichteten Heuballen wurde mit Material abgedeckt und verschnürt. Sie stand als Einziges in einem etwa 10 × 20 Meter großen Raum«, sagt Suzanne Delehanty.

Im gegenüberliegenden Saal wurden eine Auswahl aus Christos Ladenfronten-Vorstudien, Collagezeichnungen, verpackte Gegenstände, maßstabgerechte Modelle und *Packed Tree* gezeigt. »Wir wurden gerade noch rechtzeitig mit dem Aufstellen fertig. Als wir die letzten Etiketten anbrachten und die letzten Heureste zusammenfegten, kamen schon die ersten Besucher«, erinnert sich Delehanty.

An den Begrüßungscocktail um 18.30 Uhr schloss sich das Fundraising-Dinner an, bei dem jeder Teilnehmer neben dem Essen auch *Wrapped Roses* erhielt – drei mit Zwirn in Polyäthylen verpackte Plastikrosen.

Am 11. Januar 1969 kam Christo in Chicago an, um die Verhüllung des dortigen Museum of Contemporary Art vorzubereiten. David Bourdon beschrieb die wenig ansehnliche ehemalige Bäckerei, die eine Zeit lang auch Playboy Enterprises als Verwaltungssitz gedient hatte, als »banalen, einstöckigen Bau (samt Galerie im Untergeschoss), der den Charme einer alten Schuhschachtel verströmt«.

Jan van der Marck, der inzwischen das Museum leitete, hatte die Vorarbeiten für *Wrap In Wrap Out* geleistet, den Versuch, das Museum von außen, seine Galerieräume, Treppen sowie Teile des Interieurs zu verkleiden. Am 15. Januar waren sechs Studenten einsatzbereit, und 62 insgesamt rund 930 Quadratmeter umfassende, kräftige Planen samt 1200 Metern dicker Hanfseile waren geliefert. Neugierige Zuschauer fragten, ob das Museum renoviert werden oder das Ganze der Wärmedämmung dienen solle. Von allen Seiten hagelte es Proteste der Museumsdirektoren. Der angesehene Leiter des Museum of Art in Cleveland, Sherman Lee, nannte das Projekte eine »Katastrophe« und van der Marck einen »sich munter selbst in die Luft jagenden Museumsdirektor«. In der Ankündigung des Museum of Contemporary Art selbst wurde die Frage gestellt: »Gibt es etwas, das sich mehr zur Mumifizierung eignet als ein Museum?« und van der Marck mit der Bemerkung zitiert: »Die Idee eines modernen Museums und seiner Nützlichkeit ist etwas fragwürdig geworden, und Christo ist es gelungen, alles zu parodieren, womit man ein Museum gemeinhin verbindet: mit einem Mausoleum, einem Magazin wertvoller Inhalte und mit dem Wunsch, die ganze Kunstgeschichte ›einzupacken‹.«

Nachdem Christo dem vierschrötigen Bau einen dunkelbraunen, warmen Wintermantel angepasst hatte, der sich scharf von der schneebedeckten Umgebung abhob, verhüllte er einen Wegweiser in blendend weiße Folie. Anschließend bedeckte er den Galerieboden mit 260 Quadratmeter angemietetem Stoff, wie ihn Anstreicher verwenden, verhüllte das Treppenhaus, ein »Ausgang«-Schild, eine öffentliche Telefonzelle, einen sechs Meter hohen Baum sowie allerlei

Möbel, Bilder und Accessoires. Über die Eröffnung am 17. Januar sagte Jeanne-Claude:»Die Besucher wurden gebeten, die Schuhe auszuziehen – nicht auf Christos Wunsch, sondern aus Sicherheitsgründen. Wir befürchteten nämlich, dass die Damen mit ihren hochhackigen Schuhen vor allem auf der Treppe hängen bleiben könnten. Alle Welt in Strümpfen und Socken war ein sehr hübscher Anblick. Am nächsten Tag stand in der Zeitung, ein Wachmann habe das Museum abgeschlossen in der Meinung, es sei niemand mehr da, dann aber ein Geräusch gehört und festgestellt, dass ein Liebespaar auf dem verhüllten Boden unter dem verhüllten Treppenhaus der Liebe frönte.« Die Pressefrau des Museums, Karin Rosenberg, ergänzte:»Seit uns Christo verpackt hat, kommen unablässig junge Leute und setzen sich zum Plaudern hin, ganz als wäre das Museum ein Park. Manche Leute hielten es für ausgesprochen sexy.«

Mehrere ehrgeizige Projekte ließen sich 1969 nicht verwirklichen. Christo stellte eine hervorragende Collagenreihe von Hunderten verhüllten Bäumen entlang den Champs-Elysées her, aber knapp ein Jahr nach den 68er-Tumulten zeigten die Pariser Behörden wenig Lust auf diese mildere Form der Subversion. Nicht besser erging es dem Vorschlag, fünfzehn Meilen kalifornischer Küste bei Los Angeles zu verhüllen und ein riesiges Luftpaket zu errichten. Auch das Ölfass-Projekt *Houston Mastaba Texas* sowie *Closed Highway* (Gesperrte Autobahn) und der Plan, öffentliche Fußgängerwege im Ueno Park in Tokyo und im Sonnsbeek Park in Arnheim zeitlich parallel zu verhüllen, stießen auf Ablehnung. Doch im Mai reiste Christo nach Europa und verwirklichte die bescheidenen Projekte *Wrapped Floor* (Verhüllter Fußboden) und *Wrapped Staircase* (Verhülltes Treppenhaus) in Verbindung mit seiner Einzelausstellung in der Wide White Space Gallery in Antwerpen.

Während der ganzen Zeit konzentrierten sich Christo und Jeanne-Claude immer mehr auf die Monumentalvision *Wrapped Coast* (Verhüllte Küste). Treibende Kraft für *Chris-*

to – Wrapped Coast, One Million Square Feet, Little Bay, Sydney, Australia war vor allem John W. Kaldor, Mitarbeiter von Universal Textiles in Sydney. »Bei einem Besuch in New York sah ich 1968 Bilder von Christos Arbeit auf der documenta 4 in einer Zeitschrift. Da ich mich seit kurzem für zeitgenössische Kunst interessierte, beschloss ich, ihn anzurufen. Jeanne-Claude lud mich in ihr Loft ein. Als junger Textildesigner war ich nicht gerade begütert, erstand aber trotzdem ein kleines Paketchen«, erinnert sich Kaldor.

Schon vor drei Jahren hatte er seine Firma als Sponsor für einen australischen Bildhauer-Wettbewerb gewinnen können; der Sieger erhielt ein Stipendium für ein Studium im Ausland und eine Museumsausstellung in Sydney oder Melbourne. Die Sache erwies sich als so erfolgreich, dass andere Firmen sich anschlossen. Am 12. Februar 1969 schrieb Kaldor an Christo, Universal Textiles habe ihm zugesagt, er dürfe jedes Jahr einen bekannten jungen ausländischen Künstler nach Australien einladen. »Ich fragte ihn, ob er lieber eine Ausstellung haben oder Vorträge halten wolle. Christo antwortete, er komme liebend gern nach Australien, sei aber ein miserabler Vortragender, und eine Ausstellung wolle er auch nicht. Er wolle eine Küste verhüllen!« Darauf Kaldor am 11. April: »Ich tue das Menschenmögliche, eine Küste zu kriegen! Nächste Woche sehe ich den Premier von New South Wales, denn das geht nur, wenn man ganz oben anfängt.« Wegen der Arbeitskräfte brauche sich Christo keine Sorgen zu machen. »Ich bin sicher, wir kriegen massenhaft Kunststudenten. Das erste und wirkliche Problem ist, eine Küste zu bekommen.«

In seinem Brief vom 28. April lehnte der zuständige Minister T. L. Lewis das Projekt ab, denn »es wäre keine passende Nutzung für Land, das der Krone gehört. Ich kann Ihnen deshalb lediglich raten, für den beabsichtigten Zweck nach Privatgebiet zu suchen.«* Genau das tat Kaldor. Am 8. Mai

---

* Die in diesem Abschnitt zitierten Briefe und Telegramme sind *Christo:* – *Wrapped Coast, One Million Square Feet, Little Bay* entnommen; Minneapolis 1969.

erhielten die Christos ein Telegramm:»GENEHMIGUNG
ZUR BENUTZUNG EINES KÜSTENABSCHNITTS 9 MEI-
LEN VOM STADTZENTRUM SYDNEY ENTFERNT FÜR IHR
PROJEKT ERHALTEN STOP SCHICKE SCHNELLSTMÖG-
LICH FOTOS KARTENUEBERSICHTEN USW STOP BITTE
UM NACHRICHT OB VERPACKUNGSMATERIAL AUS AME-
RIKA KOMMT ODER OB ICH MICH HIER DANACH UM-
SEHEN SOLL«. Das Gelände gehörte dem Prince Henry Hos-
pital, dessen Leitung die Benutzung seines Küstenabschnitts
für *Wrapped Coast* zugestimmt hatte, allerdings unter ge-
wissen Bedingungen, darunter:»Der Name des Krankenhau-
ses darf für keinerlei Zweck in irgendwelchen Presse-, Rund-
funk- oder Fernsehsendungen oder Reklamematerialien
genannt werden [...], und unter keinen Umständen darf der
Eindruck entstehen, das Krankenhaus trete als Sponsor für
das Projekt auf«; Publikum werde nur mit Zustimmung des
Krankenhauses zugelassen; Christo und seine Leute dürften
das Gelände nur an einer vom Krankenhaus festgelegten
»Stelle und über einen von ihm bestimmten Weg« betreten;
alle Kosten und Verantwortlichkeiten lägen ausschließlich
bei Christo; kein Teil des Geländes dürfe beschädigt werden;
die Veranstaltung könne vom 1. Oktober bis 30. November
stattfinden, wobei spätestens am 14. Dezember der frühere
Zustand wieder hergestellt sein müsse. Nachdem er die
Küste organisiert hatte, brachte John Kaldor auch noch das
Wetteramt dazu, sämtliche Vorhersagen für Oktober und November über Luftdruck, Regen, Sonne und Windgeschwindigkeiten bereitzustellen.
   Am 1. Oktober kamen Jeanne-Claude, Christo und Cyril in
Sydney an.»Von dem Augenblick an, da John Kaldor das
Land gepachtet hatte und wir in Sydney gelandet waren,
stießen wir auf wütenden Widerstand. Es herrschte fürchter-
liche Verwirrung; die Leute dachten, das Prince Henry Hospital finanziere das Projekt, anstatt Kranke zu heilen! Als
wir das Gelände besichtigten, wurde ein Mann auf einer
Trage angebracht, um die Frivolität des Krankenhauses zu
demonstrieren. Sogar die Schwestern und Krankenpfleger

glaubten, die Klinik finanziere das Projekt, und drohten mit Streik! Schließlich mussten wir über Rundfunk bekannt geben, das Projekt werde ausschließlich von uns finanziert und wir bekämen weder vom Krankenhaus noch von der Regierung Geld.«

Das Aspen Center for Contemporary Art übernahm die Kosten in Höhe von 10 000 Dollar für 92 900 Quadratmeter Sarlon Erosion Control Mesh – ein stark reflektierendes, weitmaschiges, strohfarbenes und undurchsichtiges Synthetik-Gewebe. Die scheinbare Schenkung war für die Christos ein Verkauf. Jeanne-Claude sagte:»Über das Aspen Institute kaufte John Powers große Mengen von Zeichnungen – , weil wir darum gebettelt hatten, nicht weil er es wollte.«

Frühmorgens am 5. Oktober trafen sich die Christos bei Kaldor zu Hause mit Ninian Melville, einem pensionierten Major der australischen Pioniere, der für die Geländebewachung zuständig war.»120 Männer und Frauen sind bereit zu sterben«, verkündete Melville, worauf Jeanne-Claude zurückgab:»Wir wissen, dass es gefährlich ist, aber sagen Sie nicht so etwas.« Irritiert machte Melville einen neuen Anlauf:»Sie sagten mir doch, sie sollten zum Sterben bereit sein.« Nach längerem Hin und Her dämmerte den Christos, dass die Australier»today – heute« wie»to die – sterben« aussprechen.

Bei den Mitarbeitern handelte es sich um Studenten der Universität und des Technical College Sydney sowie mehrere Künstler und Kunstlehrer. In den folgenden 23 Tagen verwirklichten 15 professionelle Bergsteiger und 110 Arbeitskräfte in insgesamt 17 000 Arbeitsstunden Christos kühne Verschmelzung von Kunst und Landschaft.

Schon bald kam es zu einem Zwischenfall, den John Kaldor lächelnd so schildert:»An einer Stelle hatte es einen Erdrutsch gegeben. Als Christo hinkam, waren die Arbeiter gerade dabei, das Loch mit Erde aufzufüllen. Sie hielten das Projekt für einen Witz. [...] Aber schon einen Tag später arbeiteten sie eifrig für Christo. Er brauchte erst gar nichts zu sagen; seine Kunst, sein Charisma, seine Mitteilungskraft bedurften meist gar keiner Worte. Viele Studenten setzten sich mit aller Kraft für ihn ein. Ein paar Architekturstudenten hängten sogar die Architektur an den Nagel und wurden Künstler.«

Wind, Wasser, Brandung, Felsen, 92900 Quadratmeter synthetisches erosionsfestes Gewebe und 56 Kilometer Seil verschmolzen zu dem einzigen, riesigen, lebenden, atmenden Organismus *Wrapped Coast*. Ruhelose Luftströmungen kräuselten die wogende Haut wie Meereswellen aus festem Land. Christo wusste, dass die riesigen Ausgaben für ein unverkäufliches Kunstwerk irrational wirkten. Ebenso war ihm klar, dass – abgesehen von allen ästhetischen Fragen und was immer die Leute von ihm und seinem Projekt halten mochten – die Sicherheit von Mensch und Tier im Vordergrund zu stehen hatte. Jahre später sagte er: »Wären wir anmaßend oder streitsüchtig gewesen, hätten wir diese Projekte nie durchgekriegt. Wenn wir ein paar schafften, dann nur, weil wir die richtige Chemie aus Bereitschaft, Verständnis und Erwartung zu erzeugen vermochten.«

Die Christos sorgten dafür, dass Shunk und Kender alles fotografierten; sie trafen am 8. Oktober ein. Shunk berichtet: »*Wrapped Coast* war wirklich außergewöhnlich, in meinen Augen Christos bestes Projekt. Allein schon die enorme Ausdehnung. Ich weiß noch, wie ein schrecklicher Sturm das Gewebe fortriss. Wir fotografierten John Kaldor, der versuchte, das Material unten zu halten. Er wurde fast von der Klippe geblasen. Dann versuchte er, alles mutterseelenallein zu reparieren. Alles musste neu gemacht werden.«

Jeanne-Claude sagte: »Es war ein herrlicher Sturm. Der Wind hatte etwa die Hälfte des Projekts erfasst, und wir verloren rund ein Drittel des Materials.« Der unerwartete Orkan mit einer Windgeschwindigkeit von 160 Kilometern in der Stunde richtete Verheerung an und trug 100 bis 200 Meter lange, wehende Flächen in den Nachthimmel empor. »Die paar Leute, die unmittelbar bei Christo arbeiteten, waren völlig am Boden zerstört«, erinnert sich Kaldor an den Abend des 15. Oktober. »Wir wussten nicht weiter. Natürlich traf es Christo noch härter als uns. Aber er besaß so viel Kraft und Charisma, dass er am nächsten Morgen alle überzeugte, dies sei nun mal das Wesen seiner Arbeit, und wir müssten einfach weitermachen. Schon wenige Stunden später hatte alle wieder Begeisterung erfasst, und sie schufteten wie nie zuvor. Er ist wirklich eine große Führergestalt.«

Auch Daniel Thomas, Kurator der Art Gallery of New South Wales, berichtet von Gefahren und Unfällen: »Zwischen Felsen ließ sich das Gewebe ja über eine Schlucht spannen, aber nicht zwischen bloßem Erdreich. Jederzeit konnte jemand von einem verhüllten Felsen- oder Landstück auf verhüllte Luft treten.« Man kämpfte mit verwitterten, pockennarbigen Geröllbrocken, spitzen, salzverkrusteten Steinen und schließlich einer 25,6 Meter hohen Klippe. Einer der erfahrensten Bergsteiger erlitt einen schrecklichen Sturz; am nächsten Morgen kam er mit breiter Halskrause wieder zur Arbeit und meinte: »Nicht der Rede wert.«

Am 12. Oktober wurde in die Ambulanz des Prince Henry Hospital ein gewisser »Christo Christo« zur Röntgenaufnahme eingeliefert, für die ihm 7,45 Dollar in Rechnung gestellt wurden. »Es war einfach blöd«, sagte Christo. »Während ich mit den Bergsteigern die Hülle anbrachte, rutschte ich zwischen zwei schlüpfrigen Felsen durch und renkte mir die rechte Schulter aus. Sie renkten sie gleich wieder ein.« Jeanne-Claude beobachtete den Vorfall aus der Ferne: »Ich konnte zwar Christo klar erkennen, hatte ihn aber nicht fallen gesehen und verstand deshalb nicht, warum einer auf ihn einschlug. Ich rannte hin, weil ich dachte, es habe Ärger gegeben. Christo bedankte sich gerade bei dem Mann, dass er ihm mit einem kräftigen Schlag die Schulter wieder in Ordnung gebracht hatte. Dann begab er sich ins nahe Krankenhaus. Ich weiß noch, wie der junge Arzt Christo verband und ihm sagte, er dürfe den Arm ein paar Wochen lang nicht benutzen. Später prahlte der Doktor überall in Sydney: ›Ich habe Christo verpackt!‹«

Am 28. Oktober war das Projekt vollendet. Manche empfanden *Wrapped Coast* als Protest gegen die Kommerzialisierung des Kunstbetriebs, aber für das Prince Henry Hospital erwies es sich als wirtschaftlicher Volltreffer. Allein an einem Wochenende zahlten 2500 Schaulustige 20 Cents pro Kopf Eintritt, um Christos ausufernde Seltsamkeit betrachten zu dürfen. Der Gang entlang der gut eineinhalb Kilometer langen Parzelle dauerte fast eine Stunde. Jeder Schritt über gewebeverhüllte Felsen, Gestrüpp und Erde war ein Balanceakt voller Überraschungen. Die eigenartige Kunstlandschaft schien teils surreal, teils wie eine Mondlandschaft, teils wie die Ausläufer einer unwirklichen Welt. Nach Christos Worten war »das Schönste an *Wrapped Coast* vermutlich die ›Promenade‹, die die Besucher machen konnten; auf dem Weg vom einen zum andern Ende ließen sich die Leute viel Zeit. Für mich war eben dieses Zeitelement das Bedeutsamste und Einflussreichste.« Wieder einmal sprach Christos sanfter Eingriff Bände über Vergänglichkeit und künstlerische Freiheit.

Am Mittwoch, dem 29. Oktober, einen Tag nach Fertigstellung von *Wrapped Coast*, flogen Christo und Jeanne-Claude nach Melbourne. Schon tags darauf waren das Material und die Arbeitskräfte für die ganz auf die Nationalgalerie von Victoria zugeschnittene Skulptur *Wool Works* (Wollwerke) zur Hand. Zwei große Lieferungen Wollballen wurden monolithisch aufgeschichtet und erinnerten an *Wrapped Hay*. Die oberen, mit dunklen Planen verhüllten drei Viertel der Struktur waren sanfter als gewohnt verschnürt. Das gewaltige Paket, an dessen Unterseite ein paar Ballen sichtbar blieben, füllte den großen Keith Murdoch Court des Museums aus. Um die massive Gestalt lagerten in Reihen weitere 75 aufgeschlagene, teilaufgeschlagene und zusammengerollte Ballen. Die für die regionale Wirtschaft zentrale Wolle, die zugleich Teil der Folklore war, erwies sich als gelungene Wahl. Der »lammfrommen« Darstellung haftete nichts von der Verwundbarkeit, offenkundigen Gefährlichkeit und dem Aufsehen von *Wrapped Coast* an. Die kontemplative Ausstellung wurde am 31. Oktober eröffnet. Tags darauf reisten die

Christos nach Sydney, wo sie am 4. November von den Kaldors und einer Gruppe australischer Bewunderer Abschied nahmen und das Flugzeug bestiegen, um ihre Reise rund um die Welt zu beenden. *Wrapped Coast* blieb noch weitere vier Wochen bestehen.

Wie die Küste von Little Bay erlebte auch John Kaldor eine Verwandlung. »Meine Beziehungen mit Universal Textiles hatten ziemlich darunter gelitten, dass ich mich sechs Monate lang fast ausschließlich um *Wrapped Coast* und kaum um die Firma kümmerte. Ich dachte mir, wenn du *Wrapped Coast*, Hunderte von Studenten, Bergsteigern und so weiter koordinieren kannst, kannst du auch eine Firma leiten. Den Anstoß, eine eigene Textilfirma aufzumachen, habe ich den Christos zu verdanken.«

In seinem Beitrag zu *Christo**, »Australia, Bulgaria, Christo«, schreibt Daniel Thomas: »Das Wunderbarste an Christos *Wrapped Coast* von 1969 war vielleicht weniger das Erlebnis der vielen tausend Besucher, sondern die gewaltige Resonanz bei den Millionen, die sie nur aus den australischen Medien kannten. Bei der ersten Ankündigung stieß das Projekt auf Hohn und Spott, aber als es Gestalt annahm, überholte das Publikum nach meinem Eindruck die Medien und verliebte sich in die sensationelle, herrliche Absurdität und Schönheit von *Wrapped Coast*. […] Das breite Publikum erwärmte sich für Christos Werk nicht nur wegen des australischen Gemeinschaftserlebnisses oder weil seine schiere Größe und seltsame Schönheit allein für sich schon wundersam sind. Vielmehr denke ich, dass auch Christos *künstlerische Praxis* Anklang fand – sein alle Proportionen sprengendes Konzept, die gemeinschaftlichen Arbeitsprozesse, das Hochgemute seiner Intentionen.« Und im Vorwort zu *Christo* schrieb der Direktor der Art Gallery of New South Wales, Edmund Capon: »Dieses packende Großereignis von 1969 […] hat für die zeitgenössische Kunst in Australien mehr geleistet als alles andere.«

* Sydney 1990.

10

Adler mit zwei Köpfen

Cyrils Taufpatin und Jeanne-Claudes enge Freundin Carole Weisweiler verfolgte die Abenteuer der Christos aus der Ferne, hatte aber mit den meisten Künstlern der Avantgarde wenig im Sinn, Christo nicht ausgenommen. Das änderte sich 1969. »Ich kam aus dem Staunen über den Erfolg von *Wrapped Coast* nicht mehr heraus. Es war super. Die beiden sind ein unglaubliches Paar, wie ein Adler mit zwei Köpfen«, meinte Carole im Gespräch mit dem Verfasser. »Sie sind ganz anders als andere Paare. Sie sind am selben Tag geboren. Es war Schicksal, dass sie sich begegneten, von A bis Z Schicksal. Ihr Verhältnis hat sich über all die Jahre nie geändert. Meistens verändert Erfolg die Leute, aber er ist ihr gegenüber immer noch derselbe, und sie ihm gegenüber genauso. Immer noch scheinen sie grenzenlos verliebt. Immer noch schäkern sie miteinander und hänseln sich. Früher imitierte Jeanne-Claude Christos bulgarischen Akzent im Französischen; jetzt tut sie es mit seinem Englisch. Sie sind noch genau wie in Paris.«

Wer die Christos Anfang der siebziger Jahre kannte, wusste, dass sie zu unvorstellbaren Höhenflügen fähig wären. Sie spürten sich gegenseitig, verständigten sich mit der kleinsten Geste, als wären sie unsichtbar miteinander verwachsen. Je mehr Zeit ins Land ging, desto schwerer fiel es, sie von einander zu unterscheiden oder sich ein Projekt vorzustellen, das nicht von ihrer gemeinsamen Energie belebt war. Zwar war es Christos Werk, das wachsenden Zulauf fand, aber die Zusammenarbeit der beiden wurde zum nachgerade selbstverständlichen modus operandi. Selbst unter den berühmtesten Ehepaaren der Kunstgeschichte findet man nur selten eines mit so völlig identischen Zielsetzungen. Dennoch verkündeten sie erst im April 1994 in aller Öffentlichkeit ihre künstlerische Interdependenz und gestanden ihre Ko-Autorenschaft bei den Projekten der Vergangenheit und Gegenwart. Alle Zeichnungen, Collagen, Drucke und Modelle habe er hergestellt, und sie habe die Steuererklärungen gemacht, sagten sie. Im *New York Observer* vom 3. April 1995 brachte es Jeanne-Claude gegenüber Jerry Palmer auf diesen Nenner:»Ich kann nicht zeichnen, und er versteht nichts von Steuern.« Doch auch wenn Jeanne-Claude seit Jahrzehnten alle geschäftlichen Dinge regelt und den Eindruck vermittelt, sie allein erledige die Finanzen, bestehen die beiden darauf, dass sämtliche Entscheidungen – auch die projektbezogenen wirtschaftlichen, gesellschaftlichen, politischen und ästhetischen – immer gemeinsam getroffen werden. In Christos Worten:»Die Zeichnungen bilden die Grundlage für ein Projekt. Danach tun wir alles zusammen – suchen das Seil aus, legen die Stärke des Gewebes und seine Menge fest sowie die Farben, setzen uns auseinander und denken darüber nach. Alle Welt weiß, dass wir seit über dreißig Jahren zusammenarbeiten. Es ist nutzlos zu fragen, wer denn was tue. Das Einzige, worauf es ankommt, ist die Arbeit.«

Mancher rümpfte darüber die Nase. Skeptiker hielten es für unangebracht, Jeanne-Claude als Künstlerin zu bezeichnen. Sie sahen in ihr nichts anderes als eine mit allen Wassern gewaschene Unterhändlerin. Typisch dafür ist Albert Elsens Bemerkung in *Christo**:»Sie gäbe einen besseren Vorstandsvorsitzenden ab als die meisten Chefs unserer Großfirmen.« Und die Kunsthändlerin Rosa Esman stieß im Gespräch mit dem Verfasser ins selbe Horn:»Wir waren seit jeher der Meinung, Jeanne-Claude wäre der beste Präsident der USA oder der Welt. Sie ist eine ungemein tüchtige Geschäftsfrau. Ihre Herzlichkeit und Präsenz sind umwerfend, manchmal mehr als das.« Wenn Jeanne-Claudes Rolle falsch

* Sydney 1990.

dargestellt worden ist, dann lag es in erster Linie an den Christos selber. Von Mitte der sechziger Jahre an leisteten sie einem öffentlichen Erscheinungsbild Vorschub, das ebenso erfolgreich wie irreführend ist.

Als die Christos von ihrer triumphalen Weltreise zu *Wrapped Coast* heimkehrten, dachte niemand an Jeanne-Claude als Künstlerin. 1970 fragte niemand nach solchen Etikettierungen. Damals und in den folgenden Jahrzehnten ging es einzig um die Überwindung von Hindernissen für weitere Projekte. Seitdem sie nach New York gegangen waren, hatten die beiden Christos sorgsam beobachtet, wie die Gestalten der Kunstwelt aufeinander einwirkten, und herauszufinden versucht, welche Strategien sich am besten eigneten. Die Methode des »guten und des bösen Polizisten« verfing am leichtesten. »Wir sahen doch«, meinte Jeanne-Claude, »wie gut manche Leute zusammenarbeiteten. So sagte Leo Castelli beispielsweise zu jedem ›Ja, ja, natürlich‹. Dann schickte er Ivan Karp mit der Axt. Na ja, da beschlossen Christo und ich eben, dass Christo die Rolle von Castelli, die des weißen Engels, spielt und ich die von Ivan Karp. Christo sagte immer Ja und kam dann zu mir, damit ich Nein sage. Das hat so großartig funktioniert, dass mich die Leute für einen Bösewicht halten. Außerdem dachten wir, wenn ein Kunsthändler um den Preis feilschen will, dann muss er sich mit dem Biest auseinander setzen, nicht mit dem armen, hilflosen Künstler. Aber Christo war immer beteiligt. Ich erinnere mich nur an zwei Fälle, in denen er bei einem Verkauf nicht zugegen war. Wobei das Komische an der Sache ist, dass ich zu höheren Nachlässen neige als Christo. Er sagt nämlich jedes Mal: ›Kommt nicht in Frage! Sie haben ja keine Ahnung, wie viel Zeit mich das gekostet hat.‹ Aber wir wollten, dass Christo immer als der ›gute‹ Polizist auftritt. Einmal verkaufte ich in seiner Abwesenheit dieselbe Collage gleich an zwei Kunstsammler. Das war sehr peinlich. Die Leute können nichts dafür, wenn sie den Eindruck haben, ich allein betreibe die geschäftliche Seite, aber in Wirklichkeit verkaufen wir immer gemeinsam.«

In diese stillschweigende Partnerschaft bringen Jeanne-Claude und Christo für einander und für die Kunst beiderseits unerlässliche Elemente ein, die dann in der Formulierung und Vollendung jedes Projekts miteinander verschmelzen. Die einmalige Chemie der beiden ergibt eine vielschichtige, produktive Mischung. Albert Elsen nannte ihre Verbindung »eine Ehe von Sozialismus und Kapitalismus. An der Konzeption und Ausgestaltung seiner unnachahmlichen Methode, die Projekte persönlich zu finanzieren und sich dabei der Vorteile des kapitalistischen Systems zu bedienen, hat sie ausschlaggebenden Anteil. Ebenso leistet sie einen entscheidenden Beitrag zur Beaufsichtigung der operativen Details seiner kühnen Projekte und bei der Planung.« In den fünfundzwanzig Jahren zwischen *Wrapped Coast* und der Verkündung ihrer künstlerischen Partnerschaft galt Christo als das Genie, als der Visionär, der im Loft in der Howard Street 48 das Zepter führt. Jeanne-Claude ihrerseits hat alles Erdenkliche getan, um ihm die zeitraubenden Alltäglichkeiten vom Hals zu halten und ihm den Freiraum für die Schöpfung der Kunstwerke zu verschaffen, die ihre gemeinsamen Träume finanzieren.

Den Kern der Debatte über das Etikett »Künstler« für Jeanne-Claude bildet nicht etwa die Frage nach ihrer zentralen Rolle, sondern das Problem, wie man »Kunst« definiert. Schon lange vor ihrer Bezeichnung als Künstlerin sagte Lawrence Alloway: »Für mich ist ihre Rolle Bestandteil von Christos Leistung. Die Pakete und Ladenfronten waren wohl noch ganz und gar sein Produkt, wenn auch mit ihrer Ermutigung. Aber *Wrapped Coast* und die großen Landschaftswerke sind ohne Zweifel ebenso sehr Jeanne-Claudes wie Christos Werk. Ich weiß nicht, ob die beiden ein Wort wie ›Zusammenarbeit‹ in den Mund nehmen. Aber die Großprojekte kann ich mir ohne Jeanne-Claude einfach nicht vorstellen. Sie hat das Potenzial der Medien erkannt, um dem Werk Gestalt zu geben. Ich glaube, das ist vor allem ihre Domäne. Ihre gemeinsame Kunst erwächst aus etwas, das Christo als Künstler verwirklicht. Sie gesellt sich ihm zu und verstärkt es.«

Arman bemerkte seinerseits:»Ich kann Jeanne-Claude nicht von Christo und Christo nicht von Jeanne-Claude trennen. Sie sind ein perfekt funktionierendes Gespann. Inzwischen ist es Mode geworden, dass Künstler wie Oldenburg oder Kienholz ihre Ehefrauen mit allem in Verbindung bringen, was sie tun. Aber das ist mehr gewollt als wirklich. Ein Team wie Jeanne-Claude und Christo, das ist etwas anderes.« Und Barbara Rose sagte:»Sie ist Christos andere Hälfte. Die beiden sind eine einzige Person. Natürlich weiß sie, dass sie keine künstlerische Begabung besitzt. Sie ist das Versorgungssystem – geschäftlich, politisch, verwaltungsmäßig und in vieler anderer Hinsicht. Im Gegensatz zu manchen Künstlerfrauen, die sich selbst in den Vordergrund schieben und sich mit einer Kunst brüsten, die nicht die ihrige ist, hat Jeanne-Claude genau das Gegenteil getan. In Wirklichkeit jedoch ist sie vollwertige Partnerin.«

Auf die Frage, ob Christo ohne Jeanne-Claude überhaupt funktionieren könnte, erwiderte Rosa Esman:»Ich denke schon, aber es fiele ihm schwer. Damit will ich sagen, künstlerisch ist er auch allein schöpferisch, aber sie schafft die Bedingungen. Sie ermöglicht es ihm, sich in Ruhe hinzusetzen und zu arbeiten. Ich denke, dass die Welt die beiden für unglaublich effizient hält, und davon ausgeht, dass Christo ein Genie ist. Seine Ideen sind innovativ und haben unsere Sicht der Industriewelt verändert. Jeanne-Claude trägt zu diesen Ideen bei. Es ist eine Partnerschaft.« Die Frage, ob Christo auch ohne Jeanne-Claude klar käme, beantwortet ihre Halbschwester Joyce mit Nachdruck:»Er könnte es weder materiell noch emotional. Sie ist die eigentliche Quelle seiner inneren Stärke. Nicht der künstlerischen, sondern der persönlichen, die die künstlerische erst ermöglicht.«

Wie Jesse Kornbluth in *La Vie de Bohème** berichtet, sagte Jeanne-Claude 1994:»Wir haben lange gewartet, bis wir die Wahrheit sagten. Anfänglich fiel es schon schwer genug zu erklären, dass jedes Projekt ein Kunstwerk war. Auch noch

* *Savvy*, Dezember 1983.

zu erklären, es sei ein Kunstwerk von zwei Künstlern, wäre zu viel gewesen.« In den siebziger Jahren gaben sich die Christos ohne weiteres mit der Rollenverteilung als Künstler und Managerin ab. Aber im Laufe der Jahre wurde immer deutlicher, dass Jeanne-Claude an jedem Aspekt des Entscheidungsprozesses beteiligt war. Und wie kommen Entscheidungen zustande? »Wir schreien ziemlich viel«, erläuterte sie.

Die unverwirklichten Ideale der sechziger Jahre hinterließen einen bitteren Nachgeschmack. Ganz Amerika beherrschten lange Haare, sexuelle Freiheit, Kampf gegen das Establishment und Gegenkunst. Christos Strategie bestand darin, das Kunstestablishment sowohl zu benutzen als auch vor den Kopf zu stoßen. Auch er musste verkaufen, aber oft münzte er Chancen für konventionelle Galerie- oder Museumsausstellungen in provozierende und unverkäufliche Projekte um. Sein Drang zu kurzlebiger, subversiver, den Rahmen sprengender Kunst stellte die Freiheit über die Gefangenschaft. In einer oft wiederholten Strategie verwandelte er den Akt des Gehens: Zwischen Fuß und Boden schob sich weiches Gewebe. Die Zwischenstopps der Christos in Asien auf dem Rückweg von Australien bestärkten sie in solchen Ideen noch. Die beiden beobachteten, dass man dort vor dem Betreten eines Heims die Schuhe auszog, und erlebten, dass bei religiösen Zeremonien in Gärten dem Boden ein besonderes Feingefühl entgegengebracht wurde.

Geht man über vertraute Oberflächen wie Fußböden, Treppen, Pfade, Rasen oder Felsen auf einladendem Tuch, so verwandelt sich der Akt selbst nur unmerklich, aber die Seh- und Tasterfahrungen verändern sich dramatisch. Interieurs, Landschaften und Fußwege werden durch Tuchschichten verklärt. Im Ergebnis verwischt sich die Grenze zwischen Kunst und Nichtkunst und erlaubt die Koexistenz von erfahrbarer Welt und Mysterium. Bei manchem erweckt die rätselhafte Geste der Verhüllung sogar ein vages Gefühl von Spannung oder gar Tragik. Auf jeden Fall geht mit solchem

Gewebe-Einsatz eine unerwartete Vieldeutigkeit und Macht einher, über deren Bedeutung oder Absurdität zu spekulieren Christo konsequent ablehnt. Wirklichkeit und Unwirklichkeit prallen in einer gewollten Verschmelzung aufeinander. 1970 entwickelte Christo Vorschläge für vier »Unter-Fuß-Projekte«. Das erste war die John Kaldor gewidmete Collagezeichnung *Wrapped Island* (Verhüllte Insel), auf der eine säuberlich eingepackte, zerklüftete Insel von acht bis zehn Kilometern Umfang zu sehen ist, die nahe Australien im Südpazifik schwimmt. *Wrapped Island* gelangte über das Entwurfsstadium nie hinaus. Als Zweites steckte Christo beträchtliche Arbeit in die Planung des ehrgeizigen Projekts *Wrapped Walk Ways* (Verhüllte Spazierwege), das zeitlich parallel an zwei zehntausend Kilometer voneinander entfernten Orten – Sonnsbeek Park im holländischen Arnheim, und Ueno Park in Tokyo – stattfinden sollte. Auch dieses Projekt gelangte nie zur Durchführung. Die Gleichzeitigkeitsidee kehrte später in anderen Varianten wieder.

Tatsächlich durchgeführt hat Christo zwei Fußboden-Projekte im Mai 1970. Mit Hilfe junger Mitarbeiter des Tokyoter Kunstmuseums installierte er *Wrapped Floor*, bei dem der Fußboden einer Höhlengalerie und eine massive Doppeltreppe an einem der denkwürdigeren Eingänge zur Biennale von Tokyo mit 1235 Quadratmetern Tuch ummantelt wurden. Damit ähnelte der mit einem kräftigen Netz sorgfältig drapierter Stoffe bedeckte Untergrund einer abstrakten, expressionistischen Landschaftsmalerei. In die riesige Fläche zerknitterten Gewebes in einer ansonsten leeren Halle ragte ein Balkon hinein, der mit sinnlich schwellenden Faltenkaskaden drapiert war und von zwei passend verkleideten Treppen flankiert wurde. Die unangetasteten Elemente, fünf hohe Arkadenbogen, die den Balkon mit dem Museum verbanden, lange Galerieflurwände und eine drei Stockwerke hohe Decke, wurden visuell Bestandteil des Werkes – *Wrapped Floor* vereinigte den Raum zu einem Ganzen. Auf Fotos sind Besucher zu sehen, die langsam durch die gespenstische Landschaft wandern oder sie still betrachten.

Am 14. Mai begab sich Christo von Japan nach Philadelphia mit der festen Absicht, eine weitere Treppe in Besitz zu nehmen. »Der Vietnamkrieg war zu Ende«, erläuterte er, »und eine Gruppe Künstler und Studenten hatte die Erlaubnis erhalten, das Philadelphia Museum für eine Friedensausstellung zu benutzen. Diese jungen Leute kamen nach New York und baten mich um ein Projekt für ihre Schau. Nun gab es da natürlich das große Treppenhaus, und wir besaßen noch die ganzen Stoffe aus dem Museum of Contemporary Art in Chicago.«

Während des Aufbaus kam Jeanne-Claude nach Philadelphia. »Museumsdirektor Evan Turner machte mit mir einen Rundgang, während Christo arbeitete«, erzählte sie. »Die Böden, Stufen und umgebenden Wände waren mit Tuch bedeckt. Er fragte: ›Wie gefällt es Ihnen?‹ und ich sagte: ›Es ist schön. Ich liebe es.‹« Ein Foto von Shunk und Kender zeigt einen stolzen, hochaufgerichteten Christo mit Hornbrille, die Arme über der Brust verschränkt, in einem Anzug mit Glockenhose und mit Krawatte in dem verhüllten Treppenhaus, umgeben von jungen Arbeitern im Hintergrund.

Die Rezension »Unclear Visions of an Antiwar Theme« der Kunstkolumnistin Emily Genauer in *Newsday* vom 18. Juli 1970 beginnt mit den Worten: »Beim Anblick des mit Tausenden Metern Material bedeckten großen, breiten, ausladenden Treppenhauses und der hochaufragenden, ebenfalls verhüllten Wände der großen Halle befällt einen unwillkürlich der Gedanke, dass man hier den unvergesslichsten Anblick dieses ganzen internationalen Kunstjahres vor Augen hat. Es war zugleich das einzige unvergessliche Werk in einer Ausstellung, die man im Übrigen vergessen kann.«

Das Projekt *Valley Curtain* (Talvorhang) war auch Mitte Juni 1970 noch unausgereift. Christo spricht oft von der Idee des »Durchgangs« in seiner Kunst. »Ich meine damit die vom Werk geschaffene Energie, die das physikalische Wesen der Kultur ausmacht. Es ist eine dynamische Aufforderung einzudringen, die Barriere eines Zauns oder Vorhangs zu überwinden, die Oberfläche zu berühren, nachzusehen, was darunter oder dahinter liegt. Diese Energie entspringt dem Evokativen und Vergänglichen. Besteht die Barriere aus Stahl oder Beton, dann kann man das alles nicht. Vielleicht kommt man irgendwie durch, aber es reizt nicht, lockt nicht. Gewebe hingegen setzt diese Dynamik in Gang, lässt einen versucht sein zu ergründen, was jenseits liegt, und selbst wenn man weiß, was jenseits ist, will man hinüber, will es an sich nehmen und zurückkehren. Ein faszinierendes Beispiel ist die Chinesische Mauer. Nachdem sie gebaut war, fielen die Mongolen erst recht in China ein – sie reizte und machte bewusster. Genau mit dieser bewussteren Wahrnehmung von Territorium hat die Mechanik oder der formale Aspekt meiner Arbeit zu tun. Immer mehr liebe ich es, Raum zu manipulieren, indem ich eine sanfte Störung in Gang setze, eine neue Grenze schaffe. *Valley Curtain* lädt ein, reizt, provoziert und ist wie andere Projekte eine fast selbstmörderische Versuchung.«

Im März besagte Christos Skizze für das Projekt:»Der Vorhang soll aus gewebter Synthetikfaser bestehen, an einer etwa 450 Meter langen Stahltrosse hängen und in Fundamenten auf den beiden Seitengipfeln verankert sein. Der Vorhang selbst soll sich über eine Länge von 380 Metern spannen.« Später erinnert er sich:»Auf den ersten Zeichnungen war der Vorhang weiß, und die Farbe spielte keine Rolle. Die Aufhängung an der Trosse war noch sehr plump. Auf den späteren Zeichnungen wurden die Formen verfeinert und das Gesamtaussehen des Projekts verdeutlicht. Und Jeanne-Claude fragte:›Warum muss der *Valley Curtain* weiß sein? Er sieht richtig tot aus. Du musst eine kräftigere Farbe nehmen.‹« Christo tat es.

Am 23. Juli kehrten die beiden nach New York zurück und flogen am 7. August zur Eröffnung einer Christo-Ausstellung nach Aspen.»Wir fuhren viel durch die Gegend und sahen uns elf Täler an«, sagte er. Am 10. August begaben sich beiden gemeinsam mit dem Materialverantwortlichen bei Tri-Co, George Nelson, sowie Harry Shunk und Janos Kender auf eine Fünftausend-Kilometer-Fahrt mit einem Dünen-Buggy und später einem Landrover kreuz und quer durch Colorado. Nelson hatte Kartenskizzen von elf Tälern gefertigt und nach Präferenz durchnummeriert, auf denen die Straßenzufahrten, die Entfernung zur nächsten Stadt, die Landschaft im Umriss, die Höhe, die Vegetation und die Himmelsrichtung des Tales eingezeichnet waren. An oberster Stelle stand Rifle Gap, gefolgt von Canyon Creek. Am 10. September schrieben die Christos an Nelson, sie hätten inzwischen die elf Täler auf vier reduziert, die in Frage kämen, und baten ihn, sich unauffällig nach den jeweiligen Landbesitzern zu erkundigen. Im Oktober begann der Chicagoer Rechtsanwalt Scott Hodes, Sohn des Christo-Sammlers Barnet Hodes, Gespräche mit drei Landbesitzern von Rifle Gap: Mr. und Mrs. Stanley Kansgen, Lloyd D. Wilson und der amerikanischen Regierung.

»Rifle Gap wählten wir aus, weil es am Westhang der Rocky Mountains liegt, trocken, offen und von der Nationalstraße 70 her leicht zugänglich ist«, sagt Christo. »Aber etwas Besonderes kam hinzu. Vor Millionen Jahren hatte eine Felsbewegung eine völlig andere, sehr eindrucksvolle Sicht vom Colorado River auf das Tal und umgekehrt geschaffen. Hätte es die Form eines V gehabt oder wäre auf beiden Seiten gleich hoch gewesen, hätte es sehr langweilig gewirkt.« Rifle Gap ist ein ungewöhnlich enges, nur 380 Meter breites Tal zwischen zwei steilen Sandsteinklippen und liegt 110 Kilometer westlich von Aspen und zehn Kilometer von Rifle entfernt, einer damals staubigen Viehzüchter- und Bergarbeiterstadt, die schon bessere Tage gesehen hatte. Jeanne-Claude fügte hinzu: »Bei jedem Projekt ist die Inspiration eine andere. Wir wählten den Ort aus persönlichen Gründen aus. Insoweit persönlich, als er Geist und Herz anrührte.«

Hodes arrangierte eine erste Zusammenkunft in Washington, D. C., zwischen den Christos, ihrem Ingenieur von Zetlin Associates in New York und dem stellvertretenden Direktor des Bureau of Land Management im Innenministerium, John Crow, am 22. Oktober. Die anderen Grundbesitzer zeigten sich aufgeschlossen, sofern man sich auf eine angemessene Pacht einigen könne und sie aller Verantwortlichkeiten enthoben würden. Am 19. November flog Christo nach Europa. Jeanne-Claude blieb in New York und kümmerte sich weiter um *Valley Curtain*. Unterstützt von Scott Hodes kam sie in Christos Abwesenheit einen bedeutenden Schritt weiter: Sie gründete eine Firma. In ihrem Terminkalender ist von der Einrichtung einer Körperschaft mit ihr als Präsidentin und Schatzmeisterin und Christo als Assistant Secretary die Rede. Hodes erinnert sich an die Szene:»So weit ich weiß, war er der erste Künstler, der sich eine Körperschaft schuf und seine Geschäfte darüber erledigte. Ich organisierte die ›Valley Curtain Corporation‹. Dadurch erreichten wir etwas ganz Entscheidendes, nämlich eine beschränkte Haftung des Künstlers. Sämtliche Verträge wurden von der Valley Curtain Corporation geschlossen. Im Laufe der Zeit machten es andere Künstler Christo nach, so dass mittlerweile viele ihre Geschäfte über eine Gesellschaft bestreiten. Wir wählten diese Form nicht etwa, um Steuern zu sparen oder Einkommen zu kaschieren. Es ging einzig um die Haftung. Ich glaube, die Christos haben als Erste erkannt, dass sich mit dieser juristischen Form im Fall einer unvorhergesehenen Katastrophe ihr Betriebskapital schützen ließ. Christo ist nicht daran interessiert, Reichtümer anzuhäufen. Ihm geht es um seine Kunst, und neben ihr hat nichts anderes Platz. Er ist ein großer Mensch, lässt sich überhaupt nicht auf materielle Wertvorstellungen ein.«

Ein russisches Sprichwort sagt:»Lass dir nie Wein schenken, es ist billiger, wenn du ihn kaufst.« Um die häufig mit Schenkungen und Zuwendungen verbundene Einschränkung künstlerischer Freiheit zu vermeiden, entschädigten die Christos Gönner mit Kunstwerken. Als Gegenleistungen für die Aktion vermachte Christo der Valley Curtain Corporation viele neue und ältere Kunstwerke. Zur Deckung eines auf über 200000 Dollar veranschlagten Budgets suchte die Valley Curtain Corporation nach »Ko-Sponsoren«, denen,

wenn sie bis 29. Dezember 1970 in einer Schweizer Bank
10000 Dollar hinterlegten, Folgendes angeboten wurde:

1. Christo-Werke im Wert von 14.290 Dollar (= 30 Prozent Rabatt);
2. die Ko-Sponsoren haben das Vorkaufsrecht auf alle Vorstudien für das Valley-Curtain-Projekt (Zeichnungen, Collagen, Diagramme, maßstabgerechte Modelle);
3. der Betrag von 14.290 Dollar kann auch für frühere Christo-Werke (1959–1966) verwendet werden. Zur Verfügung stehen Objekte wie Verpackungen, Ölfässer, Vitrinen, Ladenfassaden sowie frühere Vorstudien;
4. die Ko-Sponsoren können, wenn sie dies wünschen, eine neue und konkret zu benennende Arbeit in Auftrag geben;
5. die Ko-Sponsoren können schon jetzt und bis Juni 1971 Werke auswählen; deren Auslieferung beginnt im Januar 1971.

Die weit überwiegende Mehrheit derer, die sich in diesen Plan einkauften, kam aus der europäischen Anhängerschar der Christos – mit Avantgarde-Kunst befasste Kunsthändler, und -sammler sowie Institutionen. Die Pariser Kunstsammler Denyse und Philippe Durand-Ruel entschieden sich als Gegenleistung für ihren Zehntausend-Dollar-Scheck für *Wrapped Motorcycle*; dasselbe Stück war ihnen 1964 für 300 Dollar angeboten worden, erschien ihnen damals aber viel zu teuer.

Während Jeanne-Claude mit Scott Hodes die neuartige Valley Curtain Corporation unter Dach und Fach brachte, arbeitete Christo in Mailand fieberhaft an der Vorbereitung einer Einzelausstellung und seines Beitrags für das Festival Nouveau Réalisme. In der am 26. November eröffneten Ausstellung in der Galerie Françoise Lambert wurden unter anderem Zeichnungen und Collage-Studien der in Mailand geplanten Projekte gezeigt: *Arco Della Pace Wrapped* (Ver-

Mailand 1970: *Verhülltes Denkmal von Vittorio Emanuele, Piazza Duomo.* (Foto: Harry Shunk)

hüllter Arco Della Pace), *Curtains for the Rotonda* (Vorhänge für die Rotunde), *Wrapped Monument to Vittorio Emanuele* (Verhüllung des Vittorio-Emanuele-Denkmals) und *Wrapped Monument to Leonardo* (Verhüllung des Leonardo-da-Vinci-Denkmals).»Françoise brachte einiges an den Mann«, sagt Christo.»Peppino Agrati, ein angesehener Kunstsammler, kaufte mehrere frühe Stücke; für seinen Rosengarten vor den Toren Mailands baute ich auch einen Vorhang. Im Frühjahr und Sommer 1970 wandte sich Guido Le Noci wegen der Genehmigung der Arco-Verhüllung an die Stadt Mailand. Die Beamten machten einen ziemlichen Aufstand, weil der Arco ein wichtiges Stadttor und für solcherlei Aktivitäten viel zu bedeutend sei. Sie lehnten die Idee ab.« Le Noci ließ sich jedoch nicht beirren und erhielt schließlich die Genehmigung zur Verhüllung eines anderen Wahrzeichens – des Vittorio-Emanuele-Denkmals, eines massiven Reiterstandbilds auf einem riesigen Sockel mitten auf der Piazza del Duomo gegenüber dem malerischen Dom. Im geschäftigen

Herzen der Stadt war Vittorio Emanuele – Symbol des vereinigten Italien unter einer konstitutionellen Monarchie – von mehreren Straßenecken und der Ladenpassage Galleria aus sichtbar; während der sechziger Jahre war das Denkmal der Mittelpunkt politischer Demonstrationen gewesen. Christos Wahl fiel also auf eine Skulptur, die zum einen ein prominenter Blickfang war und zum anderen seiner Arbeit eine symbolische Bedeutung gab.

Die meisten Teilnehmer am Festival vom 27. bis 29. November hatten sich Aktionen oder Ereignisse einfallen lassen, die das Publikum einbeziehen sollten. Eröffnet wurde das Festival an einem eiskalten Freitagmorgen mit Christos Mammutverpackung auf der Piazza del Duomo. Das Material hatte Le Noci beim selben Lieferanten besorgt wie schon zwei Jahre zuvor in Spoleto; außerdem heuerte er Bauarbeiter an, die Christo zur Hand gehen sollten. Über Nacht hatte sich die Statue in ein beunruhigendes Etwas verwandelt, das jedem auffallen musste. Die elegante Eigenartigkeit des künstlerischen Einfalls entzündete augenblicklich die Leidenschaften. Christo zog zwar aktive Betrachter den passiven vor, aber in Mailand wurde es ihm dann doch zu viel. Das Projekt wurde zu einem Brennpunkt, der anfänglich protestierende Fabrikarbeiter ebenso anzog wie Schaulustige. »Beim Reifenhersteller Pirelli wurde gestreikt«, erinnert sich Christo. »Mitglieder der kommunistischen Gewerkschaft marschierten mit Flaggen und Transparenten umher und benutzten das verpackte Monument als Plattform für ihre Reden. Es eignete sich ideal dafür. Die Sache wurde politisch. Das machte den Bürgermeister und sogar die Mailänder Sozialisten sehr nervös.« Und Pierre Restany sagte: »Einige Konservative, vor allem ehemalige Kriegsteilnehmer, waren empört. Vittorio Emanuele ist der Vater Italiens, und sie empfanden die Verhüllung seines Denkmals als Beleidigung. Sie schickten Telegramme nach Rom und stellten Plakatträger auf, so dass wir Christo bitten mussten, den Stoff wegzunehmen. Die Verhüllung blieb nur einen Tag hängen. Ich sagte zum Bürgermeister: ›Wenn Christo gezwungen ist, das wieder auszupacken, dann müssen Sie ihm ein anderes Monument anbieten.‹ Darauf er: ›Nehmen Sie doch anstatt der politischen Gestalt Vittorio Emanuele die Leonardo-Statue auf der Piazza Scala. Kultur ist etwas anderes als Politik. Niemand wird daran Anstoß nehmen.‹« Christo selbst hatte das Leonardo-Denkmal schon vorher ins Auge gefasst; unter seinen Zeichnungen in der Galerie Françoise Lambert befanden sich mehrere Entwürfe für *Wrapped Monument to Leonardo*.

Noch am selben Abend nahm Christo die Verkleidung vom Bronzestandbild des letzten Königs von Italien ab und versetzte die nationale Ikone wieder in ihren früheren Zustand. Mit seinen Leuten holte er Gewebe und Seile ein und sorgte dafür, dass am Sonnabend, dem 28. November, noch vor Morgengrauen ein Kran am Leonardo-Denkmal stand. »Es war stockdunkel und kalt«, beschreibt Christo die Szene. »Wir begannen etwa um 6 Uhr, bevor der morgendliche Verkehr einsetzte. Gegen Mittag waren wir fertig.« Das bisher gedankenlos hingenommene Symbol vergangener künstlerischer Größe musste eine unbequeme Verwandlung über sich ergehen lassen. Die verkleidete, verborgene, geschützte, gefangene Statue drückte nun eine geheimnisvolle Dialektik von Vergangenheit und Gegenwart aus. Gewebe, Seile und Knoten umspannten einen kaum noch erkennbaren Umriss, vereinnahmten ein Objekt im Innern samt allem, was es repräsentierte. »Die störende Beunruhigung ist wichtig«, meint Christo dazu. »Sie schafft eine neue, sehr abstrakte Form.«

Am Samstagabend versammelten sich Christo und andere Künstler auf der normalerweise stark bevölkerten Piazza del Duomo für Jean Tinguelys Aktion *Victory*. Nur wenige Schritte vom Vittorio-Emanuele-Denkmal entfernt stand Tinguelys jüngste Maschine lose in Tuch gehüllt auf einer drei Meter hohen Plattform. Während fünfzig Polizisten Wache standen, drei Fernsehteams aufnahmebereit waren und 8000 Menschen sich hinter Absperrungen und auf den Stufen des Denkmals drängelten, kam Tinguely kurz vor 21 Uhr mit einem blumengeschmückten Lkw an eine vorbestimmte

Stelle unter der scheinwerfererhellten Struktur vorgefahren; auf das Dach des Fahrzeugs waren mehrere Mörser mit großen Feuerwerksraketen montiert. Der Menge verschlug es den Atem, als die Drapierung abfiel und ein riesiger, mit Plastiktannenzapfen, -trauben und -bananen geschmückter goldener Phallus mit zwei goldenen Hoden zum Vorschein kam. Die Lautsprecher brüllten eine betrunkene Version von »O sole mio«, während der Phallus unter dem ohrenbetäubenden Sperrfeuer von Feuerwerkskörpern, das Tausende Tauben aufscheuchte, eine Rauchwolke ejakulierte. Der Platz erbebte unter dem Gelächter der Zuschauer. Eine Gestalt im glänzenden Asbestanzug eines Raumfahrers steuerte nun über ein großes Rad auf der Plattform die schrittweise Zerstörung von *Victory*. Binnen einer halben Stunde war der massive Phallus nur noch Rauch und Asche. Um 22 Uhr verschwanden Polizei, Feuerwehrleute, Fernsehteams und Zuschauer in der Nacht – genau wie Tinguelys Maschine.

Nach dem lärmenden Untergang von Tinguelys verrückter Erfindung schlenderten Christo, Ettore Sottsass, der bekannte Architekt und Begründer der Gruppe Memphis, die *Domus*-Redakteurin Lisa Ponti und mehrere Freunde zur Piazza Scala, um sich *Wrapped Monument to Leonardo* bei Nacht anzusehen. Wieder diente Christos Werk als Blitzableiter. Diesmal waren rechte Demonstranten auf den Platz eingefallen und ließen ihrer Wut über das verpackte Denkmal freien Lauf. »Ettore Sottsass versuchte, sie zu beruhigen: ›Wir sind doch alle Italiener. Warum regt ihr euch so auf? Das ist Kunst.‹ Plötzlich schlug ihm jemand ins Gesicht. Er blutete aus der Nase, sein Ohr war blutverschmiert. Ich sehe das noch heute vor mir. Lisa Ponti und ich zogen ihn weg. Vielleicht wurden auch noch andere verletzt, aber ich erinnere mich nur an Ettore. Alle Welt kreischte. Die Polizei war schnell zur Stelle, denn wir befanden uns ja vor dem Rathaus. Wir rannten zu Ettores nahe gelegener Wohnung. Das Ganze war sehr, sehr hässlich«, erinnert sich Christo.

Auch am nächsten Abend zog *Wrapped Monument to Leonardo* erneut Demonstranten an. Nach Restanys Worten war es diesmal »ein neofaschistischer Sturmtrupp, der die faschistische Hymne sang und nach einer Rede, der zufolge das Werk die tiefsten italienischen Gefühle verletze, das Tuch in Brand steckte. Als die Feuerwehr kam, kletterten die Feuerwehrleute auf eine große Leiter und schlugen der Statue mit einer Axt aus Versehen drei Finger ab. Die Finger fehlen noch immer.« Als Christo davon hörte, eilte er auf die inzwischen verwaiste Piazza und fand neben dem enthüllten Denkmal nur noch einen Haufen versengten Gewebes und verbrannter Seile. Fotos waren das Einzige, was ihm von seinen beiden kurzlebigen Mailänder Projekten blieb.

1971 arbeiteten die Christos an mehreren Projekten, widmeten ihre Kraft jedoch hauptsächlich *Valley Curtain*. Die Logistik wurde immer problematischer.»Wir sind naiv«, sagte Jeanne-Claude lächelnd.»Es gehört einiges dazu zu glauben, dass man so einen Vorhang aufhängen kann.« Schon 1970 waren bei den Christos ein Anwalt, ein Materialbeauftragter, ein Bauunternehmen und etliche Ingenieure unter Vertrag. 1971 fassten sie den wichtigen Entschluss, einen Projektleiter zu beschäftigen, der ihnen bei der Bewältigung der kniffligen Aufgabe helfen sollte, einen Vorhang aufzuhängen, der etwa so groß war wie die umgekehrte Brooklyn Bridge. Jan van der Marck hatte 1970 seine Stelle als Museumsdirektor in Chicago aufgegeben.»Am 4. Januar 1971 übernahm ich die Verantwortung für alle nicht-künstlerischen Aspekte von *Valley Curtain*«, schrieb er in der Mai/Juni-Ausgabe von *Art in America.*»Da weder ein Museum in Europa noch in den USA die Schirmherrschaft für *Valley Curtain* übernehmen wollte, hat diese Zusammenarbeit mit einem Museums-Profi vielleicht zur Glaubwürdigkeit des Projekts in Künstler- und Geschäftskreisen beigetragen.« Ihm zufolge konnten sich manche Erscheinungsformen der Avantgarde-Kunst, so auch Christos Großprojekte, nur außerhalb der traditionellen Museumsgrenzen behaupten.

Ebenfalls am 4. Januar lieferte die New Yorker Brücken-
und Flugzeughallen-Konstruktionsfirma Lev Zetlin Associates eine Machbarkeitsstudie für *Valley Curtain*, die Christo im Oktober in Auftrag gegeben hatte. Der Kosten-
voranschlag und die dazugehörende einundzwanzigseitige
Erläuterung verschlug allen den Atem. Am 8. Januar erhielt
Scott Hodes die Körperschafts-Registrierung für die Valley
Curtain Corporation. Fünf Tage später unterschrieb van der
Marck den ersten Vertrag mit Mr. und Mrs. Stanley Kansgen.
Er sah für die Benutzung ihres unbewohnbaren Abschnitts
der Rocky Mountains einen Pachtzins von 2400 Dollar vor,
zahlbar in acht Monatsraten. Auf einem Foto sieht man das
strahlende Bauernpaar mittleren Alters: ihn im ziemlich ab-
getragenen Overall, sie mit geblümter Bluse und Schürze.
Dass ein noch ausstehender Vertrag mit dem anderen privaten Landbesitzer, Lloyd Wilson, die doppelte Pacht vorsah,
störte die Kansgens nicht. In van der Marcks erstem schriftlichen Bericht steht zu lesen:»Der Vertrag wurde unterzeichnet und eine Anzahlung von 300 Dollar hinterlegt. Es wurde
kein Geheimnis daraus gemacht, dass Mr. Wilson auf 5000
Dollar bestand, und die Idee, wir müssten überall denselben
Betrag ansetzen, wurde augenblicklich verworfen.«*
   Der 2300 Seelen zählende Ort Rifle lag auf dem Grand
Hogback in Garfield County, Colorado. Vor ihrer gemeinsamen Vorstellung in der Handelskammer trafen sich Christo
und van der Marck mit dem Bürgermeister und Eigentümer
der Harris Jewelry Company, William J. Tadus, mit dem Ge-
meindedirektor Stanleigh Megarger, dem Leiter der örtlichen TV-Relaisstation und Vorsitzenden der Handelskammer, Jimm Seaney, sowie dem Golf-Profi und Manager des
Rifle Golf Club, Jim Le Donne, und den Herausgebern des
Telegram von Rifle, Ina Lamont und Jim Drinkhouse. Die Gemeinde verstand zwar wenig von avantgardistischer Kunst,
versprach sich aber von *Valley Curtain* eine kräftige Bele-

---

* Die Zitate im Zusammenhang mit diesem Projekt sind zumeist *Christo:*
 Valley Curtain, New York 1973, entnommen.

bung der Wirtschaft in Form von Arbeitsplätzen und Touristen. Wenn schon nicht die ästhetische, so überzeugte doch die finanzielle Logik die meisten der Geschäftsleute. Von dem *New-York-Times*-Korrespondenten Anthony Macchione zu dem Projekt befragt, brach ein fünfzigjähriger Rancher, Baumeister und Café-Besitzer in schallendes Gelächter aus. »Mir ist zwar schleierhaft, was das Ding soll«, sagte er, »aber da es nichts kostet, gibt's auch nichts zu verlieren. Also sage ich: ›Es ist wunderbar – was es auch sein mag‹.« Jimm Seaney ergänzte: »Ich kann einen Wyeth nicht von einem Mondrian unterscheiden. Wir fragten: ›Warum dieses Projekt?‹ und bekamen zur Antwort: ›Warum nicht?‹«*

Der Hauptwiderstand gegen das Unterfangen formierte sich im 160 Kilometer entfernten Denver, zuerst bei den Umweltschützern, dann bei den Bürokraten der Straßenverwaltung von Colorado. Die eigene Sorge um den Erhalt der Natur und eine drohende einstweilige Verfügung veranlassten Christo und van der Marck, sich vor ihrem Auftritt im Rocky Mountain Center on Environment und dem Colorado Open Space Council bei den Wissenschaftlern in Harvard und anderswo kundig zu machen. Der Chef des biologischen Instituts der Colorado-Universität, Professor William Weber, nahm sich der Befürchtungen an, der Vorhang könne Tieren oder Pflanzen schaden, vor allem ahnungslosen Vögeln, die im Flug verschreckt werden könnten: »Jeder Vogel, dem es nicht gelingt, den Vorhang zu überfliegen, wäre ohnehin in ziemlich schlechtem Zustand.« Eine weitere Kritik galt der eventuell schädlichen Schattenwirkung während der dreimonatigen Dauer von *Valley Curtain*. Dazu van der Marck: »Uns lag daran, die ›sehr dezidierte Auffassung‹ des Colorado Council zu entkräften; zufällig erfuhren wir aus zuverlässiger wissenschaftlicher Quelle, der – wegen der Transparenz des Materials ohnehin nur geringe – Vorhangschatten würde sogar das Austrocknen des Bodens verlangsamen und käme damit der Fauna und Flora zugute.« Mit diesen akademi-

* *New York Times*, 14. Juli 1971.

schen Gutachten beruhigten sich die anfänglichen Besorg-
nisse.

Weitaus gefährlicher als Christos vorübergehende Umgestaltung der Landschaft waren die angrenzenden Atomver-
suchs- und Kernbrennstoff-Anlagen. Eine ganze Seite der
Versicherungspolice für *Valley Curtain* galt ausschließlich
dem Ausschluss aller erdenklichen Atomschäden.

Als Nächstes legte die Straßenverwaltung ihre Bedenken
vor. Christos Vorhang, der an einem 417 Meter langen Stahl-
seilsystem quer über Rifle Gap und die Nationalstraße 325
hängen sollte, sah auch einen bogenförmigen, 7,5 m hohen
und 15 m breiten Durchlass für Viehherden, Pferde und den
normalen Fahrzeugverkehr vor. Natürlich war eine Genehmigung erforderlich. In einem Brief vom 2. Mai stellten die
Beamten einige nicht unvernünftige Forderungen, die er-
füllt sein müssten, ehe sie eine Genehmigung in Betracht zögen: detaillierte Baupläne; Kopien aller Zusagen der Landei-
gentümer; Versicherungspolicen über mindestens 1 Million
Dollar für öffentliche und 100 000 Dollar für Eigentumsschä-
den, Vorkehrungen für einen ungehinderten Verkehrsfluss
während der Aufrichtung und späterer Beseitigung des Vorhangs und schließlich die Hinterlegung einer ausreichenden
Sicherheit für die Wiederherstellung des ursprünglichen Zustands. Diese und andere unvorhergesehene Ereignisse trieben den ohnehin schon 250 000 Dollar übersteigenden Voranschlag weiter nach oben.

Die Valley Curtain Corporation erhielt die nötigen Freiga-
ben von der Graham Mesa Ditch Company und dem Silt Wa-
ter Conservancy District bezüglich der Bewässerungsgräben
in dieser Gegend; des Weiteren bot sie die Übernahme der
Kosten für die unterirdische Verlegung der bestehenden Te-
lefon- und Stromleitungen an. Durch Zwischenfälle, Fehlberechnungen und persönliche Spannungen entwickelte das
Projekt ein unkontrollierbares Eigenleben, während es einem ungewissen Schicksal entgegenging.

Allmählich stöhnten die Christos unter der Last der steigenden Kosten. Sie mussten dringend mehr verkaufen. Zwar

hatten sie bereits atemberaubende 180000 Dollar beisammen, aber der kaum zu bändigende Etat von *Valley Curtain* belief sich schon jetzt fast auf das Doppelte. Jeanne-Claude suchte eifrig nach weiterer wissenschaftlicher, moralischer und finanzieller Unterstützung. Sie koordinierte die Terminpläne und schlug sich außer mit den Bürgern von Rifle, mit trödelnden Ingenieuren, Gewebespezifikationen, Ausschreibungen für die Fundamente und Stahlkabel, Versicherungen, Rechtsfragen, Public Relations, Transportfragen, geschäftlicher und persönlicher Korrespondenz sowie der Fotodokumentation herum – neben vielem anderen. Allein die Liste der im Terminkalender am 6. April eingetragenen Wissenschaftler spricht Bände über die Anstrengungen, Umweltbedenken zu zerstreuen.

Am 7. April flog Christo nach Denver zu dreitägigen Gesprächen mit Studenten, Dozenten, Journalisten und Umweltschützern. Van der Marck notierte:»Die Sitzung mit dem Open Space Council zog sich endlos in die Länge. Natürlich konnten wir nicht jeden überzeugen, aber bezeichnend war doch, dass irgendwann jemand den Antrag stellte, angesichts der Gefahren der Luftverschmutzung, der unterirdischen Atomversuche und der Olympischen Winterspiele von 1976 sei der vorgeschlagene Talvorhang doch eine Lappalie und solle wie geplant stattfinden dürfen.«

Am 24. April begab sich Christo für drei weitere hektische Wochen nach Europa, deren Höhepunkt ein reizvolles, wenngleich wenig beachtetes Projekt in Krefeld bildete. Es ging um den Mies-van-der-Rohe-Bau Haus Lange, Anhängsel des Kaiser-Wilhelm-Museums. Ziel des Architekten und seines Bauherrn war gewesen, Haus und Umgebung miteinander in Beziehung zu setzen, indem das Hausinnere für Einblicke aus dem Park geöffnet und das Naturpanorama des Parks für Besucher des Hauses sichtbar gemacht wurden. Christo liebte diesen Bau und seine Gestaltung, aber sein *Projekt Haus Lange* machte van der Rohes Absichten zunichte. Christo bedeckte die Fußböden mit Stoff, verhängte die Fenster mit braunem Packpapier und verhüllte die Fußwege vor dem Haus, wodurch er es von seiner normalen Umgebung trennte. Von draußen gab es keinen Blick mehr ins Innere, und den Besuchern, die durch das grabähnlich verschlossene zweistöckige Gebäude schlenderten, war jede Aussicht versperrt. Lediglich über die papierversiegelten Fenster huschende Schatten deuteten auf sanft schwankende Baumkronen oder Passanten im Park hin.

Während Christo in Europa weilte, wurde Jeanne-Claude mit der Baufirma Morrison-Knudsen für *Valley Curtain* handelseinig, weil deren Voranschlag von 229000 Dollar der weitaus niedrigste war. Arbeiter sollten in den nahe gelegenen Städten Carbondale, Glenwood Springs und Rifle angeheuert werden. Nachdem der Vertrag am Morgen des 3. Mai unterzeichnet war, rief Scott Hodes sie an, vereinbarte eine Anzahlung von 80000 Dollar und äußerte sich zuversichtlich, dass auch der Rest rechtzeitig zusammenkomme.

Am selben Nachmittag kam Guy-Philippe Lannes de Montebello, Direktor des Houston Museum of Fine Arts, in die Howard Street und legte mit Jeanne-Claude letzte Hand an einen Plan für eine umfassende *Valley-Curtain*-Ausstellung. Mit der New Yorker PR-Firma Withers Swan arbeiteten sie eine Pressemitteilung aus, in der das Museum als »Ko-Sponsor« genannt und die Eröffnung für den 25. Juli 1971 angekündigt wurde, »fünf Tage, bevor in Rifle, Colorado, *Valley Curtain* entrollt wird«. In der Ausstellung sollte mit Zeichnungen, Collagen, maßstabgerechten Modellen, Übersichten, Archivseiten, Blaupausen, Korrespondenz und Fotos ein Gesamtüberblick über das Vorhaben vom Konzept bis zur Realisation geboten werden.

Der Vorhang sollte von auffallend oranger Farbe sein. Anfang Mai wurden in einer Fabrik in Putnam, Connecticut, 24000 Quadratmeter weißes Nylon-Polyamid eingefärbt. Auf einer Besprechung am 6. Mai in Rifle brachte der Vizepräsident von Morrison-Knudsen, Leon D. Stoddard, die Befürchtungen der Straßenverwaltung von Colorado zur Sprache, das leuchtende Orange könne Autofahrer ablenken. Überdies sei ein beträchtliches Gebiet im Umkreis verstrahlt und durch Bergstollenfeuer erwärmt. Am 12. Mai wurden hundert Meter Telefonkabel nördlich und südlich der Vorhangsachse auf Kosten des Künstlers unter die Erde verlegt; zwölf Tage später erging es den Stromkabeln ebenso. Christo kehrte am 13. Mai aus Europa zurück, wo er das *Projekt Haus Lange* durchgeführt, mehrere Ausstellungen – darunter eine in der Galerie Yvon Lambert in Paris – veranstaltet und Anleihen, Zusagen und Verkäufe von insgesamt 90 000 Dollar organisiert hatte. Doch der Geldzufluss hielt mit den eskalierenden Kosten kaum Schritt.

In einem Brief der Straßenverwaltung vom 28. Mai 1971 wurden die Forderungen noch höher geschraubt:»Wir können keinerlei Zusagen geben, ob oder wann die Genehmigung des Projekts erfolgen wird. Bitte glauben Sie nicht, wir wollten das Projekt hinauszögern. Wir müssen jedoch sicherstellen, dass die Konstruktion, der Vorhang selbst und seine Beseitigung, die Sicherheit der Autofahrer nicht gefährden.«

Am 20. Mai verwarf das Bureau of Land Management in Denver einen Antrag van der Marcks, weil er nicht amerikanischer Staatsbürger sei. Er fasste es nicht als Böswilligkeit auf, meinte aber:»Wie schwer doch die Verantwortung auf ihren Schultern lastet, und wie viel Steuergeld sie mit Bagatellen vergeuden.«

Ursprünglich sollte der Vorhang am 1. Juli entrollt werden, aber weil die Straßenverwaltungs-Genehmigung auf sich warten ließ und es Probleme mit der Verankerung des Vorhangs gab, wurde der Termin auf Ende Juli verschoben.»Die Versuchsbohrungen begannen am 14. Juni und gingen im Schneckentempo voran, weil die Ausrüstung Stück für Stück über einen steilen, felsigen Pfad nach oben geschafft werden musste«, sagte van der Marck.»Am 25. Juni lagen die Bodenproben – sie sahen wie Dynamitstäbe aus – ordentlich in Kartons verpackt bereit, um nach Denver zur Analyse gesandt zu werden. Das Ergebnis war verheerend. Es hieß, die Verankerungen, die senkrecht eingeschlagen und mit je zehn Tonnen Beton beschwert werden sollten, würden früher oder später aus dem Berg brechen.«

Nach Absprache mit Ken R. White wurde von Lev Zetlin Associates eine neue Ankergestaltung entworfen, die die Konstruktionskosten um weitere 62 000 Dollar in die Höhe trieb. Für die Sicherung einer zusätzlichen Verankerung waren 200 Tonnen Beton vonnöten. Zudem verlangten die komplizierte Montage und die Quertrossen 95 Stahlstäbe und zehn Tonnen Stahlkapseln. Die Schuld an der Verzögerung gab van der Marck den Ingenieuren von Lev Zetlin: »Sie waren im Staat Colorado nicht registriert – ein Versehen, das erst acht Monate nach Vertragsunterzeichnung entdeckt wurde. Infolgedessen mussten sie alle Zeichnungen über eine in Colorado lizenzierte Ingenieursfirma aus Chicago vorlegen.« Van der Marcks Klageliste reichte von Übertechnisierung über Planungsfehler bis zu Nachlässigkeiten bei der Ortsbesichtigung. Außerdem warf er dem Unternehmer vor, er lasse »den lieben Gott einen guten Mann sein«.

Als der Juni anbrach, war das Budget auf 400 000 Dollar angeschwollen. Die Christos hatten bereits 370 000 Dollar zusammengekratzt und waren zuversichtlich, bis Ende Juli auch den Rest beisammen zu haben. An ihrer bescheidenen Lebensweise änderten diese Riesensummen nichts – wie Genehmigungen, Gewebe oder Wind war auch Geld für sie nichts anderes als ein Element in der Projektentwicklung. Die Christos setzten jedoch ihre Ehre darein, keine Firmenschenkungen oder Regierungszuwendungen anzunehmen. Jeder Cent kam von motivierten Anhängern und wurde vollständig mit Christo-Werken abgegolten.

Der Termin 31. Juli fiel der Bürokratie und den Umständen zum Opfer. Aber die entschlossenen Riflianer drängten voran, und zweifellos hat auch die Anberaumung einer Konferenz mit Gouverneur Love, Jimm Seaney und anderen Größen des Ortes dazu beigetragen, dass die Straßenverwaltung Colorados am 12. Juli endlich die Genehmigung erteilte. Die Vereinbarung umfasste 16 Punkte, räumte 45 Tage für den Bau ein und verlangte, dass die Sache spätestens am 30. September wieder abmontiert sein müsse. Eine Pressemeldung vom 15. Juli veranlasste Leon Stoddard zu einem

Brief an Scott Hodes, in dem er erklärte, Morrison-Knudsen benötige für die Fertigstellung des Projekts mehr Zeit. Außerdem entstünden beträchtliche Zusatzkosten. Während des ganzen Sommers wischten die Christos Berichte beiseite, die Firma sei unfähig und zögere die Dinge absichtlich hinaus. Um den Termin am 15. August einhalten zu können, legten die Arbeiter Extraschichten ein – sechzig anstatt vierzig Wochenarbeitsstunden. Aber selbst das reichte nicht aus. Die Valley Curtain Corporation beantragte Verlängerung und nannte als neuen Eröffnungstermin die erste Septemberwoche. Die Straßenverwaltung erklärte sich einverstanden.

Technische Fehlberechnungen und mechanische Fehlschläge waren an der Tagesordnung. Inmitten dieser langen Zeit der Ungewissheit erhielt Christo eine seltsame Postkarte. Auf der Vorderseite war der Reichstag abgebildet, auf der Rückseite schlug der junge, in Berlin lebende amerikanische Architekturhistoriker und aufstrebende Kunsthändler Michael S. Cullen die Verhüllung des Reichstags vor. Damit begann eine vierundzwanzig Jahre dauernde Sisyphusarbeit.

Anfang September kamen die Arbeiten in Rifle mächtig in Schwung. 202 Tonnen Beton wurden in Eimern von Hand hinaufgetragen und in die Höhlungen am Westhang geleert, am Osthang weitere 174 Tonnen. Die Straßenverwaltung genehmigte eine weitere Verlängerung bis 30. September für die Arbeiten und bis 31. Oktober für das Gesamtprojekt. Die ständigen Terminänderungen erleichterten nicht gerade die Zeitplanung interessierter Besucher.

Angesichts der wiederholten Verzögerungen fühlte sich van der Marck allmählich unwohl in seiner Haut. »Am Labor Day fand ein Rodeo samt Kirmes statt. Christo wirkte in der Jury mit, die die Festwagen benotete (auf einem stand ein Modell des Talvorhangs), und ich durfte die Rodeokönigin von Garfield Country auswählen. Unsere Stimmung besserte sich nur wenig.« Auf einem Foto sieht man, wie eine schafsgesichtige Menge auf den Festwagen glotzt. Auf dem mitgeführten Transparent stand:»Vorhang auf für eine Welt der

Entspannung, des Glanzes und der Verzauberung. Man muss es sehen, um es zu glauben.«

Am 13. September wurden in West Virginia 24000 Quadratmeter leuchtend oranges Nylonmaterial nach Colorado verladen. Am 17. September fotografierten Shunk und Kender, wie Christo mit einer Gruppe Arbeiter lange Stoffbündel auslud. Mit Ankunft des Vorhangs stieg in Rifle Gap die Stimmung. Trotz der ständigen Verzögerungen wurde der Besucherstrom von Tag zu Tag größer. Am 18. gesellte sich auch Pierre Restany zu den Europäern unter ihnen. Rifle bereitete Schaulustigen, Kunsthändlern, Sammlern und Kuratoren, Schriftstellern und Journalisten, Künstlern, Studenten, Lehrern, einer studentischen Filmcrew der Rice-Universität und dem deutschen Kamerateam von Rainer Crone einen herzlichen Empfang. Bei Jan van der Marck klingelte unablässig das Telefon.

Ein paar Tage später kam auch Mitko Zagoroff und befasste sich sogleich mit den technischen Feinheiten des Projekts. Bei der Herstellung des Vorhangs wurden 15 Prozent Gewebe zugegeben, damit er sich wie ein Segel in beiden Richtungen bis zu zwölf Meter weit blähen konnte. Windversuche mit maßstabgerechten Modellen bestätigten diesen erwarteten Effekt. Am 1. Oktober schickte Mitko Skizzen an Ken R. White und schlug eine verbesserte Befestigung des Vorhangs an der Tragetrosse vor.

Noch vor Mitkos Ankunft hatte sich das Verhältnis zwischen den Christos und dem Projektleiter Wes Hofmann von Morrison-Knudsen ernsthaft verschlechtert. Anfang Oktober redeten sie kaum noch miteinander. Hofmann hatte einen Plan für das Entrollen des gebündelten Stoffs mit Hilfe von »Zauberknoten« entworfen. Doch die Christos und Mitko befürchteten, es könne sich um einen faulen Zauber handeln. An den Knoten, mit denen der dicht gerollte Vorhang an der Trosse befestigt war, hingen lange Seile, an denen man ziehen und damit die Zauberknoten lösen sollte, um das Material zu entfalten.

Als am Wochenende des 8. Oktober die Freigabe des Vorhangs nahte, stieg die Spannung. Die Nachricht sprach sich herum, und binnen kurzem versammelte sich eine buntgemischte Menge aus bekannten Persönlichkeiten, Christo-Anhängern und Skeptikern in und um Rifle. Etwas Derartiges hatte die Stadt noch nicht erlebt. Die Straßen waren hoffnungslos verstopft. Im Umkreis von mehreren Meilen waren sämtliche Beobachtungsplätze besetzt, wobei es in Mc's Café und im Rifle Golf Club ohnehin nur Stehplätze gab. Ein geschäftstüchtiger junger Mann verkaufte von seinem Lastwagen herab Valley-Curtain-Schmuck. Der ersehnte Boom hatte tatsächlich eingesetzt. Dutzende Studenten und andere Helfer standen bereit – Cowboys und Touristen, Scott Hodes, David Juda, Kurator Germano Celant, Robert Urie vom Gewebehersteller, David Bourdon, Pierre Restany, Michael Sonnabend, die Artisten Gilbert and George, Fernsehteams von NBC und CBS, Reporter von AP und UPI, die Medien von Colorado und Hunderte andere. »Die Party ging rund um die Uhr«, erinnert sich Sonnabend.

Der Höhepunkt stand unmittelbar bevor. Jan van der Marck schrieb: »Am Samstag, dem 9. Oktober, sah es ganz danach aus, als werde es weitere Verzögerungen und Schwierigkeiten geben. Ständig klingelte das Telefon, und die Reporter und Fernsehleute bedrängten mich mit der Frage: ›Wann geht der Vorhang auf?‹« Um die Mittagszeit brachte die Mannschaft von Morrison-Knudsen den Vorhang in Position. Hunderte von Seilen schwangen nach unten. Calvin Tomkins bemerkte in *The Scene*, es sei geplant gewesen, den gigantischen Vorhang die Nacht über zusammengerollt hoch über dem Tal in der Schwebe zu lassen. Am Sonntag sollte er dann ganz allmählich ausgerollt und an den 30 Bodenverankerungen befestigt werden.« Doch um 16.15 Uhr – Vorhang und Tragetrosse hatten erst zwei Drittel ihrer angestrebten Höhe erreicht und waren noch nicht gesichert – verkündete Wes Hofmann, die Arbeit werde um 16.30 Uhr eingestellt. Jeanne-Claude und Christo redeten verzweifelt auf Hofmann ein: Wenn man den Vorhang nicht mit den vier Haupttrossen verbinde, bestehe die Gefahr, dass alles zusammenbreche. Hofmann müsse den Vorhang unbedingt noch vor Einbruch der Dunkelheit sichern, sagte Christo und betonte, die Mannschaft sei dazu willens und bereit. Doch Hofmann ließ sich nicht erweichen – dazu sei nicht genug Zeit und außerdem bedeute ihm das Leben seiner Leute mehr als Christos Vorhang.

Mitko Zagoroff nannte es ein Fiasko:»Wir konnten die miserable Planung nicht fassen. Die Christos schäumten.« Gegen halb sechs Uhr nachmittags versammelten sich Christos Getreue im nahen Golf Club auf einen Drink. Kurz darauf kamen zwei Freunde van der Marcks aus Salt Lake City an. Marck sagte:»Ich beschloss, mit ihnen hinüberzugehen, bevor es dunkel wurde, um ihnen zu zeigen, in welchem Stadium sich die Arbeit befand. Inzwischen dürfte es etwa 18.20 Uhr gewesen sein. Der Vorhang lockerte sich und begann sich im quälenden Zeitlupentempo bis auf etwa 60 Meter unter der Verankerung am Osthang aufzublähen. Wir trauten unseren Augen nicht.« Eine leichte Brise – und die »Zauberknoten« hatten sich geöffnet. Ein Großteil des leuchtend orangefarbenen Vorhangs hing herab. Vom Golfclub aus blickte Pierre Restany zu Rifle Gap hinüber und sah, wie sich der Traum der Christos in Luft auflöste.»Diesen Anblick werde ich nie vergessen. Ich rief Christo zu, er solle herkommen. Er stand schweigend neben mir, Tränen in den Augen.«

Alexandra de Guillebon, die seit Mitte Juli am Ort war, sah fassungslos zu.»Ich glaube, alle weinten«, sagte sie.»Es war unerträglich.« Der Wind nahm zu, das Gewebe wand sich wie unter Schmerzen und sprengte in einer urplötzlichen Flatterbewegung seine Knoten. Jan van der Marck schilderte den weiteren Verlauf:»Hunderte standen entgeistert da, konnten nichts tun und sahen mit an, wie sich der Vorhang an Felskanten und Bäumen verfing. Am unheimlichsten hörte sich an, wenn er sich bei der nächsten Brise wieder losmachte und dabei riss. Als er sich im Aufziehmechanismus verheddterte und wieder losschwang, wurde ein langer, senkrechter Schlitz sichtbar. Wie eine in der Mitte gespaltene Riesenzunge flatterte nun der größere Teil der östlichen Vorhanghälfte, fast zehntausend Quadratmeter, durchs Tal. Das leuchtende Orange verlieh ihm etwas Feuergleiches, so dass der zerrissene Vorhang vor dem Abendhimmel wie Flammen tanzte. Sogar die Geräusche ähnelten denen eines gewaltigen Brandes. Die Menschen standen wie angewurzelt, die einen in Tränen aufgelöst, die anderen wie benommen. Niemand hatte mit einer Katastrophe dieses Ausmaßes gerechnet. Für Christo war es der schwerste Schlag seines Künstlerlebens. Nicht im schlimmsten Alptraum hätte er daran gedacht, dass all unsere Mühe umsonst gewesen sein könnte.«

In jener Nacht schleuderte der entfesselte Vorhang ein Auto in die Luft und warf mit Felsbrocken um sich. Glücklicherweise wurde niemand verletzt. Am Sonntagmorgen hing er reglos da. Überall im Tal lagen Fetzen. Das von der Sonne beschienene, orangefarbene Gewebe bildete einen auffälligen Kontrast zum strahlend blauen Himmel. Die Presse bemächtigte sich des Unheils. Polizeiautos trafen ein, gefolgt von vielen Bürgern aus Rifle, Neugierigen und Christo-Anhängern.

Jeanne-Claude würgte ihre Tränen hinunter und kam zum gleichen Schluss wie Christo: Wir müssen's nochmal versuchen! Die *New York Times* zitierte ihn:»Zuerst war ich niedergeschlagen, aber schon am nächsten Tag machte ich mich an die Arbeit für einen neuen Vorhang.«

Der Vorhang war verloren, aber wenigstens die kostspieligen Betonfundamente und der Trossenkomplex waren noch intakt. Gleiches galt für den öffentlichen Rückhalt. In der Pressekonferenz am Sonntagnachmittag machten die Christos, van der Marck und Hodes vor einer Phalanx von Kameras gute Miene zum bösen Spiel. In *The Scene** schrieb Calvin Thomas:»Die Pressekonferenz war auch von Einwohnern aus Rifle gut besucht, die Christo nach der Erklärung, er werde nächstes Jahr im Juni wiederkommen und das Projekt zum Abschluss bringen, eine stehende Ovation brachten. Ein

---

* New York 1976.

weibliches Mitglied des Gemeinderats stand auf und sagte, bis zu dem Unglück hätten die meisten den Vorhang für eine Schnapsidee gehalten, von der die Stadt aber profitieren könne. Seit sie jedoch erlebt hätten, wie schön er sogar noch im Todeskampf ausgesehen habe, sei *Valley Curtain* nicht nur Christos, sondern auch *ihr* Projekt, und sie erwarteten ungeduldig seine Rückkehr im nächsten Jahr. Christo war gerührt. Es schien, als wäre Rifle durch ihn zu einer Künstlergemeinde geworden.«

Am 13. Oktober waren sämtliche Stoffreste beseitigt und die Fundamente und Trossen gesichert. Die Christos beglichen die ausstehenden Rechnungen und verabschiedeten sich, ohne Wes Hofmann noch einmal eines Wortes zu würdigen.

Rückblickend erwies es sich als Nachteil, dass es den Christos gelungen war, Sammler, Händler, Künstler, Kritiker, Kuratoren, Freunde und Medien als Zeugen zu der lange verzögerten Vorstellung am Rifle Gap zu locken. Die Aufmerksamkeit der breiten Öffentlichkeit hatte den Fehlschlag noch verschlimmert. Bis zur Wiederaufnahme der Arbeit bereiteten die ungelösten technischen Fragen den Christos schlaflose Nächte. Unterdessen hagelte es weitere Rechnungen: 4500 Dollar für die Fotos von Shunk und Kender; 4200 Dollar für Mitko Zagoroffs technische Assistenz; die Pachtraten an die Kansgens und Lloyd Wilson und die Prämien für die Verlängerung der Versicherungs- und Kreditverträge. Wie sich dieses vom Schicksal durchkreuzte Abenteuer auf die weiteren Verkäufe von Christo-Werken auswirken würde, war ungewiss. Zu dieser Zeit lag der Preis für seine Zeichnungen in der Regel bei 980 Dollar.

Obwohl ein Großteil der Vorrichtungen und Konstruktionen weiter verwendbar blieb, musste doch ein neuer Vorhang entworfen und hergestellt werden. Mitko Zagoroffs Firma Unipolycon und die Ken R. White Company übernahmen die technische Neugestaltung. Natürlich kostete auch das Geld. Am 11. November 1971 (Christo befand sich auf

Werbe- und Verkaufsreise in Europa) notierte Jeanne-Claude im Terminkalender, die Valley Curtain Corporation habe ihr Konto um 1800 Dollar überzogen; allerdings war ein Scheck über 4800 Dollar für Werke, die Christo in Italien verkauft hatte, unterwegs.

Am 12. November kam Michael Cullen in die Howard Street. Jeanne-Claude trug ihm Christos Interesse an einer Verhüllung des Reichstags vor, bat ihn, die Genehmigung dafür zu beschaffen und arrangierte eine erste Begegnung der beiden Männer in Zürich. »Wir trafen uns im Hotel Savoy«, berichtet Cullen. »Ich hatte Karten und Fotos vom Reichstag mitgebracht. Er war liebenswürdig, und die Idee erregte ihn ungeheuer. Das übertrug sich auch auf mich, aber ich hatte noch keine Ahnung, wie energiegeladen man sein muss, um mit ihm Schritt zu halten. Er schläft kaum, und wenn er ein Projekt realisieren will, kann er es kaum erwarten. Dann drängt ihn die Zeit, und was er im Kopf hat, muss raus. Und zwar augenblicklich, in dieser Sekunde, nicht erst morgen oder nächste Woche oder nächsten Monat. Dummheit macht ihn rasend. Er kann es nicht leiden, wenn jemand seine Zeit vergeudet. Anderseits besitzt er eine Engelsgeduld, wenn es darum geht, jemanden von seinen Plänen zu überzeugen.«

Wenige Tage später kehrte Christo nach New York zurück. Am 8. Dezember führte er mit Mitko und dessen Geschäftspartner John Thompson Windversuche mit einem maßstabgerechten Modell von *Valley Curtain* durch, das Jeanne-Claude zusammengenäht hatte. Als das Miniaturtuch dem starken Luftzug eines elektrischen Ventilators standhielt, brachen alle in Hochrufe aus. Thompson berichtet über den neuen Ansatz der Christos Ende 1971: »Nach dem Fiasko im Oktober baten sie uns, ihnen bei einem neuen Versuch zu helfen. Mitko und ich ließen alles stehen und liegen und begannen mit der Planung, wie man den Stoff bändigen, zu einem Bündel rollen und so wickeln konnte, dass es sich wie ein Paket handhaben ließ. Wir fertigten die technischen Zeichnungen für einen neuen Vorhang an und überwachten Herstellung und Transport. Die Projekte sind ja wahrlich abenteuerlich. Mit Christo lässt sich herrlich arbeiten. Mein einziges Problem ist, dass ich kein Wort von dem verstehe, was er sagt.«

Für einen hatte die totale Hingabe der Christos an ihre Kunst jedoch deutliche Schattenseiten – für Cyril. Mit jedem neuen Projekt entstand für ihn ein Rivale, der ihm die Aufmerksamkeit seiner Eltern streitig machte. Anfang 1972 drohte ihm dann auch noch Konkurrenz in der eigenen Familie. »Ich glaubte, ich sei schwanger«, erzählte Jeanne-Claude, »und fragte Cyril beiläufig, wie er es fände, wenn er ein Schwesterchen bekäme. Darauf sagte Cyril: ›Ich will weder einen Bruder noch eine Schwester. Wenn du ein Baby kriegst, gehe ich von der Schule ab, fange an zu trinken, zu rauchen und Drogen zu nehmen.‹ Wir sagten, wir würden es uns noch überlegen. Ein paar Tage später stellte sich heraus, dass ich nicht schwanger war.«

Als Cyril alt genug für die höhere Schule war, beschloss Jeanne-Claude, ihn in die Dalton School an der Upper East Side zu schicken, obwohl das ein gewaltiges finanzielles Opfer bedeutete. »Im Januar wollten wir ihn in Dalton anmelden, erhielten aber eine Absage. Einen Grund dafür konnten wir nicht erkennen; immerhin war er Klassenprimus. Ich rief ein paar Leute an, die ihre Kinder in Dalton hatten, und bat sie, sich telefonisch oder brieflich für uns einzusetzen. Sie lachten und sagten alle das Gleiche: ›Sie haben nicht Cyril abgelehnt, sondern euch!‹ Da wir arm waren, befürchteten sie, ich würde das Schulgeld fürs erste Jahr zahlen und dann um ein Stipendium bitten. Als dann unsere reichen Bekannten erklärten, wer wir sind, kam ein Anruf aus Dalton: ›Es handelt sich um ein Versehen.‹ Im dritten Jahr bot die Schule Cyril ein Stipendium an. Ich antwortete sinngemäß: ›Danke vielmals, aber wir kommen schon hin. Es ist zwar teuer, aber wir können bezahlen; geben Sie das Stipendium lieber einem Kind, dessen Eltern wirklich überhaupt kein Geld haben.‹ Daraufhin wurden sie wütend und schrieben mir einen beleidigenden Brief, in dem es hieß: ›Niemand lehnt ein Stipendium ab. Das ist unerhört!‹ Als hätte ich sie ins Gesicht geschlagen. Natürlich fiel uns die Bezahlung des Schulgeldes nicht leicht. Ein paar Jahre lang mussten wir es uns borgen, aber ich bezahlte immer pünktlich.« Trotz aller finanzieller Nöte schickte Christo außerdem seinen Eltern regelmäßig Geld. Im Kalender steht am 3. März der Eintrag:»300 Dollar nach Bulgarien«. Abgesehen von einem kurzen Treffen mit seinem Vater 1961 in Frankfurt und dessen etwas längerem Besuch in New York 1967 hatte Christo seine Familie fünfzehn Jahre lang nicht gesehen.

Obwohl *Valley Curtain* bei Christo ganz oben rangierte, fertigte er 1972 auch Zeichnungen für andere Projekte an, darunter die ersten Collagen für die Verhüllung des Reichstags, Vorstudien für den Bau einer gewaltigen Mastaba aus 200 000 Ölfässern am Rande von Houston sowie für *Wrapped Bridge* (Verhüllte Brücke), für die er den Pont Alexandre III in Paris im Auge hatte. Unterdessen wurde in Rifle heftig diskutiert, ob die Christos und das Touristenheer je wiederkämen. Ein paar Standhafte zweifelten so wenig an der Wiederauferstehung des Vorhangs wie an der Wiederkunft Christi. Andere meinten, die gewaltigen wirtschaftlichen Einbußen und der damit einhergehende Verlust an Glaubwürdigkeit hätten das unwiderrufliche Ende dieser bizarren Episode bedeutet. Am 25. Mai 1972 kamen Jeanne-Claude und Christo wieder nach Rifle. Die Nachricht verbreitete sich wie ein Lauffeuer: Christo ist wieder da! Das bedeutete, dass *Valley Curtain* wieder aufgegriffen wurde. Aber in der kurzen Zeit blieb noch unendlich viel zu tun.

Nach dem Fiasko von 1971 hatten die Christos Lev Zetlin den Laufpass gegeben und dafür Unipolycon beauftragt. Desgleichen heuerten sie den Straßenbauingenieur Ernest Harris an und baten ihn, Bauunternehmer vor Ort zu empfehlen, die sich des Projekts mit dem nötigen persönlichen Engagement annehmen würden. Unter anderen wurde auch der Leiter von A & H Builders, Ted Dougherty, gefragt.»Für die Fertigstellung suchten die Christos nach einem kleineren

Unternehmer«, erzählt er. »Zuerst lehnten wir ab. Immerhin war ein Jahr zuvor einer der größten Bauunternehmer Amerikas, Morrison-Knudsen, damit baden gegangen. Wie sollten wir es da schaffen? Doch die Christos traten erneut an uns heran. Wir versprachen, uns die Sache zu überlegen. Ihm sah man sofort an, dass er aufrichtig und intelligent war. Sie war ziemlich aufgedonnert, sehr Haute couture. Beide typische Stadtmenschen, Schickeria.« Wie dem auch sei – Dougherty und die Christos rauften sich zusammen.

Am 21. Juni begannen die Außenarbeiten. Am 31. Juli traf der Vorhang ein und wurde am 4. August installiert. Am 7. August begannen Studenten und Teilzeitkräfte mit dem Training. »Wir hatten Mitarbeiter jeden Schlags«, erinnert sich Jeanne-Claude. »Stahlarbeiter aus der örtlichen Industrie, tief gebräunte und tätowierte Bauarbeiter, dazwischen Zimmerleute und langhaarige, Marihuana rauchende Hippies. Hunderte von Armen und Beinen waren uns zu Diensten. Freiwillige nehmen wir grundsätzlich nicht, aber bezahlen können wir auch nicht viel – nur knapp über dem Mindestlohn. Trotzdem, Spaß hatten sie alle.« Mit den Guillebons, die am 3. August aus Frankreich angereist kamen, um Christos bevorstehenden Triumph mitzuerleben und – vielleicht wichtiger noch – ihren Enkel zu sehen, war auch ihr dreiundzwanzig Jahre alter Sohn Norbert mitgekommen. »Es war fantastisch«, erzählt er, »man konnte unmöglich nur zuschauen. Also machte ich bei einer Studentengruppe mit. Die Arbeit war sehr präzise geplant. Wir übten das schnelle Ziehen und exakte Befestigen der Taue.« Auch Joyce May und ihr Mann Clive Henery kamen nach der Besichtigung des Grand Canyon nach Rifle Gap.

Wie im Jahr zuvor gab es etliche Pannen und Probleme, und jeder, der die damalige Katastrophe erlebt hatte, hatte allen Grund, sich in den frühen Morgenstunden des 10. August 1972 unwohl in seiner Haut zu fühlen. Ein Windstärkemesser registrierte die Windgeschwindigkeit; die Arbeiter starrten darauf so gebannt wie Turmwächter, die jeden Moment mit dem Auftauchen des Feindes rechnen. Um 9 Uhr nahmen Scharen von Besuchern und Anwohnern Aufstellung. Die Aufnahmeteams der New Yorker Filmemacher Albert und David Maysles und der Ursula Hatje Productions aus Stuttgart, die schon alle Vorbereitungen dokumentiert hatten, brachten ihre Kameras in Position. Exakt zehn Monate nach der tragischen Zerstörung des Vorhangs von 1971 stand das Schauspiel zum zweiten Mal bevor. Um 9.05 Uhr, der Windmesser zeigte nahe Null, gaben die Christos – er mit weißem, sie mit gelbem Helm – das Signal. Auf dem Film der Maysles ist zu sehen, wie Harrison Rivera-Terreaux an einem Seil zieht, der glänzende Vorhang sich schlagartig abrollt und binnen zehn Sekunden mit einer Geschwindigkeit von 30 Metern pro Sekunde von Osten nach Westen entfaltet. Als schon drei Viertel des gewaltigen Tuchs sichtbar waren, verwickelte sich der Stoff in einer Freigabekette hoch über dem Tal. Die Menge stöhnte auf. Am Ostgipfel sprangen Donald Jenkins und seine Mannen eilends in eine Schwebegondel.

Wieder ist der Vorhang in Gefahr. Man sieht Christo hin und her rennen und brüllen: »Ziehen, ziehen, ziehen, ziehen, ziehen!«, während Arbeiter die Seile zu sichern versuchen, die das geblähte Tuch hin und her peitscht. Wieder schreit er: »Zieht doch, zieht doch! Wo bleibt der Mann im blauen Lkw?« Dann wendet er sich zu Jeanne-Claude und jammert: »Bis jetzt ist alles so gut gegangen.« Donald Jenkins auf dem Ostgipfel sieht, wie das Riesentuch hin und her schlägt, und fragt: »Wieso löst es sich bei dem Druck nicht von allein?« Nach kurzer Diskussion übers Walkie-Talkie wagen sich Jenkins und seine Leute in ihrer Gondel gefährlich übers Tal hinaus. Noch haben sie die blockierte Stelle nicht erreicht, da dreht sich der wankelmütige Wind erneut, und der Mammutvorhang entfaltet sich in voller Länge. Applaus bricht los, und mit einem Mal strahlt Christo: »Schön.« Jeanne-Claudes breites Lächeln geht in herzliches Lachen über. Ihr Vater nimmt sie in die Arme und küsst sie, während die Arbeiter in Hochrufe ausbrechen. An grellbunten Fallschirmen schwebt eine Springergruppe aus Denver hernieder.

Rifle, Colorado, 1972: Christo vor dem *Talvorhang*. (Foto: Harry Shunk)

Die nächsten eineinhalb Stunden vergingen mit dem hektischen Vertäuen der 27 Ankertaue, die die Gewalt der riesigen, sich unter der leisesten Brise blähenden Fläche bändigen mussten.

In der *New York Times* vom 20. August 1972 nannte Grace Glueck den Vorhang »eines von Christos schönsten Werken. [...] Er schwang und blähte sich im Wind, als wollte er im nächsten Moment den Blick auf ein wagnerianisches Schauspiel freigeben. [...] Die Mannschaft geriet in Ekstase. Champagner floss in Strömen, und Christo wurde in den Rifle Creek getaucht. Der Räderfabrikant und Rancher von Rifle, Anthony Macchione, paradierte auf seinem braunen Quarter-horse auf und ab und sagte: ›Ich find's herrlich.‹ Und Ernest Harris meinte: ›Was mich bekümmerte, war der kurzlebige Charakter des Projekts. Aber jetzt denke ich, es ist genauso wie bei einem Konzert: Man engagiert Musiker und zahlt ihnen ein Vermögen, damit sie spielen, und dann ist alles vorbei. Übrig bleiben nur Erinnerungen und allenfalls eine Tonbandaufzeichnung.«»Der Stahlarbeiter Donald Jenkins mischte sich unter die feiernden Arbeiter, sah zum Vorhang hinauf und sagte lächelnd:»So etwas Wunderschönes habe ich im Leben noch nicht gesehen.« Mag *Valley Curtain* auch kein Weltwunder gewesen sein, so schlug es doch viele Beobachter in seinen Bann. Sogar der abgebrühte Museumsmann Thomas Garver fand das Schauspiel bewegend,»vor allem die Überhöhung von Licht und Farbe durch das Gewebe«.

Am 11. August, achtundzwanzig Stunden nach der Installation, wurde der Vorhang im wahrsten Sinne des Wortes vom Winde verweht. Ein Sturm mit Windgeschwindigkeiten von über 100 Kilometern in der Stunde blies das ganze Projekt hinweg.

Die kurze Lebensspanne, die dem Projekt beschieden war, wirkte auf die meisten Beobachter ernüchternd. Aber eine Woche nach seinem jähen Ende bedankten sich die Einwohner von Rifle bei Christo mit dem Stadtschlüssel auf einer Messingplatte mit der Inschrift:»Für Christo und Jeanne-Claude von den Bürgern von Rifle für die hingebungsvolle Mühe bei Entwurf und Verwirklichung von ›The Valley Curtain‹, jenem reinen und schönen Tribut an die Vorstellungskraft des Menschen.« Die Platte trägt die Unterschrift von Bürgermeister John B. Scalzo und das Datum des 18. August 1972.

Die mit den Christos seit 1967 befreundete Priscilla Morgan erinnert sich an ein Essen in der Howard Street im Beisein von Isamu Noguchi, Saul Steinberg, Richard Lindner und Giancarlo Menotti:»Ich sah Isamus ungläubige Augen, als Christo beschrieb, wie der Vorhang vom Sturm fortgeblasen wurde. Er und Lindner bewunderten Christos Werk und waren über die kurze Lebensdauer des Vorhangs schockiert. Richard malte täglich zehn oder zwölf Stunden lang, im Vertrauen auf die Unvergänglichkeit der Kunst, und Noguchi hämmerte und meißelte wie besessen an Tonnen von Marmor oder Granit für die Nachwelt. Und da kommt dieser un-

glaubliche Mann und einmalige Künstler und arbeitet wie
ein Teufel bis zur Erschöpfung, um dann mit ansehen zu
müssen, wie sein Werk untergeht. Das verschlug ihnen einfach den Atem.«

Am 19. Januar 1973 wurde im Amsterdamer Stedelijk Van
Abbemuseum die Valley-Curtain-Ausstellung eröffnet. Harry
Shunk musste allein sämtliche Filme entwickeln, Abzüge
machen und Vergrößerungen für das Stedelijk anfertigen.
Janos Kender war kurz nach der Rückkehr von Rifle nach
New York verschwunden und hatte seinen Partner im Stich
gelassen. Dasselbe hatte Kender schon nach dem Fehlschlag
von 1971 getan. Shunk zuckte nur die Schultern: »Das geschah andauernd.«

Christo sagte: »Nach Valley Curtain gab es ein echtes
Drama. Harry war völlig verzweifelt. Er bat Jeanne-Claude,
Kender anzurufen. Sie kamen beide in die Howard Street,
und wie Psychiater redeten wir auf sie ein, sie müssten beisammen bleiben. ›Ihr könnt doch nicht das Riesenarchiv mit
den Kunstfotos so vieler Künstler aufs Spiel setzen, bloß weil
ihr Gefühle habt. Auf euch muss Verlass sein. Wir brauchen
euch.‹ Sie lebten schon seit fast siebzehn Jahren zusammen,
aber als Kender für längere Zeit mit einer Frau verschwand,
wurde es schlimm.«

Um Shunk zu helfen, wenigstens das Fotoarchiv intakt zu
halten, heuerten die Christos den Anwalt Harry Torczyner
an. Doch die glorreiche Zusammenarbeit näherte sich unauf-
haltsam dem endgültigen Aus. Janos Kender heiratete die
geschiedene Amerikanerin Barbara McGee. Harry Shunk arbeitete noch ein Jahr lang für Christo und ließ dann den Kontakt langsam einschlafen. Jahre später erinnerte er sich bitter: »Das alles wäre nicht passiert, wenn Christo nicht einen
Anwalt eingeschaltet hätte. Er hatte Angst, Kender könnte
die Negative mitnehmen. Ich mochte Christo sehr. Mit ihm
lässt es sich von allen Künstlern am besten arbeiten, aber er
und Jeanne-Claude strengten diesen Prozess an.« Shunk warf
Christo nicht nur vor, er habe sein Verhältnis mit Kender zer-

stört, sondern ging noch weiter:»Torczyner war nur an den Negativen interessiert. Er bot Kender die Kameras an und sagte zu mir: ›Kameras kann man kaufen, Negative nicht.‹ Torczyner war sehr, sehr schwierig.«

Torczyner wurde auch in anderen Dingen für die Christos tätig, beispielsweise bei der Wiederbeschaffung von Kunstwerken, die diverse Galeristen einfach einbehalten hatten. Der wichtigste und schwierigste Fall war die Rettung des Hauses in der Howard Street. Ben und Max Rosenbaum teilten den Christos eines Tages aus heiterem Himmel mit, dass sie binnen 30 Tagen ausziehen müssten, da ein Käufer für das Haus gefunden sei. Jeanne-Claude erzählte:»Wir waren entsetzt. Ich fragte sie, ob *wir* nicht das Haus kaufen könnten – zum Preis der anderen plus einem Dollar. Sie sagten, dass wir natürlich das Vorkaufsrecht hätten. Also riefen wir alle möglichen Leute an, um die Summe zusammenzubekommen.« Ein Freund der Familie, Henri Rustin, schrieb einen Scheck über 12 500 Dollar aus, als Gegenwert für einige Kunstwerke von Christo. Jeanne-Claude erinnert sich:»Wir schuldeten Ted Dougherty nach wie vor eine Menge Geld. Ich rief Ted an und erklärte ihm, dass wir zwar das Geld hätten, um die Schulden zu begleichen, es aber eigentlich bräuchten, um unser Haus zu kaufen. Er bestand darauf, dass wir den Kauf tätigten.« Der Preis für das schmale fünfstöckige Gebäude betrug 175 000 Dollar. Die Christos nutzten die beiden oberen Stockwerke; ihre Miete von 75 Dollar pro Monat war die Grundlage für die Abzahlung der Hypothek.

Um die neuen Hausbesitzer vor den Forderungen des Finanzamts zu schützen, entwickelte Torczyner eine komplizierte Konstruktion, indem er zwei Firmen nutzte, die den Rosenbaums gehörten. Er sagte:»Es war eine knifflige Angelegenheit. Die Christos tauchten nirgendwo auf. Welche Papiere man auch prüfte, von ihnen keine Spur.« In Torczyners Brief an die Chase Bank wurden lediglich »Klienten« erwähnt und keinerlei Namen genannt. So konnten die nach wie vor nicht eingebürgerten Christos im Hintergrund blei-

ben. Jeanne-Claude genüsslich:»Offiziell haben nicht wir
das Haus gekauft, sondern die Firma Realty Corporation and
Danjedan – der allerdings auch das Gebäude gehört!«

Am 23. Juli 1973 reisten die Christos – noch einmal in
Begleitung von Shunk – nach München zur Eröffnung der
Valley-Curtain-Ausstellung in der Neuen Pinakothek. Vor
der Abreise schrieb Jeanne-Claude an Torczyner:»Sie werden diesen Brief vermutlich für übertrieben pessimistisch
halten, aber wir schicken ihn Ihnen trotzdem.« Wegen der
Gefahren des Reisens in Flugzeugen, Zügen, Autos und dergleichen nannte sie ihm sechs Aufbewahrungsorte in New
York, Belgien, Holland, Frankreich und Deutschland sowie
18 Galerien, in denen Kunstwerke von Christo lagerten, und
legte Verzeichnisse der Wanderausstellungen von Wrapped
Coast und Valley Curtain bei. Außerdem hätten sie ein Testa-
ment gemacht, das an zwei Stellen deponiert sei.»Was die
Geschäfte der Valley Curtain Corporation angeht (im Augenblick bestehen sie im Wesentlichen aus Schulden), rufen Sie
bitte Scott Hodes an. Es wäre genau der richtige Zeitpunkt
für eine Bankrotterklärung!«

Auf ihrer Europareise in diesem Sommer landeten die
Christos am 3. August auch in Tunis. Eine routinemäßige
Passkontrolle wurde für Christo zum Alptraum. Ein Beamter,
der es besonders genau nahm, erregte sich über den Ein-
trag»staatenlos« auf Christos vergilbtem Flüchtlingsausweis.
Christo wurde auf dem Flughafen verhaftet.»In diesem
Augenblick beschloss ich, amerikanischer Staatsbürger zu
werden.«

Jeanne-Claude ergänzte:»Obwohl er ein gültiges Visum
hatte, fragten sie unentwegt: ›Was für ein Pass soll das denn
sein?‹ und ›Was heißt das, staatenlos?‹ Christo schlotterte
vor Angst. Dass in der Schlange hinter uns auch noch drei
bulgarische Kommunisten standen und alles mitbekamen,
machte das Ganze noch schlimmer.« Die Christos wurden
noch eine Stunde lang in einem Nebenraum verhört und
dann nach Tunis gebracht, wo sich das Verhör fortsetzte. Am

späten Abend ließ man ihn endlich frei mit der Auflage, sich am nächsten Morgen zu weiteren Verhören wieder bei der Passbehörde zu melden. »Die Behörden zogen seine Papiere ein und händigten sie ihm erst wieder beim Verlassen des Landes aus – für einen Flüchtling absolut traumatisch«, bemerkte Jeanne-Claude. Sofort nach der Rückkehr rief Christo in New York Anita Streep an, sie solle das Bewerbungsverfahren um die amerikanische Staatsbürgerschaft einleiten.

11

Running Fence

Am 17. Juni flogen Christo und Jeanne-Claude an die Westküste, wo sie fast einen Monat mit der Suche nach einer geeigneten Gegend für ihr neuestes Herzensanliegen, *Running
Fence* (Laufender Zaun), zubrachten. Mit dabei waren Harry
Shunk, der dreizehnjährige Cyril und dessen bester Freund
Ludmil Pandeff. »Unentwegt fuhren wir die Küste auf und
ab, um einen passenden Ort für *Running Fence* zu finden«,
klagte Shunk.

Die Genese von *Running Fence* reicht zurück bis *Three
Storefronts*, die Collage-Zeichnung *Curtains for the Wall* (Vorhänge für die Mauer) von 1970 und mehrere Vorstudien für
Curtains for the Rotonda aus demselben Jahr. Die letzte Vorstufe bildete *The Divide* (Die Wasserscheide). »Die ersten
Studien hießen nicht *Running Fence*, sondern *The Divide*«, erläuterte Jeanne-Claude. »Und das Material war nicht weiß,
sondern lachsfarben.« Christo ergänzte: »Jeanne-Claude gefiel ›Divide‹ nicht, weil das unfreundlich klingt. Deshalb be-
nannten wir es in ›The Fence‹ um.«

Die Inspiration für *Running Fence* kam Christo beim Anblick vier Meter hoher Schneezäune. »Die Idee entstand, als
wir 1972 über die Kontinental-Wasserscheide fuhren. Auf
den Bergkämmen sah ich einen Metallzaun. Beim Hinunter-
fahren schien er wegzulaufen und sich hinter den Bäumen
zu verstecken. Ich fertigte eine Collage auf einem irischen
Landschaftsfoto mit welligen Hügeln. Wir zeigten die Collage Dr. Ernest Harris. Ernie sagte: ›Am besten gehst du nach
Nordkalifornien; da ist wenig Betrieb, und es gibt wogende
Viehweiden auf herrlichen Hügeln.‹«

Nach Christos Vorstellungen sollte der Zaun dem Meer entsteigen und sich über die weitgehend baumlosen Hügel erstrecken. Außerdem sollte er von der Straße her gut zugänglich sein, eine Autobahn queren und – dem Kontrast zuliebe – durch eine Gegend mit normalen Weidezäunen verlaufen. Nach der langen und anstrengenden Suche entlang der Westküste einigten sich Christo und Jeanne-Claude auf die Sonoma und Marin Countys nördlich von San Francisco: die Idealroute für den knapp 40 Kilometer langen *Running Fence*.

Als kalifornisches Hauptquartier diente Christo in den nächsten drei Jahren die Stadt Petaluma, von der Jeanne-Claude sagte, sie sei »so ähnlich wie Rifle, nur größer«. Das etwa 25 000 Einwohner zählende Petaluma liegt am Südrand von Sonoma County rund 45 Fahrminuten nördlich von San Francisco. Ein buntes Gemisch kleiner Geschäfte entlang der Hauptstraße schmiegt sich an eine niedrige Hügellandschaft. Eine schmale Straße windet sich durchs Stadtzentrum und läuft dann in einer Weidelandschaft aus, in der Kühe und Pferde auf fast baumlosen sanften Hügeln grasen – ein typisch amerikanisches Viehzuchtgebiet.

Am 13. Juli 1973 beauftragten die Christos Landvermesser mit der Kartographierung der Route von *Running Fence*. Am 5. Oktober und 4. November trafen sich Christo und Ted Dougherty mit Vertretern der Handelskammer von Petaluma in Joe's Lunch in Sonoma.

Im selben Herbst bereitete sich Christo in New York auf seine Einbürgerungsprüfung vor. Jeanne-Claude, Anita Streep und andere erklärten ihm, worauf er sich gefasst machen müsse. Die Eröffnungsfrage, so bläuten sie ihm ein, würde lauten: »Wer war der erste amerikanische Präsident?« Nach vielen Übungsstunden schnippte er ungeduldig: »Ja, ich weiß, George Washington.«

Christos Schnellkurs in amerikanischer Geschichte und Staatskunde wurde am 7. November 1973 auf die Probe gestellt. Um 8.30 Uhr betrat er mit Jeanne-Claude, Anita

Streep sowie David Bourdon und Steve Gianakos als Zeugen das Gerichtsgebäude am Foley Square in Manhattan. Der Einbürgerungsbeamte sah sich den Antrag an und sagte: »Wie ich sehe, haben Sie eine geschiedene Frau geheiratet. Waren Sie der Grund für die Scheidung?« Alle hielten den Atem an, weil sie dachten, Christo würde jetzt »George Washington« antworten. Aber er sagte brav: »Nein, der Grund war ihr erster Mann.«

Seiner Einbürgerungsbescheinigung zum Antrag Nr. 821 516, Ausländerregister Nr. A13 952 386, liegen ein Foto von Christo Javacheff mit dunkler Hornbrille und schulterlangem braunem Haar sowie die Personenbeschreibung bei: 1,70 Meter groß, braune Augen, Gewicht 59 Kilo, keine besonderen Merkmale, frühere Staatsangehörigkeit: staatenlos.

»Christo war siebzehn Jahre lang ohne Pass und nur mit Reisedokumenten vollkommen glücklich gewesen. Er genoss es, staatenlos zu sein. Mir hingegen gefiel sein Flüchtlingsstatus ganz und gar nicht, denn für jede Auslandsreise, und sei es nur Kanada, brauchte er ein Visum. Wollten wir mehrere Länder hintereinander aufsuchen, musste ich schon Wochen vorher anfangen, die Visa zu besorgen. Christos amerikanischer Pass machte mir das Leben erheblich leichter«, sagte Jeanne-Claude.

Jahrzehnte später stellte Christo fest: »Ich kann nicht behaupten, dass ich keine Beziehungen zu Bulgarien hätte. Natürlich habe ich die. Aber ich empfinde keine Zuneigung für das Land, obwohl ich dort geboren bin und einundzwanzig Jahre lang dort gelebt habe. Ich bin kein Nationalist. Als ich aus Osteuropa floh, verlor ich meine Heimat; das kann desorientierend wirken, aber genauso gut auch inspirierend. Obwohl ich jetzt amerikanischer Bürger bin, tue ich doch nicht so, als wäre ich Amerikaner. Ich fühle mich immer noch als Flüchtling.«

Am 13. Dezember waren die Christos wieder in Kalifornien. Jan van der Marck, der bei *Valley Curtain* Projektleiter war,

hatte für diese Aufgabe bei *Running Fence* den aus Deutschland stammenden, vierundfünfzigjährigen Peter Selz vorgeschlagen, der von 1958 bis 1965 im New Yorker Museum of
Modern Art als Kurator für Gemälde und Skulpturen tätig
gewesen war und jetzt als Direktor des Berkeley Museum
ausschied. In einer Besprechung mit Selz am 14. Dezember
im Berkeley Museum übertrug sich die allgemeine Begeisterung auch auf dessen Assistentin Lynn Hershman. Mit großen Augen beobachtete sie, wie Jeanne-Claude ihren ganzen
Charme ausspielte, und versuchte angestrengt, Christos
Worten zu folgen. Seine mitreißende Art stand in scharfem
Kontrast zum förmlichen, korrekten Auftreten von Selz.
Lynn war sowohl Schriftstellerin als auch vielversprechende
Künstlerin. Nach der Rundfahrt durchs Gelände von *Running Fence* und dem anschließenden Abendessen besichtigten die Christos die Umweltausstellung, die Lynn in einem
Hotelzimmer in San Francisco aufgebaut hatte. Die Ausstel-
lung gefiel ihnen, und schon bald entwickelten sie eine
freundschaftliche Beziehung zu der jungen Frau. »Wir waren
geistesverwandt«, sagte Lynn. Für die ständig anfallenden,
kleineren Aufgaben verließen sich die Christos ganz auf sie.
Dazu Lynn: »Selz war für die großen Auftritte da, nahm im
Wesentlichen nur die Kameratermine wahr. Er war ein be-
gabter Redner, hatte einen guten Ruf und einen großen Namen, aber die alltäglichen Dinge waren nicht seine Sache.«
   Die Christos erwarteten erheblich mehr als die bloße
Wahrnehmung von Kameraterminen. Am 27. Dezember
1973 schickte Scott Hodes eine vierseitige Vereinbarung an
Selz, die ein Gehalt von 15 000 Dollar ab 1. Januar vorsah und
seine Aufgaben näher beschrieb: Im Wesentlichen ging es
dabei um die Projektaufsicht, der Selz »so viel Zeit und Mühe
widmen« sollte, »wie für die erfolgreiche Erfüllung seiner
Aufgaben und die Verwirklichung des Projekts Running
Fence erforderlich ist«. Rückblickend sagte Jeanne-Claude
stets verächtlich: »Er hat rein gar nichts getan.« Selz selbst
äußerte sich über Jeanne-Claude weit weniger abfällig: »Die
Konzeption der Projekte wurde immer Christo zugeschrie-

ben, aber ich glaube, auch sie hatte ihren Anteil daran. Im Grunde sind alle Projekte von Christo und Jeanne-Claude gemeinsam.«

Im Dezember verschickte Jeanne-Claude an hundert Kunstsammler, Händler und Museen Vertragsentwürfe und forderte sie auf, sich als Ko-Sponsoren zu beteiligen und für eine Einlage von 20000 Dollar Christo-Werke im Wert von 33500 Dollar zu erwerben, also mit 40 Prozent Rabatt; etwa 80 Prozent der Subskribenten waren Europäer. Am 20. Dezember schrieb sie an Lynn Hershman und genehmigte 800 Dollar für den Druck von Briefbogen »mit der Aufschrift ›Running Fence *Project*‹ (nicht *Corporation*). Die ursprünglich vorgesehene Abbildung von Running Fence soll entfallen – sieht zu sehr nach Skiurlaubs-Reklame aus?!!« Stattdessen sollte die beigefügte »Karte unserer Hügel« nach einem von Christo gefertigten Layout aufgedruckt werden.

Am 16. Januar 1974 erprobten die Christos mit ihren Ingenieuren einen Prototyp von *Running Fence* auf einem völlig durchweichten Acker nahe der Soda-Seen am Westrand von Denver. Mit dabei waren Harry Shunk, John Thompson, Ernie Harris, Ted Dougherty, Lynn Hershman sowie eine kleine Gruppe von Reportern und Fotografen. Unter der Aufsicht von A & H Builders und des Ingenieurbüros Ken R. White wurde für 10000 Dollar ein 56 Meter langes Modell konstruiert, anhand dessen unter anderem die Widerstandsfähigkeit bei starkem Wind getestet werden sollte. Die Ergebnisse veranlassten Christo und die Ingenieure, sich wieder ans Reißbrett zu setzen und geeignetere Installationsformen der Segelflächen zu entwickeln. Peter Selz kam erst am 17. Januar nach Denver.

Am 20. Januar veranstalteten Mr. und Mrs. Hans Raven in Petaluma ein Arbeitsessen mit rund 150 Grundstückseigentümern. Die Christos hatten große Mühe, ihr Publikum von dem Projekt zu überzeugen. Viele Landbesitzer waren Rancher, die noch nie ein Museum von innen gesehen hatten, geschweige denn avantgardistische Kunstwerke. Manche hatten sich noch nie weiter vorgewagt als bis ins nahe gelegene San Francisco. Als Selz mit den Worten begann, »der Zaun entsteigt der Bodega Bay, verläuft dann am Ufer entlang, schwingt zu den Hügeln aus, überquert eine ganze Reihe von Straßen, folgt dann Valley Ford und kreuzt nördlich von Petaluma die Autobahn 101«, hatten die meisten Geladenen keine Ahnung, wovon er redete. Etwa in der Mitte seiner zwei Seiten langen Eingangserklärung sagte Selz mit seinem leicht deutschen Akzent: »Wenn Sie bereit sind mitzumachen, wird Ihnen ein Vertrag zugesandt.« Als voraussichtlichen Fertigstellungstermin nannte er Ende August oder Anfang September. Niemand zeigte die geringste Lust, auf diesen Vorschlag einzugehen. Auch Christos akzentschwere Erläuterung des Projekts, die Vorführung der Filmdokumentation von *Valley Curtain* und die Einführung durch das Team von *Running Fence* einschließlich der sich betont französisch gebenden Jeanne-Claude trugen zu einer seltsam fremdartigen Vorstellung bei, die mehr Fragen aufwarf, als sie beantwortete. Kaum jemand im Publikum wusste, was er von dieser Veranstaltung halten sollte. Dennoch: Es war ein erster Schritt auf dem mühseligen Weg zur Mobilisierung der öffentlichen Meinung.

Am Montag, dem 21. Januar, diskutierte die Kernmannschaft beim Frühstück das Geschehen vom Vorabend. An diese Strategiesitzung schloss sich ein Interview Christos mit der örtlichen Rundfunkstation KTOB sowie eine Besprechung beider Christos mit Scott Hodes, Hans Raven, Ted Dougherty und den Anwälten mehrerer Grundstückseigentümer an. Zwar sagte es niemand, aber die Aussichten, *Running Fence* im August oder September zu verwirklichen, wurden allmählich etwas rosiger.

Noch am selben Tag reiste Christo nach Rom ab; am 24. Januar folgte ihm Harry Shunk. In Rom hatte Christo einen 15 Meter hohen und 260 Meter langen Teil einer Mauer am Ende der belebten Geschäftsstraße Via Veneto ins Auge gefasst. Die zweitausend Jahre alte, dicke Mauer, hinter der die Gärten der Villa Borghese liegen, enthielt vier Bogendurchgänge – drei für den Fahrzeug- und einen für den Fußgängerverkehr. Guido Le Noci hatte bereits die Vorarbeiten für diesen Beitrag zu der viel gerühmten, von Achille Bonito-Oliva veranstalteten Ausstellung *Contemporanea* geleistet. Le Noci hatte große Mengen Propylenstoff und Seile sowie einen Trupp von Bauarbeitern besorgt, die die Mauer samt Arkaden umhüllen sollten. Christo finanzierte das Projekt durch Verkauf und Schenkungen seiner Kunst, darunter auch mehrerer Vorstudien von 1973 für *Wrapped Roman Wall* (Verhüllte römische Mauer).

»Ich dachte, Guido besorge die Genehmigung für die Verhüllung der Mauer, aber er bekam sie nicht. Die Bürokraten zeichneten unentwegt irgendwelche Papiere ab und leiteten sie weiter, weil keiner die Verantwortung übernehmen wollte. Zu guter Letzt standen wir ohne Genehmigung da. Guido sagte: ›Wir haben zwar keine Genehmigung, aber ich werde dafür sorgen, dass der Präsident der Republik dabei sein wird.‹ Und tatsächlich, der Staatspräsident erschien! Die Installation dauerte zwei oder zweieinhalb Tage. Es war ein kalter, aber sonniger Tag. Guido verpflegte die Arbeiter in todschicken Restaurants auf der Via Veneto, damit sie auch ja bei der Stange blieben.«

Falls beabsichtigt war, mit der Verhüllung der uralten Mauer Unruhe zu stiften, ging das gründlich daneben. Rom nahm das Projekt gelassen hin. Die Kunsthistorikerin Dominique Laporte betrachtete das Werk und fragte: »Was hat es zu bedeuten, wenn man Steinquader mit Tuch verhüllt? Was tut dieser Mann, der ein steinernes, der Zeit trotzendes Monument verdeckt? […] Wenn Kunst eine Religion ohne Bezugsgrößen ist, dann ist das Verschleiern einer Mauer, das Umkleiden von Quadern, die Jahrhunderte überdauert haben, ein religiöser Akt, ein Gegenopfer.«* Die gespenstische Verwandlung war vierzig Tage lang zu besichtigen.

Beim Gedanken an die Zeit in Rom lächelte Harry Shunk: »In Rom habe ich entdeckt, dass es Christo gar nicht recht

* Dominique Laporte, *Christo*, New York 1986.

ist, wenn etwas zu glatt geht. Er mag es, wenn es Probleme
gibt, er liebt die Aufregung. Seltsam, in Rom lief alles wie
am Schnürchen. Die Leute waren nicht dagegen. Es gab weder wütende Briefe in den Zeitungen noch Proteste. Die Studenten waren dafür.« Er lachte. »Es war schwierig, mit Christo zu arbeiten, wenn es keine Spannungen gab.« *Wrapped
Roman Wall* war das letzte Projekt, das Harry Shunk für
Christo fotografierte. Danach übernahm Wolfgang Volz diese
Aufgabe, der auch schon den *Valley Curtain* fotografiert
hatte und an der Ausstellung im Stedelijk Van Abbem Museum beteiligt war.

Am 12. Februar 1974 reiste Christo nach Colorado, um den
Running-Fence-Prototyp mit fünf Pfosten weiter zu verfei-
nern, der vor Ted Doughertys Haus bei Denver errichtet worden war. Während Christos Abwesenheit jonglierte
Jeanne-Claude wie üblich mit Peter Selz, Lynn Hershman,
den Bürgern von Petaluma, Stofflieferanten, Anwälten, Museen, Galerien, Zeitschriften, Verlegern, Schriftstellern und
Journalisten, Fotografen und Kunstsammlern – ganz zu
schweigen von ihrem Zahnarzt, dem Reisebüro, der Dalton-
Schule, Freunden und Verwandten. Die Dinge in Kalifornien
nahmen eine immer bürokratischere Wendung; Stadt- und
County-Verwaltung, Staats- und Bundesbehörden – jeder
meinte, mitreden und immer neue Vorbehalte gegen das
Projekt einbringen, seinen Senf zu den Pachtverträgen mit
den Grundbesitzern geben oder andere Behinderungen erfinden zu müssen. Ernie Harris hatte aufgelistet, in welcher
Reihenfolge die benötigten Genehmigungen und Lizenzen
beschafft werden mussten und wie lange das voraussichtlich
jeweils dauere. Am 16. Februar beschlossen die Christos und
Scott Hodes, an der vorgesehenen Baustelle ein ganzes An-
waltskollegium zu versammeln; es gab Zeiten, da beschäftig-
ten die Christos neun Anwälte gleichzeitig.

Im Terminkalender der Christos findet man an diesem
Tag den Eintrag: »Scott nach Nemerovski fragen«. Der in San
Francisco praktizierende Anwalt Howard Nemerovski hatte

bei einem New-York-Besuch mit seiner Frau Jackie auch die Christos kennen gelernt und ihnen »für alle Fälle« seine Visitenkarte dagelassen. Nun half er beim Aufbau des Juristen-Teams. Als Erstes sprach er den konservativen Steueranwalt Ed Anderson an, der als eine der einflussreichsten Persönlichkeiten von Sonoma County galt. »In gewisser Weise griff ich Christo allein dadurch unter die Arme, dass ich ihn vertrat, als die ganze Sache einer Menge Leute nicht geheuer war.« In dieser Phase konnten die Christos jede Hilfe brauchen. Die bodenständigen Landbesitzer ließen sich Zeit. Als Autorität in Kunstfragen redete Peter Selz eine ihnen völlig fremde Sprache. »Wenn ich hinging und ihnen sagte, worum es sich handelte, und ihnen Werke von Christo zeigte, bedeutete das den Ranchern und Farmern rein gar nichts«, erinnert sich Selz. »Sie meinten, man wolle ihnen ihren Grundbesitz abluchsen. Es war sehr, sehr schwer, ihnen verständlich zu machen, was wir wollten. Immer wieder fragten sie: ›Was hat er davon? Warum tut er das?‹ Es dauerte lange, bis ich endlich die erste Unterschrift bekam.« Lynn Hershman setzte sich stärker ein und bewirkte auch mehr. Doch in New York schrillten die Alarmglocken. Jeanne-Claude musste ihre ganze Überredungskunst mobilisieren, um die Landbesitzer zur Unterschrift zu bewegen.

Am 3. Juni 1974 saß sie wieder einmal im Flieger nach San Francisco. Auf dem ganzen Flug überlegte sie hin und her, wie sie die über fünfzig Rancher- und Farmerfamilien, denen das Land entlang der Route von *Running Fence* gehörte, zur Unterschrift bewegen könnte. Die nächsten sechs Tage verbrachte sie unter Lynn Hershmans ortskundiger Führung damit, die Unterstützung dieser Leute zu gewinnen oder wenigstens den Grund für ihre sture Weigerung herauszufinden. Dabei ging sie mit der ihr eigenen Entschlossenheit zu Werke. Jeanne-Claude erinnert sich: »Am ersten Abend besuchte ich gegen 21.30 Uhr eine Familie. Ich meinte, es sei noch früh am Tag. Ich wusste ja nicht, dass sie schon um 2.30 aufstehen und um 3 Uhr mit dem Melken beginnen. Also fragte ich die Frau, die mir die Tür aufmachte: ›Wann

kann ich Ihren Mann sprechen, ohne ihn zu stören?‹ Sie
sagte: ›Um fünf kommt er vom Melken zurück.‹« Am nächsten Morgen um 5 Uhr hörte der Farmer sie mit ausdruckslosem Gesicht an, sagte dann, er werde es sich überlegen,
und begab sich wieder an die Arbeit. »Im ersten Jahr wurden wir von den Farmern ständig abgewiesen«, sagte Lynn
Hershman. »Ich sehe noch die in Tränen aufgelöste Jeanne-
Claude vor mir.«

»Bei jedem Projekt traten spezielle Probleme auf, wenn es
darum ging, Einwilligungen und Genehmigungen zu erhalten«, erläuterte Jeanne-Claude. »Es gibt keine allgemeingültigen Regeln. Jedes Mal mussten wir von neuem mit anderen
Leuten in unterschiedlichen Ländern umzugehen lernen.« In
Nordkalifornien war das besonders schwer. Calvin Tomkins
beschreibt in seinem Artikel »The Running Fence« im *New
Yorker* vom 28. März 1977 Jeanne-Claudes Hartnäckigkeit:
»Sie suchte sich einen Zeitpunkt aus, an dem die Frau des
Ranchers allein zu Hause war (telefonieren war sinnlos; die
Leute legten einfach auf), und lernte, ohne mit der Wimper
zu zucken, sich den Weg durch Horden von wütend bellenden Hunden oder anderen Tieren zu bahnen, Hunderte Tassen Kaffee zu leeren und sich stundenlang mit größtem Interesse anzuhören, was es mit dem Melken, Düngen und
anderen bäuerlichen Tätigkeiten auf sich hat.« Noch Jahre
später grinste Jeanne-Claude: »Am Ende von *Running Fence*
war ich eine international führende Sachverständige für
künstliche Befruchtung bei Tieren. Außerdem lernte ich
eine Menge über Buttern, Milch und Pasteurisierung. Wenn
man mit dem Bürgermeister von Paris verhandelt, nützt
das allerdings wenig.« Sie fuhr fort: »Christo sagt immer, die
Projekte seien für uns wie eine Universität. In Colorado
lernten wir etwas über Cowboys, in Kalifornien etwas über
Rancher.«

Die Christos versprachen jeder Familie, die mitmachte,
ein Geschenk. Ohnehin sollten die Landbesitzer nach Abschluss des Projekts die Stahlpfosten, Stahlseile und das Gewebe auf ihrem Landanteil behalten dürfen. Des Weiteren

versüßten die Christos ihr Angebot: Wer unterschreibt, darf sich einen Farbfernseher, einen Kühlschrank oder eine Kühltruhe aussuchen. »Das war Scott Hodes' Idee«, sagte Jeanne-Claude. »Mein Gott, was waren wir naiv. Sie hatten alle längst schon Fernseher, Kühlschränke und Riesen-Kühltruhen mit ganzen Rindern drin.« Daraufhin boten die Christos eine Pachtzahlung von 250 Dollar an. »Der Pachtzins und das Material waren der große Renner«, sagte Christo, »weniger das Gewebe als die Stahlpfähle und -seile. Deswegen ließen wir die Pfosten, die Ted Dougherty in Dallas aus Armeebeständen gekauft hatte, schnellstens herschaffen und lagerten sie, noch bevor wir die Genehmigung hatten, auf einem Hof bei Petaluma. Die Rancher wurden ganz aufgeregt, kamen, bestaunten und befühlten sie. Endlich sahen sie mal was Handfestes!«

Am 23. Juni flogen Gianfranco Gorgoni, Albert und David Maysles sowie Anthony Haden-Guest in den Westen; auf jeden der vier wartete eine andere Aufgabe im Zusammenhang mit *Running Fence*. Nach der betrüblichen Trennung von Shunk und Kender hatten die Christos neben Wolfgang Volz auch Gorgoni als Fotografen verpflichtet. Albert und David Maysles ließen ihrem von der Kritik gelobten Film *Valley Curtain* nun die ersten Aufnahmen von dem Entstehungsprozess von *Running Fence* folgen. Von Anthony Haden-Guest erhofften sich die Christos, dass er den Einwohnern der Gegend die Vorteile des Zauns nahe bringe.

»Als einer der ersten unterschrieb Hans Raven«, sagte Jeanne-Claude, »ein reicher Rancher und Landbesitzer. Wir hielten das für einen wichtigen Schritt nach vorn, weil er Geld hatte und die andern beeinflussen würde. Wir stellten ihn mehreren Landbesitzern vor, aber die meisten mochten ihn nicht. Faktisch hat uns seine Unterschrift eher behindert. Nach einiger Zeit merkten wir, dass dies ein Fehler gewesen war.« Und Christo meinte: »Man musste so vieles berücksichtigen. Als erstes mussten wir herausfinden, was für eine Familie es war, zu wem sie Kontakt hatte, wen sie respektierte. Wir versuchten festzustellen, wer Einfluss auf sie

hatte. Unser Anwalt Edwin Anderson aus Santa Rosa bei-
spielsweise war sehr hilfreich.« Anderson hatte auf Howard Nemerovskis Bitte, die Inter-
essen der Christos in den bevorstehenden Anhörungen von
Sonoma County zu vertreten, zunächst zurückhaltend reagiert. »Ich hatte noch nie von *Running Fence* gehört und
wusste rein gar nichts von Christo und Jeanne-Claude«, erzählte er. »Ich sagte, ich würde nur ungern einsteigen, denn
bei den County-Supervisors stand ich nicht gerade hoch im
Kurs.« Auch eine Zusammenkunft in Andersons Kanzlei beeindruckte ihn wenig. »Ich verbrachte eine Stunde mehr als
geplant mit den Christos. Als ich meiner Frau Jeanne von
dem Projekt erzählte, meinte sie: ›So ein Unsinn. Merkst du
nicht, dass man dich an der Nase herumführt?‹ Ihre Ehrlichkeit war hilfreich, weil ich nun genau wusste: alle Welt
würde so reagieren.« Schließlich übernahm Anderson die
Aufgabe doch, und seine Frau Jeanne wurde bald darauf
eine glühende Anhängerin von *Running Fence*. Er sagte: »Ich
fragte Anthony Haden-Guest, ob er wirklich meine, dass
Christo der Sache gewachsen sei. Er erwiderte, er habe seinen Werdegang eingehend verfolgt und glaube ja. Aufgrund
dieser Aussage und meiner eigenen Beobachtungen war ich
ziemlich zuversichtlich, dass ich mich nicht auf eine unsin-
nige Sache eingelassen hatte.«

Andersons Motive hatten wenig mit Kunst, sondern vor
allem mit der individuellen Freiheit und den Rechten der
Landbesitzer zu tun. »Ich war der Ansicht, Christo dürfe den
Zaun bauen, sofern die Rancher einverstanden waren. Mein
eigentliches Interesse galt der Frage des Privateigentums.
Jeder Rancher sollte das Recht haben, für sein Stück Land
eine eigene Pachtgenehmigung zu erteilen.«

Die Andersons veranstalteten drei Zusammenkünfte von
Ortsgrößen, Politikern und einfachen Bürgern mit den Christos. »Wir zeigten den sehr eindrucksvollen Film *Valley Curtain*, und Christo beantwortete geduldig alle Fragen. Auch
bei anderen Veranstaltungen – einer in der Bibliothek und
einer in einem Bankettsaal – führten wir den Maysles-Film

vor. Zwar ließen sich nur wenige dadurch zum Mitmachen bewegen, aber es veranlasste wenigstens die Unentschlossenen, sich nicht gegen uns zu wenden.«

Die komplizierten Genehmigungsverfahren zogen sich weit mehr in die Länge als gedacht. Inzwischen war der Fertigstellungstermin auf 1975 verlegt worden. Nach einem kurzen Zwischenaufenthalt in New York kehrten die Christos nach Petaluma zurück, wo sie vom 18. Juli bis 14. August blieben und dann zur *Monumenta* nach Newport flogen.

Dort stellten 40 Bildhauer 53 großformatige Werke in Parks und Straßen, entlang dem felsigen Küstenstreifen, vor Villen und an anderen Orten auf. Kleinere Stücke, maßstabgetreue Modelle und Zeichnungen waren in einer Galerie ausgestellt, wo auch Vorträge und Symposien der Künstler stattfanden und Filme gezeigt wurden. Zu den Teilnehmern gehörten unter anderem Claes Oldenburg, Alexander Calder, Donald Judd, Richard Serra, David Smith, Tony Smith, Isamu Noguchi, Henry Moore, Barbara Hepworth, Sol Le Witt, Barnett Newman, George Rockey, Louise Nevelson, Alexander Liberman, Beverly Pepper und Christo.

Christo, Jeanne-Claude und Cyril kamen am 15. August, zwei Tage vor der offiziellen Eröffnung, an. Als Beitrag zur Ausstellung wollten sie diesmal das Meer verhüllen. Zusammen mit Mitko Zagoroff und Jim Fuller machten sie sich daran, einen hölzernen Ausleger zu verankern, der bei Christos *Oceanfront* (Meeresstück) am Kerry Beach die Festlandküste versinnbildlichen sollte. Noch vor Christos Ankunft wurde der Film *Valley Curtain* vorgeführt, und ein örtlicher Rundfunksender hatte bereits beträchtliche Neugier für die wohl ungewöhnlichste Skulptur der *Monumenta* geweckt.

Der Einsatz von relativ empfindlichem Gewebe bildete einen dramatischen Kontrast zu den ansonsten ausgestellten Werken aus Stahl, Stein und anderem dauerhaftem Material. Christo erläuterte: »Das Projekt ist mehr als nur ein Stück Gewebe. Es bezieht das Meer, die Küste, den Himmel, den Wind und die Menschen mit ein.«

Auch bei der *Monumenta* ergaben sich Probleme. Starke Winde und raue See zwangen Dutzende Arbeiter, während des Wochenendes zu pausieren. Anderen Exponaten erging es noch schlimmer. Während der kurzen Dauer der *Monumenta* stürzte ein Werk von den Klippen, ein anderes wurde von einem Auto beschädigt, zehn weitere wurden mit Graffiti beschmiert oder verkratzt.

Als sich am Montag, dem 19. August 1974, die See beruhigt hatte, begann um 5.45 Uhr die Arbeit am Projekt *Oceanfront*. 2,7 Tonnen weißes Propylen wurden in verschiedenen Mustern zusammengenäht, zu Kokons gerollt und auf einen gemieteten Lkw geladen. Fuller und Zagoroff hatten die umfänglichen technischen Berechnungen durchgeführt und einen Großteil der Materialvorbereitung erledigt; Taucher maßen die Wassertiefen und notierten die Gezeiten; zwölf Anker stabilisierten den 128 Meter langen Ausleger, der sich vom Rand der King's Beach Bay abhob; in die Felsen um die kleine Bucht wurden 42 Haltestöcke getrieben; Jeanne-Claude verteilte Schwimmwesten. Wie üblich wurden sämtliche Material- und Arbeitskosten durch den Verkauf von Christo-Kunstwerken finanziert.

Der Lkw mit dem 1400 Quadratmeter großen Stoffbündel fuhr bis auf 15 Meter an die Bucht heran. Von da aus schleppten je zwei Arbeiter im Abstand von zwei Metern das scheinbar endlose, fast wie Gedärm wirkende Paket ans Ufer. Die Vordersten in dieser seltsamen Prozession waren bald nur noch als auf und ab wippende Köpfe neben der untergetauchten Schlangengestalt im Wasser sichtbar. Auf einem Foto sieht man Jeanne-Claude, den *Monumenta*-Präsidenten Bill Crimmins und andere bis zur Hüfte im Wasser stehende Menschen, die das Paket zu dem etwa 110 Meter weit hinausragenden Ausleger geleiten. Nachdem das Propylen fest mit dem Ausleger verzurrt war, entrollten Schwimmer den endlos scheinenden Kokon, breiteten ihn zum Ufer hin aus, wo junge Frauen und Männer die Enden straff zogen und die präparierten Ränder mit den Haltestöcken am Ufer vertäuten. In Jeans, hellem Hemd und mit dicken Arbeits-

handschuhen tummelte sich Christo in der Brandung, zog an
Seilen, knüpfte Knoten und bellte seine Anweisungen.
Oceanfront trotzte den Elementen über eine Woche lang.
Dann zerriss das empfindliche, wogende Gewebe unter stür-
mischem Wetter, hohen Wellen und heftigen Windböen und
ließ die einst jungfräuliche Oberfläche unter einer dichten
Schicht von Tang und Trümmern zurück. Jeanne-Claude gab
dem Schwimmbaum die Schuld:»Er war nicht hoch genug,
so dass die Flut alles Mögliche hereintrieb. Nach acht Tagen
rief jemand an und sagte: ›Sieht eher wie Durchfall als wie
weißes Gewebe aus.‹ Christo reagierte prompt: ›Sofort entfernen.‹«

Nach Petaluma zurückgekehrt, gaben die Christos eine ansehnliche Summe Geld aus, nicht etwa für sich, sondern für
die Verwirklichung von *Running Fence*. Als De-facto-Baulei-
terin und Managerin der Corporation tat Jeanne-Claude ihr
Möglichstes, um die Ausgabenflut einzudämmen. So konnte
sie beispielsweise fragen:»Muss der Zaun wirklich so hoch
sein?« Vorgesehen waren fünfeinhalb Meter oder »fünf Kühe
hoch«, wie Christo einmal sagte – kurzum etwa so hoch wie
eine Scheune. Jeanne-Claude wollte auch wissen:»Wozu
muss er 40 Kilometer lang sein? 8 oder 15 wären doch auch
hübsch.« Sie erzählte dazu:»Christo erläutert dann seine
Gründe. Wir streiten darüber. Gott sei Dank siegt immer er.
Aber versuchen muss ich es wenigstens.«
    Am 19. September begann Christo mit einigen Helfern,
den genauen Verlauf des Zauns abzustecken – zwei Wochen
mühseligster Arbeit. Der lange Treck zum Pazifik startete
am Meacham Hill, dem östlichsten Punkt des Vorhabens. In
regelmäßigen Abständen zog Christo einen Holzstock aus einem Sack und legte ihn auf den Boden, um die grobe Richtung anzugeben. Hinter ihm schlug eine Mannschaft unter
Aufsicht von Ted Dougherty im genauen Abstand von
18,9 Metern – so lang war jedes einzelne Segment – Holz-
pflöcke in das wellige Gelände, nummerierte sie und band
ihnen ein rotes Kunststoffband um. Christo erzählte:»Wir

Kalifornien 1976: Jeanne-Claude organisiert und koordiniert die Arbeiten an *Laufender Zaun*. (Foto: Wolfgang Volz)

gingen über die Hügel und bestimmten die Position jedes Pfahls mit Rücksicht auf Straßen und Häuser«, und Jeanne-Claude ergänzte: »Als ein Landvermesser anmerkte, ›Sie gehen nicht in gerader Linie‹, lachten wir: ›Natürlich nicht.‹«

Die gewundene Route wurde in 23 Abschnitte aufgeteilt. »Christo verlegte die Strecke nicht etwa fortlaufend, sondern nach Absprache mit den einzelnen Ranchern. [...] Gemeinsam planten sie einen Verlauf, der dem Vieh und dem Fahrzeugverkehr nicht in die Quere kam. Weitere Wünsche, denen er sich anpassen musste, hatten die Ingenieure. [...] Unter anderem waren zahlreiche Stacheldrahtzäune und nicht zuletzt auch Furcht erregende Stiere zu beachten«, schreibt David Bourdon in *Christo: Running Fence**.

Die Running Fence Corporation (RFC) stellte am 5. November in Sonoma County und am 19. November in Marin County den Antrag auf Baugenehmigung. Als Fertigstellungstermin war Frühjahr 1975 vorgesehen. Der ursprüngliche Widerstand der Bauern wich immer mehr begeisterter Zustimmung. Die Arbeit ging gut voran, aber die kritischen Stimmen von anderer Seite mehrten sich. Damit hatte Christo gerechnet. Es war für ihn Teil der Arbeit: »Je weniger politisch, gesellschaftlich und wirtschaftlich eine Kunst ist, desto weniger verdient sie die Bezeichnung zeitgenössische Kunst. Meine Kunst ist vielschichtig und vieldeutig. Das amerikanische System, die Gesellschaft, die ganze riesige Maschinerie – ich kann sie perfekt in meine Projekte einbauen. In Amerika habe ich gelernt, die amerikanische Gesellschaftsstruktur zu nutzen. Meiner Meinung nach entspringt die ganze Ausdruckskraft der Kunst dem wirklichen Leben; das Kunstwerk muss untrennbarer Teil des Alltags sein. *Running Fence* ist so stark, weil er im täglichen Leben wurzelt.«

Während des ganzen Jahres 1975 musste sich Christos Vision vor der Wirklichkeit beweisen. In fünfzehn öffentlichen Anhörungen wurden immer wieder dieselben Einwände erörtert, mussten immer wieder die gleichen Bedenken ausgeräumt werden: Flora und Fauna nähmen Schäden, die Schaulustigen würden alles zertrampeln, überhaupt sei das Ganze nichts als ein riesiger Humbug und alles andere als Kunst.

* New York 1978.

Der angestrebte Termin war unter diesen Umständen natürlich nicht einzuhalten. Das bereits angelieferte Material
musste eingelagert werden. Viele für 1975 bereits erteilte
Genehmigungen mussten für 1976 neu beantragt werden.

Das Projekt rief immer mehr Menschen und Instanzen auf
den Plan. Christo wurde mit einem gerüttelten Maß an Realität konfrontiert, aber so wollte er es ja. Der Urheber eines
Theaterstücks, Drehbuchs oder Gemäldes besitzt freie Verfügungsgewalt über sein Werk; diese Verfügungsgewalt
opfert Christos Kunst bereitwillig den aufregenden Wirk-
kräften der realen Welt.

Doch mochten sich die Christos in der Hitze des Gefechts
noch so wohl fühlen – auch ihrer Belastbarkeit waren Grenzen gesetzt. Der Kampf mit der Bürokratie, das ewige Feilschen um Rechtsfragen, die endlosen Streitereien in öffentlichen Zusammenkünften und anderes stellten ihre Kräfte
auf eine harte Probe. *Running Fence* rief verbisseneren und
anhaltenderen Widerstand hervor als jedes frühere Projekt.

Jeanne-Claude musste sich mit einer Unzahl entscheiden-
der, aber in der Öffentlichkeit weitgehend unbeachteter
Dinge herumschlagen. An erster Stelle rangierte die Finanzierung – Anfang 1976 hatte die RFC bereits über zwei Millionen Dollar verschlungen. Jeanne-Claude bat ihre Mutter um eine beträchtliche Anleihe: 110 000 Dollar, die mit
14,8 Prozent verzinst werden sollten. Précilda erklärte sich
einverstanden. Auch an ihre Schwester Joyce wandte sich
Jeanne-Claude.»Damals war mein Erbe fast aufgebraucht.
Ich sagte ihr, ich rechnete bald mit etwas Geld aus Marokko,
und wenn es rechtzeitig komme, würde ich es ihr leihen
und mir das Projekt auch selbst ansehen«, erzählt Joyce rückblickend. Ein halbes Jahr später stockte Joyce den Kredit
für das ausgefallene Vorhaben um weitere 30 000 Dollar
auf. Einmal flog Jeanne-Claude sogar nach Mexiko, um
bei der begüterten Kunstsammlerin Dr. Carolina Molinari
100 000 Dollar aufzunehmen.»Sie war eine ältere Dame mit
Wohnungen in Barcelona, Madrid, Caracas, Paris und Me-

xiko-Stadt und einer großen Wohnung in New York. Ich flog nach Mexiko-Stadt, nahm einen Scheck entgegen, unterschrieb diverse Papiere, und nahm tags darauf das Flugzeug nach Chicago, um das Geld auf das Konto von *Running Fence* einzuzahlen. Wir zahlten die Anleihe samt Zinsen zurück.«*

Christo fertigte noch mehrere hübsche Collagen und Zeichnungen von *Running Fence* und begab sich dann auf eine Stippvisite nach Europa. Am 12. Februar kam er zum ersten Mal nach Berlin und besichtigte in Begleitung von Projektleiter Michael Cullen und Fotograf Wolfgang Volz den Reichstag. Am selben Tag gab er eine erste Pressekonferenz über die beabsichtigte Verhüllung des Reichstags. Am 14. Februar traf er mit Vertretern der Berliner CDU und SPD sowie der Reichstagsbauverwaltung zusammen. Der kulturpolitische Sprecher der CDU, Dieter Biewald, sagte, er persönlich unterstütze das Vorhaben. Vor der Abreise erhielt der Künstler noch die Zusage für einen späteren Termin bei Bundestagspräsidentin Annemarie Renger. Nach Aufenthalten in Düsseldorf, Brüssel, Rotterdam, Madrid und Paris kehrte Christo für die Anhörung in der State Lands Commission am 26. Februar in Sacramento nach San Francisco zurück.

Auf die Frage, wie er die langen Wege der Bürokratie bewältige, meinte er, man dürfe nur den roten Faden nicht verlieren und müsse ihn nach eigenen Wünschen einfärben: »Einige Maler mischen Rot und Gelb, um Orange zu erhalten.« Er ging nach einer anderen Formel vor, mischte Politik und Menschen und erhielt überraschende Ergebnisse. Die gesellschaftspolitische Dimension, die in seinem Werk eine zentrale Rolle spielt, ersetzte ihm die sichere Überschaubarkeit und Planung des Lebens durch Vitalität. Christo empfand alles als Teil seiner Kunst.

---

* Ted Dougherty warnte Jeanne-Claude: »Geld aufnehmen ist der falsche Weg. Ihr müsst es nicht nur zurückzahlen, sondern auch verzinsen.« Worauf sie erwiderte: »Aber was soll ich tun? Es ist nie genug. Unentwegt heißt es zahlen, zahlen, zahlen.«

322   XTO + J–C

Anfang März 1976 schien die Verwirklichung des Projekts in Reichweite zu rücken. Christo zeichnete die meiste Zeit, Jeanne-Claude hing permanent am Telefon. Sie beschwor ihre Anhänger, unbedingt an der Genehmigungsanhörung der Coastal Commission am 8. April teilzunehmen, rief Journalisten, Anwälte und Ingenieure an und becircte Kunsthändler, Sammler und Freunde, Kunstgegenstände zu kaufen, die Christo während der ganzen Zeit wie besessen schuf, um das Projekt finanzieren zu können. Sie überwies 4000 Dollar als Anzahlung für Stahlkabel, beglich Rechnungen und Steuern, bestellte Rahmen, arbeitete mit den Fotografen, half bei der Organisation von Ausstellungen und fand immer noch Zeit, an Eröffnungen teilzunehmen, Bankgeschäfte zu erledigen, als Schöffin tätig zu werden und regelmäßig für acht bis zwölf Gäste Essen zu veranstalten, die von Mal zu Mal schmackhafter wurden.

Endlich, am 29. April 1976, rollten über zwanzig Lkw aus dem Materiallager. Die Installation der 2050 Stahlpfähle und 145 Kilometer Stahlseil nahm fast den ganzen Sommer in Anspruch. Vier Lastwagen waren für je 30 000 Dollar eigens umgebaut worden. Sie fuhren auf Ballonreifen, um eine Beschädigung des Untergrunds zu vermeiden, und enthielten Vorrichtungen fürs Einschlagen der Verankerungen, das Drillen der Pfostenlöcher, die Befestigung der Pfosten und das Abrollen der Stahlseile. Außerdem waren die fast außerirdisch anmutenden Fahrzeuge mit Feuerlöschgeräten ausgestattet – nach einjähriger Dürre konnte der kleinste Funke einen Flächenbrand verursachen. Die übrigen Lkw transportierten Stahlpfosten, Stahlseile, Werkzeug, Versorgungsgüter, Wasser und bis zu sechzig Arbeiter. Auf Hunderten Werkszeichnungen waren die Spezifizierungen für jeden Pfosten, jeden Anker dargestellt. Jeder 6,4 Meter lange Stahlpfosten wurde in 90 Zentimeter Entfernung mit zwei 76 Zentimeter dicken Stahl-»Schuhen« fixiert; Arbeiter setzten die ersten der insgesamt 14 000 Anker, an denen kurze Stahlseile befestigt waren, die zum Schluss mit den oberirdischen Tragetauen verbunden werden sollten.

Am 21. Juni flog Christo wiederum kurz nach Berlin zu Besprechungen mit Vertretern von CDU, SPD und FDP und der Reichstagsverwaltung. Am 23. Juni traf er sich im Beisein von Michael Cullen, Wolfgang Volz und dem für die Restaurierung des Reichstags zuständigen Architekten Paul Baumgarten mit Bundestagspräsidentin Renger, die ihm sagte, eine Entscheidung setze nicht nur ihre eigene, sondern auch die Zustimmung der Alliierten voraus, und vor den Wahlen im Oktober sei ohnehin nichts zu machen.

Nach Zwischenlandungen in Wien, Amsterdam und Paris kehrte Christo nach New York zurück, von wo er einen Monat lang unentwegt nach San Francisco pendelte, um die erste Bauphase zu überwachen. Nach wie vor gab es Widerstände gegen den Zaun. Auf die Lkw wurden Anschläge verübt, einige Mitarbeiter des Projekts erhielten sogar Bombendrohungen.

Am 20. August begann nach Fertigstellung des ersten Bauabschnitts in aller Stille die Arbeit am Küstenabschnitt der 39,4 Kilometer langen Vision. Dieser Teil sollte sich 170 Meter weit ins Meer hinaus erstrecken und schloss mit einer seltsam aussehenden Barke ab, die Jim Fuller, John Thompson und Mitko Zagoroff entworfen hatten. Zwei Bojen wurden mit einer zehn Tonnen schweren, 4,88 × 7,32 Meter großen Stahlplattform verschweißt. Holzbretter bildeten das Deck des plumpen Gebildes. Um Aufsehen zu vermeiden, wurde das Floß in der Küstenstadt Marshall rund 25 Kilometer südlich des an sich günstiger gelegenen Hafens Bodega Harbor zusammengebaut. Dem »Committee to Stop the Running Fence« (Komitee zur Verhinderung des laufenden Zauns) kam die Sache zu Ohren; auf Anfrage teilte man ihnen mit, es handle sich um eine Meeresplattform für Fotografen.

Die technische Planung sah 772 Meter weit draußen einen 1360 Kilogramm schweren Anker vor, um die Verbindung zwischen Plattform und Zaun straff zu halten. Eines der schwierigsten technischen Probleme bildete die Gestaltung der Gewebesegmente, die aus dem Ozean aufzusteigen oder

Bodega Bay, Marin County, Kalifornien, 1976: Jacques de Guillebon, Christo und Henry Leininger arbeiten am Meeresabschnitt von *Laufender Zaun*. (Foto: Wolfgang Volz)

in ihm zu verschwinden schienen. Wie ließ sich der von Christo gewünschte Effekt auch unter den Gezeiten und bei starkem Wind gewährleisten? »Wenn's praktisch und einfach ist und nichts kostet, wird es eine Idee von John Thompson sein, wetten?« meinte Jeanne-Claude. Und so lautete Thompsons Lösung: Metalleimer an die untere Gewebenaht hängen. In maßstäblichen Versuchen zeigte sich, dass diese Technik einen Teil des Materials unter Wasser hielt und gleichzeitig die sichtbaren Gewebeteile das charakteristische Aussehen des Zauns behielten.

Mitte August pendelten die Christos nicht mehr zwischen New York und Petaluma hin und her, sondern mieteten sich im Petaluma Inn ein.

Der Countdown lief. Am Morgen des 29. August standen über dreihundert zumeist junge, langhaarige Ortsbewohner erwartungsvoll auf dem Messegelände von Sonoma-Marin – lauter Anwärter auf Jobs zum Stundenlohn von 2,40 Dollar. Wenige Tage später brachten 40 Bauarbeiter von A & H, unterstützt von einem Hubschrauber, die Stahlpfosten des

Küstenabschnitts an. Am 4. September wurde um 3 Uhr morgens klammheimlich die Plattform in die Bodega Bay geschleppt. Die Christos hatten beschlossen, das westliche Endstück mit oder ohne Genehmigung fertig zu stellen. Nach und nach kamen Kunsthändler, Sammler, Kuratoren, Fernsehen, Rundfunk, Zeitungen, Freunde, Verwandte und Schaulustige an, um dem Ereignis beizuwohnen. Ingenieure, Anwälte und Rancher betrachteten neugierig den Besucherstrom. Guido Le Noci, Pierre Restany, David Juda, John Kaldor – um nur einige Anhänger zu nennen – mieteten sich in kleinen Landgasthöfen von Marin und Sonoma ein. Cyril gesellte sich Ende August zu seinen Eltern. Joyce May Henery und Précilda und Jacques de Guillebon kamen, um mitzuhelfen und vielleicht etwas Außergewöhnliches zu erleben. Und natürlich schwärmten die Maysles-Brüder und andere Kamerateams übers Land und versuchten, ein Schauspiel zu dokumentieren, wie man es nur einmal erlebt.

Obwohl die Genehmigung für den Küstenabschnitt noch immer ausstand, sollten die Mannschaften am Dienstag, dem 7. September 1976, Punkt 4.30 Uhr bereitstehen. Eine Viertelstunde später saßen über dreihundert Arbeitskräfte auf dem Messegelände von Petaluma, tranken ausgiebig Kaffee und mampften Doughnuts. Anhand der sechs in den vergangenen Wochen eingerichteten Versuchsstrecken hatten sie das Aufhängen und Entfalten der Gewebesegel geübt. Die mitarbeitende Elizabeth Whitney schrieb in der *Tomales Bay Times* vom 10. September 1976:»Es war, als hängte man einen riesigen Duschvorhang auf«, aber»als es zum Schwur kam, wurde da draußen alles ganz anders, zumal mit dem Wind und dem unebenen Gelände.« Da sie sich mit anderen Trainingsteilnehmern den Film *Valley Curtain* angesehen hatte, war ihr klar, warum sie so früh anfangen mussten – nämlich um dem Wind zuvorzukommen.»Christo weiß bestens Bescheid über die Wechselwirkung von Wind und seiner Kunst. Nach einer detaillierten Planung, die durchaus mit der für die Landung in der Normandie konkurrieren konnte, wurden verschiedene Mannschaften an besonders windgefährdete Punkte beordert, wieder abgeholt und an andere Stellen des Zauns gebracht.« Um 5 Uhr quetschten sich Arbeiter in fünf wartende Busse. Jeder erhielt einen weißen Schutzhelm, eine Taschenlampe und ein gelbes, ärmelloses T-Shirt mit aufgedrucktem *Running-Fence*-Logo. An der Küste blieb der sonst übliche Morgennebel aus. Die Sonne stieg in einen strahlend blauen Himmel und verhieß einen sehr heißen Tag mit Temperaturen über 40° C. Auf einem Felsblock stehend, schrie Christo den Arbeitern auf der Plattform über ein Megafon zu: »Ziieehenn! Ziieehenn!« Wie in Zeitlupe erhoben sich die am Tragetau hängenden und mit Eimern beschwerten Gewebesegmente in ihrer ganzen Länge und setzten sich von der Felsenküste bis zum westlichen Endpunkt des Projekts fort. Schlagartig verbanden sich die in der Nacht zuvor an der Steilküste installierten Paneele mit dem Segment im Ozean. Das Schauspiel vermittelte die Illusion, als erhebe sich ein Zaun aus den Wogen oder versinke darin. Jim Fuller strahlte übers ganze Gesicht über die erfolgreiche Ingenieursleistung und sprach aus, was alle Techniker und die Christos längst wussten: »Es gibt kein Buch, in dem man nachschlagen kann, wie man einen 39,4 Kilometer langen Nylonzaun baut.«

Beim Anblick des über den Wellen tanzenden Materials schwärmte Jeanne-Claude: »Es sieht wunderschön aus«, und der knietief in der Brandung stehende Christo rief ihr – erregt vom Spiel des Wassers mit den Gewebeflächen – zu: »Schau doch! Schau! Schau!« und lächelte übers ganze Gesicht, während eine Welle ihn überspülte. Über den Köpfen der auf den Felsen herumkletternden Fotografen, Fernseh- und Filmcrews schwebte ein Hubschrauber. Eine Maysles-Kamera holte General de Guillebon ins Bild, wie er Eimer ans Ufer schleppte. Die versammelten europäischen und amerikanischen Kunsthändler, Sammler und Museumsleute genossen das Schauspiel in vollen Zügen.

Bald darauf begann für Elisabeth Whitney und ihre Mannschaft der Abtransport ins Landesinnere zum »Tohuwabohu des Ersten Schöpfungstags«. Charterbusse setzten ihre La-

Kalifornien 1976: Christo vor *Laufender Zaun*. (Foto: Wolfgang Volz)

dung am falschen Ort ab, das benötigte Material blieb aus, kaum ein Lunchpaket erreichte die Arbeiter, große Wasserflaschen waren binnen kurzem geleert und wurden nicht wieder aufgefüllt. Ein Toilettenwagen kippte um und leerte seinen unappetitlichen Inhalt in ein Feld, das sinnigerweise »Happy Acres« hieß. Elizabeth Whitney schrieb in ihrem Artikel:

> »Es war ein chaotischer Alptraum. Im Nachmittagswind hielten wir ein Stück weißes Nylon fest, das nicht mehr als 27 Pfund wog, aber es benahm sich wie ein rasendes Untier, machte Luftsprünge wie ein ungezähmter Hengst. Es riss an unseren Händen, entwand sich unserem Griff. Mal blähte es sich auf wie ein Spinnaker, dann wieder flatterte es wie ein Seidenschal. In der Ferne sahen wir wogende Flächen wie Segelschiffe den Hügel hinaufwandern. ›Denen geht's auch nicht besser als uns‹, sagten wir. […] Unsere Hände waren zerschunden, unsere Rücken schmerzten, an den Füßen hatten wir Blasen, auf unseren Gesichtern brannte eine gnadenlose Sonne, unsere Knie waren butterweich. Es dauerte nicht lange, da machten die ersten Christo-Witze die Runde, der Christo-Akzent wurde immer perfekter nachgeahmt, und der Laufende Zaun hatte seinen Spitznamen weg: ›Scheißzaun‹. Und obendrein: Keine Busse.«

Wütende, erschöpfte, enttäuschte Arbeiter trafen spätabends auf dem Messegelände von Petaluma ein. Die einen hatten stundenlang auf einen Bus gewartet, andere waren zu Fuß gegangen. Aufruhr lag in der Luft.

Zu allem Unglück waren inzwischen auch die Behörden aufgewacht und drohten mit einer einstweiligen Verfügung, die durch hektische Aktivität der Anwälte in letzter Minute verhindert werden konnte. In aller Eile wurde ein Notplan aufgestellt, um die schlimmsten organisatorischen Mängel zu beheben. Das alles geschah inmitten einer teils amüsierten, teils aufgebrachten Menge und unter der hämischen Berichterstattung der Medien.

Am Freitag, dem 10. September und »Vierten Schöpfungs-

tag«, stand der Aufsehen erregende *Running Fence* endlich in
voller Schönheit da und entfaltete vor den Augen der irri-
tierten, entzückten oder skeptischen Betrachter seine einmalige Vision. »Ein großartiges Pandämonium aus Touristen,
Presseleuten, Arbeitern, vorbeikommenden Autofahrern,
Radfahrern und Anwohnern machte dies zu dem Schauspiel,
als das es sich uns allen darstellte«, schreibt Elizabeth Whitney. Die Medien stürzten sich auf den Tumult dieser von ihrer Spannung erlösten Menschen und transportierten ihn in
Wort und Bild in die Wohnzimmer der Welt. Arbeiter über-
gossen sich gegenseitig mit Wasser, rissen Unmengen von
Bierdosen auf und ließen sich bis zum Umfallen fotografieren. Die drei großen amerikanischen Fernsehgesellschaften,
das deutsche Fernsehen, die Filmteams der Maysles und
unzählige Fotografen bannten den festlichen Abschluss der
zweiundvierzig Monate währenden Mühen auf Zelluloid.
»Uns allen, die wir uns mit dem Zaun gequält, ihn geliebt
und gehasst und belacht hatten, gingen die Augen über. Wir
sahen, wie ihn das frühe Morgenlicht zu Quecksilber verwandelte und die unbarmherzige Mittagssonne ihn leuchten ließ und in scharfen Schatten nachzeichnete«, schreibt
Whitney.

Etwa zwei Drittel der ursprünglichen Arbeitskräfte waren
bis zum vierten Tag geblieben. Erschöpft und jubelnd versammelten sie sich in Bloomfield, um das Ereignis zu feiern.
Jemand taufte Christo mit Bier; er lächelte breit: »Tut mir
Leid, dass ich so viel gebrüllt habe.« Sein spindeldürrer Körper schien sich nach all dem Druck wie aus einem Knoten
zu lösen. »Danke, danke«, sagte er und gab wahllos Autogramme auf Schutzhelme und T-Shirts.

Viele Rancher sahen jetzt *ihren* Zaun zum ersten Mal.
Einige verdingten sich als Fremdenführer. »Dass der Zaun
ein Kunstwerk war, begriffen die Rancher erst, als sie ihn
sahen. Da merkten sie, dass all die Anstrengungen zu etwas
geführt hatten, das sie bewundern konnten, und sie fanden
es schön«, schrieb die Filmemacherin Charlotte Zwerin, die
mit den Maysles arbeitete, in *Soho Weekly News.*

Später erinnerte sich Christo an Töne »wie von buddhistischen Mönchen in den Hügeln« und an das Geräusch »von Kühen, die sich an den Stahlpfosten kratzten«. Im schwindenden Licht des 10. Septembers zeichnen sich die Silhouetten von ihm und Jeanne-Claude vor dem kitschig anmutenden Sonnenuntergang ab, sie blicken über die Bodega Bay. Sein Gesicht liegt im Schatten, und er lacht: »Sieht aus wie ein gewaltiges, maßstabgetreues Modell.« Sie erwidert: »Es regt sich mit der leichtesten Brise.« »O.K., Mrs. Christo?« fragt er. Und sie küssen sich.

Am Samstag, dem 11. September, waren die Christos schon vor Morgengrauen wieder auf den Beinen. *Running Fence* erwachte im Morgendunst zum Leben. Ein sanfter Wind pulsierte wie Blut in seinen Adern. Die Hügel waren von Schaulustigen bevölkert. Jedermann wusste, dass das seltsame, faszinierende Ding, das den Erdboden zu streicheln schien, seinem Ende zustrebte. Der Zaun durfte maximal zwölf Tage stehen bleiben; außerdem war die Polizei befugt, ihn ganz oder teilweise zu beseitigen, wenn er ihrer Meinung nach den Verkehr gefährdete. An jenem Sonnabend »kamen Tausende per Auto«, wie Christo sagte. »Schaulustige am Strand konnten den Zaun fast vier Kilometer weit sehen. Besonders liebte ich das vom Wind geblähte Gewebe, wenn es im Morgendunst schimmerte. Es fing das wechselnde Licht ein und reflektierte es, reagierte auf die Farben und Umrisse der Landschaft.«

Alle düsteren Prophezeiungen schienen plötzlich so weit hergeholt wie vordem der Zaun selbst. Die Menschenmassen und der Verkehr waren problemlos zu bewältigen, kein Tiefflieger fiel vom Himmel, die Natur erlitt keine Schäden, die ausgetrockneten Hügel gingen nicht in Flammen auf, Wild, Pferde, Hunde, Kühe, Schafe und Hühner und schließlich sogar ein Büffel fanden den Weg durch die zahlreichen Öffnungen im Zaun, ohne hängen zu bleiben, Vögel nutzten den Zaun als bequeme Sitzstange und prallten nicht ins Gewebe, der Vandalismus beschränkte sich auf ein paar Souvenir-

jäger, die sich ein Stück des Materials herausschnitten, es
kam weder zu Übergriffen noch zu Verbrechen, die Menschen hinterließen keine Abfälle, niemand verletzte sich
am Zaun, und aus der befürchteten optischen Verschmut-
zung wurde für viele ein ans Sublime grenzendes visuelles
Erlebnis.
Je näher das Ende des Projekts rückte, desto dringender
wurde für viele Menschen der Wunsch, noch einmal die zwischen Wirklichkeit und Unwirklichkeit schwankende, queck-
silberne Schönheit zu betrachten. Rancher, Besucher und
Arbeiter zählten bedauernd die verbleibenden Stunden. Christo sprach vom »selbstmörderischen Wesen« und der »unfrei-
willigen Schönheit« des kurzlebigen Werkes.

Dann war alles zu Ende. Am 21. September mündeten zwei
Wochen schwingender Anmut in die geplante, unausweich-
liche Zerstörung. Bald würde *Running Fence* der Erinnerung
angehören. Sonoma County wollte das Ereignis feiern und
suchte sich dazu den Stahlpfosten 7–33 als bleibendes Monument aus. Die Coastal Commission indes hatte anderes im
Kopf. Am 23. September beschloss sie einstimmig, die Genehmigung für das schon beseitigte Ozeansegment zu verweigern. Am 14. Oktober ging sie vor Gericht und beantragte ein Bußgeld von 10 000 Dollar sowie 500 Dollar für
jeden Tag, an dem der Zaun die Küstenzone verletzt habe.
Als die Christos Kalifornien verließen, waren sie hoch verschuldet. Viele Gläubiger mussten sich gedulden.
Am 23. Oktober 1976 war das meiste Material an die Rancher verteilt, Lkw und andere Spezialeinrichtungen wurden
verkauft. Jeanne-Claude sagte: »Alles wurde recycelt. 59 Familien benutzten die Stahlpfosten für den Bau von Viehge-
hegen, das Gewebe zur Abdeckung von Heu, Misthaufen
und Traktoren. Einige Rancher machten Vorhänge daraus,
zwei sogar Hochzeitskleider.«
Running Fence hinterließ seine Spur einzig im Gedächtnis
der Menschen und der umfassenden Dokumentation aller
Projektphasen. Er glühte nach, hallte wider in Fotos, Bü-

chern, Zeichnungen, Filmen und der Erinnerung aller, die sein Entstehen verfolgt hatten. Zudem lebte das Werk in einer großen Ausstellung fort, die ihre Welttour in Rotterdam begann. Als der frühere Mitarbeiter am Projekt, Tom Golden, von der Premiere erfuhr, organisierte er augenblicklich eine Gruppenreise nach Holland. Am 30. Juni bestiegen 25 enthusiastische Abenteurer aus Marin und Sonoma County ein Flugzeug nach Europa. Sie kamen am 4. Juli 1977 in Amsterdam an. Christo war schon da und arbeitete an der Ausstellung im Museum Boymans-van-Beuningen. Tom Golden sagte: »Es waren jede Menge Leute da. Der Bürgermeister von Rotterdam gab eine Riesenparty. Die Christos und wir waren Ehrengäste.«

Zweiundvierzig Monate lang hatten die Christos erlebt, wie der Zaun seine eigene Lebenskraft entfaltete und seine eigene Wirklichkeit schuf. Er wuchs weit über das Erträumte hinaus.

12

»Team Christo«

In einer Podiumsdiskussion meinte der Kunstkritiker Harold Rosenberg, nur wenige Anwesende hätten wohl Christos *Running Fence* oder *Wrapped Coast* selbst gesehen, alle aber sicherlich Fotos oder Filmaufnahmen davon zu Gesicht bekommen. Da sich »bestimmte Arbeiten wegen ihrer vergänglichen Natur nicht für die Galerie eignen«, träten bei der Landschaftskunst »die Medien an ihre Stelle«.* Doch nur wenige Berichterstatter brachten ob der Vielschichtigkeit von *Running Fence* mehr zustande als hämische Kommentare, skeptische Fragen nach den Motiven des Künstlers und kurze Tonuntermalungen als Ausdruck hilflosen Erstaunens.

Das in der realen Welt angesiedelte, von echten Menschen und echtem Streit belebte Christo-Projekt hatte sich zu einem der umstrittensten und meistpublizierten Kunstwerke des 20. Jahrhunderts entwickelt. Rückblickend sagte Christo 1985: »*Running Fence* wuchs heran wie ein Kind und übertraf bald alle meine Vorstellungen. Der Zaun schuf seine eigene Wirklichkeit.«** In mehreren Veröffentlichungen stand Christos Satz: »Jedes Projekt übersteigt meine Vorstellungskraft.« Auch Jeanne-Claude sprach vom ausgreifenden, energiegeladenen Wesen des Zauns, aber ihre Kommentare wurden selten abgedruckt. Schließlich war sie nichts als »die Frau des Künstlers«, seine Handelsbeauftragte, eine attraktive Werbung für den selbst ernannten Propheten, den *Time* als »klei-

---

* Zitiert in Henry M. Sayre, *The Object of Performance: The American Avant-Garde since 1970*, Chicago 1989.
** Christo: »Masterpiece of the World«, *Scholastic* 15, April/Mai 1985.

nen, drahtigen Mann mit durchdringendem Blick und einem manischen Durst nach Mehr« beschrieb (20. September 1976). Und Ted Dougherty meinte:»Jeanne-Claude verschwand immer in Christos Schatten. Dass sie nie im Rampenlicht steht, bereitet ihr wenig Freude. Nachdem auch sie so schwer gearbeitet hatte, zog sie, glaube ich, nicht viel Befriedigung aus *seinem* Erfolg. Auch sie braucht Anerkennung.«

Nach jedem Projekt standen die Christos vor dem gleichen Problem: Sie waren fast bankrott oder kämpften zumindest mit massiven finanziellen Schwierigkeiten. Bis zum nächsten Projekt musste das Paar daher erst einmal ein Jahr oder länger warten, um wieder solvent zu werden. Zum Glück belebte jedes erfolgreich zu Ende geführte Projekt die öffentliche Aufmerksamkeit und damit die Nachfrage nach Originalarbeiten. Christo produzierte die Kunstgegenstände, Jeanne-Claude erzielte die Verkäufe. Beide wussten genau, was der andere tat, und standen sich gegenseitig mit Rat und Tat zur Seite. 1977 entwarf Christo – der im Gegensatz zu anderen arrivierten Künstlern im Atelier ohne Hilfe arbeitet – Pläne für eine Reihe großer Vorhaben, darunter *Verhüllter Reichstag*, *Wrapped Walk Ways* (Verhüllte Parkwege) für Saint Stephen's Green in Dublin, *Wrapped Monument to Cristobal Colón* (Verhülltes Kolumbus-Denkmal) in Barcelona, die *Abu Dhabi Mastaba* in den Vereinigten Arabischen Emiraten, *Wrapped Bridge* (Verhüllte Brücke) in Paris, *Wrapped Floor* in München, und *56 Barrels* (56 Fässer) für das Kröller Müller Museum im niederländischen Otterlo.

Da er 1977 mehr Zeit für die Arbeit im Atelier und für Reisen hatte, bescherte er auch den Fluggesellschaften 79 Flugreisen in Dutzende Städte, darunter Berlin, Barcelona, Dublin, Tel Aviv und Tokyo, wo er Ausstellungen installierte, Vorträge hielt und Objekte besichtigte, die für seine Werke in Frage kamen.

In Berlin gewann Christo am 15. Januar den Regierenden Bürgermeister Klaus Schütz dafür, den Reichstagsvorschlag zu unterstützen. Zwei Tage später erlitt er in Bonn einen herben Rückschlag, als das Bundestagspräsidium die Idee verwarf. Bundestagspräsident Karl Carstens teilte Christo mit, persönlich sei er zwar für die Verhüllung, aber als Präsident des Bundestages müsse er sie ablehnen. Christo traf auch mit Willy Brandt zusammen, der seine Unterstützung zusagte. 1977 reiste Christo noch drei Mal nach Bonn. Während Christo im Jerusalem Museum von Tel Aviv eine Ausstellung installierte, rief am 24. Januar der schwedische Kunsthändler Carl Flach bei Jeanne-Claude in New York an und berichtete, ein Sammler sei sehr an einer großen Zeichnung von *Running Fence* interessiert und biete 14000 Dollar. Flach zufolge »übt Christo eine starke Anziehungskraft auf Kunstneulinge aus, die vor der elitären Attitüde der traditionellen Kunsthändler zurückschrecken. Sein Werk bietet ihnen einen großartigen Einstieg in die Kunstwelt. Die Christos operieren außerhalb der üblichen Künstlerkreise, die eine Art Privatclub bilden. Christo gibt den Menschen das Gefühl, sie unternähmen mit ihm eine kühne Reise. Dabei bleibt er stets bescheiden. Es ist schon fabelhaft, wenn ein Mensch sich dem Irrationalen verschreibt. Insgeheim träumen wir alle davon. Er flößt den Menschen die Hoffnung ein, das tun zu können, was sie am meisten im Leben ersehnen.«

Flachs Kunde Torsten Lilja erwarb die große *Running-Fence*-Zeichnung und kam damit auf den Geschmack der Christo'schen Mystik. Am 15. Februar suchte er mit seiner Frau Chris das Atelier von Christo auf. Sie gerieten in den Bann des Künstlers und seiner Kunst und bauten im Laufe der Zeit zwei der größten und schönsten Sammlungen von Christos Werken auf – ihre eigene Lilja-Art-Kunststiftung und den größten Teil der Sammlung der Züricher Rothschild-Bank. Lilja wurde zu einem mächtigen Verbündeten. Seinem Engagement verdankte Christo später zwei große Verkäufe in kritischen Augenblicken. »Beim Auftreiben großer Geldbeträge gerät Jeanne-Claude manchmal in die Klemme«, sagte Lilja. »Dann kann es passieren, dass sie mitten in der Nacht anruft und um schnellstmögliche Hilfe bittet. Aber das macht mir nichts aus. Christo ist reizend, großzügig und treu. Wenn er etwas verspricht, hält er es auch.«

Torsten Lilja nannte seine neuen Freunde »Team Christo«. Ihr schöpferischer Prozess und ihre künstlerische Integrität beeindruckten ihn tief. »Ich betrachte sie nicht nur als herausragende Künstler, sondern auch als Team mit einmaliger unternehmerischer Begabung. [...] Vielleicht tun sie nicht alles mit größter Effizienz und Professionalität, aber was ihnen an Effizienz fehlt, machen sie durch Enthusiasmus wett. [...] Die Christos haben in der Kunstwelt eine völlig neue Entwicklung eingeleitet«, schreibt er in *Christo and Jeanne-Claude Projects: Works from the Lilja Foundation.*

Christo selbst sagt: »Alle unsere Projekte haben diese Qualität des Vergänglichen. Morgen gibt es sie nicht mehr. Man vermisst sie. Diese Projekte sind völlig irrational. *Valley Curtain* oder *Running Fence* braucht kein Mensch. Es gibt sie nicht, weil irgendein Staatspräsident oder Oberbürgermeister oder eine nationale Kunststiftung sie haben möchte. Sie existieren, weil *wir* es so wollen.« Eine andere, unzählige Male wiederholte Aussage lautet: »Sie atmen die totale Freiheit. Deswegen können sie nicht von Dauer sein. Weil Freiheit der Feind des Besitzes ist, denn Besitz bedeutet nun mal Dauerhaftigkeit. Freiheit erträgt keine Fesseln. Darum zahlen wir unsere Projekte selbst. Das eigentlich Erregende dabei ist, dass wir uns Raum ausborgen, der bislang nie Teil eines Kunsterlebnisses war. In einer Galerie oder einem Museum ist dieser Raum ganz selbstverständlich gegeben. Draußen in der realen Welt aber gehört alles immer irgendjemandem. Rund um die Uhr werden wir durch eng kontrollierten Raum geschleust, den Stadtplaner oder Politiker entworfen haben. Dieser Raum gehört vielen Leuten und untersteht vielerlei Befehlsgewalten. Wir lieben diesen Raum und möchten ihn uns für einen kurzen Augenblick ausborgen, um eine sanfte Beunruhigung zu erzeugen.«

Christo scheint Geweben gegenüber geradezu religiöse Verehrung zu empfinden. Sie liefern ihm eine mystische, Leben spendende Kraft, deren Spur von den Kindheitserinnerungen an die kleine Fabrik seines Vaters in Gabrovo bis in ein New Yorker Dachatelier inmitten eines umtriebigen Textildistrikts verläuft. Inmitten dieser hektischen Geschäftigkeit hat der »Mann des Gewebes« Christo bis 1977 ein Gesamtwerk geschaffen, das aufs Engste mit der Vorstellung von Stoff verbunden ist. Aus Geweben bestehend, teilen diese Projekte ihr Schicksal dem Betrachter mit – jedes ist vorübergehend, verwundbar, zur Vergänglichkeit bestimmt. »Gewebe wie unsere Haut kann reißen und Schaden erleiden. Wir befassen uns mit sehr empfindlichem und gleichzeitig höchst machtvollem Material. Es schafft Mitgefühl und Ungeduld.« Im Laufe der Jahre machte sich auch Jeanne-Claude diese ungewöhnliche Hingabe an vergängliches Tuch zu Eigen. Gewebe wurde etwas, das zum Anfassen auffordert, verwundbar und endlich ist. Nach William Saroyans Worten bezieht jeder wirkliche Künstler Stellung zum Tod; die einen erinnern an ihn, andere helfen einem, ihn zu vergessen. Christos Projekte tun beides.

Nach der Eröffnung der Ausstellung *Running Fence* im Sommer in Rotterdam reisten Christo, Jeanne-Claude und Cyril für ein paar Tage zu den Guillebons nach Tunesien. Nach einem angenehm ereignislosen Aufenthalt ging es weiter nach Nizza, Paris und Hamburg, wo Christo eine Edition von sechs Paketen *Die Zeit, Verpackt* herstellte; jedes Bündel enthielt acht gefaltete Exemplare von *Die Zeit* und obenauf ein Foto der sechs Kulturredakteure der Zeitung, das durch transparentes Polyäthylen aus dem mit Bindfaden verschnürten Päckchen lugte. Am 22. Juli führte Christo in Berlin »konstruktive Besprechungen« mit dem Regierenden Bürgermeister Dietrich Stobbe über das Reichstagsvorhaben.

Jeanne-Claude teilte den Geschmack ihres Mannes an gesellschaftspolitisch wirksamer, öffentlicher und in der realen Welt angesiedelter Kunst. Es gibt Leute, die ziehen mit systematischer Logik aus voller Überzeugung die falschen Schlussfolgerungen; die Christos gelangten dank ihrer Irrationalität mit traumwandlerischer Sicherheit zu den richtigen. Jedem ihrer Schachzüge wohnt ein Fünkchen Ironie inne, das sowohl den Frieden stört als auch unterschiedliche

Bevölkerungsschichten zusammenführt. Jeder verwandelte das Gängige und Gewöhnliche. So entstanden dramatische Mauern, Schleier, Vorhänge oder Grenzen, die zum Überschreiten einluden oder den Zugang versperrten. Eine weitere Methode, die die beiden erforschten, aber noch nicht zum logischen Ende geführt hatten, betraf das Überdecken von Böden, Wegen und Pfaden mit Gewebe. Stoff unter den Füßen sollte die Grundlage ihres nächsten großen Vorhabens bilden.

Christo verbrachte den größten Teil des September in Gesprächen mit deutschen Politikern und Pressevertretern, installierte im Rheinischen Landesmuseum Bonn die Ausstellung *Running Fence* und eine kleine Reichstagsschau, wo ebenfalls ein kleines, maßstabgerechtes Reichstagsmodell gezeigt wurde, organisierte Ausstellungen in Zürich und Wien sowie in Tokyo und Kyoto. Zur gleichen Zeit war Jeanne-Claude in New York auf der Suche nach Alternativen. Am 23. September rief sie ihren Vater an und bat ihn um Rat, wie sie die Zustimmung des Bürgermeisters von Paris, Jacques Chirac, zum Projekt *Pont Neuf Wrapped* (Verhüllter Pont Neuf) gewinnen könnte. Die Idee, die älteste Brücke der Stadt zu verhüllen, trieb die Christos seit 1975 um. Wie üblich forcierten sie die Dinge mit aller Macht an mehreren Fronten gleichzeitig.

Vor einem lang erwarteten Wiedersehen mit seinen Eltern flog Christo noch nach Minneapolis zu einer Ausstellungseröffnung im Walker Art Center und weiter zu Gesprächen in Kansas City, wo die neugebildete Contemporary Arts Society (CAS) der Nelson Gallery ihn um ein Großprojekt gebeten hatte. Nach der Ankunft in Kansas City am 29. Oktober 1977 führten ihn der CAS-Präsident, der Kunstsammler Byron Cohen, der Kunsthändler James Morgan und die Nelson-Kuratorin für die Kunst des 20. Jahrhunderts, Ellen Goheen, im Eiltempo durch die Stadt. »Wir fuhren umher und sahen uns den Missouri und die Parks an«, erzählt Ellen Goheen. »Die Orte, von denen wir gedacht hatten, sie könnten Christo gefallen, interessierten ihn überhaupt nicht. Wir schlugen

den großen, zentral gelegenen Penn Valley Park mit seinen
sanften Hügeln vor. Zu guter Letzt entschied er sich für den
Loose Park. Er liegt in der Nähe der Nelson Gallery und
weist eine ansprechende Topographie aus Parkanlagen und
Ziergärten auf. Er war in Größe und Anlage geeigneter.« Vorher hatte Christo noch mit Jeanne-Claude in New York telefoniert, ihr die Landschaft beschrieben und gefragt, was sie
davon halte. »Wenn's dir gefällt, gefällt es mir auch«, war ihre
Antwort. Bald schon hatte *Wrapped Walk Ways* im Leben der
Christos Vorrang.

Auf dem langen Flug nach Paris am Sonntag, dem 6. November, dachte Christo an das bevorstehende Wiedersehen mit
seinen geliebten, schmerzlich vermissten Eltern, die nach etlichen vergeblichen Versuchen endlich eine Genehmigung
für eine Reise in den Westen bekommen hatten. Er beschrieb, wie sie zwei Tage später an einem kalten Abend »auf
dem Flughafen Orly ankamen. Meine Mutter litt am grauen
Star und hatte Probleme mit den Knien, war fast blind und
konnte kaum noch gehen. Sie weinte. Wir blieben ein paar
Tage in Paris und besuchten Jeanne-Claudes Eltern, aber die
Schmerzen machten meiner Mutter jeden Schritt zur Qual.
Meine Eltern erzählten mir von den kummervollen Jahren
in Bulgarien. Sie und mein Bruder mussten dafür büßen,
dass ich in den Westen geflohen war. Es war eine schlimme,
schlimme Zeit. Sie hatten nie schreiben dürfen, wie diese
Kommunisten sie drangsalierten. Mit idiotischen Dingen:
keine vernünftige Heizung, keine anständige medizinische
Versorgung. Mutter hatte schlimme Schmerzen im ganzen
Körper, weil man ihr eine Operation verweigerte. Die Kommunisten sagten: ›Wir kümmern uns nur um junge Leute,
die Alten können sterben.‹ Wir beschlossen, meine alten Eltern nach Südfrankreich zu bringen, wo es warm war und
meine Mutter operiert werden konnte.«
   Am 12. November begleitete Christo seine Eltern an die
Riviera. Am folgenden Tag flog er nach London zur Eröffnung einer Einzelausstellung in der Annely Juda Gallery,

dann gleich wieder nach Nizza und von dort nach Hannover, wo sich Jeanne-Claude zu ihm gesellte und mit ihm eine Ausstellung in der Kestner-Gesellschaft installierte. Anschließend flogen sie wieder nach Nizza, wo Jeanne-Claude zum ersten Mal ihrer Schwiegermutter begegnete. Die beiden unterhielten sich auf Französisch. Christo beteiligte sich mit ausdrucksvoller Körpersprache, einem ansteckenden Lächeln und einer Mischung aus stockendem Bulgarisch, gebrochenem Französisch und einem Schuss Deutsch. Auf einer Taxifahrt bemerkte Jeanne-Claude, dass Tzveta keinen Geldbeutel besaß. »Christos Mutter sagte, seit den vierziger Jahren habe sie keinen Geldbeutel mehr besessen. Ich fragte sie nach Sofia. Sie deutete auf den Fahrer und legte den Finger auf den Mund. ›Aber Mama‹, sagte ich, ›wir sind hier in Nizza. Dem Fahrer ist das völlig egal.‹ Aber sie ließ sich nicht beirren: ›Alles Spione.‹ Kurze Zeit später fiel Christos Vater Vladimir« – ein schmaler, in sich gekehrter Mann mit ausdrucksvollen, wie gemeißelten Gesichtszügen – »aus allen Wolken, als er sah, dass in einer Metzgerei nachmittags noch Fleisch zu haben war.«

Auch Didi, die zweite Frau von Christos Bruder Anani, lernten sie erst jetzt kennen. Sie hatte ebenfalls die Genehmigung zu einem kurzen Frankreichbesuch erhalten und wohnte mit den Yavachevs im Hotel. Anani und den vierjährigen Sohn der beiden behielten die Behörden als Faustpfand für ihre Rückkehr in Bulgarien zurück. Didi erzählte weitere Schreckensgeschichten darüber, wie ihnen das Leben schwer gemacht wurde.

Am 17. November wurde Tzvetas grauer Star operiert. Nach der Operation besorgten die Christos in Nizza eine Wohnung für seine Eltern. »Zuerst hatten wir die Wohnung nicht nehmen wollen, weil das Fenster zur Straße hinausging«, erzählte Jeanne-Claude. »Wir dachten, in ihrem Alter störe sie der Lärm und sie zögen etwas Ruhigeres vor. Aber ganz im Gegenteil! Tzveta genoss es in vollen Zügen und schaute den ganzen Tag lang den Autos zu.« Am 4. Januar 1978 wurden Tzveta neue Kniescheiben eingesetzt. »Wegen

der vielen Operationen blieben sie bis Juni«, sagte Christo.
»Jeanne-Claude und ich kannten die Riviera kaum, waren
nur einmal über Weihnachten bei Arman in Vence gewesen.
Wir fuhren viel mit meinen Eltern herum und entdeckten
dabei die Riviera und die Provence.«

Jeanne-Claude berichtet lächelnd, wie sich Vladimir nach
den erfolgreichen Operationen verschmitzt beschwerte: »Was
habt ihr bloß angerichtet? Jetzt sieht sie alles, ist größer als
vorher und rennt so schnell durch die Gegend, dass ich nicht
mehr mitkomme.« Am 17. Juni kehrten Christos Eltern nach
Bulgarien zurück.

Wrapped Walk Ways war die logische Fortsetzung früherer
Projekte mit horizontalen Flächen. Ihr Ursprung reicht bis
1968 zurück, als zur Vorbereitung des Kasseler *5,600 Cubic
Meter Air Package* die riesigen Stoffflächen und Seile ausgebreitet auf dem Boden lagen und Christo auf ganz neue
Ideen brachten. Im folgenden Jahr bewies *Wrapped Coast* die
Durchführbarkeit des Konzepts. Auch die Empfindsamkeit
der Menschen für Gartenwege in Japan, Kambodscha, Indien
und Thailand hatte die Christos beeindruckt.

Der für Loose Park geplante zeitweilige Zauberteppich
sollte eine Alltagserfahrung in ein außergewöhnliches Erlebnis verwandeln und den Beweis erbringen, wie eine kaum
merkliche Veränderung alles, was der Betrachter oder Teilnehmer für selbstverständlich hält, beeinflussen kann. Genau dieser Effekt würde sich einstellen, wenn man zwischen
den Boden und die Füße von Spaziergängern und Joggern
Gewebe schob und damit harte Pfade in einen sanften und
sinnlichen Teppich verwandelte.

Bevor Christo mit den üblichen Zeichnungen und Collagen begann, diskutierte er mit Jeanne-Claude ausführlich
ästhetische Fragen, Qualität und Farbe des Gewebes, logisti-
sche Notwendigkeiten und die Gesamtstrategie. Wie ließ
sich das allgemeine Publikum in das Geschehen einbeziehen? Ohne diese gesellschaftliche Dimension hätten die
technische Virtuosität seiner Zeichnungen und die monu-

Oben: New York, Sommer 1980; Christo und Jeanne-Claude mit seinen Eltern, Vladimir und Tzveta, im Central Park. (Foto: Wolfgang Volz)
Unten: Manhattan, Silvester 1981; Daniela Yavacheva, Jeanne-Claude, Christo und Anani Yavachev feiern den Jahreswechsel im Restaurant L'Odéon. (Foto: Archiv XTO + J-C)

mentale Größe jedes Projekts bloß gewollt wirken können. Christo hatte sich für eine belebte, alltägliche, von ständigem Autoverkehr umgebene Landschaft entschieden. Er und Jeanne-Claude hofften, die Leute – selbst jene, die der modernen Kunst gleichgültig oder feindselig gegenüberstanden – würden ihre Fahrzeuge stehen lassen und sich auf das Projekt einlassen.

Am 31. Dezember bestiegen die Christos den Zug nach Boston. Dort verbrachten sie die letzten Stunden des Jahres 1977 mit Projektleiter James Fuller über Pläne gebeugt, auf denen jeder Baum und jeder Fußweg im Jacob L. Loose Memorial Park verzeichnet war. Der ruhige, gründliche Geschäftsmann Fuller hatte schon an anderen Christo-Projekten mitgewirkt und seit Mitte November mehrere Stoff- und Installations-Vorschläge für *Wrapped Walk Ways* entworfen. Er genoss die Herausforderung.»Mir macht ein Prozess unheimlichen Spaß, der so viele verschiedene Leute zusammenführt und dazu veranlasst, Vertrautes auf völlig neue Weise zu sehen«, erklärte er später in einem Interview.*

Am 11. Januar 1978 wurde *Wrapped Walk Ways* im Parks and Recreation Department von Kansas City zum ersten Mal offiziell vorgestellt. Verwirrt fragten sich die Anwesenden in dem kleinen Sitzungssaal, ob das ernst gemeint, ob das wirklich Kunst sei. Ellen Goheen erinnert sich an die anfänglich vorsichtige Reaktion der Versammelten:»Christo fordert die Kontroversen ja geradezu heraus. Wir hatten Rückendeckung von der Contemporary Art Society, und auch Abteilungsleiter Frank Vaydik war sehr aufgeschlossen. Anders sah es bei den übrigen Ausschussmitgliedern aus. Dreien davon ging es einzig darum, selbst eine gute Figur zu machen. Aber es galt auch, echte Sorgen um die öffentliche Sicherheit zu entkräften.« Christos Vorbereitungen erwiesen sich als wenig hilfreich. Die Collage zeigte Querfalten über eini-

---

* Zitiert in Donna Furlong,»Wrapping up the World«, *Daily Evening Item*, 10. Mai 1979.

gen Spazierwegen, weshalb befürchtet wurde, Fußgänger könnten stolpern und fallen. Der Ausschuss verlangte weitere Auskünfte und Sicherheitszusagen und vertagte seine Entscheidung über den Antrag auf Februar.

Einen Sturm der Entrüstung wie bei *Running Fence* entfachte das Projekt im Loose Park jedoch nicht. Nur in wenigen Leserbriefen wurde über die elitäre Verirrung der CAS, ihren seltsamen Kunstbegriff und die Verschwendung der veranschlagten 40 000 Dollar Klage geführt. Andere Leser äußerten sich positiv. Dieses Für und Wider sorgte zwar für eine gewisse Erregung, sie eskalierte aber nie in ein Komitee für die Verhinderung der *Wrapped Walk Ways* oder anderen organisierten Widerstand. Die Christos reisten wieder ab.

Am 12. April sollte das ausgewählte Gewebe getestet werden. Einen Tag zuvor reisten außer den Christos auch Jim Fuller und Ted Dougherty, dem die technischen Fragen und die Auftragsvergabe oblagen, nach Kansas City.

Christo hatte ein stark reflektierendes Gewebe ins Auge gefasst, »weizengold«. Ein auf einem Stück Weg ausgebreitetes Muster schien eher beigefarben. »Christo gefiel es nicht«, wusste der *Star* von Kansas City zu berichten. Harold Hamil, Mitglied des Stadtrates, gefiel überhaupt nichts, was er da sah. Er brachte einen Antrag ein, der Rat solle sich »offiziell von dem vorgeschlagenen Plan distanzieren«, und warnte die für den Park Zuständigen, nur ja keine öffentlichen Mittel für das Projekt bereitzustellen. »Das ist wieder so ein Mätzchen, an dem sich der Kerl bereichern will«, sagte Hamil. »Ich persönlich halte es für absurd.«

Byron Cohen, Ellen Goheen und den Ausschussmitgliedern und Mitarbeitern des Parks and Recreation Board, die sich den Musterabschnitt ansahen, ging es hingegen mehr um Sicherheitsfragen als um die Gewebefarbe. »Mir gefällt's«, sagte Richard Marr. Er hielt es für unwahrscheinlich, dass jemand über die sorgfältig gelegten Querfalten stolpern könnte, die dem Spazierweg Griffigkeit verliehen. Auch Jeremiah Cameron fand die Vorführung eindrucksvoller als die Zeichnungen. »Wenn die Sonne auf das Nylon-Gewebe scheint und es funkeln lässt, ist es sehr schön.« Der *Kansas City Times* sagte Christo: »Wir hoffen, dass es ein schönes Schauspiel wird, wenn die Blätter auf *Wrapped Walk Ways* fallen. Das ist es, was wir wollen: Die Menschen sollen merken, dass sie den Fuß auf etwas anderes setzen.«

Am 14. April hielt Christo einen Vortrag in San Diego und flog am nächsten Abend mit Jeanne-Claude nach Paris. Am 16. April trafen sie sich in Hamburg mit einer Gruppe deutscher Persönlichkeiten zur Gründung des Kuratoriums für Christos Reichstagsprojekt. Der Vorstand bestand aus 17 einflussreichen Bürgern. Die Sitzung, an der neben den Christos auch Scott Hodes teilnahm, fand im Haus des *Zeit*-Verlegers Gerd Bucerius statt.

Die Sitzung des Kansas City Parks and Recreation Board am 18. April, die über die Genehmigung von *Wrapped Walk Ways* befinden sollte, ging relativ glatt über die Bühne. Nach der Genehmigung schimpften zwar die Kommentatoren der örtlichen Rundfunkstationen: »Die Spazierwege im Loose Park mit Nylon abdecken? Das soll Kunst sein? Sind die noch ganz bei Trost?«, aber am 13. Juni, dem dreiundvierzigsten Geburtstag der Christos, unterzeichneten Byron Cohen und Richard Marr eine Vereinbarung, in der die Sicherheitsmaßnahmen skizziert und eine Ausstellungsdauer von zwei Wochen im Oktober festgelegt waren. Weitere zehn Tage wurden für die Installation und fünf für den Abbau zugebilligt. Die Kosten für Material, Arbeitskräfte und Versicherungen seien von den Christos zu übernehmen.

Christo reiste mehrfach nach Putnam, Connecticut, um in der dortigen Putnam-Herzl-Fabrik die endgültige Farbe des Stoffes auszuwählen und mit Jim Fuller die Arbeit zu überwachen. Das Gewebe – 12 540 Quadratmeter in 1,12 bis 1,63 Meter breiten Ballen je nach Breite der Wege – wurde unter Druck leuchtend safrangelb eingefärbt. Danach wurde das Material an Rubber Fabricators in Graigsville, West Virginia, verschickt, wo es zusammengenäht und mit 16 000 Metern Säumen versehen wurde, in denen im Abstand von je

30 Zentimetern insgesamt 34500 Messingösen von einem halben Zoll Durchmesser angebracht wurden.

Am 26. September – die Vorbereitungen liefen planmäßig, das Material war geliefert, und in einer Woche sollte das Gewebe installiert werden – notierte Jeanne-Claude im Terminkalender: »Megafon, Dias und Filme nicht vergessen.« In aller Welt machten sich Freunde, Verwandte und Künstler zur Reise nach Kansas City bereit, und auch in der Stadt wuchs allmählich die Spannung. Brieflich und per Telefon wurden die Christo-Fans eingeladen oder an ihre Zusagen erinnert. Am 28. September öffnete die Ausstellung zu *Wrapped Walk Ways* in der Nelson Gallery Atkins Museum ihre Tore.

Am Sonntag, dem 1. Oktober 1978, einen Tag vor Beginn der Installation im Loose Park, versammelten sich die Arbeiter zu einer Vorbesprechung. Die Baufirma A. L. Huber & Son hatte eine 84-köpfige Mannschaft angeheuert – 13 Bauhandwerker, 67 »Ungelernte« und vier professionelle Näherinnen. In der Woche zuvor hatten Howard Glover und C. D. Wigham Jr. ein Huber-Team beaufsichtigt, das die Wege und Pfade säuberte, Löcher stopfte und Stufen mit Holz verkleidete. Vorwürfe von Mitarbeitern, sie seien doch bloß auf Publicity aus oder benähmen sich gar schon selbst wie Künstler, steckten die beiden gutgelaunt weg und gestanden lächelnd, auch sie seien nicht von Anfang an von dem Projekt überzeugt gewesen. »Aber es war mal was anderes«, sagte Wigham. »Wir haben uns zu der Arbeit zwar nicht freiwillig gemeldet, aber ich weiß nicht, ob ich es nicht noch einmal täte, wenn ich die Chance dazu bekäme. Es hat jedenfalls Spaß gemacht.«

Am Montag, dem 2. Oktober, gesellte sich Suzanne Richards in aller Herrgottsfrühe zu ihrem Reinigungsteam. »Seit langem bin ich schon nicht mehr mitten in der Nacht aufgestanden«, sagte sie. »Alles war eilig, und zum Plaudern blieb keine Zeit; schon zehn Minuten nach meiner Ankunft sammelte ich auf den Knien Steinbrocken am Seeufer.« Am Nachmittag hatte Richards bereits einen Schnellkurs im Befestigen der Ösen hinter sich.»Man nannte mich die Ösen-Lady.« Durch die Messingösen sollten 34500 Stahlnägel in den Boden getrieben werden. »Am Montag ging ich nach zehneinhalb Stunden völlig erschöpft nach Hause, und als ich am Dienstag aufwachte, war ich so stocksteif, dass ich nicht wusste, ob ich nochmal zehn Stunden aushalten würde. Doch in der Morgenfrische ging es auch meinem steifen Rücken wieder besser.«

Die Arbeitskräfte waren ein buntgemischtes Völkchen. Der jüngste unter ihnen, Anselm Spoerri, Sohn der Kunstsammlerin Elka Spoerri, war aus der Schweiz angereist, um mitzuhelfen. Eine weitere »ungelernte« Arbeiterin, die Kunsthändlerin Susan Lawrence aus Kansas City, kannte den Loose Park seit ihrer Kindheit. Ihr und ihrer Mannschaft wurde beigebracht, wie man das Gewebe ordentlich arrangiert und mit Stiften durch die Ösen befestigt. »Man gab uns orangefarbene Projekt-T-Shirts, Arbeitsschürzen und -handschuhe, so dass ich mir wie ein richtiger Bauarbeiter vorkam. Später fügte ich meiner Kostümierung noch Knieschützer hinzu und wickelte mir orangefarbene Tuchfetzen um die Ärmel. So wie ich aussah, kam ich mir wie ein Teil des Kunstwerks vor. Nach anfänglicher Verzögerung und Verwirrung ergoss sich das Gewebe nach und nach über die Spazierwege. Mit der steigenden Sonne begann das safrangelbe Material zu schimmern und zu leuchten. Manchmal nahm es sich wie Samt aus.«

Am Montagnachmittag verdunkelte sich der Himmel und mit ihm das Gewebe. Die Arbeit wurde im strömenden Regen fortgesetzt. Rosemary Smithson schrieb im *Star*: »Als die Rush-hour anbrach, sah ich die Näherin Catherine Mathews an ihrer Nähmaschine und eine kleine Armee von Helfern in goldfarbenen Hemden mit Nadel und Faden, Hammer und Stiften an großen Ballen schimmernden Gewebes im Regen arbeiten.«

Jede Bewegung wurde von Wolfgang Volz, dem Projektfotografen der Christos, sowie von Amateur- und Berufsfotografen, Videofilmern, Fernsehteams und Journalisten der schreibenden Zunft dokumentiert. Punkt 17 Uhr am Mittwoch, dem 4. Oktober, hatte das Nähen, Nageln und Zupfen gerade rechtzeitig für die Einweihungsfeier ein Ende. Jim Fuller und Ted Dougherty strahlten, weil alles wie am Schnürchen geklappt hatte. Tom Golden und Ted Dougherty begaben sich zu der Feier am Nordrand des Parks. Dort saßen die Arbeiter an langen Tischen und ließen die Christos hochleben. Jeanne-Claudes Eltern konnten sich vor Bewunderung über die glatte, hübsche, echt amerikanische Veranstaltung kaum einkriegen. Précilda de Guillebon schnitt kleine Stoffstücke als Souvenir für Besucher ab und half beim Nähen. General de Guillebon staunte, immer freundlich lächelnd, insgeheim über die tadellose Kampagne.

Busladungen von Schulkindern vermengten sich mit Joggern, Schaulustigen, Arbeitern, Spaziergängern aus der Nachbarschaft und einer internationalen Starbesetzung von Anhängern. John und Naomi Kaldor waren aus Australien angereist. Unter den Europäern waren neben Carl Flach auch Serge de Bloe und Willi Bongard. Scott Hodes, die *Running-Fence*-Rancherin Barbara Pozzi, David Bourdon, Leo Steinberg, Dorothy und Herbert Vogel, David und Helen Johnson, Harrison Rivera-Terreaux, Alana Heiss, Tom Garver und Dick Bellamy stießen zu der unablässig anschwellenden Menge. Cyril Christo war für einen Tag nach Kansas City gekommen, um die goldenen Spazierwege und nebenbei seine Großeltern zu sehen. Außerdem waren während der ganzen Dauer des Projekts ständig 20 junge Aufpasser unterwegs, die die Wege reinigten, und 24 Polizisten sorgten in ihrer Freizeit für die allgemeine Sicherheit.

Vier Kilometer in barocke Falten geschlagenes Gewebe wogten wie geschmolzenes Metall im Sonnenlicht. Jedes Frisbee, jeder Fußball, jeder am Himmel schwebende Drachen, jedes Modellsegelboot auf dem Ententeich, alles, was sich bewegte, verstärkte die Wirkung des schimmernden Gewebes. Es wurde kurzzeitig zum Lebensmittelpunkt von krabbelnden Babys und picknickenden Familien. Unter wechselnden Licht- und Wetterverhältnissen hielten Autos an, deren Fahrer einen Blick auf das Werk werfen wollten oder kurz das Material anfassten. Jogger berichteten, der einladende, goldene Gewebefluss habe ihnen neue Kraft gegeben. Christo sagte:»Eigentlich war alles ganz einfach. Wir ließen in Falten gelegtes, weiches Gewebe zwischen die Füße der Leute und den Asphalt der Spazierwege gleiten. Dadurch wurden sie sich des Gehens bewusst. Wenn man nicht Acht gab, konnte man sich allerdings den Hals brechen.«

Smithson schrieb im *Star*:»Nach einem kurzen Blick zogen die Kinder Schuhe und Strümpfe aus und hüpften barfuß herum. Eine Joggerin hielt inne und sagte: ›Herrlich. Als liefe man auf einem gelben Ziegelweg.‹« Christo berichtete, eine Gruppe Blinder sei per Bus gekommen.»Sie gingen barfuß über die Wege. Später sagte einer mit den Schuhen in der Hand: ›Wir haben Ihr Werk mit den Füßen gesehen. Es ist wunderschön.‹«

Die zweiwöchige Lebenszeit von *Wrapped Walk Ways* verging wie im Flug. Inzwischen waren allerdings die Kosten explodiert; Zeitungen bezifferten die Gesamtausgaben auf über 130 000 Dollar. Am 10. Oktober übergab der Bürgermeister von Kansas, Charles Wheeler, Christo einen Stadtschlüssel. Am 17. Oktober nahmen die goldenen Spazierwege wieder ihr Alltagsgrau an. Jeanne-Claude seufzte:»Es ging alles so schnell. Christo sagt immer: ›*Running Fence* war ein Konzert, *Wrapped Walk Ways* Kammermusik.‹ Ich finde das einen hübschen Vergleich. Es war ein exquisites Projekt, das wir von Herzen liebten. Der einzige Grund, warum es nicht zur Schlagzeile sämtlicher Zeitungen der Welt wurde, war, dass es keinen Widerstand gab.« Lächelnd fuhr sie fort:»Wie seltsam, es lief alles so reibungslos.«

13

Nomaden der Kunst

Die Christos sind unermüdlich aktiv und auf Achse. Neue Ideen, Orte und Situationen sind ihr Lebenselixier. Während die westliche Gesellschaft hinter zugezogenen Vorhängen, in keimfreiem Komfort und anonymen Wohnungen ein sesshaftes Leben führt, schwelgen diese rastlosen Wanderer in ihren Reisen mit immer neuen Zielen. Nach Wochen pausenloser Arbeit in der Howard Street machen sie sich wie Nomaden auf den Weg, folgen dem Drang, Neues gemeinsam zu erforschen. Die Wanderlust ist ihr Lebenssinn, die Vision ihr Leitstern. Oberflächlich betrachtet wirken ihre Anstrengungen einfach, untechnisch, vergänglich und naturbezogen. Doch jedes gelungene Werk, sei es noch so aberwitzig, führt zu beglückenden, halluzinatorischen Erfahrungen und treibt sie weiter zu neuen Ufern.

Als sich die siebziger Jahre dem Ende zuneigten, träumten die Christos von Dingen wie der Verhüllung des Reichstags, des Pont Neuf in Paris, des Kolumbusdenkmals in Barcelona, der Errichtung von tausend Toren im Central Park von New York und dem Bau der *Abu Dhabi Mastaba*. Diese ehrgeizigen, nahezu unvorstellbaren Pläne, 16 Einzel- und zahllose Gruppenausstellungen führten sie nach Wien, Barcelona, Paris, Abu Dhabi, Greenville (South Carolina), Kansas City, Cleveland, London, Boston, Freiburg, Basel, Mailand, Nizza, St. Louis, Dayton (Ohio), Chattanooga, Austin, San Diego, Minneapolis, Zürich, Washington, Köln, Düsseldorf, Innsbruck, München, Berlin, Frankfurt, Rio de Janeiro und viele Stationen mehr.

Fast jede Reise dient einem klaren Ziel: der Verwirklichung eines Projekts. Und dies gilt praktisch für alles, was sie unternehmen – Ausstellungen, Vorträge, Lesungen, Eröffnungen und anschließende Zusammenkünfte, Essen und Gespräche. Natürlich gibt es auch ein paar Abwechslungen – einen gelegentlichen Kinobesuch oder Fernsehabend und die mit Verwandten und Freunden verbrachte Zeit. Untätigkeit kennen sie nicht. Jeanne-Claude wacht über ihre Zeit wie ein eifersüchtiger Liebhaber über eine einmalige Schönheit. Auf manche Menschen wirken ihr strenger Stundenplan und ihre berechneten oder spontan ausbrechenden Wutanfälle übertrieben. Doch Jeanne-Claude verteidigt sie mit den Worten: »Dies ist meine beste Eigenschaft. Sie hat Christo über all die Jahre geschützt. Ich glaube, jeder Künstler braucht seinen Zerberus.« Freunde und Verwandte zeigen Verständnis für Jeanne-Claudes strikte Abschirmung ihres Mannes oder versuchen es jedenfalls. Schließlich sind die Projekte der Lebensinhalt der Christos. Sie diktieren die Zeiteinteilung, haben Vorrang vor allem anderen.

Auf die Frage, ob er sich je vernachlässigt gefühlt habe, sagte Cyril Christo einmal: »Die Projekte sind meine Geschwister. Was soll ich sagen? Wie viele man auch besitzt, man ist immer einsam«, und zitierte Rilke: »Glaubt nicht, Schicksal sei mehr als das Dichte der Kindheit.« Rückblickend versuchte er die unbändige Hingabe seiner Eltern an die Projekte zu begreifen: »Ich verstehe die leidenschaftliche Getriebenheit des Menschen. Christo sagt immer noch Dinge, die ein Dreiundzwanzigjähriger einem Mädchen sagen würde, in das er unsterblich verliebt ist, dieselben wundervollen Dinge, und genau so impulsiv geht er an seine Arbeit, genauso leidenschaftlich liebt er seine Frau. Es gibt Dinge an ihm, fast übermenschliche Eigenschaften, die ich immer noch nicht verstehe. Ich erstarre immer noch in Ehrfurcht, weil er so absolut, total einmalig ist. Sein eiserner Wille und seine unglaubliche Hingabe rauben einem fast den Verstand.«

1979 reisten Christo und Jeanne-Claude fünf Mal nach Paris. Am 15. Februar fuhr sie General de Guillebon ins Rathaus zu einer Besprechung mit dem stellvertretenden Bürgermeister Raymond Dohet, der im Zweiten Weltkrieg unter ihm gedient hatte. Unter einem großen Foto von General de Gaulle erläuterten die beiden das *Pont-Neuf*-Projekt und baten um Unterstützung bei dem Genehmigungsantrag für die Verhüllung der vierhundert Jahre alten Brücke.

Auch Carole Weisweiller stand mit Rat und Tat zu Hilfe; zufällig war die Witwe des früheren Staatspräsidenten Pompidou eine gute Freundin von ihr. Carole arrangierte für die Christos während einer Zwischenlandung auf dem Weg nach Abu Dhabi im April ein Abendessen mit Madame Pompidou. Auf deren Rat hin suchten die durch nichts abzuschreckenden Christos am 2. Juli den Kulturdezernenten der Stadt, Michel Boutinard Rouelle, auf. Der junge Mann wurde zum glühenden Befürworter des Projekts. Schon bei der zweiten Zusammenkunft mit ihm im Oktober waren sie auf einer Wellenlänge und einigten sich auf eine Strategie. Carole Weisweiller organisierte ein zweites Essen der Christos mit Madame Pompidou. Dieses Mal waren neben Rouelle auch der Pariser Bürgermeister Jacques Chirac, der spätere Premierminister Edouard Balladur, der Direktor des Centre Pompidou, Pontus Hulten, sowie Niki de Saint Phalle zugegen. »Ob Jean Tinguely da war, weiß ich nicht«, sagte Christo. »Madame Pompidou hatte uns in letzter Minute gesagt, Chirac könne sich freier zum Pont-Neuf-Vorschlag äußern, wenn Jeanne-Claude und ich nicht anwesend wären. Also blieben wir fern, obwohl wir eigens für das Diner nach Paris geflogen waren. Später erfuhren wir, Balladur, der Chirac damals sehr nahe stand, habe erklärt, es wäre eine Katastrophe, wenn das Projekt zustande käme.«

Am 21. Dezember fand eine wichtige Zusammenkunft der Christos in Begleitung von Jacques de Guillebon mit dem ersten Premierminister der Fünften Republik, Michel Debré, statt. Von dem für seine elegante Kleidung wie auch seine Reizbarkeit bekannten Debré hieß es, er sei »gaullistischer als de Gaulle«. Jacques nannte ihn den Ajatollah der Partei. Christo, Jeanne-Claude und ihr Vater betraten Debrés Büro, gefolgt von dem Projektfotografen Wolfgang Volz und den Filmemachern Albert und David Maysles. Christo trug ein Jackett, ein offenes Hemd und Jeans, Jeanne-Claude ein Seidenkleid mit Blumenmuster sowie hohe schwarze Stiefel. Jacques hatte den dunklen Anzug mit Krawatte gewählt. Auf dem Boden vor Debré stellten sie eine Zeichnung von *Pont Neuf* auf. Jeanne-Claude beschreibt die Szene: »Wir sagten fast nichts, ließen meinen Vater reden. Debré sagte, er treffe Chirac demnächst bei einem Parteikongress der Gaullisten in Südfrankreich. Später lasen wir in der Zeitung, dass es zwischen ihnen zu einem fürchterlichen Krach gekommen war und sie sich geschworen hatten, nie wieder miteinander zu reden ... Unsere Hoffnung hatte sich zerschlagen.«

Das neue Jahrzehnt begannen die Christos mit vier Großprojekten auf drei Kontinenten gleichzeitig: *Verhüllter Reichstag, Wrapped Pont Neuf, Abu Dhabi Mastaba* und *The Gates* (Die Tore).

Anfang 1980 entwarf Jeanne-Claude die Projektbeschreibung für *The Gates*. Sie hatten sich eine utopische Vision des Central Park zum Ziel gesetzt, der zwei Wochen lang in »ein öffentliches Kunstwerk« verwandelt werden sollte, das alle Bevölkerungsschichten der Stadt erreicht. Vorgesehen waren zwischen 11 000 und 15 000 Stahltore mit frei hängenden Gewebebahnen, die sich über 41,8 Kilometer durch die große Grünanlage schlängeln und einen Kontrast zum geometrischen Raster von Manhattan bilden sollten.

»Die Tore werden 4,5 Meter hoch sein und in ihrer Breite entsprechend den Maßen der Parkwege zwischen 2,8 und 8,5 Meter breit sein. Die Gewebebahnen schweben vom obersten horizontalen Rohr des Stahltors herab bis auf eine ungefähre Höhe von 2 Metern über dem Boden. Die Tore stehen in Abständen von je 2,8 Metern, so dass bei leichter Brise das goldgelbe Paneel des einen Tores bis zum andern hinüberwehen und es berühren kann.« Damit entstünde für die Fußgänger »ein goldenes Dach«, während die Park-anwohner einen 42 Kilometer langen »goldenen Fluss er-blicken, der durch das Laub aufscheint und wieder ver-schwindet«.

Einundvierzigmal stellten die Christos 1980 *The Gates* städtischen Beamten, Museumsverwaltern und führenden Persönlichkeiten vor. Wiederum sollten die auf 5,2 Millionen Dollar veranschlagten Kosten ausschließlich durch Original-arbeiten von Christo finanziert werden. »Die Stadtgewalti-gen befürchteten einen gefährlichen Präzedenzfall – dem-nächst werde jemand die Felsen rosa anmalen wollen«, erinnert sich Christo an vorgebrachte Einwände. »In die Ver-sammlungen kamen auch Schwarze aus Harlem und sagten: ›Wir brauchen Jobs, Mann, keine goldenen Banner.‹ Ich erwi-derte, der Bau von *The Gates* werde Arbeitsplätze schaffen. Und es werde wie eine Wanderung durch einen herrlich gol-denen Flur mit wehenden Gewebebahnen über dem Kopf zur Betrachtung des offenen Raums einladen. Die Gewebe-bahnen würden sich beim leisesten Windhauch berühren und eine fortlaufende goldene Kette bilden.«*

Im Juni berichtete *The Village Voice*, Christo habe »das ehr-geizigste Projekt öffentlicher Kunst« vorgeschlagen, »das je auf New York zugekommen ist«. Die *New York Times* zitierte Christo: »Henry Geldzahler, Kulturdezernent der Stadt und selber Künstler, [...] meinte: ›Passt bloß auf. Zwei Dinge sind dieser Stadt heilig. Das eine ist die Mutterschaft und das an-dere der Central Park.«« Es gab aber auch Befürworter. »Im Augenblick unterstütze ich das Projekt«, meinte der Prä-sident des Verwaltungsbezirks, Andrew J. Stein. »Es ist ein-malig und innovativ, genau wie unsere Stadt. Und darum sollten wir dem Plan zustimmen.« Auch der Direktor des Metropolitan Museum of Art, Philippe de Montebello, be-grüßte den Vorschlag.

Manchen Liebhabern des Parks jedoch schien die Idee gro-tesk. Einer nannte *The Gates* »ein Beispiel für den Kultur-

---

* Zitiert in Jane Katz, *Artists in Exile*, New York 1981.

imperialismus«. Ein Anwohner des Parks beschrieb sie als
»Schnurrbart für Mona Lisa«. Fred Beckhardt, Vorsitzender
des Gemeindeausschusses, erblickte in dem Vorhaben »ein
weiteres Beispiel für Christos Todesschwärmerei, so wie er
Gebäude mumifiziert«. Christo hörte sich die Kritik ruhig an,
lächelte sogar dazu: »Na ja, wissen Sie, früher sagten die
Leute, ich sei gar kein Künstler. Jetzt geben sie wenigstens
das zu.« Er lachte: »Sie wollen lediglich, dass ich das Projekt
anderswo durchführe.«

Jahre später berichtete Christo von einer Untersuchung
des Soziologen Kenneth Clark. Clark hatte 660 New Yorker
interviewt, mit diversen Gruppen Gespräche geführt und dabei festgestellt, dass die Mehrheit der Sache zustimmte. Drei
von vier Schwarzen und vier von fünf Hispanics hätten positiv reagiert; bei den Weißen seien es weniger, aber immer
noch eine Mehrheit gewesen. Clarks Bericht kam zu dem
Schluss, eine Verwirklichung wäre ein einigendes Kunster-
lebnis, das Menschen unterschiedlicher Gesellschaftsschich-
ten zusammenführe. Christo meinte zu der Untersuchung:
»Je dunkler die Haut und je ärmer die Menschen, desto besser gefiel ihnen das Projekt. Je weißer die Haut und je reicher die Leute, desto eher missfiel es ihnen.«

Wie immer wirkte Opposition auf die Christos erfrischend.
Oft sprach er vom »Arbeiten am Rande des Unmöglichen«.
Diese Feststellung passt haargenau auf *Mastaba of Abu
Dhabi, Project for the United Arab Emirates*. Konzeption, Kosten, Logistik und der gesamte Genehmigungsprozess waren
geradezu auf Widerstand angelegt. Selbst jene, die mit den
Leistungen der Christos vertraut waren, konnten über dieses
Projekt nur lachen und die Schultern zucken. Die meisten
scheiterten bei dem Versuch, im Bau einer 48 Stockwerke
hohen Öltonnen-Konstruktion in der Wüste wenigstens ein
Fünkchen Rationalität zu entdecken. Im Gegensatz zu den
bisher kurzlebigen Projekten sollte dieses Unterfangen zum
ersten Mal »permanent« sein: statt nur wenige Wochen zu
dauern, würde sich seine Vergänglichkeit erst in Jahrhunder-

ten herausstellen. »Nichts ist für ewig«, erläuterte Jeanne-
Claude. »Die Pyramiden verschwinden nach und nach. Ted
Dougherty meinte, die Mastaba könne fünf- oder sechstau-
send Jahre überdauern, wenn man sie richtig warte.« Bislang
hatten sie stets jegliche Patronage abgelehnt*; nun hofften die Christos zum ersten Mal, einen Sponsor – Scheich
Zayed und seine Berater – zur Übernahme eines auf 400 bis
500 Millionen Dollar veranschlagten Etats überreden zu
können. Die Christos verstanden sich als Architekten des
Scheichs. Jeanne-Claude sagte: »Ich hätte mein Lebtag nicht
genug Zeichnungen verkaufen können, um dieses Geld zu
beschaffen.«

Es mochte ja noch angehen, sich eine Mastaba einfallen zu
lassen. Aber sie zu verwirklichen, sprach jeglicher Logik
Hohn. Der Koloss sollte 150 Meter hoch, 300 Meter breit und
225 Meter tief sein – dass viele Wolkenkratzer mit 48 Stockwerken leicht hineinpassen würden. 390 500 mit leuchtenden Farben bemalte, eigens für den Zweck hergestellte
55-Gallonen-Ölfässer aus rostfreiem Stahl sollten horizontal
um einen massiven Sandkern aufgeschichtet werden, den
ein 6,4 Meter dicker, auf solidem Betonsockel ruhender Be-
tonmantel umgab. »Den Betonsockel wollten wir mit zwei
Lagen bunter Fässer furnieren«, sagte Jeanne-Claude. Die
Dachfläche sollte 127 × 225 Meter messen. Schon 1972 hatte
Christo geschrieben: »Es gibt keinen Zugang außer dem Kor-
ridor zu den Aufzügen, die die Besucher aufs Dach bringen.
Von dort aus genießen sie einen etwa 50 Kilometer weiten,
herrlichen Rundblick über die Landschaft. Dergleichen hat
es bisher noch nicht gegeben. Hunderte prächtiger Farben,
so bezaubernd wie die islamischen Mosaiken, bieten ein sich
unablässig mit der Tageszeit und dem Licht änderndes, visuelles Erlebnis. Die Größe und Weite des Landes spiegelt
sich in der Majestät der Mastaba wider.« Mochte diese Vision

---

* Die Aktenschränke der Christos biegen sich unter Hunderten von Pro-
jektvorschlägen rund um die Welt. Jeder war ernst gemeint, hätte oft gewaltige Geldbeträge eingebracht. Jeder wurde höflich abgelehnt.

manchem noch so irreal erscheinen – Christo und Jeanne-Claude zweifelten keinen Augenblick an der Machbarkeit ihres Wüstentraums.

In ihren Vorträgen lieferten die beiden meist technische Informationen über die *Abu Dhabi Mastaba* oder sprachen von der einzigartigen Schönheit der Landschaft. Die künstlerische Interpretation überließen sie klugerweise anderen. Ist die Mastaba ein Symbol der Größe des 20. Jahrhunderts oder ein Bild des Zerfalls? Ist sie ein den schwindenden natürlichen Ressourcen gewidmetes Denkmal oder ein Tribut an die übergeschnappte Konsumgesellschaft? Sie könnte auch lediglich ein modernes Mausoleum der Ölverschwendung oder ein verschleierter Kommentar zu Kapitalismus und Weltwirtschaft sein. Indes: Die Interpretation und Beurteilung der ästhetischen Aspekte von Verhüllungen oder Öltonnenstrukturen überließ man am besten der Öffentlichkeit, die diese Fragen auch ohne Anleitung des Künstlers zu beantworten vermochte.

Christo und Jeanne-Claude hatten sich einer herkulischen Aufgabe verschrieben: den konservativen, weitgehend isolierten Scheich Zayed zur Zusage für einen über alle Maßen teuren, kontrovers diskutierten, dem Anschein nach widersinnigen Plan zu bewegen, mit dem die königliche Familie der Lächerlichkeit oder Schlimmerem preisgegeben sein könnte. Das störte sie nicht. In der Welt der Christos gibt es fast nichts Unmögliches. Am 8. April 1980 reisten Jeanne-Claude und Wolfgang Volz von New York nach Abu Dhabi. Christo und Ted Dougherty folgten mit einer späteren Maschine. Jeanne-Claude sagte: »Wir hatten große Schwierigkeiten, ins Land gelassen zu werden. Wir bezeichneten uns nie als Künstler, denn diese Kategorie ist nicht vorgesehen. Wir firmierten als Architekten. Die New Yorker Architektenvereinigung hatte uns Mitgliedsausweise ausgestellt.«

Auf den ersten Reisen nach Abu Dhabi besprachen sich die Christos mit Regierungsbeamten und Geschäftsleuten, veranstalteten Essen, um sich bei einflussreichen Leuten vorzustellen, und fuhren durch die Gegend, um einen Standort für die Mastaba auszuwählen. »Wir legten in dem kleinen Land viele tausend Kilometer zurück«, sagte Jeanne-Claude. »Nichts ließen wir aus, bogen in jede Straße ein. Es war fürchterlich heiß, so dass wir knallrot und klatschnass geschwitzt waren. Hatte ein Wagen eine Panne, ließ ihn der Fahrer einfach stehen. Einmal trauten wir unseren Augen nicht: Jemand hatte neben der Straße ein Flugzeug stehen lassen.«

Der französische Botschafter Jean-Claude Guisset veranstaltete vier Diners, um das Ehepaar Christo möglichen Befürwortern vorzustellen. Zu den Gästen gehörten der Leiter des französischen Erdölkonzerns Total, Bernard de Lamotte, und seine Frau Roseline, von denen Christo 1957 und 1958 in Genf Porträts gemalt hatte. Die Christos sahen sich auch mit einer völlig neuen Kultur konfrontiert. Dazu Jeanne-Claude lächelnd: »Auf einer Fahrt versuchte ein junger Scheich, uns Wolfi [Wolfgang Volz] abzukaufen. Wolfi bettelte: ›Nein, nein, Christo, bitte tu's nicht.‹«

Ende Mai reisten Christo, Jeanne-Claude, Cyril und Wolfgang Volz erneut in die Vereinigten Arabischen Emirate für eine Ausstellung in der Alliance française – einer von elf Einzelausstellungen im Jahr 1980. Trotz eines Rundfunkinterviews mit Christo kamen sie in der Genehmigungsfrage kaum voran. Auch nach sechs weiteren Reisen, zahllosen Telefonanrufen und endlosen Briefen hatte weder Scheich Zayed noch ein Mitglied der Königsfamilie sie empfangen. Zwei Jahrzehnte später weigert sich Jeanne-Claude immer noch, eine Niederlage einzugestehen: »Nein, nein, das Abu-Dhabi-Projekt ist nicht tot. Man könnte sagen, es schläft.«

Am 30. August 1980 rief Jan van der Marck an, mittlerweile Direktor des Center for the Fine Arts in Miami, und schlug vor, Christo solle am *New World Festival of the Arts* von 1982 in Miami teilnehmen. Er bekam eine klare Absage. Die Projekte in Paris, Berlin, Barcelona, New York und Abu Dhabi verlangten ihm schon mehr als genug ab. Weiteren Anrufen ließ van der Marck am 19. November einen Besuch in der

Howard Street folgen. Nach kräftigem Zureden erklärten sich die Christos schließlich zu einem Besuch in Miami nach Weihnachten bereit, um zu sehen, ob sich eine interessante und machbare Idee einstelle.

So flogen die beiden, nachdem sie am 20. Dezember die Hochzeit von Jeanne-Claudes Bruder Jean-Marie d'Essertaux und Beatrice Mahé in Paris gefeiert hatten, nach den Feiertagen nach Miami, wo sie bei den van der Marcks unterkamen. An einem Nachmittag fuhr sie die Architekturkritikerin des *Miami Herald*, Beth Dunlop, durch die Stadt und zeigte ihnen die bedeutendsten Bauwerke. Doch Christo dachte nicht daran, noch ein Gebäude zu verhüllen. Während der Rundfahrt sahen sie beim Überqueren der Brücken über die Biscayne Bay auch zahlreiche künstliche Inseln – Deponien des beim Bau der Küstenwasserstraße in den zwanziger Jahren ausgebaggerten Materials.

Die Christos genossen zwar die Rundfahrt, blieben aber unverbindlich. Jeanne-Claude erinnerte sich später an einen stillen Augenblick mit Christo auf einer der Brücken: »Wir beide standen da und schauten auf die grünen Inselchen inmitten der Bucht. Ich sagte: ›Wäre es nicht schön, wenn man sie mit schwimmendem pinkfarbenem Tuch umgäbe? Was meinst du?‹ Es war zwar meine Idee, aber wenn ich noch zehn Sekunden gewartet hätte, hätte er es wahrscheinlich gesagt. Ich dachte an zwei oder drei Inselchen. Am Ende entschied er sich für elf. Die Auswahl ging allein auf sein Konto.« Später sprach Christo von der »unglaublich flachen Landschaft von Miami, die topfeben ist und einen fließenden Übergang zwischen Erde und Wasser bildet«.

Jeanne-Claude dachte an Pink, »weil ich Miami kenne. Das bietet sich dort an. Aber Christo fand die Farbe nicht subtil genug, zu kitschig und sehr weiblich. Aber schließlich gefiel's Christo doch.«

Anfang 1981 standen die Zeichen für den Central-Park-Vorschlag deutlich auf Ablehnung. Doch Christo ließ sich nicht abschrecken, im Gegenteil: Widerstand kam ihm gerade recht. »Er gibt dem Prozess Kraft und bereichert ihn«, sagte er. »Der Park läuft uns nicht weg. Ich bin gesund und will das Projekt verwirklichen.«

Am 8. Januar stellten Christo und Jeanne-Claude das Konzept für *Gates* im Rathaus der Vorsitzenden des New Yorker Stadtrats, Carol Bellamy, vor. Tags darauf kam Park-Kommissar August Heckscher in die Howard Street, um sich die Zeichnungen anzusehen und über das Projekt zu sprechen. Drei Tage später versuchten die Christos im Villard House Mitglieder der Municipal Art Society für ihre Idee zu gewinnen. Am 18. Januar beschwor Christo in einem überfüllten Hörsaal der New Yorker Universität anhand seiner Zeichnung eine lebhafte Vision von *Gates*, anschließend fand eine Podiumsdiskussion über das Für und Wider statt. Die üblichen Vorbehalte kamen zur Sprache: Das Gewebe könnte Feuer fangen, die Bäume könnten beschädigt, die Vögel vertrieben werden, überhaupt seien die Risiken unkalkulierbar. Am 25. Februar 1982 schließlich verweigerte Park-Kommissar Davis in einem 229-seitigen Gutachten die Genehmigung.

Mitten in dieser Krise erklärten sich die Christos mit *Surrounded Islands Project for Biscayne Bay, Greater Miami, Florida* (Umsäumte Inseln) anlässlich des *New World Festival of the Arts* von 1982 einverstanden. Am 27. Februar flog er nach Miami zur Ausstellungseröffnung in der Hokin Gallery und zeigte dort Jan van der Marck mehrere Skizzen, die er bereits gemacht hatte. Auf den ersten Vorstudien schwamm hell pinkfarbenes Gewebe um eine noch unbestimmte Anzahl dunkelgrüner »Abraum-Inseln«.

Van der Marck bemerkte dazu: »Gewebe ist für Christo das, was für frühere Generationen modernistischer Bildhauer der Stahl war. Was ihm daran gefällt, ist die Doppeldeutung – Verflechtungen und Strukturen halten auch die Gesellschaft zusammen. Wenn er seine Arbeit erklärt, sagt er oft, das menschliche Miteinander, die Einschränkungen durch Rechtsvorschriften, ein Betonen der Umwelt und die

Lösung technischer Probleme bildeten das ›eigentliche Gewebe‹ seiner Arbeit.«

Bald schon sahen sich die Christos mit der organisatorischen Dimension des Gewebes von *Surrounded Islands* konfrontiert. Im März fingen sie an, ihr Team zusammenzustellen: Mitko Zagoroff und Ted Dougherty verbrachten je zwei Tage in der Howard Street für die technischen Vorbereitungen. Am 3. April flogen Christo, Jeanne-Claude und Wolfgang Volz erneut nach Miami und installierten, um einen früheren Erfolg zu dokumentieren, im Metropolitan Museum in Coral Gables die Dokumentationsausstellung von *Running Fence*. Am 6. April reisten die Christos für einen Tag in die Hauptstadt von Florida, Tallahassee, und heuerten den Umweltanwalt Joseph W. Landers Jr. an.

Ein erster Gewebetest Ende April ergab noch Mängel; die Diskussionen mit den Gemeinde-, Staats- und Bundesbehörden wurden zusehends komplexer. Gleichzeitig stieß ein zweiter Anlauf für *Gates* in New York bei Park-Kommissar Davis auf eiserne Ablehnung. Ende Mai 1981 kam *Rolling Stone* mit einem Artikel in die Kioske, der die fein austarierte Teamarbeit der Christos in sich zusammenfallen ließ. »Alles fing damit an, dass sie eine Journalistin für ein Feature vorbeischickten«, sagte Christo. Carol Caldwell schrieb vom »Schlafsack« für den Pont Neuf und meinte, das *Gates*-Projekt sei »sogar hier im New York des Anything Goes verworfen worden. Er muss schon verdammt stur sein, wenn er es hier durchkriegen will.« Über einen Auftritt mit negativen Folgen schrieb sie: »Heute Abend in Harlem war er völlig aus dem Takt. Er hätte sich als Christo vom Planeten Nylon vorstellen und sich höchstpersönlich einpacken sollen. [...] Er muss dringend ein bisschen mehr Show-Business veranstalten. Für Kunstfaseleien hatten die Bürger von Harlem heute Abend im Community Board von New York nichts übrig. Christo ist zwar ein Tausendsassa, wenn er so gestikuliert und parliert, aber Tausendsassa allein reicht nun mal nicht. Für den Augenblick ist er nichts als ein Weißer. Zudem einer, der nicht den richtigen Ton trifft.«

Noch schlimmer waren die Fotos in *Rolling Stone*. Christo erinnert sich an seinen Besuch bei »ihrer Fotografin Annie Leibowitz. Ich ging in ihr Atelier an der 21. Straße. Dort machte sie sehr hübsche Porträtaufnahmen. Später sagte sie mir, sie wolle auch im Park noch ein paar Fotos schießen.« Christo traf sich mit ihr dort in einem Gartenlokal. Irgendwie überredete sie ihn dazu, sich für eine Aufnahme in rot-weiß-gestreiftes Tuch zu wickeln.

Als Christo später peinlich berührt sagte: »Das Foto gefällt mir gar nicht«, schnappte Jeanne-Claude: »Mehr hast du dazu nicht zu sagen?« Worauf er zugab: »Ich hasse es!« Jeanne-Claude ließ nicht locker und fragte: »Und mir, gefällt es mir etwa?« »Nein«, stimmte er kleinlaut zu, »dir gefällt es überhaupt nicht.« »Das Ganze war mein Fehler«, meinte Jeanne-Claude abschließend. »Wenn ich mitgekommen wäre, hätte ich nie zugelassen, dass er sich so einwickeln lässt, nie! Wegen dieses Fotos hätten wir uns beinahe scheiden lassen. Ich war so wütend, weil er nicht den Mumm hatte, nein zu sagen.«

The Gates ruht bis heute in der Schublade und wartet auf bessere Zeiten.

Auch die Projekte in Berlin, Barcelona, Paris und vor allem Abu Dhabi kamen trotz intensiver Bemühungen kaum vom Fleck. Als der Filmemacher David Maysles vorsichtig zu bedenken gab, »es sind einfach zu viele Projekte«, wiederholte Christo mechanisch, »zu viele Projekte. Irgendwie hängen wir in einem Teufelskreis. In den traurigen und enttäuschenden Augenblicken sind manchmal die Zeichnungen meine einzige Hoffnung, dass ein Projekt doch noch zustande kommt.« Zwar trug er Entschlossenheit zur Schau, meinte aber: »Ich habe Angst. Ich habe Zweifel. Ich gehe Risiken ein. Die Projekte sind fast unmöglich, das ist beinahe schon selbstmörderisch. Jeder Fehlschlag wird in der Öffentlichkeit breit getreten und wirkt auf mein Ego wie eine kalte Dusche.«

Ein typisches Beispiel dafür ereignete sich am 1. Oktober in Paris. Zwischen zahlreichen Besprechungsterminen verhüllte Christo mit Hilfe von Harrison Rivera-Terreaux ein großes, maßstabgerechtes Modell von *Pont Neuf*, das in einem Schaufenster des unmittelbar der Brücke gegenüber liegenden Kaufhauses Samaritaine ausgestellt werden sollte. Die Christos erschienen kurz nach 18.30 Uhr unter dem Applaus einer großen Menschenmenge zur Enthüllung des Schaufensters. Während die Maysles-Brüder den ganzen Vorgang filmten, rief plötzlich ein Journalist:»Der Bürgermeister [Chirac] hat eben im Fernsehen erklärt, er sei dagegen.«

Vom Triumph des Augenblicks war nichts mehr übrig, und Christo brüllte:»Das ist verrückt. Ich lasse mich nicht aus dem Konzept bringen.« Jeanne-Claude übernahm die Rolle der Mutter und insistierte:»Jetzt nimmst du sofort eine Pille. Steck' dir augenblicklich eine Pille in den Mund. Tu', was ich sage!« Unter den Blicken der aufgeregten Menge weigerte sich Christo:»Nein, ich will nicht.« Beide hatten auf mehr Zeit gehofft, bevor Chirac öffentlich Stellung bezog. Sie waren erschüttert, aber deswegen gaben sie das Projekt noch lange nicht dran.

Nicht ganz so trüb sah es mit der Reichstagsverhüllung aus. Kaum waren die beiden am 4. Oktober wieder in New York, kündigte sich Willy Brandt in der Howard Street an. »Wir waren damals ziemlich am Boden«, berichtet Christo. »Bundestagspräsident Richard Stücklen hatte das Projekt abgelehnt. Das Wort Reichstag brachten wir schon gar nicht mehr über die Lippen. Es war vorbei! Ich hatte nicht mal mehr Zeichnungen im Atelier. Als Brandt kam, musste ich sie mir bei einem Sammler in New Jersey ausborgen.«

Brandt brachte seinen persönlichen Referenten Klaus-Henning Rosen, den ehemaligen Regierenden Bürgermeister Dietrich Stobbe und einen *Spiegel*-Reporter mit; außerdem waren Cyril, Wolfgang Volz und die Brüder Maysles dabei.»Brandt war gekommen, um uns zu bitten, das Projekt nicht aufzugeben«, erzählt Christo.»Ich fragte ihn, ob er dazu beitragen könne, dass Herr Stücklen seine Meinung ändert, worauf Brandt erwiderte:›Nein, Stücklen ist ein völlig unabhängiges Mitglied des rechten Flügels seiner Partei.‹ Er meinte aber, vielleicht könnten uns andere behilflich sein, und gab uns zu verstehen, Stücklen werde nicht mehr lange auf seinem Posten sein. Das stimmte auch. Ein paar Wochen später wurde Stücklen durch einen anderen Konservativen ersetzt.«

Vor dem Hintergrund der schäbigen, abblätternden Atelierwände wirkte Brandt bei seinem langsamen Rundgang durch den engen Raum geradezu aristokratisch. Aufmerksam hörte er sich Christos Kommentare an, als halte dieser einen Vortrag über Palastgemälde in Gegenwart eines Monarchen.

Klaus-Henning Rosen bemerkte:»Das Projekt ist in Deutschland sehr umstritten. Immerhin besteht eine Verbindung zwischen diesem Bauwerk und den Nazis. Vor allem für die Sozialdemokraten, die viele Abgeordnete in den Konzentrationslagern verloren, hat es besondere historische Bedeutung. Ich selbst sähe das Experiment gern und glaube, auch der Mann auf der Straße wird es akzeptieren. Es tut dem Gebäude keinen Schaden an, könnte auf die Menschen anziehend wirken und ihnen vermitteln, was der Reichstag für uns bedeutet. Das Problem ist: Wir Deutschen nehmen alles viel zu ernst.«

Am 22. Februar 1982 bekamen Christo und Jeanne-Claude endlich die Chance, Jacques Chirac im vornehmen Salon des Bürgermeisters ihre Argumente vorzutragen; ebenfalls zugegen waren einige prominente Befürworter des Projekts. Christo und Chirac saßen sich vor dem prächtigen, brennenden Kamin an einem dekorativen Teetisch gegenüber, auf dem das große Buch *Running Fence* lag, während Christo eine Zeichnung von *Pont Neuf* neben sich stehen hatte. Zur Illustration wurden auch Postkartenansichten anderer Projekte benutzt. Ein gegensätzlicheres Paar als den Künstler und den Politiker hätte sich kaum denken lassen. Beide waren etwa gleich alt, beide trugen eine Hornbrille. Aber damit endete die Ähnlichkeit auch schon. Christos schulterlanger Schopf stand in schreiendem Gegensatz zu Chiracs pomade-

gefestigtem, glatt nach hinten gekämmtem, schütterem Haar;
Gleiches galt für die weiße Safarijacke, das offene, orangefarbene Hemd und die Bluejeans des einen und den dreitei-
ligen Anzug, das blütenweiße Hemd und die Krawatte des
anderen. Der eine wollte den Status quo verändern und das
Pariser Alltagsleben für kurze Zeit beleben; dem anderen
ging es um Schadensbegrenzung und vor allem um seine
Wiederwahl.

Christo fixierte Chirac und sagte: »Künstler haben große
Passionen. Dieses Projekt liegt mir am Herzen.«

Chirac stichelte: »Ich bin nicht sicher, dass es für die Pariser auch so aufregend ist oder als Kulturveranstaltung gut
ankommt; außerdem dürfte es sehr teuer werden.«

Christo parierte: »Im Museum schauen sich die Menschen
gewöhnlich fertige Werke an. Meine Projekte beinhalten
eine Menge Vorbereitungsarbeit – das erregt die Leute und
macht sie neugierig. Sie beflügeln die Fantasie der Menschen, die sich das fertige Werk schon im Vorhinein ausma-
len; folglich ist das Publikum dynamischer.«

»Und was wird es Paris kosten?« fragte Chirac.

Mit großer Handbewegung erwiderte Christo fest: »Monsieur le Maire, nicht einen Centime. Das Geld kommt aus
dem Verkauf meiner Zeichnungen und Collagen. Absolut
kein Geld vom Staat oder Steuerzahler, auch nicht von der
Industrie. Keinerlei Zuwendungen …«

Jeanne-Claude zog aufgeregt an ihrer Zigarette, während
der Bürgermeister fragend die Augenbrauen hob: »Sie wissen ja gar nicht, wie viele Briefe ich bekommen habe, in
denen steht, das sei viel zu teuer – man solle lieber einen
Kindergarten bauen.« Dann sagte Chirac plötzlich: »Ich persönlich bin dafür, aber eine Entscheidung ist noch nicht
gefallen. Auf keinen Fall darf diese Sache ein politisches
Schlachtfeld werden. Aber nach den Wahlen und wenn ich
wie erwartet wiedergewählt werde, haben wir sechs Jahre
Ruhe vor uns und können gelassener daran gehen. Dann
können wir die Initiative ergreifen, ohne angegriffen zu werden, außer aus Gründen des Geschmacks, aber das ist dann

unwichtig. Treffen wir uns also in einem Jahr nach den Wahlen von 1983 wieder.« Mit dieser überraschenden Zusage endete die Sitzung.

Mitte 1981 war der in der Schweiz geborene und in Paris ansässige, umtriebige Management-Berater Johannes Schaub zum Projektleiter von *Pont Neuf* ernannt worden. Er überredete die Christos zu einer Kampagne nach amerikanischer Manier in dem betreffenden Pariser Stadtteil. Von Gesprächen mit Ladeninhabern und Büroangestellten erhoffte er sich öffentliche Unterstützung; ein für das Projekt gewonnener Wahlkreis mit einflussreichen Geschäftsleuten hätte automatisch politische Rückendeckung zur Folge. Schaub stellte die Christos auch Renard, dem Direktor des Kaufhauses »La Samaritaine« vor und plante, sämtlichen Anwohnern auf der Ile de la Cité, der Place Dauphine und am Quai des Grands-Augustins einen Besuch abzustatten. Dafür warb er ein paar hübsche junge Damen an, die mit missionarischem Eifer von Tür zu Tür gingen, Postkarten verteilten und die Bevölkerung für das Projekt zu gewinnen suchten, und organisierte eine Vortragsreihe von Christo, unter anderem in einigen der besten französischen Schulen. Freunde des Pont-Neuf-Projekts veranstalteten Werbe-Diners und Ähnliches. Als Rechtsvertreter verpflichteten die Christos den Pariser Anwalt François Sage. 1982 gründete er überdies die Pont Neuf Corporation, eine Außenstelle der C.V.J. Corporation in Amerika.

Am Dienstag, dem 27. April 1982, nahm Jeanne-Claude wie üblich einen Telefonanruf entgegen. Die Vermittlung buchstabierte ihr ein Telegramm aus Bulgarien durch. Jeanne-Claude schrieb mit: »Mama Pachina na, 27 April –23h.« Absender war Christos Vater. »Damals gab es noch kein Fax, und Telefonieren war schwierig«, sagte sie. »Ich hatte keine Ahnung, was das bedeutete; also ging ich ins Atelier hinauf und fragte: ›Was bedeutet Mama Pachina?‹ Christo brach in Tränen aus. Da verstand ich. Er heulte wie ein Kind.« Tzveta Yavacheva war um 23 Uhr europäischer Zeit gestorben.

Tags darauf rief eine völlig bestürzte Jeanne-Claude ihren
Vater in Paris an. »Papa, so habe ich ihn noch nie weinen sehen. Ich weiß nicht, was in ihm vorgeht. Er weint unentwegt.
Natürlich weiß ich, dass seine Mutter gestorben ist, aber mir
scheint das nicht natürlich. Seine Reaktion ist zu stark.‹ Darauf sagte Papa: ›Liebling, du musst verstehen; er weint
nicht um die alte, verhutzelte Frau, sondern um die wunderschöne junge Frau, die er als Kind gekannt hat.‹ Da begriff
ich. Er weinte wie ein Vierjähriger.«

An eine Reise nach Bulgarien zur Beerdigung war für
Christo nicht zu denken. Er galt immer noch als Deserteur,
hatte seine Staatsangehörigkeit aufgegeben, und damit
drohte ihm Strafverfolgung. Die beiden vereinbarten, dass
Jeanne-Claude ein Visum beantragen und in naher Zukunft
die Familie Yavachev besuchen sollte.

Am 13. Juni wurden Christo und Jeanne-Claude siebenund-
vierzig Jahre alt. Christo scheute keine Kosten und kaufte
Jeanne-Claude einen kleinen Stern. Auf einem fantasie-
vollen Dokument der International Star Registry war der
Himmelskörper als im Sternbild Löwe gelegener RD 9H 39
MDJ5FD 25° 30' aufgelistet, der fortan den Namen Jeanne-
Claude Christo trage. Jeanne-Claude war begeistert: »Jetzt
wissen Christo und ich, wo wir uns später treffen.«

Epilog von Wolfgang Volz

14

Jahre in Pink

Zu den Vorbereitungen für *Surrounded Islands* gehörte, dass die Materialien für das Projekt unter echten Bedingungen in Florida getestet wurden. Zu diesem »Think Tank Festival«, einem Ideenwettbewerb, wurden im Juni 1982 für eine Woche alle Bekannten, von denen man sich Hilfe versprach, nach Key Largo in das Haus der Christo-Freunde und Kunstsammler Joan und Roger Sonnabend eingeladen. Es waren viele Ingenieure und Freunde, die schon bei früheren Projekten geholfen hatten. Christo und Jeanne-Claude machte es riesigen Spaß, mit einer so großen Gruppe von verschiedensten Persönlichkeiten zusammen das Projekt auf die Beine zu stellen. Jedes einzelne Element des Projekts sollte festgelegt werden. Beim Gewebe trat ein unerwarteter Effekt auf. Die Farbe Pink verschwand nach zwei Tagen bei allen Testgeweben aus Japan und den USA. Die Floridasonne bleichte sie einfach weg. Außerdem versank der Stoff und war schon nach kurzer Zeit nicht mehr sichtbar. Jeanne-Claude war schockiert. Es wurde tagelang diskutiert, und am Schluss ging man mit deutlichen Vorstellungen von dem nach Hause, was noch verbessert werden musste.

Im Juni und Juli 1982 wurde das Projekt bei öffentlichen Anhörungen und Präsentationen vor dem Staat Florida, dem Dade County und den Städten Miami und Miami Shores nach teilweise hitzigen Debatten genehmigt. Eine Genehmigung bei der Anhörung vor Dade County kam bei einer zweiten Abstimmung nur zustande, nachdem man sich auf einen Kuhhandel über Poster geeinigt hatte. Die Christos verpflichteten sich, Poster im Gegenwert von 100000 Dollar dem Biscayne Bay Preservation Fund zur Verfügung zu stellen. Schnell wurde jedoch auch klar, dass *Surrounded Islands* auf ähnliche Schwierigkeiten wie *Running Fence* stieß. Wieder organisierte sich eine Gruppe von Gegnern, diesmal geführt von Jack Kassewitz Jr., die sich den Schutz der Inseln aufs Banner geschrieben hatte. Diese Inseln, welche beim Ausbaggern der Fahrrinne für den Intercoastal Waterway, einer Schifffahrt-Strasse im Schutz der Keys, in den dreißiger Jahren entstanden waren, beherbergten außer großen Mengen Abfall, der vor dem Projekt von unseren Leuten entfernt wurde, auch einen Seeadler, der dort sein Nest gebaut hatte und sich durch die Aktivitäten gestört fühlen könnte. Am Ende des langen und aufreibenden Genehmigungsprozesses musste der Fall sogar noch vor einem Bundesgericht verhandelt werden, und erst kurz vor der Fertigstellung kam die endgültige Erlaubnis. Christo und Jeanne-Claude war nichts anderes übrig geblieben, als das Risiko in Kauf zu nehmen und zu hoffen, dass es wieder mal irgendwie klappen würde.

Nach wie vor gab es noch kein geeignetes Gewebe für das Projekt, doch Christo und Jeanne-Claude erinnerten sich an ihren alten Freund und Sammler Dieter Rosenkranz aus Wuppertal, der ihnen schon in den sechziger Jahren geholfen hatte. Er war Webmaschinenfabrikant und kannte die Gewebehersteller der Welt besser als jeder andere. Dieter empfahl uns die Firma J. F. Adolff AG in Backnang bei Stuttgart. Zum großen Erstaunen der Künstler war es der einzige Hersteller auf dem ganzen Planeten, der bereit war, mit uns über einen solchen Auftrag zu sprechen. 650 000 Quadratmeter war allen anderen zu wenig Stoff, um ein Gewebe neu zu entwickeln. In monatelangen Labortests wurde schließlich ein Garn aus Polypropylen gefunden, das in echtem Floridawasser und unter der Sonne in der Bay länger als zwei Wochen schwamm und auch das Pink behielt. Ein spezielles Farbpigment und mikroskopisch kleine Luftblasen im Garn waren die Lösung. Tests auf dem Dach der Bibliothek von Miami mit 14 Eimern – für 14 Tage Projektdauer –, gefüllt mit Wasser aus der Biscayne Bay, erbrachten den Beweis.

Das US Army Corps of Engineers, zuständig für die Küstengewässer der USA und damit für die Genehmigung in der Biscayne Bay, verlangte von den Christos einen Test, der feststellte, welchen Einfluss das Gewebe auf das Leben der Manatees-Seekühe hat. Am 29. September 1982 führte Dr. Daniel K. Odell im »Seaquarium« in Orlando diesen Test mit fünf dieser riesigen Meeressäugetiere durch. Die Hälfte eines Seewasserbeckens wurde mit *Surrounded-Islands*-Gewebe überdeckt. Dr. Odell beobachtete, dass die Manatees es nicht nur vorzogen, unter dem Gewebe zu bleiben, sondern sogar begannen, diesen schattigen Teil des Beckens für ihre Liebesspiele zu nutzen.

Am 14. Oktober 1982 bestellte Jeanne-Claude bei Adolff 650 000 Quadratmeter rosa Polypropylen. Das war die größte Menge Gewebe, die jemals bei einem Projekt von Christo und Jeanne-Claude verwendet wurde. Sie entsprach der Größe von 90 Fußballfeldern. Am 22. Oktober 1982 kam schließlich die Genehmigung vom US Army Corps of Engineers.

Obwohl während des Herbstes auch der Pont Neuf und der Reichstag bei Besuchen in Paris und Berlin weiter eine Rolle im Leben der beiden spielten, konzentrierten sie jetzt all ihre Energie auf *Surrounded Islands*. Ted Dougherty war bereits im September nach Miami gezogen und hatte sich als Erstes darum gekümmert, eine Näherei zu finden, die in der Lage war, solch große Gewebemengen zu verarbeiten. Bei den bisherigen Projekten war es für Christo und Jeanne-Claude immer möglich gewesen, diese Arbeiten an eine Näherei zu vergeben, die dann auch die gesamte Verantwortung tragen musste. Ted konnte allerdings keine finden, die diesen Umfang übernehmen konnte und deren Angebot noch akzeptabel war. Aus diesem Grund entschlossen sich die Christos dazu, selbst eine Näherei zu gründen. Sie kauften fünf Industrienähmaschinen und mieteten eine Halle in Hialea bei Miami. Herman Becker von der Firma Technical Textiles in Miami wurde engagiert, um die Näharbeiten zu leiten. Insgesamt waren 72 Sektionen entworfen worden, die elf Inseln umgeben sollten. Die Näharbeiten begannen im

Dezember 1982 mit einer Mannschaft von 45 hauptsächlich spanisch sprechenden Leuten. Das Gewebe aus Deutschland wurde ausgerollt, und die Elemente der Sektionen wurden zugeschnitten und zusammengenäht. Um allerdings auch nur eine ganze Sektion von den insgesamt 72 auszubreiten, war die Fabrik in Hialea viel zu klein. Glücklicherweise gab es nicht weit entfernt in Opa Loka einen alten Luftschiffhangar, der leer stand und für diesen Zweck angemietet wurde. In dieser gigantischen Halle konnten die Sektionen ausgebreitet und dann gefaltet werden. Der Boden des Hangars wirkte manchmal wie ein Meer aus rosa Stoff.

Zur gleichen Zeit wurden in der Biscayne Bay von einer weiteren Mannschaft unter der Leitung von Jon Becker insgesamt 610 Anker unter Wasser und 900 an den Ufern der Inseln installiert, die die Aufgabe hatten, das Kunstwerk festzuhalten.

Am 25. Februar 1983 reichte das National Wildlife Rescue Team unter der Leitung von Jack Kassewitz beim Bundesgericht Klage ein, um das Projekt zu stoppen. Nach drei Tagen Verhandlung vor dem Bundesrichter James Lawrence King einigte man sich am 18. März. Die Einigung besagte unter anderem, dass Jack Kassewitz das Recht hatte, das Projekt in seiner Funktion als Naturschützer zu überwachen. Christo und Jeanne-Claude mussten für ihn ein Boot mieten, damit er seine Kontrollen durchführen konnte.

Jon Becker aus Woodshole, Massachusetts, war engagiert worden, um die gesamten Operationen auf dem Wasser zu leiten, da Ted mit dem Teil auf dem Land genug zu tun hatte und Jon viel Erfahrung als Seemann mitbrachte. Leider waren die beiden so verschieden, wie man es sich nur vorstellen konnte. Immer wieder brach die Kommunikation zwischen ihnen vollkommen zusammen, so dass sie kein Wort mehr miteinander wechselten. Also musste Jeanne-Claude als Schlichterin einspringen. Im Frühjahr 1983 unternahm sie gezwungenermaßen mehrere Schnelltrips nach Miami, um die beiden wieder zu versöhnen.

Christo nutzte die Wochen vor dem Beginn der letzten, intensivsten Projektphase, um noch weitere Originalarbeiten zu *Surrounded Islands* im Studio in der Howard Street zu schaffen. Dies war seine letzte Gelegenheit, denn niemals entstehen Zeichnungen oder Collagen, nachdem ein Projekt verwirklicht wurde.

Am 18. April 1983 ist es endlich soweit, und Christo und Jeanne-Claude ziehen nach Miami. Das Abenteuer beginnt. Die beiden sprechen von diesem Moment für sich immer vom Ende der »Software-Periode« und dem Beginn der »Hardware-Periode«.

Für mich als Fotograf wird ein ehemaliger Vietnampilot mit Hubschrauber engagiert, der mich in den kommenden Wochen den größten Teil jedes Tages herumfliegt. Zum ersten Mal in meinem Leben wohne ich quasi in einem Hubschrauber.

Am Morgen des 27. April strömen 500 interessierte Helfer durch das Tor von Pelican Harbor, dem Hauptquartier ungefähr in der Mitte der gesamten Ausdehnung des Projekts. Sämtliche persönliche Daten werden aufgenommen, damit sie versichert sind und ihre Bezahlung, den Mindestlohn, erhalten können. Sie bekommen ihr *Surrounded-Islands*-T-Shirt samt -Mütze, die Christo und Jeanne-Claude vom Modedesigner Willy Smith haben entwerfen lassen. In den folgenden Tagen werden alle Helfer von den Künstlern in das Projekt eingeführt, sie sehen den *Valley-Curtain*-Film, sie erhalten Erste-Hilfe- und Feuerschutz-Unterricht und werden in einzelne Mannschaften für jede Insel eingeteilt. Die beiden müssen entscheiden, wer »Kapitän« von jeder Insel werden darf, die am härtesten umkämpften Posten bei dem Projekt.

Während Jeanne-Claude andauernd mit der Citibank in Verbindung steht, damit die täglichen Ausgaben gedeckt werden können, überwacht sie gleichzeitig jedes kleinste Detail der Vorbereitungen. Auch Christo taucht überall auf und kontrolliert alles. Die Nachricht aus Bulgarien vom Tod seines Vaters in Plovdiv geht fast in den turbulenten Vorbereitungen unter.

Am 2. Mai um 5.30 Uhr ist es endlich soweit: Alle 72 Sektionen sind gebündelt, manche über 100 Meter lang, und können in Interrama im Norden der Biscayne Bay zu Wasser getragen werden. Sobald die Sektionen für eine Insel zu einem gemeinsamen Floß zusammengefasst sind, werden sie mit Schleppern zur jeweiligen Insel gezogen. Alle helfen mit, auch Filmer und Fotografen, die Bündel ins Wasser zu tragen, Christo und Jeanne-Claude, beide mit Megafon ausgerüstet, geben die Befehle, damit die Bewegungen der bis zu 100 Träger synchron ablaufen. Als Jeanne-Claude wieder einmal selbst Hand anlegt, bricht sie sich eine Rippe. Gegen Spätnachmittag ist klar, dass wir im Verzug sind, und wir holen von einer Teilzeitagentur zusätzliche Hilfskräfte. Um 1.30 Uhr in der Nacht ist der Marathon-Stapellauf endlich beendet.

An den Inseln werden die Flöße wieder getrennt, und am 3. Mai abends hat jede Insel einen rosaroten Bündelring. Am nächsten Morgen beginnen die Inselmannschaften damit, die Bündel zu öffnen und den Stoff sektionsweise an Land zu ziehen. Die Inseln erblühen in Pink.

Alle Mannschaften versuchen gleichzeitig die riesigen Sektionen mit Zugseilen an Land zu bringen. Am ersten Tag wird nur die kleinste Insel, Nr. 14, ganz fertig. Immer wieder macht starker Wind die Arbeit fast unmöglich. An der Insel Nr. 3 entsteht eine gigantische Stoffblase, der Wind hatte unter das Gewebe gegriffen. Die Situation ist nur zu retten, indem sich die Helfer direkt auf den Stoff werfen.

Christo schreit seine Anweisungen mit Megafon vom Boot aus, und Jeanne-Claude beobachtet den Fortschritt vom Hubschrauber aus. Christo lässt sich auch oft mit einem Mini-Schlauchboot über den Stoff auf eine Insel bringen, um die Moral der »Fabric-puller« zu stärken. Mit wehenden langen schwarzen Haaren und in pitschnassen Hosen spurtet er von einem zum anderen und gibt jedem das Gefühl, dass es nichts Wichtigeres auf der Welt gibt, als genau in diesem Moment kräftig an dem Seil zu ziehen. Er wird von Tag zu Tag heiserer. Cyril vollendet als »Inselkapitän« von Nr. 12 seine Insel am 6. Mai, am Tag danach werden als letzte die Inseln Nr. 9 und Nr. 10 fertig. Die Bucht ist eine Orgie in Pink.

Oben: Biscayne Bay, Florida, 1983; Ted Dougherty, Christo und Jeanne-Claude beim Stapellauf für *Umsäumte Inseln*.
Unten: Biscayne Bay, Florida, 1983; Cyrils Einsatz für das Projekt *Umsäumte Inseln*. (Fotos: Wolfgang Volz)

Aus der Luft erscheinen die Inseln wie umgekehrte Seerosen, das Pink ist außen, das Grün innen. Christo: »Dieses
Projekt sind meine Seerosen von Monet.« *Surrounded Islands*
ist das malerischste Projekt der beiden.

Christo und Jeanne-Claude genießen jeder auf eigene Art
das Projekt. Christo wird tagtäglich von Sidney Chaplin, einem Enkel von Charlie Chaplin, den Jim Fuller aus Tortola
mitgebracht hatte, als Kapitän in einem kleinen Boot um die
Inseln gefahren. Er schaut, kontrolliert und reflektiert. Jeanne-
Claude macht dasselbe, jedoch eher vom Hubschrauber aus,
gleichzeitig kümmert sie sich um die sogenannten Monitore,
die rund um die Uhr in Schlauchbooten um die Inseln pos-
tiert das Kunstwerk bewachen.

Die Filmemacher Albert und David Maysles arbeiten hart
daran, Christo zu überzeugen, dass er die *Surrounded Islands*
auch aus der Luft sehen muss. Bei früheren Projekten hatte
Jeanne-Claude immer darauf bestanden, dass keiner von
ihnen beiden jemals einen Hubschrauber bestieg. Nachdem
sie selbst nun aber das Kunstwerk schon so häufig aus der
Luft gesehen hatte, zwingt sie dieses Mal Christo geradezu
zum Flug. Nach einigem Sträuben steigt er schließlich noch
zögerlich in den Helikopter, Albert filmt und David sitzt hinten. Christo gerät vollkommen aus dem Häuschen, immer
wieder schreit er: »Al, schau doch, schau nur – es ist wunderbar – unglaublich schön, sieh dir das an.« Als er nach dem
Flug aus dem Hubschrauber klettert, fragt Jeanne-Claude,
deren Idee *Surrounded Islands* ja gewesen war: »Und, haben
wir unsere Arbeit gut gemacht für dich?« Worauf er antwortet: »Much beautiful job!« – »Sehr gute Arbeit!« Der kurze
bulgarisch-amerikanische Kommentar zu der Vollendung
eines großartigen, künstlerischen Ereignisses.

Es war ein Projekt mit vielen schönen Aspekten. Schauen
und Fotografieren vom Boot und vom Helikopter, die Sonne,
das Meer, die Farben und das unbeschwerte karibische Leben. Christo erinnert sich: »Bei *Surrounded Islands* waren wir
andauernd nass. Ob wir Sandwiches zu den jungen Leuten
auf den Inseln brachten oder etwas nachmessen mussten,

immer wurde man mindestens bis zur Hüfte nass.« Allerdings haben Christo und Jeanne-Claude wohl einen speziellen Effekt des Projekts vollkommen verpasst: Neun Monate nach Miami kamen ziemlich viele Babys zur Welt. Es war das Projekt, an dessen Rande die meisten »zwischenmenschlichen« Aktivitäten stattfanden. Kein Wunder bei der spärlichen und teilweise sehr knappen Bekleidung der Beteiligten.

Am 17. Mai beginnt der Abbau des Projekts, alle Materialien werden aus der Bucht entfernt. Die Genehmigung für das Projekt erlaubt, dass die Anker im Boden der Bucht bleiben dürfen. Christo fliegt am 23. und Jeanne-Claude am 25. Mai nach New York zurück. Alles war wieder wie vorher, nur in unseren Köpfen ist nichts mehr wie früher. Ein glückliches, einmaliges Erlebnis von Kunst. Sogar dem Seeadler hat die Kunst gut getan: Es hatte sich nämlich herausgestellt, dass er durch das Kunstwerk eher geschützt als gestört war; denn durch die Umgürtung mit schwimmendem Stoff kamen keine Besucher auf die Insel.

Für uns beginnt jetzt schon langsam das Nachspiel. Noch während wir in Miami waren, hatten uns die Organisatoren des *Rencontre International des Photographies* eingeladen, Fotos von *Surrounded Islands* im Sommer in Arles zu zeigen.

Vorher sind die Christos allerdings am 10. Juni 1983 zu Gast bei der Hochzeit von Jeanne-Claudes Schwester Alexandra, die in Paris Daniel Gérard heiratet.

Am 6. Juli 1983 hole ich schließlich Christo und Jeanne-Claude in Holland ab, von wo wir unsere Reise nach Arles beginnen. Alle sind reichlich von dem Projekt erschöpft und der Ansicht, dass sie etwas Besonderes verdient haben. An einer Tankstelle kaufen wir uns einen Guide Michelin und beschließen, Frankreich als Gourmets zu durchqueren. Nur Lokale mit zwei oder drei Sternen kommen in Frage. Jeden Morgen planen wir die nächste Etappe unserer Tour de Gaule. Wir besuchen die Schlösser der Loire und hangeln uns kulinarisch von Stern zu Stern. Jeanne-Claude entpuppt sich natürlich als die perfekte Lehrmeisterin der französischen Küche.

Als wir schließlich den Süden Frankreichs erreichen, sind Christos und mein Magen so verdorben, dass wir weder in der Lage noch bereit sind, irgendetwas und ganz bestimmt nichts Raffiniertes mehr zu uns zu nehmen. Trotzdem genießen wir die Präsentation der Bilder von *Surrounded Islands*, die im nächtlichen, römischen Amphitheater von Arles projiziert werden. Wir werden mit Beifall überschüttet. Auch Bob Rauschenberg befindet sich unter den begeisterten Zuschauern und gratuliert uns.

Unser Ziel ist Venedig und wir überqueren die Grenze nach Italien bei San Remo. Mittags hatten wir das erste Mal wieder Hunger. Dieses italienische Mittagessen war eine wahre Offenbarung – einfache und gesunde Küche. Mit einem Schuss Luxus als krönendem Abschluss. In Genf hatte Jeanne-Claude mir nämlich eine Kiste Davidoff Zigarren geschenkt und damit den Grundstein zu meiner Liebe für gute Zigarren gelegt.

15

Eine Brücke, ein Parlament
und ein Museum

Im August 1983 meldet sich Klaus-Henning Rosen bei Christo und Jeanne-Claude in optimistischer Stimmung: Er hatte von seinem Kollegen und Nachbarn Harald Seidel, dem Büroleiter von Barzel, gehört, dass der neue Bundestagspräsident Rainer Barzel das Reichtagsprojekt tatsächlich »interessant und gut findet«. Die neue Hoffnung ermutigt die Christos, um einen Termin bei Barzel zu bitten. Es wird der 6. Oktober 1983 vereinbart. Schnell stellt sich allerdings heraus, dass ein solches Zusammentreffen an der Nervosität Bonns wegen des Projekts scheitert. Allein dass einige Leute den Brief von den beiden an Barzel gesehen haben, löst so viele Spekulationen aus, dass der Termin abgesagt wird. Als Alternative bietet sich ein gesellschaftliches Zusammentreffen: ein Essen im Hause von Winnie und Otto Wolff von Amerongen, Freunde der Christos und des Projekts. Der Termin kommt erst im Februar des folgenden Jahres zustande, und bis dahin wird viel über den Reichstag nachgedacht und viel geredet. Christo arbeitet in seinem Studio wieder an Originalarbeiten zum Reichstag.

Am 22. Januar 1984 besucht Harald Seidel, der mit Rainer Barzel zusammen in New York ist, die Christos in der Howard Street. Der Bundestagspräsident selbst hat leider keine Zeit. Herr Seidel ist beeindruckt von der Art und Weise, wie Christo und Jeanne-Claude leben und wie intensiv sie ihm das Reichstagsprojekt beschreiben. Zwei Tage später meldet sich Michael Otto, ebenfalls Freund und Mitglied des Kuratoriums, aus Hamburg und berichtet, er sei mit Barzel schon seit langer Zeit befreundet und habe den

Eindruck, dass noch in diesem Jahr eine Genehmigung erteilt werden könne.

Am 21. Februar 1984 schließlich sind wir alle bei Winnie und Otto Wolff von Amerongen in Köln. Unter den Gästen sind Rainer Barzel, Wilhelm A. Kewenig, Dr. Arend Oetker, Dr. Michael Otto, alle in Begleitung ihrer Frauen, außerdem der Hamburger Rechtsanwalt Dr. Heinrich Senfft, der Generaldirektor der Kölner Museen Hugo Borger, Michael Cullen, Karl Ruhrberg und Peter Graf und Marie-Christine Gräfin von Wolff Metternich, zusammen 21 Personen. Von den Anwesenden sind außer den Gastgebern Gräfin Wolff Metternich, Arend Oetker, Michael Otto, Heinrich Senfft und Karl Ruhrberg alle Mitglieder des Kuratoriums für das Reichstagsprojekt, das 1978 zusammen mit Dr. Ernst Hauswedell, Dr. Gerd Bucerius, Prof. Dr. Tilmann Buddensieg, Prof. Dr. Reimar Lüst, Dr. Wieland Schmied und Prof. Dr. Carl Vogel gegründet worden war. Dieses Kuratorium war in den vergangenen Jahren allerdings nur sporadisch tätig gewesen.

Obwohl das Abendessen mit so vielen Menschen durchaus offiziellen Charakter hat, bittet Rainer Barzel um Diskretion und erlaubt nicht, dass fotografiert wird. Nach dem Essen verschwinden Christo und Jeanne-Claude zusammen mit Herrn Barzel für zwei Stunden in ein anderes Zimmer, »to talk about the facts«.

Eine Realisierung im Herbst 1985 scheint möglich, allerdings hofft Rainer Barzel, die Genehmigung bis nach den Berliner Wahlen im März 1985 geheim zu halten. Christo ist über die Geheimniskrämerei nicht glücklich und bittet um mindestens zwölf Monate Vorlaufzeit zwischen Genehmigung und Realisierung.

In den folgenden Tagen besuchen die Christos Bundestagsvizepräsidentin Annemarie Renger und Willy Brandt in Bonn, den Senator für kulturelle Angelegenheiten Volker Hassemer in Berlin und Françoise de Panafieu, rechte Hand von Jacques Chirac, in Paris und sind schließlich am 27. Februar 1984 beim Bürgermeister von Barcelona, Pascual Marragall. Von ihm erhalten sie die schon 1975 erbetene Erlaubnis, das Monument für Christoph Kolumbus am Hafen von Barcelona zu verhüllen. Doch einige Monate später teilen die Christos dem Bürgermeister mit, dass sie dankend verzichten. Es war inzwischen einfach zu viel Zeit vergangen, und die beiden hatten das Interesse an dem Projekt verloren.

Anfang März stellen wir die Dokumentationsausstellung zu *Surrounded Islands* für die Nationalgalerie in Berlin zusammen. Die Originalarbeiten hat Christo speziell für diese Ausstellung aufgehoben, die Originaldokumente werden ausgewählt, und die schwere Entscheidung wird getroffen, welche Fotos Teil der Ausstellung werden sollen. Einige Male besuche ich zusammen mit Christo den Morgan Manhattan Storage, ein Lagerhaus auf der Upper East Side, wo die Zeichnungen und Collagen zusammen mit meinen Dias feuerfest gelagert sind. Dunkle Gänge mit unzähligen Stahltüren, die perfekte Kulisse für einen Gruselfilm.

Der 14. März 1984 ist ein besonderer Tag: Jeanne-Claude wird amerikanische Staatsbürgerin, Christo war bereits seit 1973 Amerikaner. Jeanne-Claude darf aber auch weiterhin ihren französischen Pass behalten.

Am 22. März 1984 sagt mir Klaus-Henning Rosen am Telefon, dass Herrn Seidel zufolge Rainer Barzel im September 1984 die Genehmigung erteilen werde, den Reichstag im darauffolgenden Jahr zu verhüllen. Große Freude kommt auf, obwohl niemand so richtig weiß, wie das zusammen mit der Verhüllung des Pont Neuf, die ja auch für 1985 geplant ist, funktionieren soll.

Am Tag nach Christos und Jeanne-Claudes neunundvierzigstem Geburtstag, dem 13. Juni 1984, wird das Architekturmuseum Basel eröffnet. Die Fußböden von vier Stockwerken des kleinen Museums sind mit »Dropped Cloth« bedeckt, und die Fensterscheiben mit gelblichem Packpapier zugeklebt. Das dadurch gefilterte Tageslicht lässt die skulpturartigen Stockwerke honigfarben erstrahlen. Die Besucher gehen vorsichtig und andächtig durch das sonst leere Museum.

In Berlin installieren Tom Golden, Harrison Rivera-Ter-

Westport, Connecticut, 1984: Jeanne-Claude, Burt Chernow und Christo
(Foto: Ann Chernow)

reaux, Josy Kraft, Christo, Jeanne-Claude und ich in der
Neuen Nationalgalerie die Dokumentationsausstellung zu
Surrounded Islands, die am 8. Juli 1984 von dem neuen Regierenden Bürgermeister Berlins, Eberhard Diepgen, eröffnet wird. Er spricht begeistert von den umgürteten Inseln,
vermeidet es aber geschickt, zur Verhüllung des Reichstags
Stellung zu nehmen. Am folgenden Tag wird uns durch Vermittlung von Annemarie Renger zum ersten Mal erlaubt, das
Innere des Reichstagsgebäudes zu besichtigen. Nach einem
Zwischenstopp zur Ausstellungseröffnung in der Galerie Annely Juda in London kehrten Christo und Jeanne-Claude
nach New York zurück. Mitten in die Beschäftigung mit den
großen Kunstprojekten schieben sich aber manchmal auch
die kleinen Probleme des Alltags. Am 6. August 1984 entdeckt Jeanne-Claude zu Hause eine Kakerlake und ruft sofort den Kammerjäger. Er kommt ob der Dringlichkeit des
Falls ausgesprochen schnell. Als er erfährt, dass die »Epide-
mie« aus einer einzigen Cucaracha besteht, ist er schockiert.

Der Fall ist schnell erledigt, dem Unheil Einhalt geboten und Howard Street wieder sicher.

Nach neun Jahren Verhandlungen und endlosen Abendessen in Paris unterschreibt Jacques Chirac als Bürgermeister von Paris am 27. August 1984 einen Brief an Christo und Jeanne-Claude, in dem er die Verhüllung des Pont Neuf erlaubt.

Im September erhält Michael Cullen die Pläne vom Reichstag und gibt sie sofort an die Künstler weiter. Das Dach des Reichstags wird abermals inspiziert. Wir lernen seine recht provisorische Unterkonstruktion detailliert kennen, und ich darf sie auch fotografieren. Diese Kenntnis erlaubt es uns später, konkret über die Möglichkeiten der Verwirklichung des Kunstwerks nachzudenken.

Am 23. Oktober 1984 rufe ich Jeanne-Claude an und teile ihr den bevorstehenden Rücktritt Rainer Barzels mit. Dr. Philipp Jenninger wird neuer Bundestagspräsident und tritt am 5. November 1984 sein Amt an. Zu der Enttäuschung über den verlorenen Freund des Projekts gesellt sich allerdings auch das beruhigende Gefühl, dass man sich jetzt ganz auf das *Pont-Neuf*-Projekt konzentrieren kann.

16

Neidvolles Paris

Ende Oktober 1984 muss entschieden werden, wer Bauunternehmer für *Pont Neuf* werden soll. Sechs Firmen kommen in die engere Auswahl.

Ein Modell der Brücke, exakt nachgebaut, wird verhüllt, und wir prüfen es auf Herz und Nieren – eine Methode, die sich bei allen folgenden Projekten bewährt, besonders beim Reichstag. Zuschnitte vom Modell werden zu Ted nach Colorado geschickt, damit er daran weiterarbeiten kann.

Johannes Schaub, Projektleiter für *Pont Neuf*, bittet seinen Mitarbeiter Antonio Pagnotta, nach einer kleinen Brücke in der weiteren Umgebung zu suchen, die für einen diskreten Test genutzt werden kann. Am 10. Dezember 1984 machen wir in einem Bus die Runde und schauen uns drei in Frage kommende Brücken an. Nur eine Firma, die auf Denkmalpflege spezialisiert ist, darf Arbeiten an der Brücke vornehmen. Damit sind die Künstler in ihrer Entscheidung ziemlich festgelegt.

Am 6. Dezember 1984 fällt die Wahl auf die französische Firma Les Charpentiers de Paris als Bauunternehmer für die Verhüllung des Pont Neuf.

Der Verleger Gerd Bucerius hatte in der Zwischenzeit mit Philipp Jenninger korrespondiert, und am 18. Dezember liest Heinrich Senfft Christo und Jeanne-Claude am Telefon die Antwort Jenningers vor. Er ist, wie vor ihm Richard Stücklen, dagegen. Jeanne-Claude bittet Jürgen Sawade sofort, alle Arbeiten in Berlin bis auf weiteres zu stoppen.

Nach intensiver Suche für ein geeignetes Gewebe, um den Pont Neuf zu verhüllen, landen wir am Schluss wieder bei der Firma Adolff, die auch den Stoff für *Surrounded Islands* geliefert hatte. Wir bestellen das Gewebe für den Test, der an der Brücke von Grez-sur-Loing stattfinden sollte.

Am 25. Dezember 1984 kommt Jeanne-Claudes Vater Jacques de Guillebon in die Klinik und wird am folgenden Tag operiert. Er hatte eine entscheidende Rolle in den Pariser Winkelzügen gespielt und erheblich dazu beigetragen, dass Chirac schließlich die Genehmigung erteilte. Das Resultat seiner Bemühungen konnte er sich nicht mehr ansehen. Ende Februar wurde Jacques de Guillebon in Essertaux im Familiengrab beigesetzt. Zu seinen Ehren wurde im Invalidendom in Paris eine feierliche Messe mit hohen militä-

Paris, August 1994: Jeanne-Claudes Mutter, Précilda de Guillebon, mit ihren Kindern und Enkeln bei der Einweihung des Straßenschildes zu Ehren ihres verstorbenen Ehemannes General Jacques de Guillebon: »Chef d'escadron de Guillebon, 1909–1985, Verfasser der Kapitulationsurkunde von Paris, unterzeichnet von General von Choltitz am 25. August 1944.« (Foto: Wolfgang Volz)

rischen Ehren zelebriert. 1994 wurde in Paris eine Allee nach ihm benannt.

In der Hamburger Kunsthalle wird im Februar 1985 die Ausstellung über *Surrounded Islands* aufgebaut. Eines Abends im Hotel bitten Christo und Jeanne-Claude Josy, Harrison, Tom und mich in ihr Zimmer und machen es ganz geheimnisvoll. Christo nestelt eine rote Dokumentenmappe auf und zieht zwei kleine Reproduktionen von Bleistiftzeichnungen hervor. »Das ist das neue Projekt. Ein Projekt in zwei Teilen, für Japan und für die USA, gleichzeitig. Tausende von Schirmen in der Landschaft – left and right – *The Umbrellas*.« Wir sind begeistert und fühlen uns geehrt, dass wir von Christo und Jeanne-Claude in dieses Geheimnis eingeweiht werden.

Bei allen Bemühungen um die Ausstellung *Surrounded Islands* und um *Umbrellas* sind wir in Gedanken doch ganz bei *Pont Neuf*. Christo und Jeanne-Claude haben alle Freunde zum Test nach Grez-sur-Loing eingeladen, die Ingenieure Mitko Zagoroff, John Thomson, Vahe Aprahamian und Ted Dougherty; die restliche Arbeitsgruppe setzte sich zusammen aus Johannes Schaub und Antonio Pagnotta, Jeanne-Claudes Assistentin Susan Astwood, Tom Golden, Harrison Rivera-Terreaux und Cyril. Außerdem die Leute von den Firmen Les Charpentiers als Baufirma und den Subunternehmen Steinmetz S. A. Quélin, die Seilerei Clément, die Näherei Société Réro, die Baumpfleger von Fôrets de l'Ile de France und eine Gruppe alpiner Kletterer von La Compagnie des Guides de Chamonix. Es war Jeanne-Claudes Vorschlag gewesen, diese beiden Gruppen von Kletterern einzuladen, da sie sich an den erfolgreichen Einsatz von Kletterern bei der *Wrapped Coast* in Australien erinnerte.

Es ist bitterkalt in Grez-sur-Loing, als Christo und Jeanne-Claude, vermummt in Daunenmäntel und Pelzmützen, die Arbeiter beobachten, während sie versuchen herauszufinden, wie man eine Brücke verhüllt. Auch bei dieser Brücke gilt als oberstes Gebot, dass sie als historisches Monument geschützt werden muss. Holzbeplankungen und gummigepufferte Stahlstreben dienten als Schutz und werden auch als Befestigungspunkte genutzt.

Man lernt viele Methoden kennen, die definitiv nicht funktionieren, und über das Probieren findet man schließlich so ungefähr den richtigen Weg. Dieser und ein zweiter Test im März 1985 führen dazu, dass die Methode für *Pont Neuf* festgelegt werden kann. Bei diesem Test bestimmen die Christos alle Qualitätsmerkmale für den Stoff. Ein Polyamidgewebe in seiner weichen fließenden Art schien sehr passend für die Brücke. Die Farbe, die dem Sandstein der Brücke am nächsten kam – dem Pierre de L'Ile de France –, gefiel den beiden am besten. Zusammen mit der reflektierenden Eigenschaft des Stoffes war dann die Farbe so variabel, dass sie mit Champagner, Bambus und Gold verglichen wurde. Von allen Anbietern wird wieder die Firma Adolff in Backnang bei Stuttgart ausgewählt.

Dann kommt der Schlag: Am 7. März 1985 will Bürgermeister Chirac vollkommen unerwartet seine Genehmigung zurückziehen. Jeanne-Claude ist zufällig in Paris, um die Mehrwertsteuerfrage für den importierten Stoff zu klären. Sie schreibt einen Brief an den Bürgermeister und bringt ihn selbst ins Rathaus. Am 20. März trifft sich Jeanne-Claude zum Mittagessen mit Françoise de Panafieu, die bestätigt, dass Chirac die Genehmigung verweigern will. *Pont Neuf* müsse abgesagt werden, da die Verhüllung dem Image des Bürgermeisters schade. Jeanne-Claude: »Das bedeutet Krieg.« Die oberste Polizeibehörde benachrichtigt die Charpentiers de Paris, dass keine Genehmigung für die Verhüllung erteilt werden wird.

Die Künstler entscheiden sich fürs Weitermachen und beschäftigen sich damit, welchen Durchmesser und welche Farbe die Seile für die Verhüllung haben sollen. Zwei Zentimeter Durchmesser werden festgelegt. Gérard Moulin von Charpentiers de Paris gibt die Gesamtmenge für das Gewebe durch und bestellt 40000 Quadratmeter schwer entflammbares Polyamidgewebe bei der Firma Adolff.

Inzwischen beginnt parallel im April 1985 die Suche nach

einem geeigneten Tal für *Umbrellas* in Japan. Zusammen mit Henry Scott-Stokes, einem ehemaligen Korrespondenten der *New York Times* in Tokyo, reisen Christo und Jeanne-Claude quer durch Japan und besuchen Täler und auch Museen: Kyushu, Fukuoka, Kyoto, Shiga, Toyama, Niigata, Karuisawa, die Fukushima Präfektur und Kobe.

Am 13. Juni 1985 werden Christo und Jeanne-Claude zusammen 100 Jahre alt. Alle Welt gratuliert den beiden.

In dem Adolff-Werk Dietenheim auf der Schwäbischen Alb beginnt man damit, den Stoff zu weben, zu färben und feuersicher auszurüsten. Am 21. Juni werden die ersten 5000 Quadratmeter bei der Näherei Latim Industries in Armentières in Frankreich nahe der belgischen Grenze ausgeliefert. All die schönen alten Pläne von *Pont Neuf* waren nicht so exakt, dass die Firma Rero die Schnittmuster danach hätte herstellen können, deswegen muss die Brücke neu vermessen werden.

Der Kampf um die Erlaubnis ist noch nicht zu Ende. Am 25. Juli 1985 erhalten die Christos und Johannes Schaub von Louis Schweitzer, dem Bürochef von Premierminister Laurent Fabius, die Nachricht, dass der Innenminister Pierre Joxe direkte Order von Präsident François Mitterrand erhalten habe, dem Chef der Polizei aufzutragen, die offizielle Genehmigung auszustellen. Christo und Jeanne-Claude bedanken sich bei Kultusminister Jack Lang persönlich für dessen erfolgreiche Intervention. Da der Bürgermeister nicht mit einer Genehmigung der Polizei gerechnet hatte, hatte er seine eigene Erlaubnis nie offiziell zurückgezogen. In Frankreich haben die Ferien bereits begonnen, zudem ist Wochenende, so dass das Büro des Bürgermeisters am Montag vor vollendete Tatsachen gestellt war. Hätte der Bürgermeister jetzt noch einen Rückzieher gemacht, wäre ihm eine sehr schlechte Presse sicher gewesen. Am 25. August 1985 beginnen die Arbeiten an der Brücke mit dem Anbringen der Stahlkabel, der Stahlelemente und Ketten unter Wasser rund um die Brückenpfeiler. Bis Mitte September werden alle Schutz- und Befestigungselemente an der Brücke angebracht, ohne dass auch nur eine Schraube oder ein Nagel in die Brücke eindringt. Alles wird mit Gummilagern an der Brücke angeklemmt, wie es die Vorschriften beim Umgang mit historischen Monumenten verlangen. Unter der Aufsicht von Jeanne-Claude waren inzwischen 660 so genannte Monitore eingestellt worden, die das Kunstwerk in den kommenden Wochen rund um die Uhr bewachen und den Besuchern das Werk erklären sollen. Christo und Jeanne-Claude, beide in Schwimmwesten, versuchen die Arbeiten bis ins letzte Detail zu überwachen, um bei Bedarf sofort eingreifen zu können. Das Ballett der Kletterer zusammen mit den Mannschaften von Les Charpentiers, die das seidig glänzende Gewebe um die Brücke hüllen, begeistert ganz Paris.

Allerdings vernichtet die Tatsache, dass in drei Schichten gearbeitet wurde, jegliche Hoffnung auf Schlaf. Dies gilt auch für mich als begleitenden Fotografen. Das Motto lautet eigentlich bei allen Projekten: »Schlafen kann man danach.«

Wenn später jemand die beiden fragte, welches wohl das schwierigste Projekt von allen war, antworteten sie immer: »Das war eindeutig das *Pont-Neuf*-Projekt. Niemals vergesse ich die Angst, es war so frustrierend. Selbst im Juli 1985 hatten wir noch immer keine Genehmigung, aber schon Unmengen von Geld ausgegeben.« Christo: »Ich war schon vor Jeanne-Claude nach Paris gekommen und wurde gleich von Johannes Schaub zu einem Briefing mit der Polizei mitgenommen. Als ich alle so ernst über die Pläne reden hörte, wurde mir erst richtig klar, dass das Projekt jetzt wirklich stattfand, bis zu diesem Zeitpunkt war es für mich noch vollkommen unreal gewesen.«

Amüsanterweise traf das offizielle Genehmigungsschreiben der Polizei am 16. September 1985 ein, als bereits der erste Brückenbogen verhüllt war.

Die Künstler in einem Pressetext über das Projekt: »Unter Henri II. begonnen, wurde der Pont Neuf im Juli 1606 unter der Regierung Henri IV. fertiggestellt. Bis heute bietet keine andere Brücke in Paris eine solche topografische und visuelle Vielfalt. Von 1578 bis 1890 unterlag der Pont Neuf kon-

tinuierlichen Wechseln, und er erhielt sehr ausgefallenes
Beiwerk, wie zum Beispiel Läden auf der Brücke unter
Soufflot. Oder der Bau, Abriss, Wiederaufbau und nochma-
lige Abriss der massiven Rokokostrukturen, die die Wasser-
pumpe des Samaritaine-Kaufhauses beherbergten. Die Verhüllung des Pont Neuf setzt diese Tradition der sukzessiven
Metamorphose durch eine neue skulpturale Dimension fort
und verwandelt ihn für 14 Tage in ein Kunstwerk. Seile drücken das Gewebe dicht an die Oberfläche der Brücke, so dass
die wesentlichen Umrisse erhalten bleiben. Durch die Beto-
nung der Proportionen und Details wird die Silhouette des
Pont Neuf, der seit über zweitausend Jahren das rechte und
das linke Ufer mit der Ile de la Cité, dem Herzen der Stadt,
verbindet, besonders herausgehoben.«

Während der ganzen Zeit der Verhüllung bis zum Abbau
ging der Verkehr über die Brücke wie auch auf dem Fluss
seinen gewohnten Gang.

Nachdem auch die 13 000 Meter Seil angebracht sind, verhüllt Christo selbst die 44 Straßenlaternen auf und an der

Paris 1985: Jeanne-Claude und Christo vor *Verhüllter Pont Neuf*.
(Foto: Wolfgang Volz)

Brücke; Harrison Rivera-Terreaux, Tom Golden und Simon Chaput, sonst mit den Monitoren beschäftigt, dürfen ihm dabei helfen, eine große Ehre für die drei. Am 22. September 1985 um 16 Uhr ist das Werk vollendet. Bürgermeister Chirac wird von Christo und Jeanne-Claude über die Brücke geführt; er lässt sich mit Vergnügen von der Weltpresse fotografieren und meint, er könne gar nicht verstehen, warum einige seiner Mitarbeiter so sehr gegen das Projekt gewesen seien.

Zwei durchweg sonnige Wochen lang ist der Pont Neuf eine sanfte Skulptur und gleichzeitig immer noch eine Brücke. Zahlreiche Besucher genießen das Zusammenspiel der Metropole mit der Kunst. Auf dem Kunstwerk feiern die Pariser kulinarische Feste, es wird geküsst, flaniert, fotografiert, geschlafen, geredet und geredet, Menuetts werden aufgeführt, unter der Brücke logieren weiter die Clochards. Dutzende von Künstlern skizzieren, malen, zeichnen ihre eigenen Eindrücke der verhüllten Brücke. Insgesamt sehen den *Pont Neuf Wrapped* drei Millionen Besucher.

Christo und Jeanne-Claude empfangen Gäste aus der ganzen Welt in *La Cantine*, dem Projekt-Restaurant auf einem Frachtkahn, der in der Nähe der Brücke vor Anker liegt. Besonders wichtigen Gästen führen die beiden das Kunstwerk mit dem kleinen Schlepper *Courlis* von allen Seiten vom Wasser aus vor. Auf dem Boot sind sie auch ein wenig von der Öffentlichkeit abgeschirmt.

Jeanne-Claude: »Wir waren uns nicht darüber im Klaren gewesen, dass die Farbe des Gewebes so viele Varianten aufweisen würde. Die Farben waren einfach unglaublich, am Morgen diese strohige Qualität und spät am Nachmittag dieses reichhaltige Gold.« Christo: »Die Farbe war eine vollkommene Überraschung, und dann noch die leuchtenden Nähte in den Brückenbögen. Wir hatten ja versucht, die Bögen irgendwie mit Energie zu füllen, und jetzt hatten wir diese Lichtstrahlen an den Nähten entlang – phantastisch.«

Auch aus Deutschland treffen prominente Besucher ein, u. a. Wilhelm Kewenig und Kultursenator Volker Hassemer.

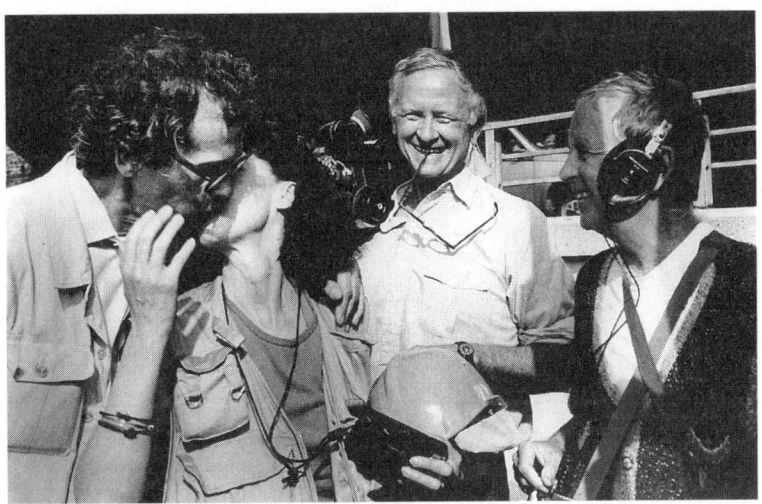

Paris, September 1985: Auf dem Arbeitsschiff während der Verhüllung von Pont Neuf. Christo, Jeanne-Claude und die Brüder Albert und David Maysles. (Foto: Wolfgang Volz)

Man spricht darüber, wie man das weltweit positive Echo auf *Pont Neuf Wrapped* nutzen kann, um den Enthusiasmus auf die deutschen Politiker zu übertragen. Der Erfolg in Paris reicht aber nur dazu, die Diskussion über das Reichstagsprojekt neu zu entfachen, allerdings ohne neue Perspektiven.

Am Nachmittag des 20. Dezember 1985 besuchen Christo und Jeanne-Claude während eines mehrtägigen Aufenthalts in Berlin zusammen mit Marie-Christine Gräfin von Wolff Metternich Johannes Otto, den Chefredakteur der *Berliner Morgenpost*. Dieser ist bekanntermaßen vehement gegen das Projekt eingestellt, und die Stimmung ist entsprechend. Auch Christo reagiert aggressiv, und als Herr Otto die Gräfin Wolff Metternich fragt, wie sie denn mit solchen Menschen unterwegs sein könne, verlassen wir das Büro. Auch bei einem ersten Zusammentreffen mit dem neuen Regierenden Bürgermeister Eberhard Diepgen kommt nicht viel Hoffnung auf. Die Begegnung erinnert eher an ein konspiratives Treffen, Herr Diepgen scheut jegliche Öffentlichkeit, wes-

halb das Treffen nicht in seinem Büro, sondern im Senats-
gästehaus in Grunewald stattfindet. Er will auf keinen Fall,
dass fotografiert wird. Der einzige Lichtblick besteht darin,
dass wir den Berliner Geschäftsmann Roland Specker kennen lernen, der einen Verein »Berliner für den Reichstag«
gründen will. Innerhalb der nächsten Jahre sammelt er
70 000 Unterschriften für die Verhüllung.

17

Der Weg zu den Schirmen

Seit 1971 kenne ich Christo und Jeanne-Claude, und in der ganzen Zeit probierten die beiden nur zwei Mal, Urlaub zu machen. Jeanne-Claude: »Wir brauchen keinen Urlaub von unserer Arbeit zu machen, unsere Arbeit ist unser Leben.« Doch am 2. Januar 1986 unternahm Jeanne-Claude einen neuen Versuch, Pause zu machen. Erschöpft von dem *Pont-Neuf*-Projekt sagte sie zu Christo: »Ich möchte einen Monat frei haben, ich brauche das für meinen Verstand, es ist wirklich zu viel. Ich werde einen Monat einer guten Sache spenden.« Sie rief zahlreiche Wohltätigkeitsorganisationen an und stellte ihre Dienste zur Verfügung. »Ich kann alles machen, ich kann kranken Menschen die Füße waschen, ich kann putzen, Buchhaltung machen, Wäsche waschen oder ein Büro leiten – alles, was Sie wollen. Ich kann Ihnen einen Monat geben.« Die Antwort war überall die gleiche: »Das geht nur für mindestens zwei Jahre.« Sie bot sogar an, ihre Reisen und ihr Essen aus eigener Tasche zu bezahlen. »Niemand wollte mich.« Darauf rief sie die Sonnabends in Florida an, Freunde, Sammler und Hotelbesitzer, ob sie eins ihrer Hotels empfehlen könnten, das auch Fitness-Einrichtungen hat. Sie wollte wenigstens ihren Körper wieder auf Vordermann bringen. Als Tausch gegen eine Collage verbrachte Jeanne-Claude dann allein einen Urlaub auf St. Bart in der Nähe der Bahamas, Christo besuchte sie an den Wochenenden.

Jeanne-Claude wartete immer am Flughafen auf ihn. »Es war wohl an einem Freitagabend oder Samstagmorgen. Ich hatte keinen Lippenstift mehr. Ich bin in eine der Boutiquen gegangen und habe mir die Farben angeschaut. Ich sagte:

›Das ist eine schöne Farbe.‹ Die Verkäuferin: ›Ja, aber die ist
für eine Rothaarige, sie haben keine roten Haare.‹ Da hatte
sie recht. Als Christo ankam, fragte ich ihn, was er von roten
Haaren halten würde. Ich hatte bereits längere Zeit die ersten weißen Haare einfach ausgezupft. Das kann man aber
nicht ewig machen. Christo meinte: ›Rot? Ja, das ist eine gute
Idee, aber ich darf das Rot auswählen.‹ Ich stimmte natürlich
zu. Beim Friseur probierten wir mit meinem Haar verschiedene Rottöne. Christo: ›Dieses Rot ist es.‹ Und noch am selben Abend war ich rot. Und bin es seit diesem Zeitpunkt.
Christos Haare waren damals bereits weiß. Eigentlich zu
weiß für sein Alter, aber das liegt in der Familie. Ich fragte
ihn, ob ich ihm seine Haare färben sollte. Vollkommen ent-
rüstet lehnte er ab.«

Im Frühjahr 1986 kommt Henry Scott-Stokes nach New
York, um über die Strategie für *Umbrellas* zu sprechen. Für
zehn Tage im April reisen Christo und Jeanne-Claude mit
ihm wieder durch Japan auf der Suche nach einem geeigneten Tal. Während dieser Reise akzeptiert Henry den Posten
als Projektdirektor für die japanische Seite. Nachdem Berge
von Landkarten in Kanda-jinbocho in Tokio eingekauft sind,
geht die 3718 Kilometer lange Rundreise los. Kasumigaura-
see, Hitachiota, Nakasato, Makinohara, Mie-Präfektur, Nara,
Awajishima, Aihara, Hyogo-Präfektur, Kanzaki, Tango-Halb-
insel, Lake Biwa, Satonomiya, Jinba, Higashigodo. Auf dieser
Reise verliebt sich Jeanne-Claude in Jinba, den kleinen Ort
in der Präfektur Ibaraki, den sie ihr privates Shangrila nennt.
Inzwischen ist die Farbe der Schirme festgelegt, Blau für Japan und Gelb für Kalifornien. Blau, wie das viele Wasser in
Japan und als Kontrast zu dem üppigen Grün dort. Gelb, wie
die Sonne in Kalifornien und die Trockenheit, die durch sie
entsteht.

Christo und Jeanne-Claude reisen im Juli 1986 zusammen
mit Thomas R. Golden für neun Tage in Kalifornien umher,
um das amerikanische Gegenstück zu finden. Oak Canyon,
Coto de Casa, San John's Canyon, Wilson Valley, Oak Grove,
Julian, Escondido, Viejas Grade, Lyons Valley Road, Gilman

Springs Road, Peace Valley, Quail Lake, Lake Isabella, Caliente, Exeter, Springville, King City, Coalinga, Grapevine Peaks. Jeanne-Claude entscheidet sich für Grapevine. 5129 Kilometer liegen hinter ihnen, und Tom Golden wird Projektdirektor auf der amerikanischen Seite. Auf diesen Reisen sitzen die beiden hinten im Auto, Christo starrt in die Landkarten und Jeanne-Claude aus dem Fenster. Christo versucht, die Landformation nach der Karte zu erfühlen, und Tom fährt sie hin. Oft ist der Blick aus dem Fenster dann eine Enttäuschung. Verspricht die Landschaft etwas, macht Jeanne-Claude einige Fotos. Andauernd wird gewertet und abgewogen, was wohl besser geeignet sei.

Der August 1986 ist fast wie jeder August im Leben von Christo und Jeanne-Claude. Der tägliche Ablauf an der Howard Street ist stets der gleiche. Der Unterschied besteht in der Gestaltung des Abends. Kino ist angesagt. Jeder, der gerade zufällig anwesend ist, wird mitgeschleppt. Man fährt mit dem Taxi oder der U-Bahn ins Viertel mit den meisten Kinos und nimmt, was kommt. Die Christos sehen sich im August jeden Abend einen oder mehrere Filme an. Am liebsten etwas Lustiges. Jeanne-Claude lacht dann so laut, dass man besser etwas Abstand hält. Beide lachen überhaupt sehr gerne und glauben fest daran, dass Lachen gesund ist oder macht. Da ist sicher was dran. Im August 1986, als kein Projekt in der direkten Vorbereitung steht, ist man besonders unbeschwert und gut gelaunt.

Am 21. August 1986 sind beide zusammen mit Arnold Schwarzenegger in Köln bei Alfred Biolek in der Talkshow »Mensch Meier«. Tribut ans Reichstagsprojekt. In der letzten Augustwoche bauen wir, organisiert von Josy Kraft, dem Ausstellungskurator der Christos aus Basel im Kölner Kunstverein eine Mastaba aus 1000 rot-gelben Ölfässern. Meine erste Erfahrung mit dem »Medium« Fass. Sylvie Schmidt, meine neue Lebensgefährtin, hilft uns.

Am 21. September 1986 besucht Eberhard Diepgen die Christos in der Howard Street. Er sieht das Studio, und man

gewinnt den Eindruck, dass er sich mit dem Reichstagsprojekt anfreunden könnte. Allerdings hütet er sich, das deutlich auszusprechen. Christo gibt ihm zu verstehen, dass eine
klare Aussage nötig sei, da sie sich sonst ganz auf das neue
Projekt, die *Umbrellas*, konzentrieren würden.

So entwickelt es sich dann auch, als die beiden nach einer
Ausstellungseröffnung in der Satani-Galerie in Tokyo über
den *Verhüllten Reichstag* zu einer neuen Rundreise durch Japan starten. Dieses Mal geht es bereits darum, sich auf einen
Ort festzulegen. Das Team ist stark angewachsen, außer den
Christos und Henry sind noch mit von der Partie: Tom Golden, Masa Yanagi, Harriet Irgang, Simon Chaput, Sylvie
Schmidt und ich. Für neun Tage sehen wir uns die Auswahl
an sowie einige neue Orte. Wir wandern durch die gerade
abgeernteten Reisfelder mit Bambusstangen in der geplanten Höhe der *Umbrellas*. Ich fotografiere zur späteren Aus-
wertung Simon oder Masa, die mit einer Bambusstange im
Reisfeld stehen, und jeweils einen Schirm darstellen sollen,
Christo wird diese Bilder als Grundlage für seine Collagen
und Zeichnungen verwenden. Nach 3000 Kilometern setzt
sich bei dem Team das Gefühl durch, dass die Strecke von
Hitachiota bis Jinba in der Präfektur Ibaraki viel für sich hat.
Jeanne-Claudes erste Wahl gewinnt weiter an Gewicht.

Zurück in Berlin stellen Christo und Jeanne-Claude am
22. November 1986 in der Neuen Nationalgalerie das neue
große Reichstagsmodell vor. Roland Specker sammelt mit
seinem Verein und den bezahlten Helfern weiterhin Unterschriften für das Projekt. Es wird darüber diskutiert, ohne
neue Ergebnisse. Philipp Jenninger bleibt bei seiner negativen Einstellung.

Das erste Modell des *Verhüllten Reichstags* war an das Te-
heran Museum im Iran verkauft worden. Nachdem das Kunstwerk dort eingetroffen war, wollten die Angestellten des
Museums für den Kurator schon etwas Vorarbeit leisten und
packten die Skulptur komplett aus. Als die Zerstörung bemerkt wurde, war es natürlich längst zu spät, das Kunstwerk
war vernichtet. Durch die folgenden politischen Veränderun-

gen im Iran sind die Fragmente seither leider verschollen. Bekannt ist nur, dass eine Restaurierung versucht, aber nie vollendet wurde. Solche unbeabsichtigten Zerstörungen waren schon öfter vorgekommen. Als zum Beispiel ein Modell des verhüllten Teatro Nuovo in Spoleto an die Aronowitsch-Galerie in Stockholm geschickt wurde, entfernten Zollbeamte bei der Kontrolle an der Grenze die Verhüllung. Bis heute wurde diese Skulptur nicht repariert.

Im Künstlerhaus in München sollte die Arbeit *Verpackter Kinderwagen auf einem Dachträger* ausgestellt werden. Als Christo dort zur Installation eintrifft, haben die Museumsarbeiter den Kinderwagen bereits ausgepackt und alle Einzelteile der Arbeit fein säuberlich am Boden ausgelegt mit dem Kommentar: »Jetzt können Sie mit der Arbeit beginnen.«

Einer dieser Fälle wurde Christo und Jeanne-Claude erst Jahre später bekannt, als Freunde von der Installation in der Feigen-Galerie in Chicago erzählten. Die beiden hatten an die Galerie für eine Ausstellung einen verhüllten Hydranten mit Zuflussrohr geschickt. Die Galerie entfernte die Umhüllung und stellte den nackten Hydranten als »Christo-Skulptur« aus.

Zu Nikolaus besucht Issey Miyake die Howard Street. Der langjährige Freund bringt neue Kleider für Jeanne-Claude. Die Künstler und der Modedesigner tauschen schon seit vielen Jahren ihre Arbeiten aus. Zumindest zu offiziellen Anlässen, aber auch oft auf Reisen, tragen Jeanne-Claude und häufig auch Christo Creationen von Issey.

Am 3. Januar 1987 trennt der plötzliche Tod von David Maysles das Filmteam Maysles Brothers. Die beiden Brüder hatten seit 1971 die Arbeit der Künstler begleitet und über jedes der großen Projekte einen Film gedreht. Davids Tod bestärkt die Christos in ihrer Auffassung, dass die Gesundheit das Wertvollste im Leben ist und man bewusst damit umgehen sollte. Beide gehen regelmäßig für einige Tage in die Mayo-Klinik, um sich einer intensiven Gesundheitskontrolle zu unterziehen. Jeanne-Claude: »Sie stecken Instrumente in jede vorstellbare Körperöffnung, und nach drei Tagen wissen wir, dass wir uns bis zur nächsten Untersuchung keine großen Sorgen machen müssen.«

Die Bundestagswahl am 25. Januar 1987 ändert für unser Projekt überhaupt nichts; Philipp Jenninger ist nach wie vor Bundestagspräsident, und er bleibt bei seiner ablehnenden Haltung. Wenige Tage später wird bekannt gegeben, dass Christo den Goslarer Kaiserring erhalten wird. Wir alle hoffen, dass dieser Preis die Ernsthaftigkeit der Kunst von Christo und Jeanne-Claude unterstreicht. Als Alfred Herrhausen, Vorstandsvorsitzender der Deutschen Bank, den Bundestagspräsidenten bittet, die Verhüllung zu genehmigen, antwortet der, dass doch schwer wiegende Gründe gegen das Projekt sprächen. Der Bundespräsident und der Kanzler seien auch dagegen. Die überwiegende Mehrheit der Berliner Bevölkerung lehne den Plan ab. Wir müssen uns weiterhin in Geduld üben.

Im Mai 1987 treffen sich Mitterrand und Kohl in Berlin, und laut Volker Hassemer bringt Kohl das Thema auf die Reichstagsverhüllung und macht abfällige Witze darüber. Es stellt sich auch heraus, dass es ein Antwortschreiben von Philipp Jenninger an die Christos gibt, das allerdings in der Post verloren gegangen ist. Es wird noch einmal geschickt und enthält den Vorschlag, sich zu treffen. Man einigt sich schließlich auf den 17. Juni in Jenningers Büro in Bonn. Kurz vor diesem Termin, am 12. Juni 1987, übergibt Roland Specker dem Bundestagspräsidenten eine Urkunde, die bestätigt, dass 70 000 Menschen unterschrieben haben, sie unterstützten die Verhüllung des Reichstagsgebäudes.

In Essertaux feiert die Familie im Juni festlich die Hochzeit von Jeanne-Claudes Bruder Norbert und Marie-Christine Bresson.

Christo wird krank, und der Termin mit Philipp Jenninger fällt ins Wasser. Tom Golden macht all seinen Einfluss geltend, dass der amerikanische Präsident Ronald Reagan auf dem Weltwirtschaftsgipfel in Venedig mit Kanzler Kohl über den *Verhüllten Reichstag* spricht. Kohl winkt ab. Das Projekt kocht auf Sparflamme.

Karuisawa, Japan 1987: Pressekonferenz im Juli zu *Die Schirme, Japan/USA, 1984–1991*. V.l.n.r.: Tom Golden, Josy Kraft, Sylvie Volz, Simon Chaput, Thorsten Lilja, Jeanne-Claude, Christo, Marcus Diener und Masa Yanagi. (Foto: Wolfgang Volz)

Dafür geht es im Juli in Japan weiter. Das Genehmigungsverfahren beginnt mit einem ersten Zusammentreffen mit dem Gouverneur von Ibaraki, Fujio Takeuchi. Vorher haben wir uns – abergläubisch wie die ganze Gruppe ist – den Segen von Masakado in einem kleinen Schrein in Tokyo geholt, einem Helden aus dem 10. Jahrhundert, dessen Geist nach der Überlieferung denen Steine in den Weg legt, die ihm keinen Respekt zollen.

Der Gouverneur sieht sich die Bilder von den *Umbrella*-Zeichnungen und Collagen sowie die Bücher über die früheren Projekte an und hört geduldig einem zappeligen Christo zu. Der ist wegen der Bedeutung des Termins sehr nervös, die langwierigen Übersetzungen tragen allerdings zu einer allmählichen Beruhigung bei. Der Gouverneur zeigt Interesse und beauftragt sofort ganz pragmatisch seine Mitarbeiter, sich uns detailliert zu widmen. Auch bei den folgenden Terminen mit dem Präsidenten des Bauernverbands Sakon Tonooka, anderen Präfekturoffiziellen und den Bürgermeistern der beteiligten Städte werden wir mit besonderem Ernst und Respekt behandelt. Alle sind beeindruckt von dem Vorhaben, ein solches Kunstwerk in ihrer Gegend zu verwirklichen. Bei diesen Treffen begleitet uns Kyotsu Sakamoto, der uns vom Gouverneur zugewiesen worden war. Christo und Jeanne-Claude gehen glücklich Hand in Hand durch Jinba und malen sich schon das geheimnisvoll romantische Dorf zusammen mit ihren Schirmen aus.

Auf derselben Reise helfen wir alle Josy Kraft dabei, die Ausstellung *Werke aus der Sammlung der Rothschild Bank AG Zürich* in dem Takanawa (Seibu) Museum of Art in Karuisawa aufzubauen. Bei einem Schwimmabend in den heißen Quellen rutscht Christo auf den glitschigen Steinen aus und kugelt sich die Schulter aus. Große Aufregung, Blaulicht, Ambulanz, Krankenhaus, alles auf Japanisch, und am Schluss ein Künstler mit Arm in der Schlinge, der nicht zeichnen kann. Bei der Notaufnahme im Krankenhaus erkennt der Doktor gar nicht, wen er da behandelt. Erst am nächsten Tag bei der Kontrolle bittet er um ein Autogramm.

Am Schluss der Reise, am 21. Juli 1987, wird das Projekt *The Umbrellas, Joint Project for Japan and USA* im Presseclub in Tokyo der Weltpresse vorgestellt.

Nach der Rückkehr nach New York fügt sich Christo in sein Schicksal, und anstatt zu zeichnen, beginnt er damit, das gesamte Layout für das große Buch über *Pont Neuf* zu gestalten: Dokumente, Fotos und Originalarbeiten sortieren, auswählen und in die Seiten einpassen. Das klappte so einigermaßen mit dem Arm in der Schlinge, sozusagen mit Links. Im September jedoch ging es schon wieder weiter mit den *Umbrellas*. Im State Capitol in Sacramento, der Hauptstadt von Kalifornien, hat Tom Golden Termine mit dem Sprecher des Unterhauses Willie Brown Jr. und den Senatoren Diane Watson und Barry Keene organisiert. Der Senat und das Unterhaus danken Christo und Jeanne-Claude in einer Resolution, dass sie Kalifornien erneut als Ort für ein Kunstwerk ausgewählt haben.

Schon beim nächsten Besuch in Kalifornien im Oktober

wird das Team größer: Masa mit seiner Frau Harriet, Simon, Vahé, Ted mit seiner Frau Phyllis und Sylvie kommen zusätzlich mit. Wir werden freundlich empfangen von Michael D. Antonovich, dem Vorsitzenden des Gemeinderats, und Richard B. Dixon, dem obersten Verwaltungsbeamten von Los Angeles County. Am 6. Oktober 1987 präsentieren die Künstler das Projekt vor dem Gemeinderat von Kern County, der zweiten Gemeinde des ausgewählten Landstrichs.

Wir nehmen erste Kontakte mit den Landbesitzern auf, denen die beiden das Projekt mit Fotos und vielen Erklärungen in den schönsten Farben schildern. Wir wandern durch die sonnenverbrannte, karge Landschaft, ich fotografiere für Christos Arbeiten, wie Simon, Masa und Sylvie mögliche Positionen für die Schirme mit sechs Meter hohen Landvermesserstangen markieren. Die Landschaft ist extrem weitläufig, und nur ab und zu treffen wir auf den bräunlich-goldenen Hügeln auf einzelne Kühe. Ted und Vahé machen sich erste Gedanken über mögliche Schirmkonstruktionen. Der größte Teil des Landes gehört der Tejon Ranch, einer Aktiengesellschaft, von der Jeanne-Claude sofort eine Aktie erwirbt. Das erste Zusammentreffen mit Jack Hunt, dem Chefmanager der Ranch, ist sehr seltsam. Aber wir lernen alle dazu.

Noch mehr lernen Christo und Jeanne-Claude, als sie im Anschluss daran zusammen mit Henry Scott-Stokes, Sylvie und mir sieben Tage lang das Tal in Ibaraki entlang der Route 349 abwandern. Zusammen mit der Übersetzerin Setsuko Shibata sprechen wir so gut wie jeden an, den wir auf der Straße, im Reisfeld, beim Essen im Restaurant oder auch zu Hause antreffen und der bereit ist, für ein paar Minuten zuzuhören. Offenbar lauschen alle, fast ausschließlich Reisbauern, sehr gerne, wie zwei seltsame Gaijiens, die eine mit feuerrotem Haar, der andere hektisch gestikulierend, das Kunstwerk beschreiben. Rote Haare sind bis dahin in der Gegend wahrscheinlich überhaupt noch nie aufgetaucht. Für die Bauern ist es nicht schwierig zu verstehen, dass Schirme in ihrer Landschaft ein Kunstwerk sein können. In ihrem

Denken ist Kunst nicht auf Museen beschränkt, auch gestaltete Bäume und arrangierte Pflanzen sind Kunst. Alle fühlen sich sehr geehrt, dass die Gaijien-Künstler so weit gereist sind, um gerade in ihrem Tal dieses Kunstwerk zu realisieren. Wir trinken unzählige Tassen grünen Tee und beginnen, den Reisanbau kennen zu lernen. In abendlichen Versammlungen, organisiert von den Beamten der Präfektur, sitzen die Familienoberhäupter und Dorfältesten zusammen, und man diskutiert nach jeweils einer Präsentation durch die Künstler über Pachtvertrag, Zeitpunkt und Abfolge für das Kunstwerk. Alle machen sich Notizen, und es herrscht eine gelöste, aber trotzdem ernste Stimmung. Ich mache Fotos für die Christos, und Albert Maysles und sein neuer Partner Henry Cora filmen.

Auf Einladung der Tejon Ranch in Kalifornien nehmen Christo und Jeanne-Claude mit ihrem langjährigen Freund und Rechtsanwalt Scott Hodes an einem Abendessen auf der Ranch teil, zusammen mit Jack Hunt, seiner Frau Diane und dem Rechtsberater der Ranch, Dennis McCharthy, und seiner Frau Zelda. Das Verhältnis zur Tejon Ranch bessert sich.

Weihnachten und Neujahr 1987/88 verbringen wir alle in Tokyo, wo wir die Sammlung der Rothschild Bank im Seibu-Sezon Museum of Art einrichten. Am 2. Januar erlebten wir in der Menge im Kaiserpalastgarten einen der seltenen öffentlichen Auftritte des Kaisers Hirohito.

Im Frühjahr läuft in der Howard Street alles normal. Christo und Jeanne-Claude befolgen einen ziemlich regelmäßigen Tagesablauf in ihrer Burg in Soho, nur eine Straße entfernt von der Kreuzung Canal Street und Broadway in Manhattan. Das fünfstöckige Loft-Gebäude stammt aus dem 19. Jahrhundert mit dem für Manhattan typischen Schnitt eines kommerziellen Bauwerks. Es ist nur 6,70 Meter breit und 24,40 Meter tief. Alles, was Christo und Jeanne-Claude bei der Renovierung vor ihrem Einzug nicht selbst machen konnten, speziell die Klempnerarbeiten, führten Gene & Phil durch, Empfehlungen aus der Kunstwelt. Erst viele Jahre später erfuhr Jeanne-Claude, dass aus dem Künstler-Klempner Phil der Komponist Phil Glass geworden war.

An der Einrichtung hat sich seit ihrem Einzug kaum etwas geändert. Außer eigener Kunst gibt es einige Skulpturen von anderen Künstlern, wie z. B. einen Rietveld-Stuhl. Wenig an den Wänden, über dem Telefon eine Collage vom *Running Fence* und ein Werk von Saul Steinberg; die Wände des Büros hingegen sind vom Boden bis zur Decke mit Fotos bedeckt.

Das Treppenhaus ist seit 1964, als sie einzogen, unverändert geblieben, außer dass vor einigen Jahren ein Schrägaufzug für behinderte Besucher installiert wurde, weil das Gebäude sonst keinen Aufzug hat. Inzwischen gehört das ganze Gebäude den beiden, das Erdgeschoss ist seit vielen Jahren an einen Bürobedarfladen verpachtet. Gegen die Mäuse gab es in den Anfangsjahren Gladys, eine Katze, die auch ich noch Anfang der siebziger Jahre kennen gelernt habe. Damals war der erste Stock auch noch an den Bildhauer Steven Gianakos vermietet, eine Zeitlang war es Cyrils Wohnung, als er mit 18 von der Cornell Universität zur Columbia Universität in New York wechselte, und heute ist dort der so genannte »Showroom«. Dort werden den potenziellen Käufern die Zeichnungen und Collagen gezeigt. Ein hell erleuchteter, einfacher großer Raum fast über das gesamte Stockwerk, mit einer kleinen Sitzgruppe, genau wie oben auch weiße Wände und nur künstliches Licht wegen der Zeichnungen.

Jeder Tag läuft fast gleich ab. Christo steht kurz vor sieben auf, rasiert sich, trinkt etwas Kaffee, isst einige Früchte und etwas Jogurt oder Brot mit Frischkäse und Marmelade. Er arbeitet dann im Studio, bis zwischen neun und zehn die Post da ist. Er geht fünf Stockwerke runter, kauft die *New York Times* und holt die Post und öffnet sie, normalerweise ein Stapel von 10 bis 15 Zentimeter Höhe. Manchmal holt auch Jeanne-Claude die Post, sie verlässt allerdings nie das Haus, um die Zeitung zu kaufen. Er ist inzwischen wieder im Studio an der Arbeit. Alle zwei Tage muss er zur Canal Street, um bei Pearl Paint Künstlermaterial zu kaufen, Papier, Pas-

tellkreide, Kohlestifte, Klebstoff und so weiter. Zwischen
Wohnung und dem sogenannten Showroom ist noch ein
Stockwerk, das als Lager genutzt wird. Dort sind Bilderrah-
men, Drucke, Poster, Fotos, Projektmaterialien etc. gelagert.
Ein kleiner abgeteilter Bereich wurde in den siebziger Jahren
zu einem Gästeapartment umgebaut. Das ständige Rauf und
Runter zwischen den hohen Stockwerken hält die beiden fit,
die perfekte Trimmaktion aus Notwendigkeit. Deswegen
möchten sie auch keinen richtigen Aufzug einbauen, weil es
einen kompletten Umbau bedeuten würde, den Christo und
Jeanne-Claude zwar schon seit Jahren diskutieren, aber immer wieder vor sich herschieben. Die Kunst ist wichtiger.

Gegen Mittag, Lunch gibt es nur in Form von Vita-
min-C-Tabletten, kommen Jeanne-Claudes Assistenten, seit
1984 Susan Astwood und später auch ihr Neffe Jonathan
Henery, und sie beantworten die Post. Jeanne-Claude hat es
sich zum Gesetz gemacht, dass sie jede Postkarte, jeden Brief
und jedes Fax schnellstens beantwortet. Jeder bekommt eine
Antwort. Das Archiv muss betreut werden, und andauernd
klingelt das Telefon. Die an aktuellen Projekten Beteiligten
rufen an, Sammler, Museen, Galeristen und auch einfach
Fans. Während der Zeit ist Christo wieder oben im Studio.
Oft kommt am Nachmittag Besuch, Kunstsammler, Freunde,
Journalisten, manchmal ganze Schulklassen oder Führungen
von Museen. Mehrmals in der Woche kommt gegen Abend
Alex der Masseur und bearbeitet Christos Rücken, der durch
das Zeichnen stark belastet ist. Auch Jeanne-Claude bekommt
regelmäßig die Shiatsu-Massagen. Außerdem hören sie Musik, wenn auch nur ganz bestimmte. An einem Abend beispielsweise, als wir gerade noch letzte Aufnahmen von einem
Projekt gemacht hatten, kommen wir zum Bus zurück, und
Simon hört im Radio laut ein Jazzstück. Eigentlich gibt es das
ungeschriebene Gesetz, dass außer Mozart keine Musik gespielt wird, während die Christos in der Nähe sind, egal ob
im Auto oder im Restaurant oder wo immer. So schaltet
Simon auch sofort das Radio aus. Jeanne-Claude ruft: »Lass an,
das ist gut.« Also dreht Simon voll auf, und wir hören alle zu-

sammen das wirklich gute Stück zu Ende. Ich schaue Jeanne-Claude mit großen Augen fragend an. Jeanne-Claude: »Wir haben einen ganz einfachen Geschmack, immer nur das Beste, und dazu gehört dieses Stück.« Danach herrscht Stille.

Keine Musik außer Mozart. Der läuft in der Howard Street, im Auto, einfach überall, relativ leise. Es gibt die Theorie, dass das ständige Hören von Mozart die Intelligenz steigert, nachgewiesen mit Tests an Ratten. Die Christos, besonders Jeanne-Claude, gehören zu den Anhängern dieser Idee.

Christo rasiert sich dann zum zweiten Mal und zieht sich um. Er liebt es, wenn sein Gesicht rasiert ist, fühlt sich erfrischt. Gegen 19.30 Uhr kommen sehr häufig Gäste in den Showroom, und Christo serviert Drinks. Das eigentliche Essen findet seit einigen Jahren meistens in einem Restaurant in der nächsten Nähe statt. Weil unter den Gästen eigentlich immer Freunde sind, die an dem aktuellen Projekt mitarbeiten, Ingenieure oder andere Spezialisten, dreht sich das Gespräch meistens um das jeweilige Projekt. Ab und zu essen die beiden auch allein zu Hause, oft die mitgenommenen Reste vom Restaurantessen des Vorabends. Jeanne-Claude hasst es, wenn Lebensmittel weggeworfen werden, genauso, wie sie eigentlich versucht, alles irgendwie weiter zu verwenden, wobei manchmal kurioserweise Büromaterial aus Paris den Weg über New York nach Kalifornien findet.

Nach dem Essen arbeiten beide meistens noch ein bis zwei Stunden. Jeanne-Claude auf die Frage, wann sie zu Bett gehen: »Das kann so gegen ein Uhr sein und dann sehen wir noch für ungefähr eine Stunde fern und schlafen gegen zwei Uhr ein. Oder ich gehe viel früher ins Bett als Christo und sehe fern, und er kommt dann gegen Mitternacht vom Studio herunter. Das ist von Tag zu Tag verschieden.« Das Schlafzimmer ist so klein, dass es praktisch nur aus dem Doppelbett und einer Nische für den Fernseher besteht.

Christos Studio, der einzige Ort überhaupt, wo er an Originalen arbeitet, wurde seit dem Einzug in den sechziger Jahren nicht mehr renoviert, er liebt dieses Ambiente und verbringt seine Zeit dort ganz allein, ohne jegliche Hilfe. Er zieht es vor, alle Arbeiten selbst zu machen, auch die Klebearbeiten, und er rahmt seine Arbeiten sogar selbst. Er hat zwei Hauptarbeitsplätze: einen kleinen Tisch, an dem er die Collagen und andere kleinere Arbeiten macht, und eine Wand, an der die großen Zeichnungen entstehen. Er arbeitet ausschließlich im Stehen. Der Klebstoff der Collagen muss immer wieder trocknen. Er arbeitet deswegen immer an mehreren Werken gleichzeitig, auch wegen der thematischen Abwechslung und der Körperhaltung am Tisch oder an der Wand. Wenn mehrere Projekte aktuell sind, kommt es auch vor, dass er zum Beispiel heute eine *Gates*-Collage beginnt, während er noch an einer großen Zeichnung für *Over the River* arbeitet. Das gilt natürlich nur für Projekte, die noch nicht verwirklicht worden sind.

Wenn eine Arbeit vollendet ist, besprüht er sie mit Fixativ und rahmt sie in Plexiglas. Jedes Original wird von einem Fotografen reproduziert, und erst dann kann Christo die Arbeit drei Etagen tiefer in den Showroom tragen. Der Erlös vom Verkauf all dieser Arbeiten wird dazu verwendet, die großen Projekte zu bezahlen. Dabei kann der Verkauf einer Arbeit über *Over the River* durchaus für die Verhüllung des Reichstags verwendet worden sein, genauso wie heute eine *Gates*-Collage für *Over the River* bezahlt. Niemals gibt es bei den Projekten irgendwelche Sponsoren, private oder öffentliche Gelder. Christo und Jeanne-Claude empfinden es als Einschränkung ihrer künstlerischen Freiheit, Geld von anderen für die Realisierung ihrer Projekte anzunehmen. »Eine rein ästhetische Entscheidung.«

Ted Dougherty hatte für Mai 1988 die besten Schirmhersteller zum Wettstreit nach Cheyenne, Wyoming, eingeladen. Der Ort ist nämlich einer der windigsten in den USA. Am 2. Mai ziehen Christo und Jeanne-Claude zusammen mit den Wettbewerbern aus aller Welt in das Plains Hotel in Cheyenne ein. Es herrscht ein heftiger Schneesturm, die Schneeflocken fliegen horizontal am Fenster vorbei. Ted hatte ein Feld außerhalb der Stadt gemietet, wo alle Kisten der Schirmhersteller bereits eingetroffen waren. Zwei deutsche, zwei amerikanische Schirme mit den jeweiligen Schöpfern und ein japanischer Schirm mit japanischer Gebrauchsanweisung mussten sich gegen Teds und Vahé Aprahamians eigenen Schirm durchsetzen. Alle sind darauf gefasst, wegen des Schnees sofort wieder abzureisen. Doch wie durch Magie ist der Schnee am nächsten Morgen verschwunden, und der Test kann beginnen. Ziel ist, einen 6 Meter hohen Großschirm mit 8,66 Meter Durchmesser zu liefern, der möglichst leicht ist, damit er von möglichst wenigen Menschen getragen und aufgestellt werden kann. Jedes Team soll den Aufbau des Schirms demonstrieren und einen konkreten Preis nennen. Die Szene erinnert an einen Wettstreit mit Flugmaschinen. Die verschiedensten Lösungen in Aluminium werden ausprobiert, mit dem Einsatz von Menschenkraft und beim japanischen Stahlschirm wegen des Gewichts mit einem Kran. Die Künstler schauen sich alles genauestens an, und wir lernen mal wieder viele Dinge, von denen wir jetzt wissen, dass sie so nicht funktionieren. Es gibt keinen eindeutigen Gewinner.

Nachdem die Christos sowohl für Japan als auch für Kalifornien die Entscheidung getroffen hatten, welcher Landstrich benutzt werden soll, klärten die beiden Projektdirektoren Henry und Tom, wem das jeweilige Land gehörte. Für Japan stellte sich schnell heraus, dass es eine enorme Zahl von Landbesitzern gab, da die einzelnen Parzellen oft winzig waren. Tom hatte es in Kalifornien leichter und vereinbarte für uns eine provisorische Erlaubnis, das Land zu betreten. Damit kann am 5. September 1988 unser langer Marsch für die Schirme in Los Angeles und Kern County beginnen. Christo und Jeanne-Claude gehen vorne weg, mit dünnen Holzlatten bewaffnet. Die Latten sind an einem Ende angespitzt und am oberen Ende haben wir leuchtendes Band angeknüpft, damit sie von weitem erkennbar sind. Die beiden markieren mit der Latte einen Punkt, von dem sie denken,

dass er ein guter Platz für einen Schirm sei. Christo macht
mit Bleistift einen Punkt auf seine Landkarte. Sie gehen weiter, markieren eine weitere Stelle und noch eine. Sie blicken
zurück, überschauen die Situation, geraten ab und zu in heftige Diskussionen, korrigieren dann eventuell einen oder
mehrere Punkte und geben uns ein Zeichen, dass die Positionen gut sind. Simon Chaput und Vahé folgen und fixieren
die guten Positionen. Simon schlägt einen kleinen Pfahl in
die Erde, den die Kühe hoffentlich nicht umtreten. Auch die
Latte wird fest in den Boden geschlagen. Außerdem ver-
senkt Simon je einen tablettengroßen Magnet in der Erde,
damit wir die Stelle wiederfinden, falls beide anderen Markierungen verschwinden. Vahé gibt der Position eine Nummer und notiert in seinen Unterlagen die Entfernungen und
Kompasswinkelzahlen. Sylvie, Tom Golden und ich sind die
Helfer, die für Nachschub sorgen, manchmal 6 Meter hohe
Stangen hochhalten, um die Schirmposition auf weitere Entfernung sichtbar zu machen, und ich fotografiere natürlich
alle Aktivitäten. Oft sind wir so weit voneinander entfernt,
dass wir mit Funkgeräten Kontakt halten müssen. Die son-
nenverbrannten kalifornischen Hügel sind mit spitzen Grä-
sern bedeckt; das Team schützt sich vor ihnen, indem wir
jeden Morgen Schuhe und Hosenenden mit Klebeband zu-
wickeln. Anderenfalls dringen die spitzen Samenpakete der
Gräser in unsere Socken, und man kann nach kurzer Zeit vor
Schmerzen nicht mehr laufen. So zieht diese illustre Gruppe –
Jeanne-Claude schützt sich vor der Sonne mit einem Bauern-
hut aus Japan und weißen Handschuhen – für drei Wochen
durch die Hügel in Kalifornien, über 270 Kilometer weit und
so oft rauf und runter wie zweimal auf den Gipfel des Mount
Everest. Ein Team von Landvermessern aus Bakersfield folgt
uns mit einigem Abstand und hält die Positionen mit professionellen Instrumenten fest.

Am 27. September 1988 findet hoch über dem Grapevine
auf einem Berg der Tejon Ranch, mitten in der Wildnis unter
einer alten Eiche, die Hochzeit von Sylvie und mir statt. Tom
Golden hat sich eine Lizenz als Hilfsstandesbeamter besorgt

und traut uns. Christo und Jeanne-Claude sind die Trauzeugen. Christo schenkt Champagner aus, und Jeanne-Claude hat sogar für eine dreistöckige Hochzeitstorte in den Farben Gelb und Blau gesorgt.

Gelöste Stimmung nach der langen Wanderung, an deren Ende schließlich 1760 Schirme ihre Positionen gefunden haben. Die Verteilung der Schirme spiegelt die natürliche Beschaffenheit der Landschaft wider. Die Schirme sind spielerisch in dem weitläufigen Gelände verteilt, es gibt ja viel davon. Wenn man die positionierten Latten sieht, kann man sich leicht vorstellen, wie es auf den Zeichnungen aussehen wird.

Im Oktober findet das gleiche Schauspiel mit fast den gleichen Darstellern in Japan statt. Als ob man demonstrieren wollte, dass das Projekt auch einen Vergleich der beiden Kulturräume darstellen will, ist dort die Prozedur von vornherein anders. Zunächst verbringen wir zusammen mit Henry Scott-Stokes zwei Tage nur damit, in endlosen Besprechungen mit den Bürokraten der Präfektur und der Städte unsere Vorgehensweise zu präzisieren. Bei einem der Treffen müssen wir Christo sogar im Bus zurücklassen, weil er so in Rage ist, dass er besser nicht mit Bürokraten zusammentrifft. Allein die geplanten Mini-Magnete führen zu stundenlangen Diskussionen, aber schließlich einigt man sich, und am 13. Oktober 1988 treffen wir uns am Eingang des Dorfes Satonomiya mit den Offiziellen und dem ersten lokalen Führer. Diese »Guides« sind meist älter als siebzig Jahre und notwendig, um die Eigentumssituation an jeder Position zu klären, da es in Japan kein Kataster gibt. Die Guides sind immer nur für eine kurze Strecke kompetent und werden nach ein paar Stunden vom nächsten abgelöst. Christos favorisierte erste Position stellt sich sofort als unmöglich heraus, und Christo sagt beleidigt und ziemlich lautstark das Projekt ab. Henry versucht zu vermitteln. Die vielen Japaner sind konsterniert über den Gaijien, der so ungehemmt gleich am Anfang sein Gesicht verliert, aber man einigt sich schließlich auf eine Kompromisslösung. In den folgenden zwei Wochen erleben wir täglich solche Situationen. Christo und Jeanne-Claude stecken eine Latte in den Boden, und sofort gehen die Diskussionen los. Ragt der Schirm zu weit in die Straße? Ist er zu nah an einem Gebäude? Und als wichtigste Frage: Wem gehört das Land? Der Guide fragt im nächsten Haus nach, die bei uns arbeitenden Landvermesser versuchen zu helfen, jeder, der gerade vorbeigeht, hat einen Rat. Wenn die Christos sich nach einiger Überlegung für eine Korrektur der Position entscheiden, geht die ganze Geschichte von neuem los. Manchmal bedeutet ein Versetzen um zwei Meter, dass ein neuer Eigentümer gefragt werden muss. Hitze und Trockenheit sind hier kein Problem, sondern gerade das Gegenteil. Es regnet sehr viel, wir versinken oft in den Reisfeldern, und es gibt viele, auch giftige Schlangen. Die Reisbauern unterbrechen nur ab und zu ihre eigene Arbeit auf dem Feld und beobachten unsere kleine Expedition. 90 Schirme werden im Fluss Sato platziert. Von Sonnenauf- bis Sonnenuntergang arbeiten wir in den Feldern, und an den Abenden treffen wir uns mit der immer genauer definierten Gruppe von Landeigentümern, um mit ihnen über den Mietvertrag zu sprechen. Am Ende gibt es 1340 Schirmpositionen, und es werden 459 vorerst noch provisorische Mietverträge abgeschlossen.

Am 9. November 1988 hält Philipp Jenninger im deutschen Bundestag eine Rede zum 50. Jahrestag der Reichspogromnacht. Er wird aufgrund seiner missverständlichen Formulierungen heftig kritisiert und tritt unter dem politischen Druck zwei Tage später zurück. Als Bundestagspräsidentin folgt ihm Rita Süssmuth – eine Politikerin, die für das Reichstagsprojekt eine wichtige Rolle spielen sollte.

Mit *Umbrellas* begann für Christo und Jeanne-Claude das Zeitalter des Faxgerätes, es war das erste Projekt, bei dem Faxe eine wichtige Rolle spielen. Zufall oder nicht, aber gerade als diese Technologie funktioniert, planen die beiden ein Projekt in zwei Teilen auf zwei Kontinenten, wo Kommunikation an allererster Stelle steht. Nachdem Jeanne-Claude sich viele Jahre gesträubt hat, akzeptiert sie schließlich sogar, dass ein Computer angeschafft wird. Anfangs bedient ihn fast ausschließlich Susan Astwood, die Assistentin von Jeanne-Claude. Später freundet sich auch Jeanne-Claude damit an.

Am 16. Februar 1989 erleben Christo und Jeanne-Claude einen kleinen Triumph. Gordon Davis, der 1981 als früherer Direktor des Central Park das *Gates*-Projekt abgelehnt hatte, kommt in die Howard Street, um eine Originalarbeit von *The Gates* zu kaufen. Allerdings ist ihm der Preis zu hoch, und am Ende erwirbt er nur 20 Poster. Aber allein die Tatsache, dass derjenige, der das Projekt stoppte, jetzt selbst Arbeiten davon haben wollte, bestärkt die Christos in dem Gefühl, dass man bei den *Gates* am Ball bleiben muss. Es ändert aber natürlich nichts an der Tatsache, dass nach wie vor keine Aussicht auf Realisierung des Projekts besteht.

Am 8. und 9. März 1989 wird der Showroom in der Howard Street zum Brainstorming-Zentrum umgewandelt. Tom Golden, Ted und Phyllis Dougherty, August (Augie) L. Huber III., der inzwischen zum General-Bauunternehmer bestimmt wurde, da er diese Funktion auch schon erfolgreich bei *Wrapped Walk Ways* in Kansas City innehatte, John und Lucia Thompson, Vahé und Donna Aprahamian, Jim und Josephine Fuller, Mitko Zagoroff, Masa und Harriet Yanagi, Chikara Iwamoto, Ingenieur von Nihon Shield, Ted Green, der die Abdeckungen der Sockel herstellen soll, Simon Chaput und ich – wir alle sind Gäste von Christo und Jeanne-Claude. Wir sind jeder gefordert, dazu beizutragen, eine Methode für den Bau der Schirme auszutüfteln. Da der Wettbewerb in Cheyenne keine eindeutigen Ergebnisse gebracht hatte, bleibt uns nichts anderes übrig, als gemeinsam die Konstruktion zu entwickeln und das Ergebnis dann in Auftrag zu geben. Im ersten Moment erscheint die Aufgabe gar nicht so schwierig. Großschirme existieren schon seit vielen Jahrhunderten. Kompliziert wird es dadurch, dass ein Schirm so wenig wie möglich wiegen soll, damit möglichst wenige Leute zum Tragen gebraucht werden; er soll gut zu recyceln sein; er braucht eine definierte Spitze; er muss von wenigen Personen in kurzer Zeit zu öffnen sein; er muss einer noch zu definierenden Windgeschwindigkeit trotzen können und bei alldem auch noch so preiswert wie möglich in der Herstellung sein. Außerdem muss erheblicher Aufwand getrieben werden, damit die Schirme alle senkrecht stehen, dem jeweiligen Terrainwinkel angepasst. So viele Bedingungen unter einen Hut bringen zu wollen ist typisch für die Projekte von Christo und Jeanne-Claude. Am Anfang eines Projekts klingt immer alles ganz einfach – ein Zaun, der läuft, Inseln mit Stoff umsäumen, eine Brücke verhüllen – aber sobald man sich an die Arbeit macht, wird das Ganze plötzlich unheimlich komplex, da immer die verschiedensten Dinge berücksichtigt werden müssen.

Außerdem muss man nun die Entscheidung treffen, welche Firmen an der Herstellung beteiligt werden sollen. Jeanne-Claudes spezielle Angewohnheit bei solchen Brainstorming-Sitzungen ist, so zu tun, als ob sie Schwierigkeiten hätte, zu verstehen, wie was funktioniert. Sie stellt den Ingenieuren ununterbrochen Fragen und bringt sie fast zur Weißglut. Am Ende wird jedoch immer klar, dass sie natürlich genau weiß, worum es geht, aber nur versucht, wirklich alle Seiten eines Problems zu betrachten. Geduld ist angesagt. Auf jeden Fall einigen wir uns, den tragenden Teil des Schirms ausschließlich aus Aluminium herzustellen, das sich besser als andere Materialien, wie beispielsweise Fiberglas, recyceln lässt.

Im Juni 1989 präsentieren Tom Golden und Augie Huber das Projekt bei einer öffentlichen Anhörung in Kern County. Tom hat ausdrücklich darum gebeten, dass die beiden Christos nicht dabei sind, um die Bedeutung der Sache möglichst niedrig erscheinen zu lassen, was sich als eine sehr gute Entscheidung entpuppt. In der Guy Pieters Galerie in Knokke, Belgien, wird eine große Ausstellung mit *Umbrellas*-Originalen eröffnet, der Katalog ist die erste große Publikation über das Projekt.

Bei einem weiteren großen »Think tank«-Treffen in der Howard Street Ende August helfen uns die Experten von

North Sails, den berühmten Segelmachern, und wir können festlegen, wie die Bespannung der Schirme genäht werden muss.

Am 6. September 1989 besuchen Marianne Kewenig und Roland Specker die neue Bundestagspräsidentin Rita Süssmuth in Bonn und versichern ihr, dass der Plan für die Verhüllung des Reichstagsgebäudes nach wie vor besteht. Frau Süssmuth zeigt Interesse. Die Christos werden informiert.

In Kalifornien wird bei einem Arbeitsessen, an dem außer den Leuten von der Tejon Ranch auch Christo und Jeanne-Claude, die Projektdirektoren Tom und Henry, Scott Hodes und ich teilnehmen, der Mietvertrag für das Land so gut wie abschließend formuliert. In den Hauptpunkten besteht Einigkeit.

Im Oktober sind wir alle wieder einmal in Ibaraki, um in endlosen Verhandlungen mit einer unerschöpflichen Anzahl von japanischen Bürokraten über alle nur denkbaren Details des geplanten Projekts zu sprechen. Telefonkabel, Luftrechte, Reisernte, Stromleitungen, Verkehrsrecht und -management, Wasserrechte, Fischerei im Sato, unendlich viele Themen. Die beiden Künstler lassen es sich trotzdem nicht nehmen, einige Schirmpositionen zu korrigieren.

Dann passiert etwas, mit dem keiner von uns gerechnet hatte – ebenso wenig wie viele andere Leute: Am 9. November 1989 fällt die Berliner Mauer. 1962 war sie für Christo Inspiration für die Mauer aus Ölfässern in der Rue Visconti gewesen. Jetzt beeinflusste sie durch ihren Fall wieder den Fortgang eines Kunstwerks. Als Jeanne-Claude die Nachricht in New York erhält, informiert sie sofort Christo, der in Cleveland gerade einen Vortrag hält. Er unterbricht diesen und teilt dem Publikum mit, was geschehen ist. Einen Tag später tritt der bulgarische Präsident Todor Schivkov zurück. Die Welt hat sich verändert.

Im Januar 1990 werden Henry Scott-Stokes und Mitsuo Yasui von Nihon Shield, der Ingenieurfirma, die das Projekt auf der japanischen Seite betreut, zu den Ingenieuren vom Building Center in Tokyo zitiert, einem Institut, das dem

Bauministerium unterstellt ist. Formell werden hier die Bedingungen präsentiert, die vom Building Center gestellt werden. Der Genehmigungsvorgang war von der Präfekturebene zum Building Center auf staatliche Ebene geleitet worden, da in Japan Aluminium als Baustoff nicht erlaubt ist. Nur diese Ebene konnte eine Sondergenehmigung erteilen.

Eine der Bedingungen besteht darin, dass ein Schirm in Originalgröße im Windkanal getestet wird. In der westlichen Welt gibt es nur vier Windkanäle, in denen man einen Schirm in dieser Größe prüfen kann. Drei davon gehören der NASA und waren auf Jahre hin ausgebucht. Doch bei dem zweitgrößten Windkanal der Erde, dem Aerodynamic Laboratory vom National Research Council in Ottawa, Kanada, haben wir Glück. Rain for Rent INC. in Bakersfield, Kalifornien, bekommt den Auftrag, zwei Prototypschirme zu bauen, basierend auf den Erkenntnissen, die die ganze Expertenmannschaft zusammengetragen hatten. Am 29. und 30. Januar 1990 werden diese in Kanada getestet, unter den Bedingungen des Building Center in Tokyo: Der Schirm muss im geöffneten Zustand eine Windgeschwindigkeit von mindestens 100 Stundenkilometern und im geschlossenen mindestens 160 Stundenkilometern aushalten, und dies in verschiedenen Winkeln zum Wind. Das Ganze läuft höchst wissenschaftlich ab, von Dehnmessstreifen an den verschiedenen Komponenten des Schirms werden unzählige Daten gesammelt. Christo beobachtet und kritisiert, Jeanne-Claude dirigiert die Videodokumentation und gibt allen Ratschläge. Jeder ist mit großem Ernst bei der Sache, schließlich hängt von dem Ergebnis die Fortführung des Projekts ab. Neben der Belastbarkeit des Schirms wird gleichzeitig die Konstruktion einem Gebrauchstest unterworfen. Die Ergebnisse werden sofort nach Tokyo weitergeleitet.

Christo und Jeanne-Claude beschließen, die verbleibenden ästhetischen Fragen der *Umbrellas* bei Tests am jeweiligen Ort zu klären. Die Farben müssen noch präzisiert, die endgültige Formgebung und der Schnitt des Stoffes festgelegt werden. Da von den Christos eine definierte Spitze des

Schirms gewünscht wird, muss eine komplizierte Konstruktion erfunden werden. »Normale« Großschirme haben immer eine kleine Haube, deshalb kann man nicht auf die Erfahrung von Großschirmherstellern zurückgreifen. Eine Schraubenfeder drückt einen zentralen Stempel und damit den Stoffzuschnitt der Spitze nach oben. Da dies aber vorher im geschlossenen Zustand den Stoff überdehnen würde, muss dieser Stempel in Ruheposition arretierbar sein und erst kurz vor dem Aufstellen des Schirms aktiviert werden. Diese einfache ästhetische Forderung verlangt nach einem sehr komplizierten Mechanismus. Unter meiner Aufsicht entstehen fünf gelbe und vier blaue Gewebevarianten. Diese werden von North Sail in ihrer Zentrale in Milford, Connecticut, nach deren Zuschnitt zusammengenäht. Im Februar und März koordiniert Jeanne-Claude von der Howard Street aus alle Vorbereitungen für den ersten Freilandversuch mit den Schirmen. Ein solcher Test soll natürlich auch prüfen, ob die zur Wahl stehenden Beteiligten in der Lage sind, mit den Künstlern und der Großfamilie zusammen zu arbeiten. Ein Kompatibilitätstest eben.

Weit oben in den Bergen auf dem Land der Tejon Ranch findet dieser Test am 24. und 25. März 1990 statt. Eine aus der üblichen Christo-Familie komponierte Gruppe von zehn Trägern unterschiedlicher Statur versucht wie bei einer exotischen Sportveranstaltung die zwei neuen Prototypenschirme im neuen Prototypensack mit zehn Trageschlaufen bergauf und bergab zu schleppen. Das Aufstellen wird mit derselben Mannschaft erfolgreich probiert. Gelegenheiten gibt es genug, da fünf Schirmbespannungen in unterschiedlichen Gelbtönen aufgezogen werden müssen. Jeanne-Claude probiert selbst die Winde aus, um den Schirm zu öffnen: »Wenn sogar ich das hinkriege, wird es auch jeder andere schaffen.« Es klappt in den vorgesehenen 45 Sekunden.

Christo und Jeanne-Claude hasten auf die angrenzenden Hügel, um die verschiedenen Farben aus allen Winkeln sehen zu können. Da die beiden eine solch wichtige Entscheidung nach dem Konsensprinzip fällen, dauert es seine Zeit, bis sie sich schließlich auf »Golden Yellow« einigen. Wir lernen bei dieser Aktion auch Vince Davenport kennen, den Augie Huber mitgebracht hat; er stellt sich als eine wertvolle Erweiterung der Familie heraus.

Die japanische Firma Muto Construction aus Hitachiota war inzwischen auf Empfehlung von Masas Vater hin ausgewählt worden, unter der Leitung von Augie Huber den japanischen Teil der *Umbrellas* zu bauen. Zwei Wochen nach dem kalifornischen Test findet das gleiche Schauspiel in Ibaraki statt. Da es in Japan bei so wenig Land keinen geheimen Ort gibt, stimmen Christo und Jeanne-Claude zu, dass der Test in Jinba stattfindet. Die zwei Schirme werden zusammen mit vier farblich verschiedenen blauen Bespannungen aus Kalifornien geschickt. Akira Kato, der Vormann von Muto Construction, leitet die Operation. Der mit dem Kunstwerk angestrebte Vergleich der beiden Kulturen wird auch bei einer so einfachen Sache wie einem Farbtest ganz evident. Die Mitarbeiter von Katosan erscheinen in properen Uniformen und tragen Helme, beim Tragen des Schirms werden klare Befehle gegeben, und alles läuft mit präziser, gut geplanter Organisation. Da klar war, dass hier anders als in Kalifornien mit Regen zu rechnen sein wird, bitten Christo und Jeanne-Claude Kato um künstliche Beregnung aus dem Gartenschlauch, um die Farbveränderung in nassem Zustand beurteilen zu können. Der Bürgermeister von Satomi, Kiichi Isaka, bekommt die ehrenvolle Aufgabe, den ersten blauen Schirm mit der Kurbel zu öffnen. Auch hier einigen sich die Christos auf ein besonderes Blau, wobei sie bei solchen Entscheidungen auch immer versuchen, das Team mit einzubeziehen. Sie diskutieren lautstark und heftig, warum es diese und nicht jene Farbe sein soll. Dann fragen sie einen der anderen, wie sie die Farbe finden. Die Kunst besteht dann darin, die eigene Meinung so einzubringen, dass der ganze Prozess nicht wieder von vorne beginnt, sonst würden solche Tests wochenlang dauern.

Augie und Kato nutzen die Gelegenheit, sich kennen zu lernen und dabei einen Katalog von Prozeduren zu entwickeln; sehr viel später wird dieser zur Bedienungsanleitung zum Aufstellen von 3100 Großschirmen. Dabei darf man nicht vergessen, dass alles, auch das kleinste Detail, immer in zwei Sprachen festgehalten werden muss und wir westlichen Menschen mit allem, was in Japanisch aufgeschrieben ist, nichts anfangen können. Übersetzungen ohne Ende.

Anfang Juni reicht die C. V. J. Corporation den offiziellen Bauantrag, ein 10 Kilogramm schweres Werk, das Vahé und die Ingenieure von Nihon Shield zusammengestellt haben, beim Building Center in Tokyo ein. Bereits am 15. Juni haben die Professoren des Building Center ihre Beurteilung des Bauantrags angefertigt. Sie wird die Grundlage für die Baugenehmigung der *Umbrellas*. Da diese Schirme das Volumen eines Einfamilienhauses haben, wird die Genehmigung für den Bau von 1340 Einfamilienhäusern erteilt.

Mittlerweile steht auch fest, dass der Bespannungsstoff, gelb und blau, wieder bei der Firma Adolff in Backnang gekauft wird. In solchen Dingen sind Christo und Jeanne-Claude außergewöhnlich treue Menschen. Natürlich spielt dabei auch eine Rolle, dass wir bei *Surrounded Islands* und *Pont Neuf* einfach gute Erfahrungen gemacht haben. Außerdem kann man viel Geld sparen, wenn der Stoff so breit gewebt wird, dass die Dreiecke für die Bespannung jeweils quer zur Webrichtung zugeschnitten werden können. Dadurch entsteht so gut wie kein Abfall. Dazu war von allen Wettbewerbern nur Adolff im Stande. Zusammen mit Adolff finde ich eine Färberei, die Firma Blaha & Arzberger in Bayreuth, die in der Lage ist, unsere ausgewählten Farben in Großproduktion zu reproduzieren. Am 16. Juli kann ich deshalb im Auftrag von den Christos 235 000 Quadratmeter gelbes und 180 000 Quadratmeter blaues Gewebe bei der Firma Adolff bestellen.

Die bisherigen Erfahrungen beim Bau der Prototypen bewegen uns außerdem, alle Schirme, also auch die blauen, bei John Lakes Firma Rain for Rent in Bakersfield in Kalifornien bauen zu lassen. Unter der Leitung von Mike Grundvig, dem Chefingenieur von Rain for Rent, wird im August speziell dafür eine Produktionshalle eingerichtet. Hier sollen die 3100 Schirme in einer Art Fließbandproduktion hergestellt werden.

Adolff hat das Weben des Materials an die Firma Synteen in Klettgau-Erzingen in Baden vergeben, wo die Produktion nun beginnt. Es wird in einer Breite von 3,45 Meter gewebt. Das erste weiße Rohmaterial geht nach Bayreuth zum Färben und von dort nach San Diego in Südkalifornien, wo North Sails eine Fabrikhalle ganz für das Nähen der Schirmbespannung abgestellt hat. Josy Kraft, sonst als Ausstellungskurator für die Kunstwerke von Christo und Jeanne-Claude verantwortlich, koordiniert die Transporte nach Kalifornien. Die Bespannung wird aus je acht Dreiecken, zugeschnitten mit einem Laser, zusammengefügt; in die Nähte müssen Verstärkungen eingearbeitet werden, damit die Bespannung in die Speichennut eingefädelt werden kann.

Anfang September nehmen Christo, Josy, Simon und Freundin Anna-Marÿke, Sylvie und ich »Urlaub« vom *Umbrellas*-Projekt und verhüllen das Vestibül der Art Gallery of New South Wales in Sydney. Sämtliche Statuen und Säulen des Vestibüls zusammen mit dem Fußboden werden in naturfarbenes »Dropped Cloth« eingehüllt – ein Baumwollgewebe, das in den USA die Anstreicher zum Abdecken des Fußbodens benutzen. So entsteht ein kleines, intimes Kunstwerk, das Teil einer großen Ausstellung über die Arbeit der Künstler in dem Museum ist. Auf dem Rückweg treffen wir uns mit Jeanne-Claude in Japan, und nach einer weiteren Reihe von Versammlungen mit den Beamten der Präfektur und der Polizei werden noch einige Schirmpositionen geändert.

Inzwischen hat in Kansas bereits die Produktion der Stahlsockel und des Nivelliermechanismus für den kalifornischen Teil begonnen. Bei Reynolds Aluminum Company in Virginia und Kalifornien werden die Rohre der Mittelsäule, der Speichen und Streben aus Aluminium extrudiert, in Iowa alle Verbindungselemente der Schirme aus Aluminium gegossen. All diese Produkte werden dann in der Fabrik von Rain for Rent in Bakersfield angeliefert.

Bei einer Gesamtzahl von 3100 Schirmen muss dort die Endmontage schleunigst beginnen. 24800 Streben und 24800 Speichen müssen an 3100 Mittelsäulen befestigt werden. Jede Mittelsäule bekommt im Inneren eine Winde zum Öffnen des Schirms. 1340 Aluminiumgestelle müssen blau und 1760 gelb lackiert werden. Die Bespannung muss aufgezogen werden. Tag für Tag die gleiche Prozedur.

Als Zeitraum für die Realisierung streben wir den Oktober 1991 an. Der genaue Zeitpunkt hängt von der Reisernte ab, da sie beim Projektbeginn abgeschlossen sein muss. Im Herbst wird immer klarer, dass wir die Sockel für die Schirme in Japan größtenteils schon vor der Reispflanzung installieren müssen, da danach die Reisfelder unter Wasser stehen. Im November laden deswegen Christo und Jeanne-Claude all ihre Landbesitzer in Japan zu abendlichen Versammlungen ein, um sich mit ihnen zu einigen, wie der Verlust an Reisernte durch die Sockelfläche kompensiert werden kann. Die Mehrheit ist einverstanden, dass die Sockelinstallation bereits im Dezember 1990 beginnt.

Natürlich war den Künstlern längst klar, dass die schweren Stahlsockel auf keinen Fall über den Pazifik transportiert werden könnten. Aus diesem Grund hatte Mitsuo Yasui das amerikanische Design geringfügig modifiziert und die Sockel in Ibaraki in Auftrag gegeben. Außerdem mussten 90 spezielle Sockel für den Fluss gefertigt werden. Für diese Sockel war eine 10 Zentimeter dicke Stahlplatte als Gewicht geplant. Diese wurde wie eine Torte in vier Teile geteilt und gab den Flusssockeln ein Gesamtgewicht von 2920 Kilogramm. Logisch, dass auch sie in Japan hergestellt wurden.

Die Christos verfolgen trotz aller Aufmerksamkeit für das *Umbrellas*-Projekt auch die Ereignisse in Deutschland. Die Wiedervereinigung am 3. Oktober 1990 wird vor dem Reichstagsgebäude gefeiert. Es deutete sich bereits an, dass Berlin die neue Hauptstadt wird und, sollte der Regierungssitz tatsächlich nach Berlin verlegt werden, der Bundestag in den Reichstag einzieht. Diese Entwicklung begeistert Christo und Jeanne-Claude, gleichzeitig wächst aber die Gefahr, unter Umständen in Zeitnot zu geraten. Ein in den Reichstag eingezogener Bundestag schließt eine Verhüllung des Gebäudes völlig aus.

In Hitachiota hatte Henry Scott-Stokes ein Büro angemietet. Maho Ichinosawa und Kato übernehmen die Aufgabe, dieses Büro zu organisieren und zu leiten. In Lebec in Kalifornien vereinbart Tom Golden mit der Tejon Ranch einen Mietvertrag für das ehemalige Hauptquartier der Ranch als unser Büro. Vince Davenport bringt seine Frau Jonita mit, unter deren Leitung das kalifornische Büro organisiert wird.

18

Diptychon aus Schirmen

Am Heiligabend 1990 beginnt Kato mit seinen Arbeitern, die ersten Sockel für die Schirme in den Reisfeldern unseres Tales zu installieren. Der Boden ist gefroren, und für die Teams ist es schwer, die Erdanker in den steinharten Boden zu versenken. Diese Anker bestehen aus einem 80 Zentimeter langen Rundstahlschaft, der am unteren Ende einen schraubenförmigen Teller hat. Der Anker muss einfach »nur« in den Boden geschraubt werden. Der eigentliche Stahlsockel aus zwei gekreuzten Stahlprofilen mit einer Grundfläche von zwei mal zwei Meter wird an seinen vier Ecken mit diesen Ankern verschraubt. In den Teams arbeiten teilweise ganze Familien von Reisbauern und -bäuerinnen mit, die ihr Land natürlich in- und auswendig kennen. Die vormontierten Sockel werden vom Straßenrand zur Position getragen. Alles wird in Handarbeit gemacht. Seltsamerweise können die kleinen Magnete, die eigentlich als Ortungshilfe gedacht waren, nicht genutzt werden: Keiner findet sie wieder. Der ganze Aufwand war umsonst.

Am 15. Januar beginnen die Arbeiter unter Vince Davenport auch auf der kalifornischen Seite mit der Sockelinstallation. Wegen der Bodenbeschaffenheit haben die Anker hier zwei Schraubenteller. Sie werden mit einem hydraulisch-elektrischen Bohrer in den Boden geschraubt. Genau wie in Japan muss jeder Anker einen Test auf mindestens 1500 Kilogramm Zugkraft bestehen.

Hier in Kalifornien können auch schon die Nivellierplatten mit dem Aufnahmerohr in der Mitte der Sockel installiert werden. In den Bergen liegt Schnee. Täglich wird die Landkarte durch entsprechende Markierungen auf den neusten Stand gebracht. Sowohl das Büro in Hitachiota als auch das in Lebec schicken täglich Berichte in die Howard Street. Am 21. Februar 1991 bricht vollkommen unerwartet eine kleine Krise aus. Die Firma J. F. Adolff AG meldet Konkurs an. Ich fliege sofort nach Bayreuth, um mich dort mit den Chefs von Synteen und Blaha & Arzberger zu treffen. Beide Firmen sind von Adolff noch nicht bezahlt worden und stoppen die Produktion. Alles vorhandene Material wird von ihnen konfisziert. Das gesamte an Adolff bezahlte Geld scheint verloren. Nur mit Mühe kann ich die beiden überzeugen, die Produktion wieder aufzunehmen, da sicher eine Einigung mit Christo und Jeanne-Claude möglich sein wird und sie für ihre Arbeit bezahlt werden. Ein neuer Preis muss ausgehandelt werden, da sich herausstellt, dass Adolff zu knapp kalkuliert hat und die beiden Firmen natürlich jetzt am längeren Hebel sitzen. Nach sechs Stunden Verhandlung läuft die Produktion wieder normal, und nach vier Wochen Streit mit dem Konkursverwalter ist die Krise mit mittleren Blessuren überstanden. Jeanne-Claude kann sich mit der Bank von Liechtenstein auf einen Finanzierungskredit über fünf Millionen Dollar einigen, bei den ständig steigenden Kosten des Projekts – mittlerweile 26 Millionen Dollar – ein leuchtender Streifen am Horizont. Als Sicherheit dienen Originalarbeiten in vielfachem Wert. Glücklicherweise laufen auch die Verkäufe der Arbeiten wieder gut.

In Japan beginnen die Reisbauern um die Sockel herum mit der Reispflanzung. In Kalifornien blüht der Mohn in den leuchtendsten Farben, die Hügel sehen aus, als ob jemand Farbe ausgekippt hätte. Viele Sockel werden komplett mit dem Hubschrauber zu ihrer Position gebracht, um möglichst wenig Verkehr über das Land fahren zu lassen.

In Jinba wird die Renovierung unseres klitzekleinen Büros, gemietet von der Familie Ichikawa, vollendet, nachdem die Hühner ausgezogen sind. Dieses kleine Haus mit zwei Räumen wird gleichzeitig auch unsere Unterkunft, wenn wir in Japan sind.

Ende März sind in Japan 1057 Sockel installiert.

In Bakersfield werden die für Japan bestimmten blauen Schirme in blauen Tragesäcken unter der Aufsicht von Harrison Rivera-Terreaux in Container verladen. Die 88 Container gehen über Long Beach in zehn getrennten Ladungen auf Containerschiffen nach Hitachi Port in Ibaraki. Jeanne-Claude hat angeordnet, die Transporte in kleine Einheiten aufzuteilen, damit der Schaden für den Fall des Verlustes von einem der Schiffe noch behoben werden kann.

Am 20. Juni 1991 beschließt der Deutsche Bundestag, den Regierungssitz nach Berlin zu verlegen.

Am 23. Juli sind in Kalifornien 1454 Sockel verankert, und Vince beginnt mit seinen Leuten, die erdfarbenen Sockelabdeckungen zu montieren.

Alle Aktivitäten laufen parallel an den beteiligten Orten ab. Zwischen Lebec, Hitachiota und Howard Street besteht rund um die Uhr Kontakt, was wegen der Zeitverschiebungen Jeanne-Claude kaum noch zu Schlaf kommen lässt. Christo arbeitet fieberhaft im Studio. Als Beginn für das Projekt wird der 8. Oktober festgelegt.

Der Reis steht schon hüfthoch, als die Mannschaften in Ibaraki damit beginnen, die Nivellierplatten und Aufnahmerohre zu montieren. Die Rohre werden eingewickelt, damit sich darin keine Tiere, speziell Schlangen, einnisten.

Die blauen Schirme werden im Hafen von Hitachi gelagert. Eines Tages fotografiere ich, wie die Zollbeamten die Ware inspizieren und dabei einen der Säcke öffnen. Wasser strömt aus dem Sack! Wir müssen alle Säcke öffnen, um zu prüfen, ob das Wasser Schaden angerichtet hat. Bei der Gelegenheit entdeckt Sylvie das eigentlich Unmögliche: Ein gelber Schirm hat sich in einem blauen Sack versteckt und muss nach Kalifornien zurückgeschickt werden.

Zahllose, unendlich lange Listen von allen möglichen Beteiligten über jedes erdenkliche Detail dokumentieren den täglichen Fortschritt der Vorbereitungen.

Es gibt in meinem Computer sogar eine ständig aktualisierte Liste, wer wann mit wem wohin fliegt. Und geflogen wird viel. Christo und Jeanne-Claude, Augie, Vahé, Sylvie und ich bewegen uns andauernd zwischen Japan und den USA. Der Begriff »Joint Project for Japan and USA« wird auch darin versinnbildlicht.

Die California Highway Patrol und das Department of Transportation bereiten sich auf den Ansturm der Besucher vor. 220 von Christo und Jeanne-Claude bezahlte spezielle Straßenschilder werden aufgestellt. In Japan werden mit Akribie ebenfalls Vorbereitungen getroffen, damit der Verkehr in dem kleinen Tal auch während des Projekts weiterfließt. Taucher installieren die 90 Sockel im Fluss Sato. Ein schwerer Kran hebt die dicken Stahlplatten in die Sockel.

Im September müssen die Schirme zu ihren Positionen gebracht werden, in Japan per Lastwagen, Handkarren, Traktor und überwiegend von Hand. Zehn bis zwölf japanische Männer und Frauen schleppen und zerren die Schirme durch die abgeernteten Reisfelder. In Kalifornien bringen große Trucks die Schirme direkt aus der Fabrik in Bakersfield zu zentralen Zwischenlagern, von wo sie dann meist per Hubschrauber an ihre Position geflogen werden. Diese Methode ist die sanfteste für das empfindliche Land. Viele Positionen können aber auch leicht von der Straße aus zu Fuß erreicht werden.

Am 26. September – »only 12 days to go« steht in Jeanne-Claudes Kalender – fliegt Jeanne-Claude nach Kalifornien und Christo nach Japan. Die beiden waren zu der Überzeugung gekommen, dass sie sich die Aufsicht an den beiden Orten teilen mussten. So kreuzen sich ihre Wege immer über dem Pazifik.

Augie und Kato hatten genauestens ausgearbeitet, wie viele Leute an welchem Ort zu welcher Zeit notwendig waren, um dem Wunsch der Künstler entsprechen zu können, die Schirme in möglichst kurzer Zeit, allerhöchstens innerhalb eines Tages, zu öffnen. Am 3. Oktober werden an beiden Orten die neuen zusätzlichen Arbeiter registriert, Studenten aus umliegenden Schulen und Kunstakademien in Tokyo und Los Angeles. Viele kommen von weit her und sind schon bei früheren Projekten dabei gewesen. So wächst jetzt die Mannschaft für das Projekt auf insgesamt 1880 Helfer. Alle durchlaufen eine Ausbildung in Schirmschleppen, Aufstellen und Öffnen und bekommen ihre weißen Projekt-T-Shirts mit dem Titel des Projekts in Blau und Gelb – auf einer Seite in Japanisch und auf der anderen in Englisch.

Bis zum Abend des 7. Oktober werden von dieser Riesenmannschaft, aufgeteilt in Gruppen von jeweils zehn, alle Schirme zu ihrem Ort gebracht, aufgestellt und in der senkrechten Position in noch geschlossenem Zustand arretiert. Danach werden alle Sockelabdeckungen verschraubt. So ist alles bereit für den Tag des Erblühens – »Blossoming Day«.

Stefan und Anani, die beiden Brüder von Christo, sind zusammen mit Stefans Frau Elka und Ananis Frau Didi und deren Sohn Vladimir aus Bulgarien angereist, um den Tag mitzuerleben. Vladimir, der nur Bulgarisch spricht, wird mir als Taschenträger zugeteilt.

Alles ist bereit, da schlägt die Nachricht wie eine Bombe ein: Ein Taifun rast auf Japan zu. Wir verfolgen ständig die Fernsehnachrichten, und am Abend wird die schwere Entscheidung getroffen, dass alle Schirme, auch die in Kalifornien, frühestens am 9. Oktober geöffnet werden. In einer Pressekonferenz wird der angereisten internationalen Presse und den Offiziellen der Präfektur die Änderung eröffnet. Christo: »Die *Umbrellas* werden nicht, wie ursprünglich geplant, morgen früh geöffnet. Ich kann meine Arbeiter nicht bitten, bei diesem miserablen Wetter die Schirme zu öffnen.« In Kalifornien trifft diese Entscheidung unter strahlender Sonne auf ein gewisses Unverständnis, speziell bei den angereisten Besuchern, die nun ihre Pläne ändern müssen.

Am Morgen des 9. Oktober geht es dann aber doch um 5.30 Uhr los. Der Schirm Nummer 809 ist der erste, der im Beisein von Christo und Jeanne-Claude geöffnet wird. Überall in der Landschaft erblühen die blauen Schirme. Bis 9 Uhr kann Christo miterleben, wie im ganzen Tal ein Schirm nach dem anderen aufgeht. Hektisch fahren wir mit einem Kleinbus an alle Stellen, die wir als beste Blickpunkte auserkoren hatten. Ich versuche, so viel wie möglich zu fotografieren, obwohl der Himmel leider bedeckt ist. Als wir wieder in Jinba sind, müssen Christo, Masa und ich uns sofort auf den Weg zum Flughafen machen. Wir lassen Jeanne-Claude und Sylvie, die unter Leitung von Jeanne-Claude weiterfotografiert, zurück. Um 11.30 Uhr erfahren wir auf dem Flughafen Narita, dass alle 1340 Schirme offen sind. Wir fliegen über die Datumsgrenze nach Los Angeles, wo wir am selben Kalendertag um 8.00 Uhr morgens ankommen und sofort mit

Ibaraki, Japan 1991: Wolfgang Volz und Christo auf dem Gelände von *Die Schirme.* (Foto: Koshu Endo)

dem Hubschrauber zu den bereits teilweise erblühten gelben Schirmen fliegen. Ein großartiges Schauspiel, wie überall in der weitläufigen Landschaft die gelben Punkte immer größer werden. Um 13.30 Uhr meldet Vince über Funk, dass alle 1760 Schirme geöffnet sind. Wir sind überwältigt, wie schnell das Ganze schließlich gegangen ist. Es sieht genauso aus, wie wir es uns vorgestellt hatten, nur noch viel, viel besser. Das ist im Grunde genommen der spannendste Augenblick bei den Projekten, dass man erst im Moment der Fertigstellung feststellt, ob die Realität den Erwartungen standhält. Ob alles, was man sich jahrelang ausgemalt hat, wirklich so entsteht. Jeanne-Claude: »Die Projekte sind am Schluss immer viel schöner, als man sich erträumt hat, besser als die Zeichnungen.«

Viel Zeit zu kontemplativer Andacht bleibt allerdings nicht. Bereits am folgenden Tag ändert der Taifun seinen Kurs und kehrt auf die japanische Insel zurück. Die Helfer sind aber schon nach Hause abgereist. Jeanne-Claude muss alle möglichen Kräfte mobilisieren, um die blauen Schirme wieder zu schließen, und es gelingt. Schon am 15. Oktober werden sie, diesmal in nur drei Stunden, wieder geöffnet. Die Sonne scheint auf blaue Diamanten in der grünen Landschaft. Das Blau spiegelt sich in den Reisfeldern im Wasser. Es leuchtet geradezu magisch. Die Schirme glitzern mit wunderbarem Kontrast zwischen Licht und Schatten und verzaubern die Landschaft wie im Märchen. Die Geometrie der Reisfelder wird durch die Geometrie der Schirme ergänzt.

Die gelben Schirme wirken wie übermütig ausgeschüttete Edelsteine. Von vielen Punkten aus sieht man viele hundert Schirme auf einmal. Auf der kalifornischen Seite kommen die Besucher in Pickups, Wohnmobilen und Autos, auf Motorrädern und Fahrrädern, auf der Autobahn, die durchs Tal führt, staut sich ab und zu der Verkehr. Die Besucher nehmen auf den Sockeln Platz und machen ein Picknick. Manche legen sich zum Sonnenbaden auf die Sockel, sogar eine Hochzeit wird unter den Schirmen gefeiert. Cowboys, Polizisten und überhaupt alle lassen sich unter den Schirmen fotografieren. An der Straße werden Souvenirs angeboten, sehr zum Leidwesen von Christo und Jeanne-Claude. In Kalifornien sind es vor allem T-Shirts und jedes nur vorstellbare Produkt amerikanischer Kitschphantasien.

In Japan ist natürlich alles ein kleines bisschen anders. Hier staut sich auf der engen Hauptstraße der Verkehr, speziell an den Wochenenden. Polizisten stehen unter den Schirmen, regeln den Verkehr und verteilen Informationsblätter von der Präfektur über *Umbrellas*. Da die Schirme wie ein Haus ohne Wände sind, ziehen die Japaner, wie in jedem Haus, die Schuhe aus, bevor sie ehrfürchtig den Sockel betreten. Auch hier überall Picknicks und Reisbauern, die unter dem Schirm ihre Mittagssuppe essen. Der Buddhamönch lädt in seinen Park mit Schirmen ein, und auf den Reisfeldern geht zwischen den Schirmen die Feldarbeit weiter. Die Bauern verkaufen an den Ständen nur ihre eigenen Ernteprodukte oder gegrillte Forellen.

Am 20. Oktober werden viele Schirme auf der kalifornischen Seite wegen einer Sturmwarnung geschlossen. Der Sturm kommt zum Glück nicht, und schon am 21. Oktober werden sie wieder geöffnet. Jeanne-Claude erfährt von einem der Monitore, die der Straße entlang die Besucher betreuen, dass der frühere amerikanische Präsident Ronald Reagan das Projekt auf der kalifornischen Seite besucht hat.

Christo und Jeanne-Claude sehen ihre Schirme immer für sich, der eine auf dem einen Kontinent, der andere auf dem anderen – bis ihnen klar wird, dass es durchaus wichtig wäre, das Kunstwerk zusammen zu erleben. Und so treffen sie sich am 24. Oktober in Japan. Es ist für die Künstler das allergrößte Vergnügen, an einen der intimen Orte zurückzukehren, die sie schon vor der Realisierung liebten, und, da sie für die Öffentlichkeit gar nicht zugänglich sind, ihre eigenen, persönlichen Schirme zu genießen. Christo: »Ich war gespannt, diese Schirme zu sehen, weit weg von der Straße, an versteckten Plätzen, wo wir die einzigen sind, die sie sehen. Ich liebe es, so zurückzukehren, weil ich mich daran erinnere, wie es ohne Schirme ausgesehen hat.«

Am Morgen des 27. Oktober sind Christo und ich in der Nähe von Nakasato auf der anderen Talseite, während Jeanne-Claude und Sylvie kurz zum Bürocontainer in Tamadare fahren. Ich bin gerade dabei zu fotografieren, Christo steht hinter mir, als Jeanne-Claude uns per Funk zum Büro zurückruft. Eine schreckliche Nachricht: Bei einem Unfall in Kalifornien ist eine Besucherin gestorben. Christo bricht in Tränen aus, mir geht es genauso. Wir sitzen im Auto vor dem Büro. Christo hört gar nicht mehr auf zu schluchzen. Jeanne-Claude gibt Anweisung, dass alle Schirme an beiden Orten sofort aus Respekt vor der Toten geschlossen werden. Jeanne-Claude, Sylvie und ich gehen selbst mit einer Kurbel los und schließen alle Schirme in nächster Nähe. Christo bleibt weinend im Auto, dessen Scheiben mittlerweile vollkommen beschlagen sind. Noch am selben Tag fliegen wir nach Kalifornien.

Vince Davenport beschreibt den späten Nachmittag des 26. Oktober: »Es war ein angenehmer, schöner Tag mit leichtem Südwind. Innerhalb von 15 Minuten dreht sich der Wind und jemand sagt, Schau mal in den Canyon, da ist dieses massive, weiße Ding, das sich den Canyon hocharbeitet. Es kommt immer näher, und es verwandelt sich von einem weißen, puffigen, rollenden Ding zu einem schwarzen Etwas. Starker Wind, Regen schlägt plötzlich auf den Tejon Pass nieder, spät an dem Nachmittag. Eine Bö reißt einen Schirm aus seiner Verankerung.

Der Sturm bläst einfach durch und trifft die vier Schirme. Eins, zwei, drei. Er bläst die vorderen drei vollkommen in Stücke, und er entwurzelt diesen hier.

Der starke Wind reißt nicht nur den Schirm selbst, sondern auch den Sockel aus. Der fliegt über die Straße und schleudert die Frau in den Hügel. Sie war gelaufen, sie hatte angeblich Kontaktlinsen und schützte ihre Augen vor dem Staub, ihr Mann zog sie mit sich. Wir wissen nicht ganz genau, wie es letztlich dazu kam.«

Christo und Jeanne-Claude geben eine Erklärung ab, dass sie zutiefst betroffen sind über den Tod von Lori Rae Keevil-

Mathews. Sie starb an einem Genickbruch. Christo und Jeanne-Claude besuchen zusammen mit Tom Golden den Ehemann und sind auch bei der Beerdigung dabei.

Der Sturm mit Windgeschwindigkeiten von über 145 Stundenkilometern kam ohne Vorwarnung. Er warf auch Hochspannungsmasten um, Teile von Bakersfield waren ohne Strom.

Vier Tage später fliegen Christo und Jeanne-Claude zurück nach Japan, um auch dort eine traurige Pflicht zu erfüllen: Sie wollen der Familie des Kranführers Masaaki Nakamura ihr Beileid aussprechen. Sein Kran war beim Aufladen eines Schirms zu nah an die Hochspannung gekommen, und er erlitt einen tödlichen Elektroschock.

Drei Millionen Menschen haben die *Umbrellas* auf beiden Kontinenten gesehen, und für alle, uns eingeschlossen, waren die Schirme ein tief beeindruckendes Erlebnis, das unvergesslich ist. Ebenso unvergessen bleiben aber auch die beiden Menschen, die ums Leben kamen.

Die Materialien des Projekts wurden recycelt, und das Land wurde auf beiden Kontinenten wieder in den Ursprungszustand versetzt.

19

Ein Studium der Politik

Während einer Pressekonferenz in Kalifornien hatte ein deutscher Journalist die Gelegenheit genutzt und gefragt, wie es denn mit dem Reichstag weitergehen solle. Christo und Jeanne-Claude antworteten, dass sie erst fortfahren könnten, wenn ein Zeichen aus Deutschland komme. Ein Brief beispielsweise, der das deutsche Interesse an dem Projekt bekräftige.

Am 20. Dezember 1991 trifft tatsächlich ein Brief von Rita Süssmuth ein. Sie schreibt, sie wolle »helfen, Ihren Traum, das Reichstagsgebäude zu verhüllen, zu realisieren ... Wie Sie auch wissen, wird der Reichstag das Parlamentsgebäude unseres erst kürzlich wiedervereinten Deutschlands sein. Da er aber für den heutigen Bedarf viel zu klein ist, benötigt das Innere dringend Änderungen, und in der Umgebung wird ein neues Regierungsviertel entstehen. Es besteht große Eile, diese Arbeiten so bald wie möglich zu beginnen. Ich weiß von Mr. Cullen und aus einigen Publikationen, dass Sie ein Jahr Vorbereitung für das Reichstagsprojekt benötigen. Wenn es im Spätsommer 1993 realisiert werden soll, benötigen Sie die volle Autorisation spätestens Ende des kommenden Sommers. Obwohl ich Ihnen dies jetzt nicht versprechen kann, habe ich doch Hoffnung, dass wir es gemeinsam möglich machen können.«[*]

Die Bundestagspräsidentin lädt Christo und Jeanne-Claude nach Berlin oder Bonn ein. Der Brief versetzt die bei-

---

[*] Der Brief wurde hier nach der englischen Übersetzung zitiert, so dass Abweichungen im Wortlaut von dem deutschen Original möglich sind.

den in Hochstimmung. Das Meeting wird für den 9. Februar
1992 um 13 Uhr vereinbart.

Die beiden treffen schon einen Tag vorher in Düsseldorf
ein. Am Sonntagmorgen machen wir uns alle zusammen in
einem Kleinbus nach Bonn-Bad Godesberg auf, Christo und
Jeanne-Claude, Mike Cullen, Roland Specker, Sylvie und ich.
Jeanne-Claude ist nervös und beschwört mich, mindestens
eine halbe Stunde vorher dort zu sein. Wir kommen schließlich schon kurz nach 12 Uhr dort an, und Jeanne-Claude
möchte auf jeden Fall schon zur Residenz der Bundestagspräsidentin fahren, damit wir auch wirklich den Weg finden.
Als wir vor dem Tor stehen, ist es kurz vor halb eins, und wir
parken in einer Seitenstraße, bis es soweit ist.

Frau Süssmuth empfängt die Gruppe und stellt ihre beiden Mitarbeiter, Peter Jung und Helmut Georg Müller, vor.
Damit nicht nur die CDU repräsentiert ist, hat sie auch den
Abgeordneten Peter Conradi von der SPD eingeladen. Sehr
förmlich sitzen wir uns bei dem Arbeitsessen gegenüber –
fünf auf jeder Seite des Tisches. Jeanne-Claude sitzt links neben der Präsidentin, Herr Conradi zu ihrer Rechten. Frau
Süssmuth kommt sofort zur Sache und fragt: »Möchten Sie,
Christo und Jeanne-Claude, den Reichstag nach wie vor verhüllen?« Beide nicken nachdrücklich, worauf sie erwidert:
»Gut, dann sollten wir darüber sprechen, wie wir vorgehen
wollen.«

Es zeigt sich, dass beide Politiker sehr gut über die Arbeit
der Künstler informiert sind. Frau Süssmuth macht klar, dass
ihre positive Einstellung zu der Verhüllung des Reichstags
allein nicht genügt. Sie müsse sich mit den Fraktionsvorsitzenden der Parteien und dem Ältestenrat abstimmen. Sie
schlägt vor, in Bonn eine Ausstellung mit Werken der beiden
zu zeigen, um die Öffentlichkeit für die Sache zu gewinnen.
Christo und Jeanne-Claude betonen noch einmal, dass sie
18 Monate Vorbereitungszeit brauchen und eine Verhüllung
nach dem Umbau des Gebäudes auf keinen Fall mehr in
Frage kommt. Man trennt sich mit dem Gefühl, in Zukunft
pragmatisch und konstruktiv zusammenarbeiten zu können.

Am darauf folgenden Tag in Berlin sehen wir mit neuen Augen das Reichstagsgebäude an, und ich kann endlich auch von Osten aus vollkommen ungehindert fotografieren. Michael Cullen hat uns sogar Zugang zum Dach des Brandenburger Tors verschafft. Diese Ansichten werden die Grundlage für die ersten neuen Originalcollagen und -zeichnungen, da Christo in der Zeit von 1989 bis 1991 keine Arbeiten über das Projekt angefertigt hat.

Die Fraktionsvorsitzenden geben unterschiedliche Antworten auf Rita Süssmuths Anfrage: Wolfgang Schäuble (CDU) lehnt das Vorhaben ab, Hans-Ulrich Klose (SPD) war schon immer dafür, »jetzt noch mehr«, und Hermann Otto Solms (FDP) bittet Rita Süssmuth, sich um eine Beschleunigung des Umzugs des Parlaments zu bemühen. Damit wird klar, dass es wohl nicht so schnell zu einer Ausstellung kommen wird und die Aussichten für das Projekt sich nur durch die positive Einstellung der Bundestagspräsidentin verbessert haben. Vollkommen naiv hatten wir früher immer angenommen, dass eine Genehmigung der Bundestagspräsidentin bzw. des -präsidenten für die Realisierung genügen würde. Eine Tür war aufgegangen, aber dahinter tat sich ein langer Weg auf.

Am 12. Mai 1992 schreibt Rita Süssmuth an Christo und Jeanne-Claude, sie müssten sich bis zum Herbst des Jahres gedulden. »Ich bin immer noch voller Hoffnung, dass Sie Ihr Ziel, den Reichstag zu verhüllen, im Spätsommer 1994 erreichen können.« Christo und Jeanne-Claude beschließen, ihre Freunde über die neuen Entwicklungen des Reichstagsprojekts zu informieren, und schreiben einen Rundbrief an alle.

Es entstehen erste Collagen mit blauem Himmel über dem verhüllten Reichstag, ein Zeichen für den neuen Geist des Projekts. Am 9. Juni unterrichte ich die Christos, dass ich beschlossen habe, die Initiative zu ergreifen, den Deutschen klar zu machen: Sie müssen ihren Hintern bewegen, wenn das Projekt stattfinden soll. Jetzt oder nie. Als wichtigstes Ziel wird klar definiert, dass Wolfgang Schäubles Einstellung zum Projekt »irgendwie« beeinflusst werden muss. Die Christos bitten Dr. Herbert Zapp, Vorstand der Deutschen Bank und für die Kunstsammlung zuständig, an Wolfgang Schäuble zu schreiben. Ich bitte sogar Lothar Späth, der mit meinen Eltern befreundet ist, sich bei Schäuble für uns zu verwenden. Ohne Erfolg.

Zu allem Überfluss gerät die Bundestagspräsidentin über das Abtreibungsgesetz in einen Streit mit Schäuble und anderen in ihrer Partei, so heftig, dass sogar ihre Position ins Wanken kommt.

Am 8. Oktober stirbt Willy Brandt. Er war durch die vielen Jahre hindurch immer ein nachdrücklicher Kämpfer für das Reichstagsprojekt gewesen, er hatte sogar in Momenten, als die Christos kurz davor waren, aufzugeben, die beiden ermutigt und immer durch seine Kenntnis der politischen Szene geprägte Ratschläge gegeben. Sie beschließen, dass die Reichstagscollage, die seit 1977 im Büro von Willy Brandt als Leihgabe hing, einem Bonner Museum »in memoriam Willy Brandt« übergeben werden soll. Klaus-Henning Rosen wird gebeten, dies zu arrangieren.

Stephan Schilgen, Inhaber einer Weberei für technische Textilien in Emsdetten bei Münster, schreibt im Sommer an Christo und Jeanne-Claude und bietet an, das Gewebe für die Verhüllung des Reichstags zu liefern. Sylvie und ich besuchen die Firma und wählen aus deren Angebot einige Proben aus, die wir nach New York schicken. Am 14. Oktober kommt dann die Antwort: »Dear Mr. Mrs. Fabric, we love it«. Damit ist ein technisches Problem schon fast gelöst, wir haben das Ausgangsmaterial für den Stoff.

Das nächste Zusammentreffen von Christo und Jeanne-Claude mit Rita Süssmuth ist für den 9. November im Reichstag vereinbart. Dieses Mal stellt Frau Süssmuth ihren neuen Büroleiter Herrn Dr. Thomas Läufer vor. Sie entschuldigt sich für den geringen Fortschritt seit Februar und meint, dass nach dem neuesten Stand der Dinge der Ältestenrat, zuständig für die Belange des Bundestags und damit auch des Reichstags, die Entscheidung über die Reichstagsverhüllung zu treffen habe. Da es allerdings in der Vergangenheit keinen solchen Fall gegeben habe, möchte sie es prüfen lassen. Wir sehen uns die Räume der Akademie der Künste im Marstall an, wo für Januar 1993 die Reichstags-Ausstellung geplant ist, um der Öffentlichkeit das Projekt näher zu bringen.

Die Christos legen großen Wert darauf, mit Bundesbauministerin Irmgard Schwaetzer zu reden. Das Gespräch in Bonn verläuft zäh, bis Christo und Jeanne-Claude zusichern, alle Kosten des Projekts aus eigener Tasche zu bezahlen. Sobald dies klar war, rückt Frau Schwaetzer damit heraus, dass sie sich schon vor langer Zeit mit Frau Süssmuth abgestimmt hatte, dieses Projekt zu fördern.

Im Winterurlaub in Zürs bittet Roland Specker Edzard Reuter, den Vorstandsvorsitzenden von Daimler Benz, mit Kanzler Kohl zu sprechen. Er will versuchen, über Innenminister Seiters auf Kohl Einfluss zu nehmen.

Die Ausstellung im Marstall wird von Frau Süssmuth mit einer enthusiastischen Rede eröffnet. Sie schließt mit den Worten: »Ich wünsche mir sehr, dass alle, die heute zur Ausstellungseröffnung gekommen sind, für Sie und das Projekt werben, dass es eine breite Zustimmung in der Öffentlichkeit findet, auch wenn sicherlich nicht alle zustimmen, denn es wäre ja auch verheerend, wenn gerade im Bereich der Kunst alle einer Meinung wären. Darum muss und darf auch kontrovers gestritten werden. Aber das Kunstobjekt möglich zu machen, das ist zunächst das Wichtigste. Ich bin dafür. Ich bin vielleicht nicht die Mehrheit, aber ich bin überzeugt, dass wir die Mehrheit in den Gremien des Deutschen Bundestags gewinnen werden. Ich glaube, dies ist der richtige Zeitpunkt, vor dem Umbau den Reichstag zu umhüllen und damit ein Berliner, ein bundesdeutsches, ein internationales Ereignis zu schaffen. Ich wünsche Ihnen und uns, dass Sie auch mit dieser Ausstellung der Entscheidung entschieden näher kommen im Gespräch mit denen, die darüber zu entscheiden haben. Und ich lebe einfach in der Überzeugung, wir schaffen es, wenn wir es gemeinsam wollen.«

Ein Interview erscheint im *Spiegel* unter dem Titel: »Das ist meine letzte Chance«. Christo, zum aktuellen Sinn der

Verhüllung befragt, antwortet: »Sie ist sinnvoller denn je. Bis zum Fall der Mauer lag das Gebäude im Dornröschenschlaf. Seither sind Ereignisse eingetreten, die zuvor absolut undenkbar erschienen: Deutschland ist wieder ein Staat, Berlin wieder Hauptstadt, und der Reichstag ist zum Parlamentssitz erkoren.« Darauf der *Spiegel*: »Richtig, und genau damit ist Ihrem Projekt doch das politische Thema abhanden gekommen.« Christo: »Im Gegenteil. Früher war der Reichstag nur eine leere Hülle. Durch die Wiedervereinigung hat er sich mit Bedeutung gefüllt. Mit ihm verknüpft sind jetzt wichtige zeitgeschichtliche Fragen, wie: Wo stehen wir eigentlich? Was wird mit Deutschland und der Welt passieren?«

Am 11. Januar 1993 erklären sich Helmut Kohl und Wolfgang Schäuble vor der CDU/CSU-Fraktion gegen das Projekt.

Die Abgeordnete Cornelia Schmalz-Jacobsen (FDP) versucht, Wolfgang Schäuble zu überzeugen. Ihr Eindruck aus dem Gespräch ist eher pessimistisch. Schäuble hat grundsätzliche Einwände: »Wir befinden uns in einer Situation, in der die Bundesregierung, wie Politiker generell, unter erheblichem Ansehensverlust leidet. Das Projekt des verpackten Reichstags würde bei einem großen Teil der deutschen Bevölkerung auf Unverständnis stoßen und in der augenblicklichen Situation die Leute dazu verleiten zu sagen ›und jetzt auch noch das, das sieht ihnen ähnlich‹.« Helmut Kohls Ansicht: »Ohne mich!«

Die Jury für den Wettbewerb zum Umbau des Reichstagsgebäudes spricht sich für die Verhüllung vor dem Umbau aus, und das große Modell des Verhüllten Reichstag wird zusammen mit den Umbaumodellen sowohl im Reichstag als auch im Bundestag in Bonn ausgestellt. Christo und Jeanne-Claude sind zur Eröffnung am 22. März schon wieder in Bonn. Bei diesem Besuch startet dann auch der Marathon durch die Büros von Bundestagsabgeordneten, der fast ein Jahr lang dauern wird. Auf Rat von Rita Süssmuth konzentrieren sich die Christos zuerst auf die Vizepräsidenten des Bundestags und auf Mitglieder des Ältestenrats. Positiv eingestellt sind außer Rita Süssmuth auch Renate Schmidt und Helmut Becker (beide SPD); Dieter-Julius Cronenberg (FDP) und Hans Klein (CSU) sind dagegen. Hans Klein: »Eine Zustimmung zur Reichstagsverhüllung ist politischer Selbstmord.« Diese Stimmenverteilung führt allerdings zu keinem Ergebnis.

Mit diesem Besuch festigen sich die praktischen Dinge. Das »Büro« ist ein Kleinbus mit Platz für uns alle und genügend Informationsmaterial. Die Crew besteht aus Christo und Jeanne-Claude, Michael Cullen, manchmal auch Roland Specker, Sylvie und mir. Aleksander Perković, Freund und Fotograf, ist unser Fahrer, was sehr wichtig ist, da man in den Bonner Bürovierteln quasi nirgendwo parken kann. Um erreichbar zu sein, habe ich nun zwei Mobiltelefone. Längst bevor die Handys in Deutschland üblich waren, waren sie die Grundvoraussetzung für unsere Arbeit in Bonn – wir hatten ja kein festes Büro und mussten auf diese Art die ständige Erreichbarkeit sicherstellen. Zunächst macht Michael Cullen, später hauptsächlich Sylvie und ich, die Termine mit den Büros der Abgeordneten. In den Sitzungswochen kommen die Christos nach Bonn und bekommen die Liste der Termine in die Hand gedrückt. Der typische Verlauf eines solchen Gesprächs sieht so aus: Nachdem wir die Hürde des Empfangs mit Personalausweis oder Pass überwunden haben, werden wir von einem Mitarbeiter abgeholt und ins Abgeordnetenbüro geführt, das meistens viel zu klein für unsere ganze Mannschaft und die mitgebrachten Kataloge und Poster ist. Nachdem geklärt ist, ob übersetzt werden muss – Michael und ich teilen uns diese Aufgabe –, beginnen Christo und Jeanne-Claude mit den wichtigen »drei Punkten«:

Erstens, die Gründe: Es ist ein Kunstwerk und hat sonst keinen anderen Sinn und Zweck. Es wird ein Kunstwerk von überragender Schönheit sein, und die Realisierung wird ein einzigartiges Erlebnis werden. Das Werk wird einen positiven Charakter haben, da sie positiv empfindende Menschen sind. Dieser Charakter wird sich auch in der Reaktion der vielen Besucher widerspiegeln.

Zweitens, die Finanzierung: Alle von Christo und Jeanne-Claude realisierten Projekte wurden immer von den beiden ganz aus eigener Tasche bezahlt. Dies wird auch beim Reichstag so sein. Das Geld kommt ausschließlich aus dem Verkauf von Christos Originalarbeiten. Es wird keinen Profit im finanziellen Sinne geben. Der Profit für die Künstler besteht darin, dass sie für sich ein großes Kunstwerk geschaffen haben werden.

Drittens, das Recycling: Alle für das Projekt eingesetzten Materialien werden wiederverwendet oder recycelt. Dies war auch bei allen vorherigen Projekten schon so.

Nach dieser circa 10 Minuten langen Einführung bleibt meist nur noch wenig Zeit, Fragen zu beantworten. Beim Gehen frage ich noch, ob die oder der Abgeordnete eventuell bereit wäre, auf unsere Liste der Befürworter des Projekts gesetzt zu werden – manchmal habe ich Erfolg, manchmal nicht.

Wir erhalten viel Hilfe und Ratschläge für das Vorgehen von Heribert Scharrenbroich und Claus-Peter Grotz (beide CDU), die wir Anfang März kennen lernen und die beide aus Begeisterung unsere Sache zu der ihren gemacht haben. Im Mai konzentrieren wir uns auf die Mitglieder des Ältestenrats. Heribert Scharrenbroich hat außerdem am 12. Mai alle Mitglieder des Bundestags zu einer Präsentation im Restaurant des Bundestags eingeladen. Wenig Abgeordnete, aber viele Mitarbeiter kommen.

Das Projekt beherrscht unsere Gedanken Tag und Nacht – und treibt auch kuriose Blüten. So schenken Sylvie und ich den Christos an ihrem Geburtstag am 13. Juni 1993 ein Modell des Reichstags. Die Besonderheit: Es ist aus Bündnerfleisch, einer der Lieblingsspeisen von Christo und Jeanne-Claude.

Das Lobbying geht weiter, die Liste umfasst mittlerweile 61 Namen aus allen Parteien. Auf Bitten von Christo und Jeanne-Claude kommt schließlich ein Termin mit dem Fraktionsvorsitzenden der CDU/CSU, Wolfgang Schäuble, zustande. Um die Strategie für das Gespräch zu planen, besucht uns Rita Süssmuth am Abend des 18. Juni 1993 in der Berliner Landesvertretung, wo wir als zahlende Gäste untergebracht sind. Sie ist ziemlich deprimiert und versucht, Hilfe aus Berlin zu bekommen. Um 23 Uhr telefoniert sie mit Rüdiger Landowski, der Eberhard Diepgen dazu bewegen soll, Schäuble von der Unterstützung des Berliner Senats für die Verhüllung zu unterrichten. Bei dem Termin bei Herrn Schäuble am 22. Juni 1993 nehmen auf Anraten von Frau Süssmuth nur Christo, Jeanne-Claude und ich teil. Wolfgang Schäuble gibt zu verstehen, dass der Dialog weitergehen soll und auch er selbst mit seinen Kollegen über das Projekt sprechen werde. Außerdem will er sich bei Jacques Chirac über dessen Erfahrung mit dem verhüllten Pont Neuf erkundigen. Die Atmosphäre ist ausgesprochen offen und fast herzlich. Die Unterhaltung findet auf Englisch statt, erst am Schluss rutscht Jeanne-Claude ein Satz auf Französisch heraus, worauf Schäuble mit Freude feststellt, dass sein Französisch besser sei als sein Englisch. Wir vereinbaren, beim nächsten Treffen Französisch zu sprechen, was allerdings nie zustande kommen wird.

Am 25. Juni 1993 dürfen die Christos an dem Schloss ihrer Freunde Graf und Gräfin Peter und Marie-Christine Wolff Metternich in Adelebsen bei Göttingen einen Stofftest durchführen. Ich hatte inzwischen eine Firma in Süddeutschland gefunden, die in der Lage war, das Gewebe von Stephan Schilgen mit Aluminium zu beschichten, wodurch dann der von Christo und Jeanne-Claude gewünschte metallische Effekt entstehen kann. Schilgen selbst bringt verschiedene Ausführungen an den geheimen Ort, hell- bis dunkelgrauen Stoff mit unterschiedlich dicken Schichten Aluminium. Da die Christos die Presse bei diesem Test nicht dabei haben wollten, beeilten wir uns, die verschiedenen Versionen schnell hintereinander an dem mittelalterlichen Gebäude aufzuhängen. Der Blick aus einiger Entfernung bestärkt uns darin, dass das hellgraue Gewebe mit der dicksten Schicht Aluminium die richtige Wahl ist.

Eine wichtige Entscheidung ist bereits in diesem Stadium getroffen – von einer Genehmigung aber sind wir noch immer weit entfernt.

Im August 1993 fesselt allerdings etwas vollkommen anderes unsere Aufmerksamkeit: Die Suche nach Flüssen für *Over the River* geht weiter. Wir starten mit Christo und Jeanne-Claude, Simon und Harrison und dem frisch gebackenen Projektdirektor von *Over the River*, Tom Golden. Ausgangspunkt ist Denver, Colorado, und zuerst wollen sie uns den Arkansas River zeigen. Man spürt die Begeisterung der beiden für dieses Tal. Danach besuchen wir in den Staaten New Mexico, Colorado, Wyoming, Idaho, Montana und dann noch mal Colorado einige neue Flüsse und auch solche, die bereits im Vorjahr begutachtet wurden.

Im September 1993 geht mit den neuen Sitzungswochen die Arbeit in Bonn weiter. Stolz zeigen Christo und Jeanne-Claude Rita Süssmuth bei einem Besuch in ihrem Büro in Bonn den ausgewählten Stoff. »Er hat so eine schöne Oberfläche, wie kleine Sterne!« meint die Bundestagspräsidentin.

An dem System für die Arbeit in Bonn hat sich nichts geändert, Tag für Tag wandern wir von einem Abgeordneten-

Rio Grande River 1994: Auf der Suche nach dem richtigen Fluss. V.l.n.r.:
Wolfram Hissen, John Kaldor, Jeanne-Claude, Tom Golden, Masa Yanagi.
(Foto: Archiv XTO + J-C)

büro zum nächsten. Ende September stehen 70 Namen auf
der Liste. Einige Abgeordnete machen sich stark dafür, dass
das Projekt in Fraktionssitzungen der Parteien präsentiert
wird. Damit würden wir sehr viel mehr auf einmal erreichen.

Am 18. Oktober 1993 sind Christo und Jeanne-Claude
schon wieder in Bonn. Letzte Vorbereitungen werden getroffen für die Eröffnung der Dokumentationsausstellung
Der Verhüllte Pont Neuf, Paris, 1975–85 im Kunstmuseum
Bonn. Die Idee dazu basierte auf dem Wunsch, die Kunst
der beiden etwas detaillierter zu zeigen. Und schließlich waren beim Pont Neuf, der 400 Jahre alten Brücke, ähnliche
Aspekte zu berücksichtigen wie beim Reichstag. Die geogra-
phische Nähe des Kunstmuseums, fünf Minuten zu Fuß vom
Bundestag, ist ideal. Bei der Eröffnung am 19. Oktober 1993
spricht natürlich Rita Süssmuth.

Eins ist bei allen Teilerfolgen unübersehbar: Uns läuft die
Zeit davon, und wir sind gezwungen, alle Register zu ziehen. Die Christos beschließen, alle Mitglieder des Deutschen
Bundestags persönlich anzuschreiben. Wir tun dies mit den
einfachen Mitteln, die uns zur Verfügung stehen. Im Hotelzimmer formulieren wir ein Schreiben, das unsere drei
Punkte als zentrale Information enthält. Jeder Abgeordnete
wird individuell angeredet, und wir drucken eine Nacht lang
auf einem kleinen Drucker alle 662 Briefe aus. Christo und
Jeanne-Claude unterschreiben, und wir anderen falten und
kuvertieren. Am Morgen bringen wir persönlich den Karton
mit den Briefen zur Poststelle des Bundestags.

Da wir immer wieder darauf hingewiesen worden sind,
dass eine Entscheidung für oder gegen das Projekt im Ältestenrat gefällt wird, haben wir uns bisher ganz auf dessen
Mitglieder konzentriert, diese aber längst »abgearbeitet«. Es
wird allerdings auch klar, dass wir eine möglichst breite Basis an Befürwortern brauchen. Langsam gehen uns aber die
Ideen aus, welches der 662 Mitglieder des Bundestags wir als
nächstes anrufen sollten. Wir sitzen in unserem Busbüro,
und Sylvie blättert in unserer »Bibel«, dem Kürschner, einem
Taschenbuch, in dem alle Abgeordneten verzeichnet und ab-

gebildet sind. »Da sieht einer wie Peter Ustinov aus«, sagt
sie. Es ist der FDP-Abgeordnete Torsten Wolfgramm. Ich
rufe ihn sofort an. Seine Sekretärin antwortet, nachdem ich
meine übliche Einleitung aufgesagt habe: »Einen Moment,
bitte«, und schon höre ich eine tiefe Stimme: »Guten Tag,
wie ich höre, möchte Herr Christo vorbeikommen und mich
einhüllen. Ich möchte darauf hinweisen, dass Sie eine größere Menge Tuch mitbringen müssen, da ich äußerst korpu-
lent bin. Es ehrt mich, dass Sie an mich als einen wichtigen
Politiker gedacht haben.« Wir bekommen schon für den
nächsten Tag einen Termin, bisher hatte bei anderen Abgeordneten ein solcher Vorgang immer Wochen gedauert. Torsten Wolfgramm wird einer der vehementesten Mitstreiter
für das Projekt und eine große Hilfe, wenn wir mal wieder
nicht weiterwissen. Nach diesem Erfolg gewinnt die Methode, den nächsten Kandidaten nach seinem Foto auszuwählen, immer mehr Anhänger unter uns. Auch Christo
oder Jeanne-Claude blättern und suchen nach freundlichen
Gesichtern, und oft führt das dann zum Erfolg. Die Liste der
Befürworter umfasst mitlerweile 126 Namen.

Unzählige Male treten die Christos in Talkshows auf, im
Frühstücksfernsehen, mittags und abends, immer mit dem
Gedanken, wirklich alles zu tun, damit das Ziel erreicht wird,
dass absolut jeder ihr geplantes Kunstwerk begreift. Wir gehen allerdings aus fast jeder Sendung mit dem Gefühl raus,
einmal mehr auf die Schippe genommen worden zu sein. Die
beiden versuchen trotzdem, gute Miene zum bösen Spiel zu
machen, denn alle Politiker und andere Ratschlagende meinen, das seien nützliche Veranstaltungen.

Im November 1993 kommt Christo allein für eine weitere
Runde mit vielen Terminen nach Bonn. Der Regierende Bürgermeister Berlins, Eberhard Diepgen, gibt öffentlich bekannt, dass er die Verhüllung unterstützt. Die Liste umfasst
jetzt 145 Namen. Der Ältestenrat hat sich immer noch nicht
offiziell mit unserem Projekt beschäftigt. Die Gegner des
Projekts möchten im Ältestenrat nicht einmal das Verfahren diskutieren, wie das Projekt behandelt werden könnte.

Trotzdem scheint im Ältestenrat eine Mehrheit für das Projekt zu bestehen.

Anfang Dezember 1993 präsentieren Christo und Jeanne-Claude das geplante Kunstwerk vor der fast vollständig versammelten Fraktion Bündnis 90/Die Grünen. Am Schluss stimmen alle Anwesenden für eine Unterstützung des Projekts.

Der aktivste Kunsthändler der Christos, Carl Flach aus Stockholm, hatte sich, angespornt durch die vielen Aktivitäten der beiden in Deutschland, dazu entschlossen, sich mit privaten Verkaufsräumen in Berlin zu etablieren. Am 9. Dezember 1993 organisiert er zusammen mit der Sammlerin Alexandra von Rehlingen einen Empfang in deren Heim in Hamburg, bei dem Christo und Jeanne-Claude den Schraubenhändler und Kunstsammler Reinhold Würth kennen lernen. Dieses Zusammentreffen führt dazu, dass das Museum Würth heute die größte Sammlung von Christo-Originalen in Deutschland besitzt.

Im Januar 1994 stellt sich heraus, dass die FDP-Fraktion, so sieht es wenigstens der Vorsitzende Hermann Otto Solms, sich dafür stark macht, die Entscheidung im Plenum des Deutschen Bundestags zu treffen. Diese Möglichkeit hatte immer im Raum gestanden, aber wir hatten gehofft, dass uns dies erspart bliebe. Alle Bemühungen, dieses Vorhaben zu beeinflussen, scheitern am Vorsitzenden der Fraktion. Bei der CDU/CSU wird endlich der Plan wahr gemacht, das Projekt der Fraktion vorzustellen. Wir bekommen sogar die Erlaubnis von Jürgen Rüttgers, dem parlamentarischen Geschäftsführer der CDU/CSU-Fraktion, Bilder vom *Verhüllten Reichstag* und von *Pont Neuf* im Fraktionssaal aufzuhängen und Info-Mappen auf die Plätze der Fraktionsmitglieder zu legen. Punkt 12 Uhr am 18. Januar 1994 ist alles bereit, und viele Freunde des Projekts aus der Fraktion sind bereits anwesend, als Jürgen Rüttgers den Saal betritt und bekannt gibt, dass die Sitzung abgesagt wird. Auch am 20. Januar 1994 wird im Ältestenrat nicht über den *Verhüllten Reichstag* gesprochen. Wir alle sind ziemlich niedergeschlagen.

Am 1. Februar 1994 findet dann endlich die Fraktionssitzung der CDU/CSU statt, auf der Tagesordnung steht auch das Projekt. Kanzler Kohl und Wolfgang Schäuble sprechen sich gegen eine Genehmigung aus. Kohl fordert eine Abstimmung darüber im Bundestag, allerdings solle ohne Fraktionszwang jeder seine Stimme frei abgeben können.

Als der Ältestenrat die Debatte und die Abstimmung auf den 25. Februar 1994 festsetzt, herrscht endlich Klarheit, auch darüber, wer in Bonn das Sagen hat. Der Antrag wird von 218 Abgeordneten unterstützt und besagt: »Der Deutsche Bundestag stimmt der Absicht des Künstlers Christo zu, den Reichstag unmittelbar vor Beginn des Umbaus 14 Tage lang zu verhüllen. Der Deutsche Bundestag beauftragt seine Präsidentin, mit dem Künstler umgehend die dafür notwendigen Verträge abzuschließen.«

Jetzt wird von Christo und Jeanne-Claude wirklich alles aktiviert. Alle Freunde und Sammler, alle, die sie überhaupt kennen, werden gebeten, an ihren jeweiligen Bundestagsabgeordneten zu schreiben. Alle einflussreichen Freunde auf der ganzen Welt bittet Jeanne-Claude, diesen oder jenen Politiker persönlich anzusprechen. Sie ist pausenlos am Telefon in New York.

Alle unsere Befürworter auf der Liste werden noch einmal angeschrieben: »Wir zählen auf Ihre Anwesenheit im Plenum.« Alle anderen bekommen noch einmal unsere Argumente für die Verhüllung zugeschickt.

Am 24. Februar 1994 gibt es noch eine heikle Situation zu überstehen. Die *Bildzeitung* macht eine Telefonabstimmung. Christo hat Angst, dass ein negativer Ausgang die Bundestagsentscheidung beeinflussen könnte. Das ganze Team besetzt alle verfügbaren Telefone im Hotel und tätigt »Pro« Anrufe. Von Peter Struck, Fraktionsführer der SPD und starker Unterstützer unseres Plans, hören wir außerdem, dass die CDU/CSU-Fraktion überraschend eine namentliche Abstimmung beantragt hat. Am Nachmittag wird klar, dass unsere Telefonarbeit fruchtlos war: Nur 20 Prozent der Bildleser sind für, 60 Prozent gegen das Projekt.

Wir haben jetzt mit insgesamt 350 Abgeordneten persönlich gesprochen, und die Liste der Befürworter besteht schließlich aus 309 Namen.

Am 25. Februar 1994 ist Vollmond; hoffentlich ein gutes Zeichen. Der Tag der Debatte beginnt für Christo bereits um 6.30 Uhr im Frühstücksfernsehen des WDR. Das Studio ist direkt gegenüber vom Eingang des Bundeshauses. Unser Team nimmt um 8.40 Uhr auf der Besuchertribüne Platz. In der Reihe vor uns Fotografen und Kameraleute. Ab 9 Uhr wird für 71 Minuten über ein Kunstwerk debattiert und anschließend abgestimmt, schon das ist ein in der Welt des Parlamentarismus einmaliger Vorgang. Darüber hinaus existiert dieses Kunstwerk noch gar nicht. Christo meint auf die Frage, warum das nun gerade im Bundestag entschieden werden muss: »Der Reichstag gehört 80 Millionen Deutschen. Diese 80 Millionen sind durch 662 gewählte Abgeordnete im Bundestag vertreten. Genau wie wir in Japan und Kalifornien bei den Schirmen mit den Landbesitzern, Reisbauern und Cowboys sprechen mussten, haben wir hier mit den Abgeordneten anstelle der 80 Millionen gesprochen, und diese entscheiden heute.«

Peter Conradi (SPD) eröffnet die Debatte mit den Worten: »Wir diskutieren heute und stimmen am Schluss darüber ab, ob der Künstler Christo das Reichstagsgebäude in Berlin 14 Tage lang mit Stoff umhüllen darf.« Zuruf von der CDU/CSU: »Einwickeln!« Conradi weiter: »Wir stimmen nicht über Kunst ab. Christos Umhüllung markiert einen Neubeginn.«

Als nächster Dr. Burkhard Hirsch (FDP): »Es sollte und muss in unserem Land noch Dinge geben, die für private Vergnügungen nicht zur Verfügung stehen. Es ist wichtig, dass der Reichstag dazugehört.«

Heribert Scharrenbroich (CDU/CSU): »Wir sollten Deutschland und Berlin die Chance geben, wieder auf die Weltbühne der Kunst zurückzukehren.«

Dr. Dietmar Keller (PDS/Linke Liste): »Ich stimme also mit Ja. Und sollte ich nicht das Glück haben, zu der Mehrheit zu gehören, dann empfehle ich Christo, den Antrag zu stellen, die Treuhand einzupacken.«

Konrad Weiß (Bündnis 90/Die Grünen): »Der Reichstag wird durch Christos Verhüllung nicht entweiht, er wird geadelt – so merkwürdig das für ein Haus der Demokratie auch klingen mag.«

Manfred Richter (FDP): »Das Bauwerk Reichstag verdient in der Tat Respekt. Dieses große Symbol der deutschen Geschichte wird durch Christos Projekt herausgehoben; es wird für eine große Zahl von Menschen Gegenstand besonderer Betrachtung und Auseinandersetzung.«

Dr. Wolfgang Schäuble (CDU/CSU): »Eine Verhüllung des Reichstags – Burkhard Hirsch hat es gesagt – würde aber nicht einen, nicht zusammenführen, sie würde polarisieren. Deshalb bitte ich Sie alle: Bedenken Sie die Gefahr, dass das Vertrauen vieler Mitbürger in die Würde unserer demokratischen Geschichte und Kultur Schaden nehmen könnte. Stimmen Sie mit mir und der großen Mehrheit meiner Fraktion einer Verhüllung des Reichstags nicht zu!«

Eike Ebert (SPD): »Meine Damen und Herren, so etwas tut man schlicht und einfach nicht!«

Dr. Ulrich Briefs (fraktionslos): »Die Verhüllung ist zumindest – diesen Wert hat sie – eine spektakuläre Aktion gegen nationales und gegen sonstiges deutsches Spießertum.«

Und als letzter schließt Freimut Duve (SPD) mit: »Lassen Sie uns diese neue deutsche, demokratische Gelassenheit durch ein großes Symbol für 14 Tage beweisen. Dann gehen wir mit großem Vergnügen und mit großem Ernst in den umgebauten Reichstag – wenn wir die Regierung stellen, Herr Bundeskanzler.«

Dann eröffnet die Bundestagspräsidentin die namentliche Abstimmung. Das bedeutet, dass jeder Abgeordnete seine Stimmkarte in der entsprechenden Farbe in den Kasten werfen muss. Blau steht für Ja, Rot für Nein und Weiß für Enthaltung. Der Bundeskanzler spielt schon während der letzten Beiträge mit seiner roten Karte, um allen zu zeigen, wie er stimmen wird.

Christo hört die Debatte über Kopfhörer in englischer Übersetzung und verfolgt mit ernstem Gesicht die Reden. Er klammert sich am Sitz fest. Die Abstimmung dauert sechs Minuten. Freimut Duve und Peter Conradi kommen zu Christo und meinen, die Sache sei verloren. Erst nach einer halben Stunde gibt Rita Süssmuth das Ergebnis bekannt: »Abgegebene Stimmen: 525, davon mit Ja: 292, mit Nein: 223, enthalten: 9, ungültig: 1. Der Antrag ist angenommen.« Wir können es kaum glauben! Alle Fraktionen applaudieren. Alle Kameras richten sich auf Christo. Viele der befreundeten Abgeordneten kommen auf die Tribüne und gratulieren Christo. Ich telefoniere mit Jeanne-Claude, die wegen eines wichtigen Sammlers in New York geblieben war. »Wir haben gewonnen!« rufe ich, und sie antwortet »Bravo, Bravo!« und verschickt sofort Faxe an alle, um den großen Erfolg zu melden. Rita Süssmuth bittet uns in ihr Büro, aber Christo muss sich zuerst für einige Zeit der riesigen Menge von Journalisten stellen.

Im Büro hinter dem Bundesadler angekommen, umarmt Rita Süssmuth Christo und das ganze Team. Ihre Büromannschaft ist in ausgelassener Stimmung. Rita Süssmuth gesteht, dass sie gegen sich selbst am Abend vorher fünf Flaschen Sekt gewettet hatte und jetzt zu ihrer großen Freude verloren hat. Als wir das Bundeshaus verlassen, kommt uns Außenminister Kinkel entgegen, ein erklärter Gegner. Er kennt das Abstimmungsergebnis noch nicht und ist vollkommen verdutzt über unsere ausgelassene Stimmung. Wir schütteln dem sprachlosen Minister fröhlich die Hand.

Die anschließende Pressekonferenz findet im Kunstmuseum statt. Christo und Jeanne-Claude hatten darauf bestanden, denn: »Schluss mit den politischen Orten, nach der Abstimmung geht es nur noch um Kunst.« Für beide möglichen Ergebnisse waren in dem Raum Bilder vom *Verhüllten Reichstag* und von *Over the River* aufgehängt, um für alles gerüstet zu sein.

Christo auf der Pressekonferenz: »Jetzt endet die Software-Periode, und die Hardware-Periode beginnt.«

Am nächsten Morgen gibt es in Deutschland keine Zeitung, die nicht auf der Titelseite über die Abstimmung berichtet. Auch international gibt es ein großes Echo. Allseits wird ausführlich beschrieben, dass das deutsche Parlament sich dafür entscheidet, ein Symbol der deutschen Geschichte vorübergehend zum Kunstwerk zu erheben.

Die Aufgaben werden verteilt: Roland Specker übernimmt den kaufmännischen Teil, die technische Leitung wird mir übertragen, und Michael Cullen wird der Historiker des Projekts. Christo ist überglücklich, endlich wieder im Studio in der Howard Street zeichnen zu können. In den vergangenen zwölf Monaten waren er und Jeanne-Claude über 180 Tage in Bonn und Berlin, so dass in dieser Zeit sehr wenige Arbeiten entstanden sind, und ein großer Nachholbedarf besteht.

Die Hardware-Arbeit beginnt am 10. März 1994. Ein Gebäudevermesser, Seilhersteller, Nähereien, Statiker, Stahlbauer und nicht zuletzt eine Mannschaft für die Installation müssen gefunden, ein Vertrag mit dem Bundestag muss formuliert werden.

In New York bestehen die üblichen Verpflichtungen für Christo und Jeanne-Claude weiter. Im April 1994 kommt es bei einem Vortrag der beiden in der Kunstschule Cooper Union zu einem kleinen Vorfall, der aber weitreichende Folgen hat. Ein älterer Herr aus dem Publikum stellt in der Diskussionsrunde die Frage: »Und wie geht es denn dem jungen Poeten, dem Sohn von Christo?« Eine freundliche Frage, die leicht zu beantworten war: Cyril hatte mit einigen schon veröffentlichten Gedichtbänden bereits Erfolg erzielt. Das Schockierende an dieser Bemerkung lag aber darin, dass nun sogar auch bei der Elternschaft Jeanne-Claude überhaupt nicht erwähnt wurde. Das verstärkte ihrer beider Bedürfnis, Jeanne-Claudes Rolle endlich angemessen zu benennen. Dass es zu dieser Einseitigkeit gekommen war, erstaunt nicht. Denn als sie nach Amerika gingen, dachten sie zu Recht, dass es für einen ausländischen Künstler allein schon schwer genug war, in New York Fuß zu fassen. Daher hatten

sie nicht den Mut, zusammen als Künstlerpaar in diese
fremde Welt einzutreten: Es war immer nur die Rede von
Christo, obwohl die künstlerische Arbeit gemeinsam geleistet wurde. Wie nötig es war, diesen Fehler auszumerzen,
zeigt die Frage des Zuhörers nur zu deutlich. Von nun an
werden sie nur noch als Autorenpaar für ihre Kunstwerke
verantwortlich zeichnen.

Am 6. Mai 1994 wird schließlich in Zusammenarbeit mit
den beiden Rechtsanwälten der Christos, Scott Hodes aus
Chicago und Peter Raue aus Berlin, die Verhüllter Reichstag
GmbH gegründet. Geschäftsführer der Gesellschaft sind Ro-
land Specker und ich. »Gegenstand der Gesellschaft ist die
Verhüllung des Reichstags in Berlin.« Alleiniger Eigner der
Geschäftsanteile ist die Wrapped Reichstag Corporation,
New York, die wiederum Tochtergesellschaft der C.V.J. Cor-
poration ist.

In erster Zusammenarbeit mit IPL, einem Ingenieurbüro
in Radolfzell, findet im Juli 1994 in Konstanz wiederum ein

Berlin 1995: Die beiden Projektleiter von *Verhüllter Reichstag*, Wolfgang Volz
und Roland Specker. (Foto: Sylvie Volz)

geheimer Test statt. Jeanne-Claude selbst hat in New York ein kleines Modell genäht mit dem Faltenwurf, der ihr und Christo vorschwebt. Dies ist die Grundlage für den Entwurf des Gewebes für einen nachgebildeten Teil des Reichstagsdachs, den IPL auf einem modernen Gebäude aus Gerüstbauteilen hat nachbauen lassen. Mit Christo und Jeanne-Claude kommen aus den USA auch Vince Davenport und Mitko Zagoroff. Das Gebäude ist gleich hoch wie der Reichstag, und so können wir ausprobieren, wie das Gewebe entrollt und befestigt werden kann. Die Menge des zusätzlichen Gewebes, die Dicke und die Farbe der Seile werden ermittelt.

Bereits jetzt haben die langwierigen Materialtests beim Bundesamt für Materialforschung und -prüfung in Berlin begonnen. Neben vielen anderen Kriterien ist die Schwerentflammbarkeit der Hauptprüfungspunkt. Selbst ein Freilandtest mit Molotow Cocktails wird mit der Feuerwehr durchgeführt. Glücklicherweise weigert sich unser Stoff standhaft, zu brennen.

Die Näharbeiten werden ausgeschrieben. Im August, während Christo und Jeanne-Claude zusammen mit Tom und Simon wieder auf Flusssuche durch den amerikanischen Westen fahren, beginnt die Firma Schilgen mit dem Weben des Polypropylengewebes, und die Firma ROWO Coating in Herbolzheim bei Freiburg fängt im September damit an, in der Vakuumkammer das Gewebe mit Aluminium zu bedampfen. Insgesamt 109 400 Quadratmeter sind bestellt worden. Die Suche nach einer Halle beginnt, die groß genug ist, die fertig genähten Sektionen des Verhüllungsgewebes zu prüfen und dann zusammenzurollen. Nur gut geschützte, großflächige Hangars kommen in Frage. Roland Specker hat die undankbare Aufgabe, die Vertragsverhandlungen mit dem Bundestag zu führen. Den ganzen Sommer hindurch wird unter der Führung des Bezirksamts Tiergarten mit den verschiedensten öffentlichen Stellen, wie Polizei, Feuerwehr usw. verhandelt, um die vielen Genehmigungen einzuholen.

Christo und Jeanne-Claude halten zahlreiche Vorträge über den *Verhüllten Reichstag* in verschiedenen deutschen Städten. Die meisten dieser Besuche waren schon in der Bonner Zeit mit Abgeordneten auf deren Wunsch vereinbart worden. Im Erdgeschoss des Gebäudes Ebertstr. 27, direkt hinter dem Reichstagsgebäude, bezieht die Verhüllter Reichstag GmbH ihr Büro. Außer Büros gibt es auch einen großen Besprechungsraum mit genug Platz an den Wänden für eine umfangreiche Ausstellung von Originalarbeiten über den *Verhüllten Reichstag.*

Am 18. Oktober 1994 wird endlich nach siebeneinhalb Monaten Vertragsverhandlungen der »Vertrag über die kurzzeitige Nutzung des Reichstagsgebäudes durch Christo und Jeanne-Claude« in Bonn von Rita Süssmuth, Roland Specker und mir unterschrieben. Darin wird unter vielen anderen Dingen auch der Zeitraum der Verhüllung auf den 17. Juni bis 6. Juli 1995, nach der Asbestsanierung des Gebäudes, festgelegt.

Am 10. November 1994 wird Rita Süssmuth vom neuen Bundestag wiedergewählt, und am folgenden Tag reichen wir beim Bezirksamt Tiergarten den 20 Kilo schweren Bauantrag für die Verhüllung ein.

Am 29. November findet die lang vorbreitete gemeinsame Pressekonferenz im Reichstag statt. Rita Süssmuth kommt vorher mit ihrem Tross in unser Büro und sorgt sofort für absolutes Chaos. Es muss vorher schon einiges schief gelaufen sein, denn sie ist wie verwandelt und greift die Christos, uns und sogar ihre eigenen Leute an. Sie stellt die Frage, ob sie richtig beraten gewesen sei, den Vertrag zu unterschreiben. Als die Pressekonferenz mit Christo und Jeanne-Claude sehr harmonisch abläuft und sie gemeinsam den Termin für die Verhüllung bekannt geben, der bis dahin erfolgreich geheimgehalten worden war, glätten sich die Wogen. Frau Süssmuth ist der Ansicht, man solle öfters gemeinsame Pressekonferenzen abhalten.

Anfang Dezember werden wir mit zwei Nähereien einig. Es wird sowohl bei der Firma Spreewaldplanen in Vetschau

Berlin 1994: Im *Verhüllter-Reichstag*-Büro. V.l.n.r.: Sylvie Volz, Roland Specker, Bruno Zahner, Peter Raue, Scott Hodes und Christo. (Foto: Wolfgang Volz)

in der Nähe von Cottbus als auch bei der Firma Zeltaplan in Taucha bei Leipzig genäht werden. Die ersten vier Sektionspläne sind bei IPL fertig geworden, und am 2. Januar 1995 soll das Nähen beginnen. Später müssen wir unter dem Zeitdruck noch als dritte Näherei Canobbio in Castelnouvo Scrivia in Norditalien dazunehmen, was zwar die Koordination erschwert, aber für eine pünktliche Fertigstellung unabdingbar ist.

20

Das wilhelminische UFO

Die gesamte Oberfläche des Reichstagsgebäudes inklusive der Innenhöfe war für uns vermessen worden, woraus sich dann eine Menge von 109 400 Quadratmetern Gewebe ergab. Darin war auch eine fünfzigprozentige Zugabe enthalten, um den von den Künstlern gewünschten Faltenwurf zu ermöglichen. IPL teilte in seinen Zuschnittsplänen diese Fläche in 70 Sektionen auf, die von den Nähereien Stück für Stück zusammengenäht wurden. Jede Sektion hatte ihren präzisen Platz auf dem Gebäude und war der Oberfläche dreidimensional genau angepasst.

In dem von uns angemieteten Hangar breiten wir jede fertige Sektion aus, vermessen sie und rollen sie auf. Den Ort des bewachten Hangars halten wir aus Angst vor Sabotage geheim. Seit bei den Vorbereitungsarbeiten zu *Running Fence* 1975 mehrere Sabotageaktionen gegen unser damaliges Equipment verübt worden sind, achten Christo und Jeanne-Claude extrem auf Sicherheit. Das unbeheizte Hangargebäude liegt auf dem ehemaligen sowjetischen Flugplatz Werneuchen im Osten von Berlin und ist mit 3000 Quadratmetern gerade groß genug. Nur dort ist es möglich, die bis über 2000 Quadratmeter großen Sektionen überhaupt als Ganzes zu prüfen. Die große Angst ist natürlich, dass die Verkleidung eventuell zu kurz sein könnte. Wir messen immer wieder die Sektionen nach und vergleichen die Zahlen mit den Messungen am Reichstag. Die Nähereien haben einen harten Job, denn die Gewebemassen einer Sektion können bis zu 1200 Kilo wiegen.

Am 28. Januar 1995 sind Christo und Jeanne-Claude zur

Eröffnung im Museum Würth in Künzelsau. Reinhold Würth hatte die beiden gebeten, zur ersten Ausstellung seiner Christo-Arbeiten eine spezielle Installation im Museum zu kreieren. Christo, Josy Kraft, Simon Chaput und Vladimir Yavachev verhüllen mit etlichen Helfern die Fußböden und Treppen, sowie die Möbel des Museums, wie auch einen Teil der Würth-Hauptverwaltung. Auch die Oberlichter sind mit Packpapier zugeklebt, so dass die Installation in honigfarbenes Licht getaucht wird. Viele empfinden die Eröffnung der Ausstellung wie einen Testlauf für den Erfolg des Reichstagsprojekts, sozusagen eine Probe aufs Exempel. An diesem Samstag kommen so viele Besucher, dass man von der eigentlichen Verhüllung des Fußbodens kaum etwas sehen kann. Die Probe ist bestanden.

Und schon drei Tage später erleben Christo und Jeanne-Claude einen weiteren Triumph. Auf dem Weltwirtschaftsforum in Davos bekommen sie den Crystal Award verliehen und halten einen Vortrag über ihre Arbeit mit Schwerpunkt *Verhüllter Reichstag*. Anschließend geben sie eine Pressekonferenz. Auf der Rednerliste steht auch Bundeskanzler Kohl, die drei treffen allerdings nicht zusammen.

Nachdem die 450-seitige Ausschreibung für die Stahlunterbauten des Reichstags verschickt worden war, erhalten wir aus den verschiedensten Richtungen Angebote für diese Arbeiten, sogar aus Tschechien. Den Auftrag über 2,8 Millionen Mark bekommt schließlich ein Betrieb in den neuen Bundesländern, die Firma Stahlbau Zwickau mit Fabriken in Chemnitz und Zwickau, die auch sofort mit der Fabrikation beginnen müssen.

Für die Seile hatte sich IPL ein ziemlich kompliziertes Verfahren einfallen lassen. Genau wie die Gewebesektionen hat jedes Seil seinen bestimmten Platz am Gebäude. Hergestellt wurden die 3,2 Zentimeter dicken, blauen Polypropylenseile mit einer Gesamtlänge von 15 600 Metern bei der Firma Gleistein in Bremen.

Christo und Jeanne-Claude halten in der Royal Academy in London einen Vortrag und essen anschließend mit Sir

Norman Foster, dem Architekten des Reichstagsumbaus zu Abend. Sir Norman hatte bereits die Howard Street besucht und versichert bei dem Essen wieder, dass er die Kunst von Christo und Jeanne-Claude schon immer bewundert habe und alles tun werde, um eine reibungslose Zusammenarbeit zu garantieren. Wir hatten auch bereits beste Erfahrungen in der Zusammenarbeit mit seinem Berliner Büro und dessen Leiter Mark Braun gemacht, die ein Stockwerk über unserem ihre Räume hatten.

Von Anfang an war klar, dass Christo und Jeanne-Claude bei der eigentlichen Verhüllung keinerlei Maschinerie um den Reichstag haben wollen, also keine Kräne, keine Hebsteiger und auch keine Gerüste. Die Verhüllungsarbeit soll von Menschen durchgeführt werden. Da in der ehemaligen DDR solche Gerätschaften sowieso kaum existierten, gab es dort viele Handwerker, die ihre Arbeit hauptsächlich am Seil hängend durchführten. Das konnte bei der Renovierung von historischen Fassaden, dem Decken von Kirchendächern oder dem Verfugen von Industrieschornsteinen der Fall sein. Logisch, dass sie bei der Suche nach der Mannschaft für die Verhüllung an erster Stelle standen. Einige von ihnen hatten uns auch schon kontaktiert. Der deutsche Arbeitsschutz verlangte allerdings, dass alle eine Ausbildung durch zugelassene Lehrer absolvierten und eine Prüfung ablegten. So gab es schließlich eine Gruppe von 90 professionellen Kletterern mit speziellem Zertifikat für den Reichstag. Zusammengestellt und geführt wurden diese Kletterer von Frank (Selle) Seltenheim und Robert (Robbie) Jatkowski.

Am 21. März 1995 kommt die offizielle Baugenehmigung vom Bezirksamt Tiergarten. »Mit den Bauarbeiten darf begonnen werden.«

Anfang April treffen die ersten der insgesamt 200 Tonnen schweren Stahlunterkonstruktionen am Reichstag ein. Diese Gebilde haben die Aufgabe, die Konturen des Reichstags zu akzentuieren und die Befestigung der Gewebesektionen zu ermöglichen. Die wiederum müssen mit der tragenden Struktur des Gebäudes durch die Dachhaut hindurch verbunden werden. Das Gebäude war inzwischen im Auftrag der Denkmalschutzbehörde auf Kosten von Christo und Jeanne-Claude mit einer Spezialkamera aufgenommen worden, um den Zustand vor der Verhüllung zu dokumentieren. Vince Davenport ist aus Washington State nach Berlin gekommen und hilft mir bei der Überwachung der Arbeiten am Gebäude. Die gesamte Dachlandschaft wird überbaut, damit man sich auf dem Dach frei bewegen kann. Täglich treffen neue vorfabrizierte Stahlkonstruktionen am Reichstag ein. Rund um den Reichstag werden Gewichte aus Stahlbrammen abgelegt, an denen der Stoff unten befestigt werden soll, da wir nicht in den Gehsteig bohren dürfen – in die Fassade natürlich sowieso nicht. Die Stahlkäfige umbauen die Urnen und Statuen auf und am Reichstag und werden noch mit Hauben zugedeckt, damit das Gerippe nicht durchscheint.

Im Mai und Juni finden im Büro in der Ebertstraße regelmäßig Baustellenbesprechungen statt, an denen Christo und Jeanne-Claude, wenn sie gerade in Deutschland sind, teilnehmen. Sie überqueren im Frühjahr allein zehn Mal den Atlantik. Jeanne-Claude hat nachgezählt: Insgesamt sind sie für das Projekt 54 Mal nach Deutschland gekommen.

Am Geburtstag der beiden am 13. Juni 1995 ist Jeanne-Claude schon ganz nach Berlin umgezogen, Christo aber immer noch schwer im Studio mit letzten Reichstagsarbeiten beschäftigt. Die gesamte Büromannschaft mit Jeanne-Claude als Erster steht am Telefon Schlange, um Christo zu gratulieren.

Ab dem 14. Juni 1995 sind Jeanne-Claude und Christo beide vor Ort, und die Registrierung der Monitore beginnt. Unter der Leitung von Roland und Simon wird eine Gruppe von insgesamt 1200 Monitoren angeheuert, die, nachdem sie ihre Projektuniform, das nach Vorgaben von Christo und Jeanne-Claude von Sylvie entworfene T-Shirt, bekommen haben, eine umfangreiche Ausbildung erhalten. Diese Monitore sind die Botschafter von Christo und Jeanne-Claude rund um den Reichstag. Einerseits stellen sie sicher, dass der

Verhüllung kein Schaden zugefügt wird; andererseits sind sie es, die die kleinen, sehr begehrten Stoffstücke an die Besucher verteilen. Sie sind vom Beginn der Verhüllung bis zum Abschluss des Abbaus rund um die Uhr präsent, verteilen Infoblätter und erklären jedem, der es wissen will, die Details der Kunst von Christo und Jeanne-Claude.

Dann fahren endlich am 16. Juni 1995 morgens um 2 Uhr die sieben Tieflader, beladen mit allen 70 gerollten Gewebesektionen am Hangar in Werneuchen unter Polizeischutz los. Pünktlich um 5 Uhr treffen sie am Reichstag ein. Für jeden der Lkw gibt es einen genauen Standplatz, damit die Rollen von den vier riesigen Kränen auf das Dach gehoben werden können. Weil das Gewicht der Rollen zwischen 500 und 2500 Kilo liegt, müssen wir hundertprozentig sicher sein, dass jede der Rollen auch wirklich an dem dafür bestimmten Platz auf dem Dach des Reichstagsgebäudes zu liegen kommt. Die Rollen sind so schwer, dass die Dachmannschaften keine Korrekturen mehr von Hand durchführen können, wenn die Kräne am Abend erst einmal abgebaut sind. Zusammen mit Christo und Jeanne-Claude gehe ich jede einzelne Rolle ab und trage sie in meine Listen ein. Chefkletterer Selle macht den gleichen Durchgang in umgekehrter Reihenfolge, und so liegt am Vorabend des 17. Juni 1995 alles bereit.

Hinter dem Bauzaun rund um das Gebäude hatten sich mittlerweile die Vertreter der gesamten Weltpresse und viele Besucher versammelt. Um eventuelle Anlaufschwierigkeiten nicht gleich publik werden zu lassen, verhüllen wir am ersten Tag nur die Innenhöfe – glücklicherweise gibt es keine Pannen.

Am Morgen des 18. Juni, einem Sonntag, beginnen wir mit den Außenfassaden. Viele gespannte Zuschauer warten auf die Aktion. Gegen 8 Uhr kommt eine Sturmwarnung vom Wetteramt. Die Sicherheitsvorschriften lassen Arbeiten nur bis Windstärke 5 zu. Dieser Sturm soll aber heftiger sein. Nach kurzer Beratung brechen wir die Arbeiten ab, und Selle schickt seine Kletterer nach Hause. Vom Dach des

Reichstags gebe ich den Zuschauern über Megafon die Nachricht bekannt. Aber der Sturm kommt nicht. Ein kleines, sanftes Lüftchen weht, das ist alles. Christo ist verzweifelt und wütend. Er macht mir Vorwürfe und fragt, ob ich nicht die Arbeiter zurückrufen könnte. Doch die sind längst weg, irgendwohin. Also geht es erst am nächsten Morgen weiter. Nur die Presse freut sich, denn solche Probleme sind beliebt und der Stoff für ihre Artikel. Unser Zeitplan ist total durcheinander, und die schönen farbigen Aufstellungen für jede Schicht sind Makulatur.

Dann aber läuft wieder alles wie am Schnürchen. Christo und Jeanne-Claude rennen um das Gebäude, geben Ratschläge auf dem Dach und rufen verzweifelt nach Selle oder mir, sobald ein Problem auftaucht. In solchen Situationen sind oft mehrere Übersetzungen notwendig, vom Englischen ins Deutsche und dann noch eventuell ins Sächsische oder Bayrische, je nachdem, welche Kletterergruppe gerade aktiv ist. Jeden Tag kommen mehr Zuschauer und klatschen Beifall, wenn wieder eine Sektion erfolgreich bis zum Boden abgerollt ist. Das Bangen um zu kurze Kleider für den Reichstag ist vorbei.

Die Kniffe für den richtigen Faltenwurf waren bereits im Hangar fixiert worden. So konnten Christo und Jeanne-Claude nur noch kleinste Korrekturen vornehmen lassen, nachdem eine Sektion abgerollt war. Die *New York Times* veröffentlichte später ein Foto von den beiden mit der Bildzeile: »Christo und seine Frau Jeanne-Claude dirigieren die Verhüllung des Reichstags.« Auf dem Bild sind beide mit ausgestrecktem Arm zeigend zu sehen, sie zeigen aber in vollkommen entgegengesetzte Richtungen.

Das Wetter ist inzwischen ausgesprochen angenehm geworden. Die kalten, regnerischen Tage sind endgültig vorbei, nur noch einmal müssen die Arbeiten kurz unterbrochen werden. Bereits jetzt sind rund um die Uhr Zuschauer da, die alle unsere Schritte, speziell die von Christo und Jeanne-Claude, genauestens verfolgen. Der Sender Freies Berlin hat vor dem Reichstag ein Übertragungsstudio eingerichtet, wo unter freiem Himmel pausenlos über das Schauspiel berichtet wird. Die Christos, Roland und ich werden regelmäßig interviewt, so dass man die Verhüllung am Bildschirm fast live miterleben kann.

Zum Schluss wird von den Kletterern das blaue Seilnetz gespannt. Diese Seile entsprechen nicht nur den ästhetischen Vorstellungen der Künstler, sondern sind gleichzeitig die statische Garantie, dass das Gewebe eng genug am Gebäude anliegt und der Wind es nicht zu fassen bekommt. Das Gewebe muss sich aber noch soviel bewegen können, dass die Verhüllung den Reichstag quasi atmen lässt und so eine dynamische Skulptur entsteht. Die Montageleute waren angewiesen worden, die Halteseile, die durch die offenen Fenster hindurch innen an Haltestangen festgezurrt werden mussten, nicht allzu stramm zu ziehen. Viele Seile waren dann aber eher zu locker. Christo und Jeanne-Claude gefiel das überhaupt nicht, und sie legten oft selbst Hand an, um es zu korrigieren.

Während der ganzen Zeit am Reichstag hatten die beiden immer Begleiter dabei, einige Herren, und Jeanne-Claude ging auch oft Hand in Hand mit einer für die Medien unbekannten Dame. Man spekulierte schon, ob die beiden neuen Neigungen nachgingen und nun gleichgeschlechtliche Freunde hätten. Mitnichten: Die Damen und Herren waren Bodygards. Viele Freunde, die im öffentlichen Leben standen, hatten den beiden geraten, sich unbedingt solchen Schutz zu besorgen. Ob es wirklich nötig war, weiß man nicht, aber zumindest war es ganz praktisch. Es war nämlich für Christo und Jeanne-Claude so gut wie unmöglich, sich in der Öffentlichkeit zu bewegen, ohne dass sich eine große Traube von Besuchern um sie bildete, die alle Autogramme haben wollten. So konnten die beiden wenigstens vom Büro zum Reichstag gehen, ohne dass jemand zu aufdringlich werden konnte. Das ging nur, solange der Bauzaun bestand. Später wurde auch dies unmöglich, und die beiden mussten fast immer von den Bodygards gefahren werden.

Bei der Verhüllung der vier Türme des Reichstags kommt

noch einmal richtig Spannung auf, weil einige der Rollen-
kerne aus hochfester Pappe beim Abrollen auf den ersten
Metern durch die Lücke zwischen den großen Statuenkäfigen
in der Mitte durchbrechen und sich damit weigern, weiter
gleichmäßig in die Tiefe zu gleiten. Bei den Rettungsversu-
chen steuerte natürlich jeder den besten Ratschlag bei, wie
man vorgehen solle. Die lautstarken Anweisungen von Christo oder Jeanne-Claude werden sofort in die Tat umgesetzt. Oft
hilft ein Schritt zurück und kurzes Nachdenken. Die Crews
kommen auf die Idee, die Lücke zwischen den Käfigen durch
Gurtbänder zu überbrücken, und dann rollt es auch reibungslos, und alle klatschen wieder. Jeden Tag sind die Schaulustigen aufs Neue begeistert von den akrobatischen Aktivitäten
der Kletterer. Sie sind die klaren Helden der Verhüllungs-
aktion, die am 24. Juni 1995 schließlich abgeschlossen wird.

Da sich die Menge der Besucher in den letzten Tagen hinter dem Bauzaun langsam ungeduldig zeigte, wurde dieser
dann vorsichtshalber morgens um 5 Uhr abgebaut. Wir hatten Angst, dass die ersten angekündigten Vandalen auftauchen und alles Erdenkliche mit dem dann zugänglichen
Stoff anfangen würden. Es hatte Warnungen von allen Seiten
gegeben, dass so etwas passieren könnte. Die Sprayer waren
von einem anonymen »Kollegen« zu einem Graffiti-Wettbe-
werb aufgerufen worden – ich wappnete mich vorsichtshalber mit vielen Dosen Silberfarbe. Den ersten von der Feuerwehr befürchteten Brandanschlag hatte es bereits gegeben.
Am 19. Juni 1995 um 3 Uhr morgens hatte tatsächlich ein
Geistesgestörter vom Tiergarten in Robin-Hood-Manier
einen Brandpfeil auf das Gewebe abgeschossen. Doch die
schwer entflammbare Imprägnierung des Stoffes bewährte
sich, und es entstand nur ein vier Zentimeter großes Loch.
Die Presse schrieb ausführlich darüber, und so war es dann
auch der erste und letzte Versuch dieser Art.

Überhaupt waren alle schlimmen Befürchtungen zum
Glück umsonst gewesen. Nachdem der Bauzaun weg war,
stürmten alle auf das Gebäude zu, wollten aber nicht mehr,
als nur endlich das Gewebe berühren. Das war alles. Die

ganzen folgenden zwei Wochen hindurch konnte man immer wieder beobachten, wie die Besucher fast ehrfurchtsvoll an die Verhüllung herantraten und den Stoff vorsichtig berührten, wie es eben einem Kunstwerk gebührt. Einige kleine Stücke wurden zwar herausgeschnitten, was schnell wieder repariert werden konnte, aber ansonsten passierte gar nichts, und meine Farbdosen blieben alle ungenutzt. Christo und Jeanne-Claude meinten, dass die Besucher einander gegenseitig kontrollierten und sicherstellten, dass dem Kunstwerk kein Schaden zugefügt wurde.

Insgesamt strömten fünf Millionen Besucher herbei und umlagerten den Reichstag rund um die Uhr. Sie beobachteten den ständigen Wechsel der Farbe und die sanfte Bewegung des Stoffes. Die silbrige Oberfläche reflektierte die jeweilige Färbung des Himmels. Frühmorgens begann das Schauspiel mit rosa bis orangerot, gegen Mittag war es ein tiefes Blau, um dann abends über Gold wieder zum feinen Rosa zurückzukehren. War es wolkig, war der Stoff in ehernes Grau getaucht, war es sonnig, glitzerte er silbern und golden. Dazwischen gab es Tausende von Schattierungen. Der Wind spielte mit der Verhüllung, und man hatte den Eindruck, die Fassaden des Gebäudes kämen in Bewegung, genau wie Christo und Jeanne-Claude es gehofft und vorausgesagt hatten.

Jeanne-Claude: »Der Wind ist unser bester Freund, aber gleichzeitig unser größter Feind.« Der Wind hatte uns ja während der Installation der Turmsektionen einige Male in atemberaubende Schwierigkeiten gebracht, die es zu meistern galt.

Die Verhüllung verzaubert alles und alle.

Christo und Jeanne-Claude sagen immer, sie tun, was sie tun, für sich selbst und vielleicht für ihre Freunde. Das mag so sein, aber trotzdem war es ein Vergnügen, den beiden zuzusehen, wie sie sich in dem Erfolg und der damit verbundenen Menschenmenge badeten. Das UFO, wie verschiedene Zeitungen den verhüllten Reichstag beschrieben hatten, war gelandet.

Was die besonderen Freunde betrifft, so genossen sie bei diesem Projekt ein spezielles Privileg: Christo und Jeanne-Claude führten sie auf das Dach des verhüllten Reichstags. Man konnte das Dach nur durch einen Treppenaufgang vom südlichen Lichthof erreichen. Oben angelangt, leiteten dann die beiden die Besucher über die märchenhaft verwandelte Dachlandschaft aus Verhüllungsstoff. Man hatte den Eindruck, durch eine glitzernde Winteridylle oder über den Nordpol zu spazieren. Zugang zum Gebäude hatten zu diesem Zeitpunkt nur Christo, Jeanne-Claude und diejenigen, die einen von der Verhüllter Reichstag GmbH ausgestellten Ausweis hatten. Der Schlüssel zum Gebäude war in meiner Tasche. Selbst der Direktor des Reichstags, Hans-Jürgen Heß, kam eines Tages halb wütend, halb belustigt in mein Büro und verlangte einen Ausweis, weil er nicht in »sein« Haus gelassen worden war.

Wann immer man zum Reichstag und insbesondere auf die Wiese vor dem Gebäude kam, waren beeindruckend viele Menschen dabei, das Kunstwerk zu genießen. Eine große Anzahl verbrachte auch die Nacht im Schlafsack vor dem Reichstag. Es wurden kleine Partys gefeiert, Picknicks gehalten, getanzt, Musik gemacht, und bei Nacht war in den Büschen auch sonst einiges los. Wenn man vor den Scheinwerfer der nächtlichen Beleuchtung trat, projizierte sich der Schatten der Person riesenhaft auf die Stoffoberfläche. Tänzerinnen nutzten dies zu persönlichen Darbietungen, die sich ab und zu auch mal zu einem Striptease entwickelten.

Christo und Jeanne-Claude schreiben in ihrem Pressetext: »Die ganze Kunstgeschichte hindurch haben Stoffe und Gewebe die Künstler fasziniert. Von den ältesten Zeugnissen der Bildenden Kunst bis hin zur Kunst der Gegenwart ist die Struktur von Stoffen – Faltenwürfe, Plissees, Draperien – ein bedeutender Bestandteil von Gemälden, Fresken, Reliefs und Skulpturen aus Holz, Stein und Bronze. Die Verhüllung des Reichstags mit Gewebebahnen folgt dieser klassischen Tradition. Stoffbahnen – wie die Kleidung oder die Haut –

haben etwas Zartes und Empfindliches, sie verdeutlichen die einzigartige Qualität des Vergänglichen.

Für einen Zeitraum von zwei Wochen ergab die verschwenderische Fülle von Tausenden von Quadratmetern des silbrig glänzenden, mit blauen Seilen vertäuten Gewebes einen üppigen Fluss vertikaler Falten, die Bestandteile und Proportionen des imposanten Baues hervorhoben und die wesentlichen Merkmale des Reichstagsgebäudes vor Augen führten.«

Um den Berlinern einen Gefallen zu tun, hatten Christo und Jeanne-Claude sich bereit erklärt, eine Sonderausgabe der Zeitung *Der Tagesspiegel* zu signieren. Am 28. Juni 1995 morgens um 5 Uhr beginnt die Aktion und die Schlange der Wartenden steht bereits eineinhalbmal um den Reichstag herum. Bis 11 Uhr signieren sie an einem Tisch vor dem Westportal insgesamt 17 000 Exemplare.

Viele, ja sehr viele Politiker kamen zum Reichstag und sonnten sich in dem Erfolg des Projekts. Natürlich konnte sich niemand an die 223 Gegenstimmen im Bundestag erinnern, alle waren schon immer dafür gewesen. Außer Kanzler Helmut Kohl, der von Journalisten nach seiner Meinung zum *Verhüllten Reichstag* gefragt, nur antwortete, da gehe er nicht hin, lieber trinke er einen Kaffee am Kudamm. Sogar Wolfgang Schäuble kam, und es gefiel ihm: Einige Jahre später gab er sogar öffentlich zu, dass er sich in dieser Sache wohl geirrt hätte und dies bereue.

Am 7. Juli 1995 soll der Abbau beginnen, und am Abend vorher kommen auf den letzten Drücker alle, die es bis dahin noch nicht geschafft hatten. Die Polizei zählt auf der Wiese und um den Reichstag 500 000 Besucher. Es ist so voll, dass man sich kaum bewegen kann. Christo und Jeanne-Claude sind ein letztes Mal auf der Pressetribüne am westlichen Ende der Wiese, von wo aus man die ganze Wiese und den Reichstag sehen kann. Die Menschen klatschen ununterbrochen, und jedes Mal, wenn die beiden aufstehen und winken, jubelt die Menge, und viele schreien, ja jauchzen immer wieder »Christo! Jeanne-Claude!« Es ist wie beim

Schlussapplaus eines erfolgreichen Konzerts. Dieses Fest wird allen noch lange in den Ohren klingen. Christo und Jeanne-Claude fliegen zurück nach New York. Der Abbau wird in wenigen Tagen erledigt, die Materialien werden recycelt, und die Verhüllter Reichstag GmbH kann den Reichstag zum vereinbarten Zeitpunkt besenrein und vollkommen unbeschädigt zurückgeben.

Im Herbst 1995 bekommen Christo und Jeanne-Claude den Praemium Imperiale für Skulptur verliehen. Der Preis wird von der Japan Art Association vergeben und gilt als einer der wichtigsten Kunstpreise.

Für einige Tage kommen sie auch wieder in zwei verschiedenen Flugzeugen nach Düsseldorf, um das Bildmaterial vom *Verhüllten Reichstag* auszusuchen. Jeanne-Claude erzählt, dass sie von den Stewardessen besonders freundlich behandelt wird, weil alle sie aus dem Fernsehen kennen. Auch auf dem Frankfurter Flughafen wird sie alle paar Meter um ein Autogramm gebeten. Christo schmunzelt: »Ich bin froh, dass ich keine roten Haare habe, da erkennen mich die Leute nicht so leicht.« Die beiden fliegen nie im selben Flugzeug. Sie wollen sicher sein, dass, wenn ein Flugzeug abstürzt, der andere die laufenden Projekte zu Ende bringen kann. Das macht natürlich jede Reisevorbereitung und besonders Reiseänderungen ziemlich kompliziert. Christo weigert sich außerdem nach wie vor, mit einer DC 10 oder MD 11 zu fliegen – »zu unsicher« –, und ab und zu kommt auch eine ganze Fluggesellschaft auf den Index. Beide nutzen die Zeit im Flugzeug zum Lesen, Magazine, Zeitungen und alles mögliche sonst. In New York nimmt Christo sich außer für die *New York Times* nie die Zeit, etwas zu lesen. Beide lesen so gut wie nie ein Buch, dazu fehlt einfach die Zeit. Es gibt immer viel zu viele Texte, die überprüft werden müssen, und das verbraucht die ganze mögliche Lesezeit.

21

Reisen über den Fluss

Auf den Reisen durch den amerikanischen Westen in den Jahren 1992 bis 1994 und nach der Begutachtung von insgesamt 89 Flüssen hatten Christo und Jeanne-Claude eine vage Idee bekommen, wie die Auswahl der in Frage kommenden Flüsse für *Over the River* aussehen könnte. Die beiden waren sich aber nicht ganz sicher, welcher der sechs Flüsse in der engeren Auswahl nun der richtige war. Es gab außer den ästhetischen Gesichtspunkten ja durchaus auch praktische Dinge, die berücksichtigt werden mussten. So spielte der Höhenabstand der Böschung zur Wasseroberfläche eine große Rolle, damit die Fluss-Schifffahrt keine Probleme bekam. Auch die Zugänglichkeit des Orts war wichtig, damit das Ganze nicht unter Ausschluss der Öffentlichkeit stattfinden würde. Ein internationaler Flughafen sollte in der Nähe sein. Und so weiter. Daher beschlossen Christo und Jeanne-Claude im Sommer 1996, noch einmal die Flüsse der engeren Auswahl abzufahren und mit einer größeren Gruppe von Freunden zu beraten, welcher Fluss die meisten Vorteile auf sich vereinigte.

So wird im Juli 1996 die vierte Flussexpedition gestartet, dieses Mal mit größerem Aufwand und umfangreicher Begleitung. Außer Tom Golden, Simon Chaput, Vince Davenport, Harrison Rivera-Terreaux, Vladimir Yavachev, Sylvie und mir sind noch der Verleger Alexander Fils aus Düsseldorf und seine Freundin Adriana aus Brasilien dabei sowie für einige Zeit der Redakteur des *Spiegel* Jürgen Neffe und die Kunsthistorikerin Amei Wallach aus New York. Diese Gruppe vollzieht nun an den Flüssen immer wieder das gleiche, auf Außenstehende seltsam wirkende Ritual. Man hält in regelmäßigen Abständen entlang des Ufers an und schaut, beurteilt, wobei Sylvie oder ich fotografieren. Simon und Vladimir überqueren den Fluss im Schlauchboot, und es werden drei gelbe Seile über den Fluss gespannt. Sie simulieren drei der endgültigen Stahlseile, die später die Stoffpaneele festhalten werden. Vince erfindet wieder einmal eine geniale Konstruktion, mit der dann der Höhenabstand zwischen gelbem Seil und Wasseroberfläche gemessen wird. Tom notiert alle Messwerte.

Jeanne-Claude, die sich wieder mit japanischem Farmerhut, Handschuhen und Schirm vor der Sonne schützt, beobachtet mit dem Fernglas aufmerksam die Aktivitäten und sucht gleichzeitig die Gegend nach wilden Tieren ab. Sie liebt die Natur und die Wildnis. Gleichzeitig hat sie allerdings auch so viel Angst davor, dass sie sich, sobald sie den Wagen verlässt, von oben bis unten mit Anti-Insektenspray besprüht. Und immer ist sie voll bekleidet, egal wie heiß es ist.

Christo vermisst mit dem Auge die Landschaft, die Collagen und Zeichnungen entstehen schon im Kopf. Jeden Tag telefoniert Jeanne-Claude mit ihrem Büro in New York. Dies ist die immer gleiche Routine auf allen Reisen; wenn es wegen des Zeitunterschieds nicht per Telefon geht, dann per Fax im Hotel. Die Gruppe besucht den Arkansas und den Cache la Poudre River in Colorado, den Wind River in Wyoming, den Payette und Salmon River in Idaho sowie den Rio Grande in New Mexico.

Jürgen Neffe schreibt später im *Spiegel* über die Reise: »Wer das Leben für eine Kunst hält, in der es nur wenige zur Meisterschaft bringen, und die Ehe für einen Kampf, bei dem es nichts zu gewinnen gibt, sollte einmal das zielstrebigste und erfolgreichste Künstlerpaar auf Erden bei einer seiner Erkundungstouren erleben. Er sollte sehen, wie sie reisen und recherchieren, zwei aufgeschlossene Weltenbürger und unerbittliche Pedanten, die planen und staunen, Hand in Hand, oder feilschen und streiten, beide stur bis ins Mark und sprunghaft wie spielende Kinder, eben noch neurotisch und nervtötend, dann wieder nur nett und charmant – Hauptsache, es dient dem Sinn ihres Daseins, die Menschen mit Sinnlosem zu beglücken, mit dem Anblick flüchtiger Monumentalwerke aus Stoff und Stahl, und zwar um jeden Preis. [...] Sie leben seit 37 Jahren nicht nur in einer lebendigen Liebesbeziehung. Sie bilden auch, beide zart und zäh, eine perfekt arbeitsteilige Zweckgemeinschaft. [...] Wenn es stimmt, dass die Art, wie Leute reisen, etwas über das Wesen verrät, dann gehören die Eheleute Javacheff wohl zur Gruppe der Nomaden im Niemandsland ihrer eigenen Träume.«

Im Herbst 1996 kristallisiert sich immer klarer heraus, dass das Herz der beiden für den Arkansas River zwischen Salida und Cañon City schlägt. Wenn über das Projekt geredet wird, fällt dieser Name permanent. Jeder der anderen Flüsse wird stets mit dem Arkansas verglichen. Fast stillschweigend ist die Entscheidung gefallen. Deswegen ist es nur logisch, dass Christo und Jeanne-Claude im November 1996 die ersten Schritte wagen, um die Frage der Genehmigung anzugehen. Ein erster Besuch beim Bureau of Land Management (BLM) vermittelt den Eindruck, dass es hier eventuell gar nicht so schwierig werden könnte. Das gesamte Land auf beiden Seiten des Flusses auf der Strecke zwischen Parkdale Siding und dem anderen Ende kurz vor Salida ist unter der Verwaltung des BLM. Die Stoffpaneele sollen auf dieser Länge nicht durchgehend installiert werden, sondern es wird immer wieder Unterbrechungen geben. Diese Unterbrechungen sind entweder wegen eines natürlichen Hindernisses wie einem Baum, einem großen Felsberg, einer Brücke notwendig. Oder längere Unterbrechungen entstehen, weil das Flussufer nicht geeignet oder einfach nicht schön ist. So werden die Paneele eine Gesamtstrecke von sieben bis zehn Kilometer überdecken. Das Gewebe soll hoch über den Fluss gespannt werden, so dass der Fluss weiterhin ganz normal befahren werden kann. Der Arkansas gehört zu den beliebtesten Flüssen der Rafters, abenteuerlicher Schlauchbootfahrer, für die gerade dieser Abschnitt des Flusses wegen sei-

nes wilden Wassers besonders interessant ist. Daher wird das
Projekt sowohl von oben zu Fuß oder mit dem Auto als auch
von unten vom Flussufer und vom Boot aus genossen werden können. Kontakte zu den Fischern, den Rafters, den beiden Counties Fremont und Chaffee, zu den Naturschutzbe-
hörden, zum Department of Transportation, zur Colorado
State Patrol und speziell zum Parks Department werden
geknüpft. Christo und Jeanne-Claude besuchen tagelang
Vertreter dieser Organisationen. Alle hören geduldig zu,
und man bekommt den Eindruck, dass verständiges Einver-
nehmen besteht. Es wird allerdings auch klar, dass es ein
kompliziertes und eventuell langes Genehmigungsverfahren
geben wird. Es gibt viele betroffene Stellen, und die Öffentlichkeit muss unterrichtet werden, damit sie gegebenenfalls
Einwände vorbringen kann.

Im April 1997 werden deshalb in Salida und Cañon City
öffentliche Versammlungen abgehalten, bei denen Christo
und Jeanne-Claude die eingeladene Bevölkerung über das
Projekt informieren. Die Arkansas Headwaters Recreation
Area, für die Parkverwaltung zuständig, hat unter der Leitung von Parkranger Steve Reese diese Veranstaltungen organisiert. Diese staatliche Organisation war inzwischen zur
führenden Kraft im Genehmigungsprozess bestimmt worden. Die beiden Gemeinden sind sehr unterschiedlich, Salida
war in den sechziger und siebziger Jahren zeitweise eine Hip-
piegemeinde; Cañon City zeichnet sich dadurch aus, dass es
die Stadt mit den meisten Gefängnissen in den USA ist.
In Salida ist der Zustrom zu der Versammlung entsprechend
groß, und das Publikum zeigt sich begeistert über die Aussicht, die Christos in der Gegend willkommen heißen zu können. In Cañon City findet das Ganze im Kloster statt, und der
Empfang ist merklich kühler, ohne dass jedoch allzu viele
negative Stimmen laut werden.

Ende April treffen sich wieder alle Technikfreunde von
Christo und Jeanne-Claude in der Howard Street, um sich
erste Gedanken über die Realisierung von *Over the River* zu
machen. John Thomson erklärt uns, dass es über horizon-

Manhattan 1997: Treffen für das *Über den Fluss*-Projekt bei den Christos
zu Hause. V.l.n.r.: Wolfgang Volz, Christo, Simon Chaput (von hinten),
John Thomson, Vince Davenport, Jeanne-Claude und Vladimir Yavachev.
(Foto: Sylvie Volz)

tal gespannte Stoffbahnen keine wissenschaftlichen Untersuchungen gibt; für Segel und Flaggen gelten vollkommen
andere Gesetze. Wahrscheinlich wird es notwendig sein, solche Untersuchungen selbst in Auftrag zu geben. Über grundsätzliche Elemente können wir uns aber durch spontane
Tests mit Bettlaken einigen. Viele Fragen bleiben für einen
geplanten realen Test offen.

Auch hier möchten Christo und Jeanne-Claude nicht unbedingt die Öffentlichkeit dabei haben. Deshalb führen wir
auf einem Testgelände in der Nähe von Grand Junction
auf der anderen Seite der Rocky Mountains einen Versuch
durch. Es ist vollkommen abgelegen – und weist ähnliche
Formationen auf, wie sie am Arkansas River zu finden sind.
Vince Davenport sorgte für die Bodenanker, Stahlseile und
alle übrige Hardware, bei Stephan Schilgen sind einige Versionen verschiedenfarbiger und verschieden zusammenge-
setzter Stoffe bestellt. Ich zeichne die Zuschnitte für den
Stoff und lasse sie bei der Näherei von Günter Heckmann in
Emsdetten nähen.

Nur »Familienmitglieder« sind zugelassen, und so helfen
alle zusammen, fünf der 10 mal 36 Meter großen Paneele
über die Schlucht zu spannen. Einen Fluss darunter gibt es
nicht, nur ein Rinnsaal, aber die Dimensionen stimmen.
Jeanne-Claude sagt über diesen Test das Gleiche wie über

die meisten dieser Art: »Wir haben ungefähr 400 Dinge kennen gelernt, die so auf keinen Fall funktionieren, also ein großer Erfolg.« Eines können wir ohne jeden Zweifel feststellen: Das Gewebe lässt Wasser, sprich Regen, extrem gut durch; wir simulieren wahre Güsse, indem wir aus einem Tankwagen große Mengen Wasser auf die Paneele spritzen. Die Wasserdurchlässigkeit ist von großer Wichtigkeit, da die Kritiker vorgebracht hatten, dass das Projekt einen Wolkenbruch wohl kaum überstehen könne. Jack Gaby, der Chef-Cowboy der nahe gelegenen Ranch, beobachtet unser bizarres Spiel. Alle sind ziemlich genervt von der Vielzahl raffinierter Insekten, die einen so gut wie überall stechen. Speziell die sogenannten Nats, klitzekleine Tierchen, die im Ohr summen und dann stechen, oder eine andere Spezies, die aus Jeanne-Claudes Kopfhaut eine Hügellandschaft macht. Da die Tierchen besonders Frauenblut lieben, tragen schließlich alle weiblichen Teammitglieder Imkernetze, um das Ganze zu überleben.

Direkt aus dem Wilden Westen zurück werden Christo und Jeanne-Claude von dem berühmten Galeristen Ernst Beyeler nach Riehen bei Basel eingeladen, wo dieser gerade den letzten Bauabschnitt des Gebäudes für seine Museumsstiftung begonnen hat. Er plant eine Ausstellung im neuen Museum über die Rolle des Baumes in der Kunst und zeigt den beiden die Bäume um das Museum und im angrenzenden Park. Es wird der Plan gefasst, zur Eröffnung der Ausstellung diese Bäume einzuhüllen. *Wrapped Trees* (Verhüllte Bäume) ist neu geboren. Dieses Projekt war schon mehrere Male für verschiedene Orte, unter anderem 1966 für den Forest Park in Saint Louis, Missouri, und 1969 für die Champs Élysées in Paris, geplant gewesen und hat hier nun seinen Platz gefunden. Für dieses Vorhaben vermessen Sylvie, Selle und ich im Juli 1997 die Bäume mit Sextant und Messlatte, um die Gesamtmenge für das Gewebe bestimmen zu können. Die Christos haben vor, aus Japan ein von Masa besorgtes Gewebe zu verwenden, das dort im Winter regelmäßig benutzt wird, um die Bäume vor Frost und Schnee zu schützen. Die Bäume sind zwischen 2 und 25 Meter hoch, haben einen Durchmesser von 1 bis 14,5 Metern. Zu diesem Zeitpunkt werden Hüllen für 80 Bäume geplant, von denen natürlich jede genau passen soll.

Im September 1997 sind alle Mitspieler wieder am Testgelände in Colorado, und der Lernprozess geht mit neuen Stoffvarianten weiter. Christo und Jeanne-Claude wählen schon Karabiner für die Verbindung zwischen Stoff und Stahlseil aus, und es wird klarer, welche Richtung für die Farbe des Stoffes eingeschlagen werden soll. Wenn man unter dem Stoff steht, sieht man die Wolken und den blauen Himmel durch das Gewebe hindurch, und alles glitzert silbrig, da der Stoff mit einer metallischen Schicht überzogen ist – ein beeindruckendes Schauspiel vor den umgebenden Rocky Mountains. Unmittelbar auf den Test für *Over the River* folgt ein Test für *Wrapped Trees* in Emsdetten im Garten der Familie Schilgen. Stephan lässt uns einen Magnolienbaum in ein Gewebe einhüllen, das er dem japanischen Stoff nachempfunden hat. Stoffzugabe, Zuschnitt und Gewebequalität werden geprüft, und wir versuchen herauszubekommen, wie man mit möglichst wenigen Hilfsmitteln einen Baum einhüllen und verschnüren kann. Die beiden Künstler sind soweit zufrieden mit dem Ergebnis, weiteres soll in einem zweiten Test geklärt werden.

Im Dezember 1997 stellen sich Christo und Jeanne-Claude schon wieder der Öffentlichkeit bei weiteren Versammlungen in Cañon City und in Cotopaxi, das ungefähr in der Mitte des geplanten Projekts liegt. Dort kommen zu der Versammlung hauptsächlich Jäger oder Fischer, die gar nicht begeistert von dem Vorschlag für das Kunstwerk sind. Sie möchten ihr Tal vor Fremden schützen und fürchten sich vor dem Zustrom von Menschenmassen, der wahrscheinlich mit dem Projekt verbunden sein wird; allerdings besteht große Unklarheit, mit wie vielen Besuchern man realistischerweise rechnen kann – mit Paris oder Berlin kann man die Gegend sicher nicht vergleichen. Das ist das erste, richtig kritische Zusammentreffen, aber Christo und Jeanne-Claude schlagen sich tapfer. Einige von den lautstarken Kritikern scheinen von den Argumenten der Künstler zumindest ein wenig angetan zu sein und nehmen immerhin die Informationsblätter mit. Was allerdings besonders irritiert, ist die Tatsache, dass die anwesenden Offiziellen – bis jetzt eigentlich immer erklärte Freunde des Kunstwerks – sich sehr zurückhaltend und teilweise sogar gegen das Projekt aussprechen. Es wäre ja auch ein Wunder gewesen, wenn alles glatt ginge. Aber es hat sich wieder deutlich gezeigt, dass Erfolge an einem Ort unseres Planeten an einem anderen so gut wie wertlos sind, ja sogar gegen die Christos verwendet werden, wie hier, wo die Rednecks von mehreren Millionen Besuchern reden und damit Cotopaxi mit Berlin vergleichen.

Im Februar 1998 zeigt ein weiterer Baumverhüllungstest in Emsdetten, dass wir jetzt das richtige Gewebe haben und dass die Idee, einen Reißverschluss zum Schließen der Hülle zu benutzen, ausgezeichnet funktioniert. Außerdem werden die Farbe und der Durchmesser der Seile bestimmt. Damit haben wir grünes Licht für die Produktion.

Christo und Jeanne-Claude sind im April 1998 in Guelph in der Nähe von Toronto in Kanada, um bei der Firma RWDI drei miniaturisierte Paneele für *Over the River* einem Windkanaltest zu unterziehen. Die Formation des Arkansas-Tals wurde nachgebildet und mit künstlichen Windwiderständen versehen, um entsprechende Verwirbelungen zu erzeugen. Die bindfadendicken Ministahlseile sind mit Messelementen ausgestattet, womit die Belastungen der Verankerungen gemessen werden. Die Versuche beginnen in unserem Beisein und geben dann nach vier Wochen ein gewisses Bild über die Kräfte, die da walten.

Inzwischen steht schon ein anderes Vorhaben vor der Tür. Prof. Karl Ganser, Leiter der Organisation IBA Emscherpark, hatte angefragt, ob Christo und Jeanne-Claude bereit wären, »etwas mit dem Gasometer zu machen«. Wir hatten in Oberhausen bereits ein Jahr lang verhandelt, und Christo und Jeanne-Claude hatten dem Gasometer auch schon einmal einen Besuch abgestattet. Dabei war bereits festgelegt worden, dass die Dokumentationsausstellungen über *Wrapped Reichstag* und *The Umbrellas* im Erdgeschoss gezeigt werden sollen. Karl Ganser aber will mehr. Ich mache den Vorschlag, in dem kathedralenhaften oberen Raum des Gasometers mit seinen 110 Metern Höhe eine Installation mit Ölfässern, so wie in der Rue Visconti, zu wagen, »natürlich viel höher, den Dimensionen angepasst«. Christos Augen funkeln sofort begeistert auf, und der Plan ist schnell geschmiedet.

Stephan Schilgen beginnt in Emsdetten, die 55 000 Quadratmeter Stoff zu weben und mit einer speziellen Imprägnierung zu versehen, durch die das Gewebe seine notwendige Festigkeit bekommt. Inzwischen war die Anzahl der geplanten Baumverhüllungen auf 178 angestiegen. Einige von den Bäumen waren seit unserer ersten Vermessung gewachsen, und das musste bei der Stoffbestellung mit berücksichtigt werden. Im Schnellverfahren lerne ich, wie man mit dem Computer Schnittmuster anfertigt, und handle mir damit drei Monate Arbeit mit den maßgeschneiderten Mäntelchen der Bäume ein. Jeder bekommt eine Nummer und ein eigenes Schnittmuster, nach dem in der Näherei von Günter Heckmann in Emsdetten zugeschnitten und genäht wird. Jede der Hüllen breiten wir in einer Halle bei Stephan Schilgen auf dem Boden aus, prüfen die Maße, schließen und öffnen den Reißverschluss, falten und rollen die Hülle zu einem handlichen Paket. Das Gewebe ist sehr dünn, was die Bündel glücklicherweise einigermaßen tragbar macht. Sicherheitshalber prüfen wir immer wieder anhand kleiner Modelle mit Baumhüllen aus Papier nach, ob alles passt.

In Riehen präsentieren die beiden das Projekt im August 1998 vor der Gemeinde, nachdem Ernst Beyeler mit dem Gemeinderat bereits erfolgreich verhandelt hat.

In Oberhausen beginnt der Genehmigungsprozess mit dem Bauamt. Karl Ganser und alle, die dazu etwas zu sagen haben, sind von der Idee mit den Fässern begeistert. Erste Überlegungen, wie man eine 26 Meter hohe Wand aus Fässern bauen könnte, werden angestellt. Nach relativ kurzer Zeit finde ich aber einige Hersteller von Fässern, und einer sagt mir, dass er Fässer schon mal 15 Meter hoch gestapelt habe, ohne dass die untersten zerquetscht wurden. Es wird klar, dass eine stabile Unterkonstruktion gebraucht wird. Gerüstbauer müssen befragt werden.

Im Juni 1998 bauen Vince und Jonita Davenport für die Christos und einige Teammitglieder eine Wagenburg aus Wohnmobilen für unseren neuerlichen Test für *Over the River*. Weil wir beim letzten Mal auf der Fahrt zum Testgelände immer wieder im Schlamm stecken geblieben waren, kampieren wir diesmal die ganze Zeit am Ort. Wir einigen uns darauf, wieviel zusätzlicher Stoff notwendig ist, um die von Christo und Jeanne-Claude gewünschte Faltenbildung zu erlauben. Diesmal werden die Paneele mit kleinen Winden an den Stahlseilen über den Fluss gezogen, was die Qualifikationen für die »Zieher« vereinfacht. Die Ösenabstände werden festgelegt. Wieder sind wir in der Präzisierung der Details einige Schritte weitergekommen. In Deutschland geht die Produktion für *Wrapped Trees* weiter. Im Sommer 1998 wird die Familie durch zwei Hochzeiten im Beisein von Christo und Jeanne-Claude vergrößert. Im Juli heiraten Jeanne-Claudes Nichte Julia Henery und Darren Maum in Chittenango, New York, und im September ist die Hochzeit von Cyril und Marie Wilkinson in Easthampton.

Am 24. September 1998 stirbt Jeanne-Claudes Mutter in Paris nach langer Krankheit. Wie so oft nimmt auch hier die Abwicklung der Erbschaft unter den Geschwistern teilweise ziemlich bizarre Formen an und zieht sich einige Monate hin.

22

Poesie mit Bäumen und Fässern

Am 13. November 1998 sind alle Materialien in Riehen angekommen, und die Christos begrüßen die Kletterermannschaft, die Frank (Selle) Seltenheim aus Berlin mitgebracht hat. Zusätzlich kommt Hilfe von einer Gruppe von Baumpflegern aus der Schweiz. Selle und ich haben den Baum Nr. 130 ausgewählt, um der gesamten Mannschaft vorzuführen, wie Christo und Jeanne-Claude sich das Verhüllen eines Baums vorstellen. Es ist bitterkalt. Die Hülle wird von einem Mann im Hebsteiger über den Wipfel des Baumes gehoben, zwei Helfer ziehen dann die unteren zwei Enden der Hülle weit auseinander und gehen in Windrichtung von beiden Seiten mit dem Stoff um den Baum herum. Sobald sie sich auf der gegenüberliegenden Seite treffen, wird der Reißverschluss von der Spitze mit einer Schnur nach unten zugezogen, und der Baum hat damit seine Hülle. Danach beginnt der langwierige Prozess, die Seile (für alle Bäume insgesamt 23,1 Kilometer) so anzubringen, dass der verhüllte Baum zu einer vollkommenen Skulptur wird. Jeanne-Claude: »Es gibt nur zwei Projekte, wo unsere Anwesenheit wirklich notwendig war: *Wrapped Coast* in Australien und *Wrapped Trees* in Riehen. Bei allen anderen Projekten gab es präzise geplante Module. Hier bei den Bäumen, genau wie in Australien, mussten wir vor Ort entscheiden, wie die Seile angebracht werden. Wir hören in die Bäume hinein, und die Äste erzählen uns, wo die Seile hingehören.«

Soweit hört sich der Vorgang eher simpel an, die Realität ist natürlich um einiges komplizierter. Die Enden der Äste scheinen immer wieder den Stoff geradezu festzuhalten, und die

Baumkletterer müssen ihn wieder befreien. Bei den hohen Bäumen am Bach an der Nordseite des Parks muss die Hilfe eines riesigen Autokrans her. Die Bäume sind so stark ineinander verwachsen, dass die Kletterer das feine Gewebe zwischen den Bäumen durchfädeln müssen. Viele Zuschauer verfolgen das spektakuläre Treiben. Sobald Wind aufkommt, wird die Aktion extrem schwierig. Insgesamt arbeiten vier Teams zu je vier Leuten mit den Hebsteigern und drei Teams mit je drei Leuten mit Leitern an den kleineren Bäumen. Dadurch spielen sich die Aktivitäten im Park um die Fondation Beyeler und im umliegenden Berower Park mit seiner Obstwiese und den Bäumen entlang des Baches gleichzeitig ab. Christo und Jeanne-Claude rennen von einem Team zum anderen und geben ihre Anweisungen. Jeanne-Claude sitzt zeitweise in größerem Abstand auf einem Stuhl mitten im Feld, um den richtigen Überblick zu haben, und dirigiert per Funk. Josy in seiner Funktion als Projektleiter verbringt unzählige Stunden in Sitzungen mit den Leuten von der Fondation, die Sicherheit und Verkehr steuern. Wenn man von der eisigen Kälte, dem zeitweiligen Regen und dem Wind absieht, verläuft die Aktion äußerst zivilisiert und auch sehr amüsant. Immer im Raum steht aber die Frage, ob der Stoff nun wirklich lang genug ist und passt. Es wäre ja ausgesprochen peinlich, wenn unter den Augen der Künstler und so vieler Zuschauer das Hemdchen für einen 25 Meter hohen Baum am Ende zu kurz geraten ist. Aber alle Hüllen passen, wobei vier der kleinen Bäumchen doch mehr gewachsen sind, als zu erwarten war, und bei diesen etwas Stoff angesetzt werden muss.

Die Wahl des Gewebes war hundertprozentig richtig. Es glänzt in den verschiedensten Schattierungen bei direkter Sonne, es nimmt die Farben der verschiedenen Tageszeiten an, es lässt das Gegenlicht auf wunderbare Weise durch und verleiht damit den Bäumen die unterschiedlichsten skulpturalen Erscheinungen. Wenn man mittags gegen die Sonne schaut, wirken die Hüllen geradezu gläsern. Im Gegenlicht der Abendsonne werden die *Verhüllten Bäume* zu leuchtenden Lampions.

Zweimal im Leben der *Verhüllten Bäume* schneit es ein wenig, gerade die richtige Menge, um dem Kunstwerk eine feenhafte Dimension zu verleihen.

300000 Besucher lassen sich von dem Schauspiel der 178 Baumskulpturen verzaubern.

Christo selbst war erstaunt über das Ergebnis: »Die *Verhüllten Bäume* waren für uns eine komplette Überraschung. Von den Tests in Emsdetten im Garten von Stephan und Petra Schilgen hatten wir immer einen fast banalen Baum im Kopf und Angst, dass es auch in Riehen so langweilig aussehen könnte.« Zum Glück kam es ganz anders. Immer wieder machen Christo und Jeanne-Claude Hand in Hand einen Spaziergang durch den Park und genießen ihr Werk zu den verschiedensten Tageszeiten. Beeindruckt von dem Anblick beschließen die beiden, auch diesem Projekt die gewohnte Dimension der Vergänglichkeit nicht zu versagen. Sie reagieren sofort auf den überraschenden Wunsch von Ernst Beyeler, die Verhüllung bald wieder zu entfernen. Auch ihm war klar geworden, dass ein solches Projekt intensiver wirkt, wenn es nur für kurze Zeit existiert. Vorher hatte er immer darauf bestanden, dass die Verhüllung bis ins Frühjahr bleibt. Man einigt sich schließlich auf den 13. Dezember 1998 als Ende der Aktion. In der Pressemitteilung sagen Christo und Jeanne-Claude: »Die Vergänglichkeit eines Kunstwerks kreiert ein Gefühl der Fragilität oder auch Verletzlichkeit und einen Drang, gesehen zu werden; durch sie ist das Fehlen präsent, weil wir wissen, dass es schon morgen nicht mehr da ist. Die Qualität von Liebe und Behutsamkeit, die der Mensch für Dinge hat, die nicht für die Ewigkeit sind, zum Beispiel unsere Liebe und Behutsamkeit gegenüber der Kindheit und unserem Leben, dies ist eine Qualität, die wir auch unserer Arbeit geben wollen als eine zusätzliche ästhetische Qualität.«

Noch während wir die *Verhüllten Bäume* genießen, werden die Aufgaben für den Gasometer in Oberhausen drängender. Für die Höhe von 26 Metern wird jetzt eine Unterkonstruktion aus Gerüstbaumaterialien geplant, und es gelingt gerade noch zum richtigen Zeitpunkt, eine Firma zu finden, die sich an diese Premiere heranwagt und bereit ist, ein verbindliches Angebot zu unterbreiten. Noch vor den Bäumen war eine Farbpalette festgesetzt worden, die ich im Januar 1999 in eine maßstabgetreue Zeichnung der ganzen Fässermauer mit 7500 gemalten Farbkreisen umsetze. Diese Zeichnung benutzt die Firma Werner aus Oberhausen, die den Zuschlag bekam, als Bauanleitung für die genaue Positionierung der Fässer. Die Hauptanteile der Farben sind mit 45 Prozent Signalgelb und mit 30 Prozent Blutorange, die restlichen Farben – Ultramarinblau, Himmelblau, Steingrau, Hellelfenbein und Grasgrün – nehmen zwischen 2 und 6,6 Prozent ein. Die Unterkonstruktion wächst so zusammen mit den Fässern von Februar bis Ende April 1999 auf die Höhe von 26 Metern an, die Fässerwand schneidet den Gasometer mit 68 Metern Länge und einer Tiefe von 7 Metern quer durch. Jedes zweite Fass ist an der Unterkonstruktion befestigt.

Christo arbeitet in der Howard Street an Originalarbeiten zu der Fässerwand, die gleichzeitig im Schloss Oberhausen ausgestellt werden sollen.

Die Mauer wächst und wächst – sie wird pünktlich Mitte April 1999 fertig. Christo und Jeanne-Claude kommen zur Installation der beiden Dokumentationsausstellungen über *Die Schirme* und den *Verhüllten Reichstag* nach Oberhausen. Insgesamt wurden 1000 Meter Ausstellungswände nach einem Entwurf von Christo im Erdgeschoss des Gasometers gebaut, die es erlauben, beide Ausstellungen mit ihren circa 1000 Exponaten wie Originalarbeiten, Fotos, Dokumente, Originalmaterialien und Modelle, großzügig zu präsentieren. So wird das wohl größte Kunstmuseum auf Zeit geschaffen. Das Mosaik aus farbigen Ölfässern leuchtet in der dunklen Hülle des Gasbehälters und beeindruckt die Besucher durch seine Dimensionen und sein Strahlen.

Die beiden haben sich ein weiteres Mal bereit erklärt, die Sonderausgabe einer Zeitung, diesmal der *Westdeutschen Allgemeinen*, zu signieren. Am 2. Mai kommen 8000 Leser mit ihrem Exemplar und warten geduldig bis zu vier Stunden auf das Autogramm von den beiden, die vom Morgen bis in den Spätnachmittag hinein signieren.

Die Fässerinstallation und die beiden Dokumentationsausstellungen werden ein voller Erfolg. Insgesamt 390000 Besucher schauen sich diese Werke an, ein kultureller Triumph für das Ruhrgebiet.

Christo und Jeanne-Claude vertrauten den Ergebnissen des Tests im Windkanal für *Over the River* nicht ganz und gar. Deshalb wird ein viertes und auch letztes Mal ein Test auf dem Gelände bei Grand Junction durchgeführt. An den neu installierten Paneelen, nun sogar in der ausgesuchten silbrigen Farbe und dem bestimmten Gewebegewicht, sollen die Lasten gemessen werden, die durch einen Wind erzeugt werden können. Die Wissenschaftler der Firma RWDI aus Kanada installieren die entsprechenden Geräte, und die Familienmitglieder überwachen in einwöchigen Schichten über einen Gesamtzeitraum von sechs Wochen die Einrichtung. Die Christos genießen diese Art von Arbeitsurlaub. Die beiden wagen sogar auf einem »Four-Wheeler«, einem vierrädrigen Motorrad, zusammen Ausfahrten in die Wildnis. Christo, der keinen Führerschein hat, traut sich manchmal, das Vehikel zu lenken. Jeanne-Claude hat Ende der achtziger Jahre in Kalifornien das letzte Mal am Steuer eines Fahrzeugs gesessen. Begeistert wie kleine Kinder erzählen sie von all den Tieren, hauptsächlich Rehen und Erdhörnchen, die sie mit dem Fernglas beobachtet haben.

Seit 1981 das Projekt *The Gates, Project for Central Park, N.Y.C.* durch den Park Commissioner Gordon J. Davis abgelehnt worden war, haben Christo und Jeanne-Claude nicht aufgehört, über das Vorhaben nachzudenken und zu reden. Es ist ihnen nach wie vor ein Herzensanliegen. Die grundsätzliche Situation hat sich natürlich kaum geändert. Der zentrale Kritikpunkt war immer: »Der Central Park ist die Mona Lisa des Landschaftsbaus. Mit welchem Recht sollte man den Christos den Park zur Verfügung stellen, damit sie ihr Ego befriedigen?« 1981 hatte die *New York Times* bereits einen Leitartikel dieses Tenors veröffentlicht. Nach der Verwirklichung des Reichstagsprojekts schrieb allerdings Stephen Wiseman wiederum in einem Leitartikel in der *New York Times*: »Nun ist die Zeit gekommen, die *Gates* zu verwirklichen«.

Nachdem Rudolph W. Giuliani 1998 zum Bürgermeister von New York wiedergewählt wurde, hat er die Parkverwaltung einer neuen Organisation, der Central Park Conservancy, übertragen. Diese Organisation mit 32 Mitgliedern entscheidet jedes Detail, das mit dem Central Park zusammenhängt.

Christo: »Wir versuchen nun, in dieser Organisation einen Kern zu bilden, der unter diesen reichen Leuten, von denen nur wenige eine Affinität zu zeitgenössischer Kunst haben, um Unterstützung für das Projekt wirbt. Das Projekt wird niemals gegen den Willen der Conservancy realisiert werden können. Mit der Hilfe von Michael Bloomberg, einem der Mitglieder, der das Projekt hoch schätzt, hoffen wir, dies zu erreichen.«

Und so betreffen die Arbeiten, die derzeit im Studio entstehen, teils *The Gates* und teils *Over the River*. Frühestens im Jahr 2003 wird eins der Projekte realisiert sein. Welches, hängt ganz von den Fortschritten ab, die bis dahin erzielt werden können. Eine Sache von Hartnäckigkeit, Überzeugungskraft und Glück. Wie immer bei den Christos.

Um mit den Worten Burt Chernows zu enden, dem dieses Buch ja zu verdanken ist: Die Christos sind nicht nur Künstler, sondern ebenso Abenteurer und Spieler. Ständig in Aktion sein ist für sie lebensnotwendig. Jedes Vorhaben stößt auf ungläubiges Staunen. Vielleicht bereitet es ihnen ein perverses Vergnügen, dass die Leute perplex sind, wenn sie von ihrer Absicht erfahren, einen mit Gewebe bedeckten Prozessionsweg durch einen Park zu gestalten, Inseln mit flammend pinkfarbenem Tuch zu umsäumen, in der Wüste eine gargantueske Struktur zu errichten, eine Brücke, ein Denkmal oder ein Regierungsgebäude zu verhüllen.

Die Motive eines Künstlers erregen oft Verdacht. In zahllosen Vorträgen und Pressekonferenzen antworten Christo und Jeanne-Claude auf die Frage nach dem Warum ihres Tuns: Weil wir Lust dazu haben. Die Preisgabe der innersten Beweggründe vor einer hochmütigen, oft aber auch ehrfürchtigen Öffentlichkeit ist eine mutige Tat. Damit treten sie aus der Geborgenheit des Ateliers in eine bewusst in Kauf genommene Ungewissheit hinaus.

Ein Teil der Christos entzieht sich dennoch der Analyse. In gewisser Weise ist und bleibt Christo bei aller Geselligkeit ein Fremder. Seine tiefsten Empfindungen und Konflikte und sein Gefühlsleben sind und bleiben so unfasslich wie seine Verhüllungen. Der Mythos, der ihn und sein Werk umgibt, ist eine gelungene Mischung aus Offenbaren und Verbergen. Die Kunst ist das Blut in Christos Adern und gleichzeitig sein emotionaler Panzer. Diese Vorliebe für das In-Deckung-Gehen lässt sich auf den Alltag unter einer totalitären Regierung, die marxistische Erziehung und die Flucht von 1957 aus der kommunistischen Welt in einem versiegelten Güterwaggon zurückführen. Ein Großteil seiner ernsthaften Arbeiten dreht sich um geheimnisvoll vermummte Gegenstände, Pakete mit mysteriösem Inhalt, geschlossene Grenzen, verwehrte Durchgänge und um Unterdrückung. Hinter Christos Herzenswärme, Lächeln und Reden steckt etwas, das unausgesprochen bleibt. Ganze Berge von Informationen und Kommentaren haben den Kern dieses Mannes nie zu entblößen vermocht. Vielleicht bildet die Kunst als solche diesen Kern.

Im Gegensatz dazu ist Jeanne-Claude wie ein aufgeschlagenes Buch. Dem Werk nicht minder verhaftet, kann sie doch Witze reißen oder hemdsärmelig werden, während sie gleichzeitig Christo und seine geheimnisvolle Aura sorgsam behütet. »Sie ist es, die mir erlaubt, verrückt zu sein«, sagt er. Im Laufe der Jahrzehnte ist sie mit ihm und seiner Kunst leidenschaftlich verschmolzen. Einmal sagte sie: »Diamanten kann jede reiche Frau haben. Aber welche Frau hat schon ein verhülltes Gebäude?«

Der Kunstprofessor Jonathan Fineberg schrieb einmal: »Christos öffentliche Identität ist deckungsgleich mit seiner Person. Er ist ebenso Geheimnis wie seine Verhüllungen. Jeanne-Claude spielt insofern eine unerlässliche Rolle, als sie alle operativen Konflikte auf sich lädt, so dass Christo im Gegensatz dazu rein, erhaben, überlebensgroß erscheint.« Diese »unerlässliche Rolle« reicht indes weit über das bloße Bewältigen der »operativen Konflikte« und die Verfügungsgewalt über den Terminkalender, das Telefon und den Zugang zu Christo hinaus. Es ist eine künstlerische Zusammenarbeit ohnegleichen. Die Christos arbeiten unisono auf ihre Ziele hin. Alle Entscheidungen werden gemeinsam getroffen. Jeder Zug von ihr geschah in Absprache mit ihm. In gewissem Sinne sind die operativen Entscheidungen Jeanne-Claudes eine Verlängerung seiner Zeichnungen und gestalten auf subtile Weise die Projekte mit. In den Augen der Welt war Christo der anerkannte Künstler und Jeanne-Claude die manchmal allzu behütende Frau, hart gesottene Unterhändlerin und Managerin des Künstlers. Füreinander aber sind sie Künstler. Und das Einzige, was zählt, sind ihre gemeinsamen Sprösslinge – die Projekte.

Berlin, Juni 1995: Christo und Jeanne-Claude auf dem Dach von *Verhüllter Reichstag*. (Foto: Sylvie Volz)

Die wichtigsten Werke im Überblick

Verhüllter Fußboden und Treppe, Museum für Zeitgenössische Kunst, Chicago (260 m² Abdeckplane)
Verhüllte Küste, Little Bay, 92 900 m², Sydney, Australien (Gewebe für Erosionsschutz und 58 km Seil)
Projekt gestapelte Ölfässer *Houston Mastaba, Texas* (1 249 000 Fässer)
Projekt *Gesperrte Autobahn*

1970   Verhüllte Denkmäler in Mailand: *Denkmal für Vittorio Emanuele*, Piazza Duomo; *Denkmal für Leonardo da Vinci*, Piazza Scala

1971   *Verhüllte Fußböden*, Kaiser-Wilhelm-Haus Lange, Krefeld

1972   *Talvorhang, Grand Hogback, Rifle, Colorado, 1970–1972* (Breite: 381–417 m, Höhe: 56–111 m, 13 192 m² Nylon-Polyamid, 49 896 kg Stahlkabel, 813 Tonnen Beton)

1974   *Die Mauer* und *Verhüllte römische Mauer*, Via Veneto und Villa Borghese, Rom
Meeresfront, Newport, Rhode Island (13 935 m² fließendes Polypropylen-Gewebe über dem Meer)

1976   *Laufender Zaun, Sonoma und Marin Counties, Kalifornien 1972–1976* (5,5 m hoch und 39,4 km lang, 200 664 m² Nylongewebe, 145 km Stahlkabel, 2050 Stahlpfähle, jeder davon 9 cm Durchmesser und 6,40 m Länge)

1978   *Verhüllte Parkwege, Loose Park, Kansas City, Missouri, 1977–1978* (12 542 m² Nylongewebe über 4,5 km Gehwege)

1979   *Die Mastaba von Abu Dhabi, Projekt für die Vereinigten Arabischen Emirate,* **in Vorbereitung**
Die Tore, Projekt für Central Park, New York City, **in Vorbereitung**

1983   *Umsäumte Inseln, Biscayne Bay, Greater Miami, Florida, 1980–1983* (603 850 m² pinkfarbenes Polypropylengewebe)

1984   *Verhüllte Fußböden und Treppen* des Architekturmuseums in Basel, Schweiz

1985   *Verhüllter Pont Neuf, Paris, 1975–1985* (42 193 m² champagnerfarbenes Polyamidgewebe, 13 076 m Seil)

1991   *Die Schirme, Japan/USA, 1984–1991* (1340 blaue Schirme in Ibaraki, Japan; 1760 gelbe Schirme in Kalifornien, USA; Höhe: 6 m, Durchmesser: 8,7 m)

1992   *Über den Fluss, Projekt für den Fluss Arkansas, Colorado, USA,* **in Vorbereitung**

1995   *Verhüllte Böden und Treppen; verhängte Fenster,* Museum Würth, Künzelsau

1995   *Verhüllter Reichstag, Berlin, 1971–1995* (100 000 m² Propylengewebe, 15 600 m Seil und 200 Tonnen Stahl)

1998   *Verhüllte Böden und Treppen; verhängte Fenster,* Fondation Palazzo Bricherasio, Turin, Italien
       Verhüllte Bäume, Fondation Beyeler und Berower Park, Riehen/Basel, Schweiz, 1997–1998

1999   *The Wall,* 13 000 Ölfässer im Gasometer Oberhausen, Inneninstallation (Höhe: 26 m, Breite: 68 m, Tiefe: 7,20 m)

Bibliografie

Im Interesse der Lesbarkeit wurden im Text nicht immer detaillierte Quellenangaben gemacht. Die Zitate aus den Kapiteln Burt Chernows stammen im Wesentlichen aus persönlichen Interviews sowie aus Briefen. Eine ausführliche Bibliografie finden Sie auf den folgenden Seiten.

Bücher:

1965   *Christo.* Text: David Bourdon, Otto Hahn, Pierre Restany; Layout: Christo; Edizioni Apollinaire, Mailand.

1968   *Christo: 5.600 Cubic Meter Package.* Fotos: Klaus Baum; Layout: Christo; Verlag Wort und Bild, Baierbrunn.

1969   *Christo.* Text: Lawrence Alloway; Layout: Christo; Harry N. Abrams, New York; Verlag Gerd Hatje, Ostfildern; Thames and Hudson, London.

1969   *Christo: Wrapped Coast, One Million Square Feet.* Fotos: Harry Shunk/Janos Kender; Layout: Christo; Contemporary Art Lithographers, Minneapolis.

1970   *Christo.* Text: David Bourdon; Layout: Christo; Harry N. Abrams, New York.

1971   *Christo: Projekt Monschau.* Von Willi Bongard; Verlag Art Aktuell, Köln.

1973   *Christo: Valley Curtain.* Fotos: Harry Shunk; Layout: Christo; Harry N. Abrams, New York; Verlag Gerd Hatje, Ostfildern; Pierre Horay, Paris; Gianpaolo Prearo, Mailand.

1975   *Christo: Ocean Front.* Text: Sally Yard und Sam Hunter; Fotos: Gianfranco Gorgoni; Herausgeber: Christo; Princeton University Press, New Jersey.

1975   *Environmental Impact Report: Running Fence.* Umweltbericht von Paul E. Zigman und Richard Cole; Environmental Science Associates, Foster City, Kalifornien.

1977   *Christo: The Running Fence.* Text: Werner Spies; Fotos und Herausgeber: Wolfgang Volz; Harry N. Abrams, New York; Édition du Chêne, Paris.

1978   *Christo: Running Fence.* Chronik von Calvin Tomkins; Text: David Bourdon; Fotos: Gianfranco Gorgoni; Layout: Christo; Harry N. Abrams, New York.

1978   *Christo: Wrapped Walk Ways.* Essay von Ellen Goheen; Fotos: Wolfgang Volz; Layout: Christo; Harry N. Abrams, New York.

1980   *Catalogue Raisonné of Original Works.* Herausgeber: Daniel Varenne unter Mitarbeit von Ariane Coppier, Marie-Claude Blancpain und Raphaëlle de Pourtales; wird ständig aktualisiert.

1982   *Christo – Complete Editions 1964–1982.* Bildkatalog; Einführung von Per Hovdenakk; Verlag Schellmann und Klüser, München; University Press, New York.

1984   *Christo: Works 1958–1983.* Text: Yusuke Nakahara; Publication Sogetsu Shuppan, Tokyo.

1984   *Christo: Surrounded Islands, Biscayne Bay, Greater Miami, Florida, 1980–83.* Text: Werner Spies; Fotos und Herausgeber: Wolfgang Volz; DuMont Buchverlag, Köln; Harry N. Abrams, New York 1985; Fondation Maeght, Saint-Paul de Vence 1985; Ediciones Polígrafa, Barcelona 1986.

1984   *Christo – Der Reichstag.* Zusammengestellt von Michael Cullen und Wolfgang Volz; Fotos: Wolfgang Volz; Suhrkamp Verlag, Frankfurt.

1985   *Christo.* Text: Dominique Laporte; Art Press/Flammarion, Paris; Pantheon Books, New York 1986.

1986   *Christo: Surrounded Islands, Biscayne Bay, Greater*

Miami, Florida 1980–1983. Fotos: Wolfgang Volz; Einführung und Bildunterschriften: David Bourdon; Essay: Jonathan Fineberg. Bericht: Janet Mulholland; Layout: Christo; Harry N. Abrams, New York.

1987 *Le Pont Neuf de Christo, Ouvrage d'Art, Œuvre d'Art, ou Comment Se Faire une Opinion.* Von Nathalie Heinich; Fotos: Wolfgang Volz; A.D.R.E.S.S.E. Publication, o.O.

1987 *Helt Fel I Paris.* Von Pelle Hunger und Joakim Stromholm; Fotos: J. Stromholm; Butler and Tanner Ltd. The Selwood Printing Works, Fromme.

1988 *Christo: Prints and Objects, 1963–1987.* Bildkatalog von Jörg Schellmann und Josephine Benecke; Einführung: Werner Spies; Edition Schellmann, München; Abbeville Press, New York.

1990 *Christo: The Pont Neuf Wrapped, Paris 1975–1985.* Fotos: Wolfgang Volz; Text: David Bourdon und Bernard de Montgolfier; Layout: Christo; Harry N. Abrams, New York; Adam Biro, Paris; DuMont Buchverlag, Köln.

1990 *Christo.* Von Yusuke Nakahara, Shinchosha, Tokyo.

1990 *Christo.* Von Marina Vaizey; Polígrafa, Barcelona; Rizzoli, New York; Albin Michel, Paris; Meulenhoff/ Landshoff, Amsterdam; Verlag Aurel Bongers, Recklinghausen; Bijutsu Shupan-Sha, Tokyo.

1991 *Christo: The Accordion-Fold Book for The Umbrellas, Joint Project for Japan and USA.* Fotos: Wolfgang Volz; Vorwort und Interview: Masahiko Yanagi; Layout: Christo; Chronicle Books, San Francisco.

1993 *Christo and Jeanne-Claude: The Reichstag and Urban Projects.* Herausgeber: Jacob Baal-Teshuva; Fotos: Wolfgang Volz. Mit Beiträgen von Tilmann Buddensieg, Michael S. Cullen, Rita Süssmuth und Masahiko Yanagi; Prestel International, New York; deutsch für die Ausstellungen im Kunsthaus, Wien, in der Villa Stuck, München, und im Museum Ludwig, Aachen; Prestel Verlag, München 1994.

1994 *Christo und Jeanne-Claude: Der Reichstag und urbane*

Projekte. Herausgeber: Jacob Baal-Teshuva; Fotos: Wolfgang Volz; Interview: Masahiko Yanagi; Zeittafel: Michael S. Cullen. Mit Beiträgen von Tilmann Buddensieg und Wieland Schmied; Prestel Verlag, München.

1995   *Christo & Jeanne-Claude.* Von Jacob Baal-Teshuva; Fotos: Wolfgang Volz; Layout: Christo; Herausgeber: Simone Philippi und Charles Brace; Benedikt Taschen Verlag, Köln.

1995   *Christo & Jeanne-Claude: Der Reichstag dem Deutschen Volke.* Von Michael S. Cullen und Wolfgang Volz; Fotos: Wolfgang Volz; Gustav Lübbe Verlag, Bergisch Gladbach.

1995   *Christo & Jeanne-Claude, Prints and Objects 1963–1995.* Bildkatalog; Herausgeber: Jörg Schellmann und Josephine Benecke; Edition Schellmann, München/New York; Schirmer Mosel Verlag, München.

1995   *Christo & Jeanne-Claude Postcard Book.* Benedikt Taschen Verlag, Köln.

1995   *Christo & Jeanne-Claude Posterbook.* Fotos: Wolfgang Volz; Text: Thomas Berg; Benedikt Taschen Verlag, Köln.

1995   *Christo and Jeanne-Claude: Wrapped Reichstag, Berlin 1971–1995. The Project Book.* Fotos: Wolfgang Volz; Benedikt Taschen Verlag, Köln.

1996   *Christo and Jeanne-Claude: Wrapped/Verhüllter Reichstag, Berlin 1971–1995.* Fotos: Wolfgang Volz; Bildunterschriften: David Bourdon; Herausgeber: Simone Philippi; Layout: Christo; Benedikt Taschen Verlag, Köln.

1996   *Christo and Jeanne-Claude Projects: Selected from the Lilja Collection,* 2. Ausgabe. Fotos: Wolfgang Volz; Vorwort: Torsten Lilja; Text: Per Hovdenakk; Azimuth Editions Limited, London.

1998   *Christo and Jeanne-Claude: The Umbrellas, Japan/USA 1984–1991.* Fotos: Wolfgang Volz; Bildunterschriften: Jeanne-Claude und Masa Yanagi; Layout: Christo;

Herausgeber: Simone Philippi; 2 Bände, Benedikt Taschen Verlag, Köln.

1998 *Christo and Jeanne-Claude: Wrapped Trees 1997–1998.* Fotos und Bildunterschriften: Wolfgang und Sylvie Volz; Einführung: Ernst Beyeler; Herausgeber: Simone Philippi; Benedikt Taschen Verlag, Köln.

1999 *Christo und Jeanne-Claude: Gasometer, Oberhausen.* Fotos: Wolfgang Volz; Text: David Bourdon, Karl Ganser und Marion Taube; Benedikt Taschen Verlag, Köln

Filme:

1969 *Wrapped Coast.* Blackwood Productions; 30 Minuten.

1972 *Christos Valley Curtain.* David und Albert Maysles und Ellen Giffard; 28 Minuten. Nominierung für den Academy Award 1973.

1977 *Running Fence.* David und Albert Maysles und Charlotte Zwerin; 58 Minuten.

1978 *Wrapped Walk Ways.* Blackwood Productions; 25 Minuten.

1985 *Islands.* David und Albert Maysles und Charlotte Zwerin; 57 Minuten.

1990 *Christo in Paris. The Pont Neuf Wrapped 1975–1985.* David und Albert Maysles, Deborah Dickson und Susan Froemke; 58 Minuten.

1996 *Umbrellas.* Albert Maysles, Henry Corra und Graham Weinbren; 81 Minuten. Gewinner des Grand Prix und des Peoples Choice Award beim Film Festival Montréal 1996.

1996 *Christo und Jeanne-Claude: »Dem Deutschen Volke«, Verhüllter Reichstag 1971–1995.* Wolfram und Jörg Daniel Hissen; EstWest; 110 Minuten.

1998 *Christo und Jeanne-Claude: Verhüllte Bäume.* Gebrüder Hissen, EstWest; 25 Minuten.

Danksagung

Christo und Jeanne-Claude für ihre Zeit und die Freundschaft, die zu dieser Biografie geführt hat; Wolfgang Volz für seine Zusage, dieses Buch mit seinem Epilog zu vervollständigen; Ron Chernow, der besonders großzügig und verständnisvoll war, für die guten Ratschläge, seine Zeit, die Freundschaft und die Ermutigungen; Cynthia Cannell, die an *XTO + J-C* geglaubt hat, seit sie das Manuskript das erste Mal gelesen hat; Timothy Mennell für das Redigieren zu Beginn; Anani und Didi Yavachev für ihre großzügige Gastfreundschaft; Maria Radicheva, Wanda Ramsay und Iris Nemni für die Hilfe beim Übersetzen; Martin West, dessen Liebe, Geduld und Humor so wichtig während dieser Arbeit waren; Virgina und Herbert Lust und all ihren lieben Freunden, die nach Burts Tod so viel Verständnis hatten, und allen vom »Team Christo«, die während der 15 Jahre, die Burt an diesem Buch saß, zu offenen, interessanten und manchmal zeitraubenden Interviews bereit waren.

Ann Chernow